LE RÉVÉREND PÈRE

Pierre-Julien EYMARD

DOCUMENTS

Sur sa Vie et ses Vertus

PUBLIÉS A ROME

Par le Postulateur de la Cause.

SE VEND 3 FRANGS

pour les frais de la Cause du
Serviteur de Dieu.

PARIS

BUREAU DES ŒUVRES EUCHARISTIQUES
23, avenue Friedland, 23

Le R. P. Pierre-Julien EYMARD

IMPRIMATUR

Virduni, die 20 Decembris 1899.

LIZET, *vic. gen.*

NIHIL OBSTAT

Parisiis, in festo Bæ Margaritæ Mariæ, 17 Oct. 1899.

JOANNES PETRUS AUDIBERT,
Sup. Gen. Congr. SSmi Sacramenti.

Le T. R. Père PIERRE-JULIEN EYMARD

Né à La Mure d'Isère le 4 février 1811,
et mort à La Mure le 1ᵉʳ août 1868.

LE RÉVÉREND PÈRE

Pierre-Julien EYMARD

DOCUMENTS

Sur sa Vie et ses Vertus

PUBLIÉS A ROME

Par le Postulateur de la Cause.

PARIS

BUREAU DES ŒUVRES EUCHARISTIQUES

23, avenue Friedland, 23

AVANT-PROPOS

Pour répondre à des demandes réitérées, autant qu'au devoir de la piété filiale, en attendant une Vie complète et détaillée de notre Fondateur, nous publions ces « *Documents sur la vie et les vertus du R. Père Eymard* », persuadé qu'en faisant mieux connaître cette grande et douce figure de prêtre et de fondateur, ils serviront à faire aussi aimer davantage le Très Saint Sacrement, qui était l'âme de son âme, l'unique objectif de sa vie.

Une seconde pensée nous a préoccupé encore dans cette publication : nous voulions par elle provoquer un grand mouvement de prières parmi les âmes chrétiennes, et plus particulièrement parmi nos Agrégés du Très Saint Sacrement, dans les rangs desquels nous avons la consolation de compter un si grand nombre de Prêtres-Adorateurs.

Le Procès Informatif pour la cause du vénéré Père Eymard vient de s'ouvrir à Paris et à Grenoble : aucune œuvre plus que celle-là n'a besoin du secours du Ciel pour être menée à bonne fin : c'est à la prière de l'obtenir. Ne faudrait-il pas qu'elle fût universelle, fervente, persévérante ?

Que ces pages, déposées au pied de l'ostensoir, soient encore comme un tribut de Celui qui n'avait eu en son âme qu'une seule ambition : « élever un trône à Notre-Seigneur, devenir son premier adorateur et sa première victime. »

Le Postulateur.

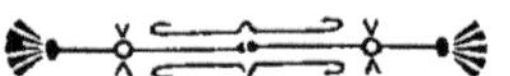

LE

R. P. Pierre-Julien Eymard

FONDATEUR DE LA CONGRÉGATION DU TRÈS SAINT SACREMENT

DOCUMENTS SUR SA VIE ET SES VERTUS

CHAPITRE PREMIER

*De la Naissance, de la Patrie, des Parents, et des indices
de sainteté dans l'enfance du Serviteur de Dieu.*

Sa naissance. — Le fondateur de la Congrégation du Très
Saint Sacrement naquit à La Mure-d'Isère, diocèse de Grenoble,
le 4 février 1811, dans la maison Lesbros, d'un père profondément chrétien et d'une mère dont la piété était aussi éclairée
que tendre; ils avaient nom : Julien Eymard et Marie-Madeleine
Pélorce. La bénédiction nuptiale leur avait été donnée à Freney,
commune du Bourg-d'Oisans, le 27 novembre 1804.

Il fut baptisé le lendemain de sa naissance, le 5 février 1811,
et reçut les noms providentiels de Pierre-Julien qui indiquaient déjà la future mission que Dieu devait lui confier :
Pierre, parce qu'il sera fondateur; Julien, parce qu'il instituera la Fête-Dieu perpétuelle.

Ses parents. — Son père avait mérité par ses sentiments
de fervent chrétien l'honneur d'être persécuté pendant la
Grande Révolution; et son grand-père avait été universellement respecté dans le pays. L'un et l'autre avaient la sainte
habitude du jeûne et de la mortification. Le premier y portait
même ses enfants, surtout celui dont nous retraçons la vie.

Dans l'humilité d'une condition basse selon le monde, son
père cependant avait des pensées fort élevées. Il portait à tel

point le sentiment du respect mutuel, si méconnu aujourd'hui, qu'il ne tutoyait même pas sa jeune famille. Très actif, et naturellement fort adroit, il exerçait plusieurs métiers, de coutelier, taillandier, pressureur d'huile, à l'aide desquels il avait acquis une certaine aisance. Toute son ambition était de s'associer son fils et de le voir lui succéder dans son commerce.

Sa mère ne le cédait pas à son époux en piété et en sagesse ; elle eut quatre enfants qui tous avaient été offerts à Dieu avant leur naissance. Les trois premiers furent moissonnés dès leur bas-âge et portèrent au Ciel la palme de leur innocence baptismale, sans avoir connu le danger de la perdre. Le quatrième, Pierre-Julien, devait être aussi un ange mais avec plus de mérites, un ange sur la terre, protégé par ses frères du Ciel.

Lorsque sa mère le portait dans son sein, imitant la mère de Samuel, elle ne cessait de l'offrir à Jésus-Christ et disait qu'elle se sentait pressée de lui demander que la vie de cet enfant fût consacrée tout entière à son service. Saints désirs que Dieu réalisa plus tard, bien au delà des aspirations de cette pieuse femme.

Son père avait eu d'un premier lit une fille nommée Marianne qui, plus âgée de dix ans que le petit Julien, se dévoua à son éducation religieuse avec toute l'affection d'une mère et la sollicitude d'un ange gardien.

Une prédiction. — M. l'abbé Col, curé de Mont-de-Gent à l'époque de la Grande Révolution, et de 1803 à 1834 curé du Bourg-d'Oisans, fut un intrépide défenseur de la religion et mourut en odeur de sainteté. — Or il avait prédit aux parents du Père Eymard qu'ils auraient un fils qui serait prêtre et fondateur de l'Ordre du Saint Sacrement.

Ses premières aspirations furent pour la Sainte Eucharistie. — Encore à la mamelle, comme plus tard, sa mère le portait à l'église ; dès qu'elle entendait sonner la bénédiction du Très Saint Sacrement, elle accourait l'offrir au bon Dieu. Jésus dans le rayonnement de l'Ostensoir reçut ainsi les premiers regards du petit Julien.

Tout jeune, il n'avait pas de plus grande joie que de suivre sa mère dans les visites journalières qu'elle faisait au Très Saint Sacrement. Jamais il ne se lassa, ni ne demanda à sortir avant elle, si prolongées que fussent ses stations à l'église.

Plus tard, le Père Eymard avouait lui-même à une personne que ces visites avaient été pour lui une source de grâces multipliées, et qu'il ne saurait assez recommander la même pratique aux mères chrétiennes.

Le Dieu de l'Eucharistie attirait puissamment cette âme angélique. Tout jeune encore, il lui arrivait de s'échapper de la maison paternelle pour se rendre à l'église. Là, il se plaçait sur l'escabeau situé derrière le Maître-Autel, et y restait longtemps. Une fois qu'il disparut ainsi, sa sœur, après mille recherches, le retrouva là, à genoux, les mains jointes, les yeux fixés sur le Tabernacle. « Que fais-tu là ? » lui dit-elle.

— « *Ma prière*, répondit-il, *je suis plus près de Jésus et je l'écoute.* »

Son cœur était déjà enflammé d'amour pour le divin Prisonnier de nos Tabernacles. — Un jour, se croyant seul, il quitte ses souliers, se passe une corde au cou, et vient, un cierge à la main, faire amende honorable à Notre-Seigneur. — On le surprit, et on se moqua longtemps de ce qu'on appelait sa folie.

Dès lors, s'il était absent de la maison, on était sûr de le trouver en allant le chercher à l'église.

Les attaques du démon. — Le démon, très perspicace à découvrir les indices de sainteté, et prévoyant sans doute les grandes œuvres que cet enfant devait plus tard accomplir dans l'Eglise, résolut de l'étouffer dans son berceau.

C'est de la bouche même du Père Eymard que le P. Mayet recueillit le fait.

« *Etant tout jeune*, lui disait-il en 1843, *et j'étais bien sage alors, je me sentis saisi à la gorge par une grosse main qui cherchait à m'étrangler ; j'appelai au secours, je saisis même la main qui me serrait. Mon père accourut à mes cris et me rassura. On n'a jamais cru que cela fût vrai; mais il me semble que cela vient de se passer à l'instant où je vous parle, tant ce souvenir est vivant dans ma mémoire. Je n'avais cependant que quatre ans.* »

Il m'ajouta en riant : « *Le démon voulait peut-être*

m'étouffer, il voyait peut-être que je dois devenir un saint ? »

A cinq ans déjà, il voulait être prêtre. — A la même époque, à peu près, n'ayant environ que cinq ans, il félicita sa sœur de ce qu'elle avançait dans la perfection.

« Vous êtes bien heureuse, lui dit l'enfant, de communier si souvent ! Faites-le donc une fois pour moi. »

« Et que faudra-t-il demander pour toi ? » — « *Demandez que je sois bien doux, bien tempérant, bien pur, et que je sois prêtre un jour ! »*

Devenir prêtre, telle fut, dès cet âge, l'unique ambition de cet enfant de grâce.

Sa charité. — Ce qui dominait en lui était la charité. — Apercevait-il quelqu'un dans la peine, on le voyait triste et chagrin.

Un jour, sa sœur ayant eu à essuyer quelque contrariété de la part de sa belle-mère, Julien se mit à verser des larmes, pria son père de ne pas faire de reproches à sa sœur, ajoutant qu'elle travaillait beaucoup en filant la laine et lui donnait le prix de son travail : ce qu'il avait remarqué, quoiqu'il ne fût âgé que de quatre ans.

Dieu lui avait donné un cœur si tendre, qu'il ne pouvait voir souffrir, même les animaux, sans souffrir lui-même. Ayant vu une famille maltraiter un animal domestique, il en conserva une telle impression que le nom de cette famille lui inspira toute sa vie un mouvement d'antipathie et de répulsion, quand il l'entendait prononcer. Jamais il ne lui échappa une seule parole qui pût mortifier tant soit peu les personnes de la maison, les étrangers, même les enfants qui partageaient ses jeux.

S'il avait un fruit, une friandise, il n'était content que lorsqu'il avait forcé par ses instances les personnes présentes à en accepter leur part.

Sa charité pour les pauvres. — Son amour pour les pauvres, sa compassion pour eux étaient si grands, qu'il ne pouvait les laisser s'éloigner sans leur faire l'aumône. Lorsqu'il ne lui restait plus rien, il prenait quelque chose pour eux chez ses parents.

Ayant obtenu la permission de conduire chez ses parents les indigents qu'il rencontrerait, il en profitait largement. Aussi les pauvres, qui connaissaient sa charité, le guettaient au passage, et il rentrait souvent escorté d'un ou de plusieurs de ces malheureux. Il était plus content de leur donner, qu'eux de recevoir, et sa libéralité n'avait d'autre limite que l'impossible.

Sa piété. — Dès qu'il sut parler, il sut aussi prier; c'était le premier attrait que lui avaient inspiré sa mère et sa sœur en lui enseignant à bégayer les noms sacrés de Jésus et de Marie.

Dès ses premières années, l'enfant montra pour la piété une inclination très prononcée; plus que cela, la piété fut son seul attrait, sa seule préoccupation.

A cette même époque, il demandait à sa sœur de lui enseigner à faire la méditation, ce qu'il appelait *ses secrets pour l'oraison;* et celle-ci lui ayant exposé la méthode ordinaire de ce saint exercice : « *N'est-ce que cela?* » reprit l'enfant, montrant ainsi que Dieu l'avait déjà éclairé dans cette voie des saints.

Il entendait la sainte Messe tous les jours et prenait une telle satisfaction à la servir, qu'il eût désiré être le seul enfant de la paroisse chargé de cet office. Pour ne céder cet honneur à personne, il allait jusqu'à cacher la sonnette et s'assurer ainsi ce privilège.

Tous les jours aussi il visitait Notre-Seigneur au Très Saint Sacrement, avec deux autres de ses petits amis.

Il avait aussi une grande dévotion au *chemin de la Croix.* Dès cet âge, il le faisait plusieurs fois par semaine, à genoux sur les dalles, baisant la terre à chaque station, et édifiant par son recueillement et sa piété.

Un jour qu'il se croyait seul, il fit cet exercice en entier les bras en croix. Un homme qui se trouvait à la tribune l'aperçut et fut si touché, qu'il ne put s'empêcher d'en parler.

Ainsi se préparait-il à sa Première Communion. — C'était encore pour assurer cette préparation qu'il allait, pieds-nus, dans l'hiver, par des chemins couverts de neige, jusqu'au Calvaire qui domine La Mure, et cela fréquemment.

Ses amusements. — Ses amusements se ressentaient de

cet esprit de piété qui dominait son âme. Ils consistaient à copier les cérémonies du culte, à faire de petits autels où il invitait ses parents et ses camarades à venir prier avec lui. — Lorsqu'il allait dans le champ de son père, situé à l'extrémité de la commune, il réunissait ses petits amis, ramassait des branches pour en faire des croix qu'il plantait en terre de distance en distance; et ensemble ils faisaient leur *chemin de Croix* très sérieusement.

L'Heure Sainte. — Plus tard il prit l'habitude de faire l'*Heure Sainte*, la nuit du jeudi au vendredi. Cet exercice, auquel il était très fidèle, avait pour lui des charmes inexprimables, et il a été, sans aucun doute, la source de grâces abondantes.

Etant Mariste, il disait confidemment à une personne : « *Maintenant que je suis religieux, je dois suivre la règle, et je ne puis plus faire l'Heure Sainte.* » Ce qui semblerait prouver qu'il continua cet exercice jusqu'à son entrée dans la Société de Marie.

Ses premiers désirs de l'étude. — Préoccupé dès ce jeune âge de la *pensée de se faire prêtre*, un jour il alla chez le curé de la paroisse et lui dit avec ingénuité : « *Apprenez-moi, monsieur, ma leçon, je veux me faire prêtre.* » — « Quel livre as-tu ? » — « *Mon livre de civilité* », répondit l'enfant.

Il voulait imiter la vie des saints. — La lecture de la vie des saints faisait sur lui une profonde impression : il avait le plus vif désir de les imiter.

Dès cet âge si tendre, il se livra à de grandes austérités. N'ayant que dix ou douze ans, il commença avec le Mercredi des Cendres le jeûne quadragésimal, et persévéra jusqu'à Pâques.

Il distribuait aux pauvres ou à ses camarades les petites provisions qu'on lui donnait en l'envoyant à l'école, afin de rapporter son panier vide à la maison paternelle, et dérobait ainsi à ses parents le secret de son abstinence.

Un jour, un de ses camarades lui offrit une fort belle pomme. — Il résista cependant au désir de la manger, ne voulant pas rompre son jeûne; il avouait plus tard que ce sacrifice lui avait beaucoup coûté.

Lisant un livre qui parlait de pèlerinage à Rome, au tombeau de saint Louis de Gonzague, il eut l'ardent désir de faire lui aussi le pèlerinage de Rome. Il voulait partir avec un pèlerin qui passait à La Mure, et qui eut de grandes difficultés à se débarrasser de ses supplications réitérées.

Il ajoutait qu'il voulait aller à Rome pour baiser les pieds du Pape et obtenir le pardon de ses péchés.

Les fautes de sa jeunesse. — Sa soumission à la volonté de ses parents était étonnante dans un âge aussi tendre. On le voyait toujours obéir gaîment au moindre signe de sa mère. Sa sœur a attesté ne l'avoir vu manquer que deux fois sur ce point :

1° En cherchant un objet que sa mère avait caché exprès, malgré la défense qu'il en avait reçue ;

2° En se rendant au Calvaire qui domine La Mure, malgré les ordres contraires de sa mère.

Mais dans les deux cas, il revint vite de lui-même avouer sa faute et promettre de n'y plus retomber.

A l'âge de quatre ou cinq ans, pour une faute légère, sa mère lui dit qu'il avait fait une sottise. Comme il avait remarqué que son père l'avait corrigé en une autre circonstance semblable, il crut que la peine devait toujours suivre la faute et il courut aussitôt à son père en lui disant : « *Papa, j'ai fait une sottise, châtiez-moi* », et il s'offrit aux verges. Sa mère se mit à pleurer.

Son enfance fut angélique. Il lui échappa de dire un jour avec une naïveté touchante : « *Oh ! j'ai fait bien des péchés dans mon enfance : surtout, j'ai volé un plumet de soldat chez une revendeuse ; mais, de repentir, j'ai été le rejeter dans la boutique...* »

Sa soi-disant conversion à neuf ans. — Le Père Eymard affirma toujours qu'il s'était converti à l'âge de neuf ans. Or cette manière de dire cachait la grande faveur qu'il reçut du Ciel à cette époque. Dieu alors éclaira son âme d'une telle lumière que, comparant le présent au passé, il appelait cela l'époque de sa conversion.

Craignant que plusieurs de ses petits camarades, dont les parents logeaient près de la maison de son père, ne devinssent dangereux pour lui, il pria de tout son cœur le Bon Dieu de les éloigner. — Peu de temps après, ces familles partirent : sa prière avait été exaucée.

Sa pensée sur Marie-Eustelle. — Un jour, le 26 janvier 1845, le Père Eymard dit au R. P. Mayet son ami : « *Ah ! que je suis touché de la vie et des écrits de Marie-Eustelle !* (morte en odeur de sainteté, à Saintes, le 29 juin 1842.) *J'ai déjà fait une convention avec elle ; oui, c'est ma sœur. Nous avions les mêmes inclinations, les mêmes passions, le même caractère ; j'avais aussi une tendre dévotion pour le Sacré-Cœur de Jésus, dans la confrérie duquel j'étais entré.*

« *Mais il y a une différence entre elle et moi : c'est que je me suis converti plus tôt qu'elle, à neuf ans environ ; depuis cette époque, j'ai toujours été fidèle à la grâce de Dieu et à ma résolution.* »

Le Père se mit alors à nous raconter quelques-unes des fautes de sa première enfance, qui avaient précédé sa conversion : c'étaient des gourmandises, de petits vols de friandises dans la maison paternelle, quelques étourderies avec ses camarades. D'où nous avons conclu qu'il n'avait jamais perdu l'innocence baptismale.

Ce que sa sœur pensait de lui. — Sa sœur, qui a fourni bien des détails intéressants sur son enfance et sa jeunesse, et qui ne l'a jamais perdu de vue pendant les trente premières années de sa vie, disait avec simplicité en 1850 environ : « Il a toujours mené une vie pure, irréprochable, je ne lui ai jamais vu faire un péché véniel délibéré. Je l'ai connu enfant tel qu'il est aujourd'hui ; et si ce n'était pas mon frère, j'ajouterais qu'il a conservé intacte la grâce de son baptême. »

Ses désirs de la confession. — Cet enfant de prédilection, qui conserva toute sa vie (des témoignages imposants nous portent à le croire) l'éclat de sa robe baptismale, se purifiait encore, avec un ardent désir de la confession.

Mais une difficulté l'arrêtait, il ne trouvait rien à dire. « *Si je ne fais point de péché,* disait-il, *je ne pourrai jamais avoir le bonheur de me confesser.* » Il ne savait comment concilier les deux choses. Il imagina alors de prononcer quelque parole grossière qu'il avait entendu dire, et puis alla se présenter au tribunal de la pénitence.

Il voulait se confesser souvent. — Il *voulait recourir fréquemment au sacrement de Pénitence;* mais son confesseur refusait de l'entendre. « Tu viens trop souvent », lui disait-il.

L'enfant ne se rebuta pas et son désir devenait toujours plus vif. Vers l'âge de neuf ans, aux approches de Noël, il voulait se présenter à son curé, le priant d'écouter sa confession et de lui accorder la grâce de l'absolution. « *Ah!* disait-il sans cesse, *ah! que je voudrais être pur, bien pur, pour célébrer dignement cette fête!* »

Le curé le renvoya au vicaire qui déjà l'avait évincé.

Il s'adressa alors à un de ses petits amis : « *Que nous serions heureux,* lui disait-il, *si pour cette fête nous étions bien purifiés de toutes nos fautes, bien préparés et en état de grâce! Pour avoir ce bonheur,* ajouta-t-il, *allons au Villard* (village situé à deux lieues de La Mure), *nous prierons bien, nous serons sages et nous nous confesserons.* »

La proposition est acceptée, ils partent de grand matin, à jeun, par un temps de neige, sans être aperçus. Ils arrivent à l'heure de la Messe et demandent comme une faveur de la servir. Le recueillement de Julien frappe extrêmement son compagnon. Plus tard, il disait que le souvenir de son pieux ami le renouvelait, à l'époque des fêtes de Noël.

Le curé, après la Messe, les reçut avec affabilité, très touché de leur ferveur précoce, et il fit tout ce qu'ils voulurent. Puis ils se retirèrent joyeux.

Le long du chemin, Julien disait à son camarade, qui devint plus tard l'abbé Baret : « *Que nous sommes heureux d'être purs! Conservons bien notre recueillement.* »

La joie de leur âme les empêchait de penser à la faim, à la fatigue d'une longue route, qu'ils durent faire nu-pieds dans la neige. Ils revinrent tard à la maison paternelle, épuisés de faim et de froid : mais ils s'étaient confessés. Les parents de Julien admirèrent en silence, et bénirent Dieu du trésor qu'il leur avait confié.

Les préparatifs de sa Première Communion. — Sa Première Communion fut l'objectif de ses premières années.

Aux approches de ce grand jour, il redoubla ses mortifications, glissant une planche dans son lit, jeûnant même. Ce n'était pas assez pour son zèle, c'était trop pour son débile estomac. Vers onze heures, la faim devenant vive, l'enfant sortait et allait faire le tour de l'église pour se tromper lui-même par cette innocente ruse.

Souvent aussi, à cette époque, il allait, pieds nus, prier au Calvaire de La Mure.

Sa Première Communion. — Le jour de sa Première Communion, 16 mars 1823, fut pour lui une date ineffaçable.

Nous ne savons qu'un mot de ce qui se passa entre Jésus et son jeune serviteur dans ce premier embrassement.

« Quand je pressai Jésus sur mon cœur : Je serai prêtre, lui dis-je, je vous le promets. »

Trente ans plus tard, ce souvenir arrachait des larmes au Père Eymard. *« Quelles grâces le Seigneur m'a faites à ma Première Communion ! Oui, je le crois, ma conversion fut alors sincère et parfaite. »*

Ses désirs de communier souvent. — Cette Première Communion alluma dans l'âme de Pierre-Julien un désir insatiable de la renouveler.

Il pria et sollicita longtemps ; son confesseur de La Mure ne voulait rien entendre.

Un jour, son père l'envoya au loin faire une commission. L'enfant rentra fort tard, harassé, n'en pouvant plus et dévoré par la faim.

Mais il était une heure après minuit et Julien aurait voulu communier le lendemain : il ne prit donc aucune nourriture. Or, le lendemain, son confesseur refusa de l'entendre, et le renvoya brusquement : mais l'ardent amour de l'enfant avait touché le cœur de Dieu. Peu de temps après, dans un de ses pèlerinages à Notre-Dame du Laus, le Missionnaire auquel il s'adressa, le P. Touche, ému de sa ferveur angélique pour l'adorable Sacrement, lui dit : « Mon enfant, communiez souvent, communiez tous les jours ! » C'était la réalisation de ses plus chers désirs.

Son amour de la très sainte Vierge. — Julien avait une tendre dévotion envers la très sainte Vierge.

Tout jeune, il allait s'agenouiller à l'autel de Marie, et, ceint d'une grosse corde, il se consacrait à cette bonne Mère.

Il n'avait qu'une dizaine d'années lorsqu'il fit son premier pèlerinage à Notre-Dame du Laus, près de Gap, distant de La

Mure d'environ soixante kilomètres. Il partit à pied, ivre de joie, sans craindre la longueur de la route.

En traversant une forêt, il vit venir à lui un homme qui blasphémait horriblement, le menaçait de mort et disait qu'il ne lui échapperait pas. Mais l'enfant se recommanda à la très-sainte Vierge et le monstre disparut. (Sa sœur racontait le fait, et lui-même l'a redit au P. Mayet, son ami et confident.) « *Pourvu que la sainte Vierge me réponde sur ce que je vais lui demander,* disait-il, *je serai content.* »

Arrivé au béni sanctuaire, il se prosterna aux pieds de la statue vénérée de Marie, puis s'adressa au R. P. Touche, religieux de la Congrégation des Oblats de Marie qui desservaient alors ce pèlerinage. Celui-ci eut bientôt reconnu aux dispositions extraordinaires de l'enfant que le Seigneur avait sur lui quelque dessein spécial, et il l'engagea fortement à embrasser l'état ecclésiastique : c'était la réponse de la sainte Vierge. Il avait toujours eu la pensée de se faire prêtre ; cette pensée devint dès lors une résolution formelle et il dit au Missionnaire : « *Je veux être prêtre et missionnaire.* »

Aussi regarda-t-il toujours le sanctuaire de Notre-Dame du Laus comme le berceau de sa vocation sacerdotale : et ce ne fut pas le moindre motif qui l'attirait à ce béni sanctuaire.

Deuxième pèlerinage au Laus. — A l'approche de sa Première Communion, il fit un second pèlerinage à Notre-Dame du Laus, pour s'y mieux préparer.

Il y alla avec sa sœur Marianne ; celle-ci étant fatiguée de la route, le petit Julien lui dit : « *Asseyez-vous sur l'herbe, et pendant que vous vous reposerez, je me mettrai sur la hauteur, et je vous prêcherai ma Sœur Benoîte.* » Ce furent ses expressions.

Il parla, en effet, longtemps des apparitions de la très sainte Vierge ; sa sœur s'en étonnait parce qu'il n'avait jamais lu ni entendu lire les manuscrits conservés au Laus. — Dès qu'il apercevait le sanctuaire, son cœur battait d'amour, il franchissait en courant l'espace qui l'en séparait, et allait se prosterner au pied de l'autel de sa bonne Mère.

Là, on le retrouvait immobile, anéanti, absorbé dans sa prière, ne faisant plus attention aux arrivants, ni à ce qui se passait autour de lui, et dans un recueillement angélique.

Aussi Notre-Dame du Laus resta toujours l'un des sanctuaires de prédilection de toute sa vie.

Dans ses premières années, il y alla souvent; plus tard, dans ses voyages, il se détournait de la route pour retrouver son cher sanctuaire.

Le 15 mai 1851, il écrivait : « *La semaine prochaine, je vais passer un demi-jour au Laus. Je me fais une fête d'y penser; je reverrai encore la bonne Mère du Laus. Cette pensée me suit partout, me console et me fortifie. Oh! quel bonheur! — Je vous assure que toutes les fois que je vais à Notre-Dame du Laus, je me dis : Oh! si je pouvais y mourir! être enterré autour de ce sanctuaire qui m'est si cher et où j'ai reçu tant de grâces! — Que cette surprise me serait agréable!* »

Une double faveur du Laus. — En 1842, 46, 49, 63, 65 et bien d'autres fois encore, le Père revit Notre-Dame du Laus, son pèlerinage favori. Il y alla aussi en 1848 dans l'octave de la Pentecôte. — Ses compagnons souffraient de la soif et demandaient de l'eau sans espoir d'en trouver. Le Père descend de voiture, s'approche du buisson qui bordait la route, et apporte aux voyageurs un vase contenant une eau excellente.

« C'est la sainte Vierge qui vous a fait cette faveur? » lui dit sa sœur. Il répondit simplement : « *Cela m'arrive quelquefois: je me confie à la Providence, et je trouve ce que je veux.* »

Ce vase est conservé par les Servantes du Très Saint Sacrement comme une relique.

La veille du jour où ce fait eut lieu, le P. Eymard avait envoyé à une personne du T.-O. de Marie, à Lyon, du papier trempé dans l'huile de la lampe qui brûle perpétuellement au Laus, devant l'image de Marie. Ce papier la guérit subitement de la maladie dont elle souffrait.

La pensée de son père. — Son père l'aimait tendrement, reposait sur lui toutes ses espérances, et avait déjà pour ce cher enfant un projet de mariage dont il ne pouvait, même alors, s'empêcher de parler.

Mais Julien répétait tout bas dans son cœur ce qu'il avait dit à sa Mère du Ciel, à Notre-Dame du Laus : « *Je ne me marierai jamais, je veux être prêtre, je veux être missionnaire.* »

Ce fut l'origine de ses premières épreuves. Son père s'opposa constamment à ses études; et l'enfant, fidèle à la voix de Dieu, lutta sans défaillance, jusqu'au bout, avec une héroïque énergie, qui lui mérita la réalisation de ses vœux.

Son goût et sa facilité pour l'étude. — Son père l'envoya à l'école dès qu'il en fut capable ; il apprenait très facilement. Il y resta environ jusqu'à l'époque de sa première communion ; au catéchisme on ne le questionna que le seul jour de l'examen, — c'est lui-même qui l'a dit, — on le voyait si prêt, si sûr, qu'on jugeait inutile de l'interroger.

L'abbé d'alors (1) avait deux ou trois élèves pour le latin ; Julien va le trouver et lui dit : « *Monsieur, je voudrais, moi aussi, apprendre le latin, je veux être prêtre.* » — « Mais, pauvre petit, tu es bien jeune ! sais-tu lire seulement ? » — « Il ne sait rien », dit un des enfants par mépris. — « *Si, je sais lire la Civilité.* » C'était un manuscrit gothique, le *nec plus ultra* de la science du maître d'école. — On ne le reçut pas.

Sa conduite exemplaire à l'école. — A l'école, ses petits camarades n'étaient pas aussi réservés que lui. Souvent des mots grossiers ou mauvais leur venaient à la bouche. — Quand ils étaient de son âge : « *Taisez-vous,* leur disait-il, *c'est bien mal, cela offense le bon Dieu.* » — S'ils étaient plus grands et plus forts, il revenait à la maison et leur écrivait : « *Si vous parlez encore devant moi comme vous l'avez fait, sachez que je ne vous regarderai plus : cela me fait trop de peine.* » Plus tard, élève à l'Institution de La Mure, « son aménité, sa douceur, son caractère ouvert lui eurent bientôt concilié l'affection de ses maîtres et l'amitié de ses condisciples.

« Il était le modèle, non seulement des élèves du Pensionnat, mais de tous les jeunes gens de son pays natal ; et l'ascendant qu'il avait pris sur eux était tel, que les plus étourdis se composaient en sa présence et évitaient tout ce qui aurait pu blesser sa modestie.

« Je ne sache pas qu'il ait commis en sa vie de faute capable de lui faire perdre son innocence baptismale. »

Ainsi parlait de lui l'abbé Baret, son compagnon d'enfance, plus tard son condisciple au Séminaire et son confrère dans le ministère paroissial.

(1) A l'époque où le R. P. Mayet écrivait sa notice.

CHAPITRE II

Etudes classiques et ecclésiastiques ; premières épreuves.

L'opposition de son père. — Fidèle à la voix du Seigneur, le Serviteur de Dieu demandait sans cesse à son père de lui laisser faire ses études, afin de pouvoir ensuite se consacrer au service des autels.

Mais celui-ci désirait laisser au fils unique, qui lui était si cher, son état et sa modeste fortune : malgré sa piété, il n'avait pas assez de détachement pour sacrifier le plan qu'il avait formé aux vues de la divine Providence sur son enfant.

Ses désirs d'étudier le latin. — Le principal commerce de son père était celui de pressureur d'huile, outre celui de coutelier, taillandier, armurier, qu'il exerçait aussi.

Un jour, allant vendre l'huile qu'on venait de tirer du pressoir, Julien aperçut un enfant à la porte d'une école avec un livre à la main. S'étant assuré que c'était une grammaire latine : « *Comment faites-vous,* lui dit-il, *pour apprendre ?* » L'enfant lui expliqua alors les déclinaisons. Julien recueillit avec avidité cette première leçon du maître improvisé. Puis, pour quelques sous, il acheta une grammaire latine et se mit au travail *seul et en secret,* dans un coin du pressoir, se dérobant aux regards de son père et de sa mère, comme s'il eût fait une mauvaise action.

Parfois, occupé d'œuvres manuelles avec le domestique de la maison, il mettait devant lui son livre et faisait deux ouvrages en même temps. Puis il s'adressait à de jeunes ecclésiastiques, les priant de corriger ses devoirs.

« *Je voudrais être prêtre et étudier,* disait-il ; *mon père ne veut pas y consentir.* »

Ses premiers déboires. — Le métier de son père l'exposant à avoir des vêtements malpropres et tachés d'huile, bientôt les parents de ces jeunes ecclésiastiques lui firent affront et ne voulurent plus le recevoir.

Il fut donc obligé de guetter le moment où les séminaristes

se rendaient à la promenade, et il allait les rejoindre à plusieurs kilomètres au delà de La Mure pour réclamer d'eux le même service.

Il accepte d'être reçu comme indigent dans une Pension de La Mure. — Cette marche trop lente dans ses études lui fit chercher de tous côtés quelque moyen plus rapide pour faire ses classes de latin, sans toutefois recourir à son père qui refusait toujours son concours, croyant par là l'arrêter dans ses projets.

Julien se fit accepter à la pension de La Mure comme enfant de pauvre. — Un contrat obligeait le Maître de cette pension à recevoir trois indigents. — Que lui importait l'humiliation, pourvu qu'il pût atteindre le but si ardemment souhaité !

Sa condition d'indigent, si héroïquement acceptée, lui fut l'occasion d'autres affronts multipliés.

Pour se compenser de l'instruction qu'il lui donnait gratuitement, le maître l'employait à la culture de son jardin pendant les récréations et pendant les promenades. Mais le désir d'être prêtre donnait à l'enfant le courage de tout supporter.

« Nous nous trouvions ensemble, a raconté M. Auguste Morin, à l'Institution de La Mure, l'ancien couvent des Capucins, et bien qu'il fût en retard pour ses cours réguliers, une année ou deux lui suffirent pour rattraper et même dépasser ses condisciples. »

Les oppositions du Vicaire. — Malgré tout, son père continuait ses oppositions ; il avait gagné à sa cause le vicaire de La Mure, confesseur de son fils, et aussi un missionnaire, de passage dans le pays, auquel Julien se confessa et qui, l'accusant d'être désobéissant à son père, voulait l'obliger à renoncer à l'état ecclésiastique.

Mais tous ces obstacles venaient se briser devant la foi et le bon sens du jeune étudiant : « *C'est mon père*, disait-il, *qui leur a soufflé son mécontentement et les avis qu'ils me donnent.* »

Nouvelle épreuve plus dangereuse. — Pour se soustraire aux importunités de son père, Julien profita du passage de l'aumônier d'un Etablissement religieux de Grenoble qui cherchait un élève, pour arracher l'autorisation de partir avec lui.

Mais quelle épreuve pour lui, lorsqu'il sut que cette maison était destinée aux aliénés, et que l'on y renfermait aussi des femmes de mauvaise vie qui étaient malades ! — Il s'agissait de *Saint-Robert de Grenoble*.

Une lettre de lui écrite à sa sœur Marianne et datée de Saint-Robert de Grenoble, 30 juin 1828, indique ce qu'il en pensait.

« ... *Ce serait mentir,* écrivait-il, *que de dire que je ne languis pas, c'est encore pire que jamais. Si j'avais au moins quelqu'un pour me tenir compagnie, je ne languirais pas autant ; mais je n'ai pour ainsi dire personne ! mais j'espère que le Seigneur aura pitié de moi, et me tirera de cet abîme de désordres et de crimes qui règne ici dans ce Bicêtre.*

« *Ah ! que le Seigneur me préserve d'y finir mes jours !...* »

Il avait alors dix-sept ans. L'escalier par où il lui fallait passer était celui-là même qui devait servir à ces malheureuses créatures.

Là encore, comme compensation des quelques leçons de latin qu'il recevait, il dut accepter l'humiliation d'être de fait le domestique de l'aumônier : il faisait sa chambre, sa cuisine, était à ses ordres.

L'été, cet abbé allait à la campagne ; il laissa le jeune homme seul dans ses appartements : sa simplicité et son innocence furent sa sauvegarde. Un jour, une des malheureuses renfermées dans la Maison lui manqua de respect ; le timide jeune homme se courrouça, porta ses plaintes avec indignation ; elle fut chassée de l'Etablissement.

Tous ces contre-temps n'empêchaient pas Julien de se livrer à l'étude avec ardeur.

Plus tard, il bénissait Marie de l'avoir si bien protégé à cette époque de sa vie.

Dans cette maison, comme il avait été ailleurs, il fut un modèle accompli de soumission, de piété et d'exactitude à ses devoirs. Tous l'estimaient ; l'intendant, ancien militaire, l'aimait surtout d'une affection particulière ; il avait une telle confiance en sa sagesse, qu'il lui abandonnait ses enfants en le priant d'être leur Mentor.

La mort de sa mère. — Le 5 août 1828, passant dans la cour de l'Etablissement, le Serviteur de Dieu rencontra l'intendant, qui lui dit brusquement : « Ta mère est malade, ta mère est morte. »

Aussitôt, déposant le panier de service qu'il portait au bras, il se rend à la chapelle, à l'autel de la Vierge, et supplie Marie de lui servir de Mère, puisqu'il n'en avait plus sur la terre. Il la conjure d'être la protectrice de sa vocation ecclésiastique.

Puis, il part consoler son père et pleurer avec sa sœur.

Son courage ne l'abandonne pas. — Se trouvant encore une autre fois seul sans professeur, il ne se décourage pas. — Il achète une collection de livres classiques avec traduction, depuis l'*Epitome historiæ Græcæ* jusqu'aux poésies d'Horace, et se met à l'œuvre, commençant par mettre le latin en français, puis se corrigeant lui-même à l'aide des traductions ; et ainsi, peu à peu, il acquiert une certaine facilité pour la langue de l'Eglise.

Son départ pour les Oblats de Marie à Marseille. — Le P. Guibert, missionnaire des Oblats de Marie, puis Archevêque de Tours et plus tard Cardinal-Archevêque de Paris, vint à La Mure.

Julien alla vers lui, répétant ce qu'il avait confié à tant d'autres, qu'il voulait être prêtre et missionnaire ; il le supplia de venir parler à son père et de l'emmener avec lui.

Le P. Guibert accepta et obtint, à force d'instances, le consentement du père, au moins pour un essai.

Voyant que, malgré tous ses efforts, il perdait son fils, le pauvre père se mit à pleurer ; toute la maison était triste ; seul Julien était dans la joie.

Au comble de ses vœux, il se rend à pied à Notre-Dame du Laus, et, quinze jours plus tard, on l'envoyait à Marseille au Noviciat des Oblats de Marie. Il y arrivait le 7 juin 1829, fête de la Pentecôte, sous le nom et le patronage de saint Louis de Gonzague.

Il eut le bonheur d'y revêtir le saint habit ecclésiastique, qu'il ne quitta plus jamais depuis.

Ses désirs étaient enfin réalisés. — Son bonheur était

grand de trouver à la fois la vie religieuse, la possibilité des études régulières et l'espérance de devenir missionnaire un jour.

Dans une lettre à sa sœur du 13 octobre 1829, il disait : « ... *Ne pensez pas cependant que ce soit par paresse que je ne vous ai pas écrit, car c'est bien loin de là ; mais passant de si beaux jours, au milieu de si bons compagnons, le temps s'est écoulé sans que je m'en sois aperçu...* »

Il se mit aux études et au travail de sa perfection avec une ardeur nouvelle, qui ne comptait pas, hélas ! avec ses forces physiques.

En dix mois, elles furent épuisées et l'on dut le renvoyer dans sa famille. Il y vint résigné, et tout heureux de l'habit ecclésiastique qu'il portait. Il y resta deux années à refaire sa santé, mais sans perdre jamais l'espoir du sacerdoce.

Un jour qu'il était presque mourant, quelqu'un ayant devant lui exprimé la crainte que cela n'arrivât pas, il se réveilla de sa demi-agonie pour répéter : « *Je serai prêtre, je dirai la sainte Messe.* »

Il se délasse en étudiant la musique. — Ne voulant pas rester oisif pendant cette infirmité et la longue convalescence qui la suivit, il apprit de lui-même différents instruments de musique : le piano, le violon, la guitare.

Devenu prêtre, il aimait à s'accompagner au piano en chantant des cantiques ; il se délassait ainsi des travaux du saint ministère.

Il préférait, dit le P. Mayet, les airs mélancoliques et les airs guerriers. — Son âme tendre aimait à soupirer vers le ciel, vers Dieu ; son cœur habitué aux combats dès sa jeunesse aimait les hymnes de guerre.

Il était ravissant de piété naïve, de simplicité, de joie enfantine, au piano du collège de Belley, quand il avait beaucoup travaillé, beaucoup prié, beaucoup confessé.

La mort de son père. — Voyant la santé de Julien se rétablir, son père renouvela ses premières instances pour l'obliger à renoncer à ses études.

Mais une maladie subite et une mort rapide vinrent tout changer. Le père mourait le 3 mars 1831 ; à ses derniers

moments, il voulait encore que son fils restât sous le toit
paternel pour soutenir sa sœur.

Il résolut d'entrer au Séminaire de Grenoble. — Libre
désormais par la mort de son père, pouvant suivre des études
régulières, il résolut d'entrer au Grand Séminaire de Grenoble. Mais il fallait passer un examen sur la philosophie.

Il pria son curé de lui donner une lettre de recommandation.

Celui-ci la lui promit. Mais, *dernière épreuve*, cette lettre le
désavouait. Julien en avait eu le secret pressentiment, et, l'ouvrant, il comprit qu'il ne s'était pas trompé.

Il lui restait la divine Providence ; et s'abandonnant à Elle,
sans recommandation aucune, sans protection, en une occasion si grave pour lui, mais fort de son innocence et de la
pureté de ses intentions, il partit pour Grenoble en comptant
sur Dieu seul.

La première inspiration de sa piété fut d'aller se jeter aux
pieds de Celle qu'il avait prise pour sa Mère, et réclamer sa
protection. Il pria aussi à l'autel de saint Louis de Gonzague,
pour qui il avait une grande dévotion.

Et, admirable protection de sa tendre Mère du Ciel ! au
sortir de l'église, Julien rencontre le T. R. Père de Mazenod,
fondateur des Oblats de Marie et, plus tard, évêque de Marseille.

Le vénérable fondateur, qui le connaissait, l'accueillit avec
la plus grande bienveillance et lui exprima sa surprise de le
rencontrer à Grenoble. « *Je viens*, dit Julien, *me présenter
aux Supérieurs du Séminaire diocésain.* »

« Attendez-moi, répondit le R. Père, et soyez tranquille,
je vais dire à ces Messieurs tout le mal que je sais de vous ! »

Pénétré de reconnaissance pour Dieu, Julien se rend près
des Supérieurs ; il en est bien reçu ; le résultat de son examen
sur la philosophie fut satisfaisant. Il entra en octobre 1831 au
Grand Séminaire pour y suivre pendant trois années le cours
de Théologie. Il avait vingt ans.

Il doit tout à Marie. — Revenant plus tard sur cette
époque de sa vie, le Père Eymard disait : « *Ah ! oui, je dois
tout à Marie ! Je n'ai pas eu d'autre maître qu'Elle pour mes
études, à l'exception de ma Théologie ; c'est le seul cours
régulier que j'aie fait.*

« Je n'ai point fait de seconde, ni de rhétorique : et cependant vicaire, curé, directeur de Petit Séminaire, missionnaire, supérieur de collège, maître des novices, directeur du T.-O. de Marie, partout j'ai réussi.

« Je le dois à Elle, à Elle seule ! »

Son Grand Séminaire. — La piété de l'abbé Eymard prit au Grand Séminaire une plus grande expansion, et son amour de Dieu augmenta de jour en jour par la facilité qu'on a, dans cette sainte Maison, de visiter souvent Jésus au Très Saint Sacrement.

« Là, dit son ami et son condisciple l'abbé Baret, il se faisait remarquer par son assiduité aux classes et sa piété à l'église.

« Nous avons été co-chambristes, il ne perdait pas une minute.

« Je ne l'ai vu manquer au règlement qu'une seule fois, pendant les trois années de son séminaire. J'avais un bonnet et je descendais, lui montait ; il me prit mon bonnet et courut par les corridors ; je lui courais après, le supérieur nous gronda.

« Déjà alors, sa seule vue inspirait la piété ; sa figure amaigrie, sa tête un peu inclinée, toute sa personne avait quelque chose de pénétré, de mystique.

« Mais à l'église ! *ah! à l'église surtout,* comme il était édifiant ! Comme les yeux se portaient facilement sur lui ! Sans rien dire ! sa seule présence portait à la vertu. »

Il remplit l'office d'infirmier. — Pendant les trois années de son séminaire, il remplit l'office d'infirmier, pouvant ainsi donner libre cours à cette charité qui le portait à compatir aux souffrances de ses condisciples.

Souvent lui-même se sentait fatigué, éprouvant de fortes migraines ; mais il suivait les cours quand même.

L'abbé Baret a encore affirmé qu'il « fut toujours présenté l'un des premiers à la Tonsure et aux autres Ordres, ce qui supposait non seulement la science, mais plus spécialement la vertu, la sagesse. »

Il fut tonsuré le 17 mars 1832, reçut les quatre Ordres mineurs le 16 juin 1832 ; le Sous-Diaconat, le 23 mars 1833 ; et le Diaconat le 21 juillet 1833.

En vacances, le séminariste réunissait les jeunes enfants du pays et les formait aux saintes cérémonies, avec une piété et une ferveur très édifiantes.

Sa préparation au Sacerdoce. — Dans une de ses notes de retraites du Grand Séminaire, il s'accuse de ne pas témoigner assez son amour à Jésus au Très Saint Sacrement, c'est-à-dire « *de penser trop, et de ne pas prier assez.* »

Sa préparation au sacerdoce fut admirable.

« Impossible, dit son condisciple, de vouloir raconter comment le Père se prépara à la prêtrise : Dieu seul en a le secret ; ce que je puis dire, c'est qu'il suffisait aux autres Ordinands de le voir pendant la récréation et à l'église, pour se sentir portés à une plus grande ferveur.

« Ce fut le 15 juillet 1834 qu'il se mit en retraite pour se préparer à son ordination sacerdotale. Il examine sa vie passée, compte ses fautes en juge rigoureux. Ce ne sont que de légères taches, et il prend la résolution « *de demander sans cesse à Dieu une grande horreur pour le péché, avec le don des larmes pour pleurer ceux qu'il a commis.* »

Il se met devant les yeux les vérités les plus terribles : « *Il y a un enfer, beaucoup de prêtres y seront peut-être ! serai-je de ce nombre ? Oui, si je suis toujours si lâche pour la prière, l'humilité et l'humiliation ; oui, si mes parents me sont mieux que Dieu.*

« *Oui, si je renie Dieu en n'osant me déclarer en toute occasion pour lui.*

« *Oui enfin, si je ne suis prêt à tout faire et à tout sacrifier pour Dieu.*

« *O mon Dieu ! c'est tout de bon que je reviens à Vous.*

« *Avant toutes mes actions : Quid hoc ad æternitatem ?* »

Et pensant avec frayeur à cette grande action : « *Cette Messe sera peut-être la dernière. — Ma disposition sera d'être prêt à mourir après l'avoir dite.* »

Son Ordination sacerdotale. — L'abbé Eymard fut ordonné prêtre à Grenoble le 20 juillet 1834. Il alla se réfugier dans la solitude de Notre-Dame de l'Osier desservie par des Missionnaires diocésains et y célébra sa première messe le 22 juillet 1834, fête de sainte Madeleine.

Il partit à l'insu de sa bonne sœur, laissant ignorer à tous sa retraite, et monta à l'autel après un jour encore de recueillement, encouragé par le regard maternel de Marie.

Lui seul connut les délices de cette première Messe : délices pour le serviteur et pour le Maître aussi, heureux d'obéir à une voix si pure, de reposer dans des mains si innocentes.

Tous les ans, son émotion était visible, lorsqu'il célébrait au saint autel l'anniversaire de son premier sacrifice.

On voulait le nommer Curé. — Les Missionnaires Oblats de Marie qui desservaient le sanctuaire de Notre-Dame de l'Osier, touchés de la vertu et de la douceur de l'abbé Eymard, désirèrent, malgré sa jeunesse, l'avoir pour curé de la paroisse. Mais sa sœur obtint de l'Evêque de Grenoble que son frère, dont la santé avait besoin de se consolider, prendrait quelque repos dans sa famille. (*Lettre de Mgr l'Evêque de Grenoble, 28 août 1834.*)

Il y resta trois mois, et sa présence fut une prédication pour ses concitoyens qui admiraient en lui les qualités qui les avaient charmés dans sa jeunesse, et le vénéraient déjà comme on vénère les saints.

CHAPITRE III

Son Ministère Sacerdotal.

Sa piété envers l'Eucharistie. — Au lendemain de son sacerdoce, l'abbé Eymard ne semblait vivre que pour l'Eucharistie.

« Plus de deux heures avant sa messe, dit Mlle Marianne, mon frère était inabordable. Il passait un temps presque égal dans le plus profond recueillement après son action de grâces. »

Dans la journée, il visitait Notre-Seigneur. C'est à lui directement qu'il confiait ses résolutions, sous ses yeux qu'il les écrivait. Il croyait à la Présence personnelle et vivante de Jésus ; l'Eucharistie n'était pas seulement pour lui un dogme, un Sacrement, ni un souvenir, elle était « le Maître. »

Il est nommé vicaire à Chatte. — Le 17 octobre 1834 il

reçut de son Evêque la nomination de vicaire à Chatte, canton de Saint-Marcellin (Isère). Il y passa trois ans : on l'appelait et on le considérait comme un autre saint Louis de Gonzague.

Sa piété et son zèle étaient admirables. Il allait fréquemment, à toute heure du jour, devant le Très Saint Sacrement : il y portait ses livres. Mais ayant du temps pour Dieu, il en eut aussi pour le prochain. Souvent, lorsqu'il voyait quelques personnes dans l'église, soit qu'elles vinssent pour se confesser ou pour prier, le matin, dans la journée, le soir, il se retournait vers elles et leur disait quelques paroles d'amour de Dieu, et concluait ainsi : « *Allons, mes sœurs, emportez ces quelques paroles que le bon Dieu m'inspire : ce sera un bon petit bouquet pour vous.* »

De temps en temps, il faisait une retraite de deux ou trois jours pour exciter à la piété.

Souvent encore, à la messe, il adressait la parole de Dieu, bien qu'il crachât le sang : on ne pouvait l'en empêcher. Quand il avait prêché, il était obligé de se coucher, la tête toujours couverte.

Le dimanche, il faisait le Chemin de la Croix; mais jamais il ne prenait de livre. A la XIIe station, il pleurait toujours, sanglotait.

Un jour, à la IXe, il s'écria : « *Pauvre Jésus !* » descendit de chaire et ne put plus achever. On ne s'étonnait pas de cela : il était si saint, si connu comme tel!

Petit à petit, il établit la *prière du soir* : il y parlait un quart d'heure, une demi-heure, *presque toujours sur le Très Saint Sacrement.*

Sous l'action d'un tel zèle, les vocations religieuses germèrent bientôt. Les personnes qu'il envoyait en religion étaient sérieuses, et de solide vocation : ce qui prouvait la sagesse et le discernement de leur directeur.

Il se fait tout à tous. — Il prenait en main tous les intérêts de ses paroissiens, s'occupait de leurs travaux, souffrait de leurs peines et partageait leurs joies.

Sa charité n'avait pas de limites : il donnait tout, jusqu'aux hardes de sa sœur.

« Pour conserver l'argent nécessaire à l'entretien journalier, il fallait le cacher », dit cette pieuse fille, « bien heureuse encore, quand sa charité ne découvrait pas mes cachettes. »

Un jour que son frère avait donné le dernier sou : « Que mangerons-nous ? » lui demanda-t-elle. — *« Oh ! il y a bien du fromage, n'est-ce pas ? »*

Ses égards pour son Curé. — Son respect et ses égards pour son curé étaient ceux d'un fils pour son père.

Jusque-là, il avait refusé d'apprendre à jouer aux cartes, afin de pouvoir refuser honnêtement, si on l'engageait à prendre part à ce divertissement. Mais on lui dit que son curé avait l'habitude de cette récréation, quelques moments après le repas ; l'abbé Eymard crut alors que sa charité lui faisait un devoir de condescendre à ce désir, malgré sa répugnance. Bientôt il fut plus habile que son maître ; et comme il s'aperçut que celui-ci n'aimait pas à perdre, il fit en sorte de ne jamais gagner. Le jeu l'ennuyait.

Tous le vénéraient. — A Chatte il était entouré du respect et de la vénération de tous.

Il savait aborder tout le monde avec une parole de sympathie et d'affection.

Quand quelqu'un était affligé, il allait à lui, le prenait à part, l'entraînait à son confessionnal pour le consoler : personne n'y trouvait à redire.

Il était aimé des fidèles, mais c'est parce qu'il les aimait réellement. Il disait : *« Chatte est toujours, pour moi, entre l'Hostie et la patène. »*

Ceux qui étaient ignorants, incultes, il les prenait à part et les instruisait. Aux hommes il disait : *« Venez, mes frères, venez le jour, la nuit, écrasez-nous ; puissions-nous mourir à la tâche, Dieu nous en fasse la grâce ! »*

Il s'oppose à « la Vogue. » — Ayant appris que la Vogue allait s'établir dans le pays, il en demeura fort triste, et dit à ses paroissiens : *« Vous vous en repentirez, vous vous en repentirez, je vous le répète. »*

Il partit peu de temps après, ayant reçu sa nomination pour la cure de Monteynard le 2 juillet 1837. *(Lettre de son évêque du 2 juillet* 1837.)

Il partit pauvre. Pendant son séjour à Chatte, tout son traitement de vicaire passait dans la main des indigents. Lors de sa nomination comme curé, non seulement il n'avait pas de quoi s'acheter une soutane, mais il ne lui restait plus que soixante centimes, dont vingt servirent à payer le port de la lettre qui lui annonçait sa nomination : huit sous pour monter une cure !

Il n'oubliait pas sa propre sanctification. — Cherchant à sanctifier les autres, il n'oublia pas sa propre sanctification.

Dans sa retraite annuelle de 1835, il répond à ces paroles de Notre-Seigneur : « *Pierre, m'aimes-tu ? — Seigneur je n'ose pas dire : Je vous aime, mais je vous aimerai.* » Et il s'écrie : « *Oh ! qu'heureux je serai, si je puis garder mon cœur libre de tout lien, enchaîné seulement à Jésus, mon Dieu ; droit dans ses intentions, chaste dans ses affections ! Tous mes efforts, je veux les consacrer à garder mon cœur libre et indépendant, et à déraciner en moi le vice dominant qui est l'orgueil.*

« *J'irai devant le Saint Sacrement, et je signerai ces résolutions de mon sang.* » Et il le fit.

Sa réputation de sainteté. — A Chatte l'impression de sa sainteté était si vive qu'on ne parlait de lui qu'avec exclamations.

Dans cet humble ministère de village, se révéla tout d'abord le don que le Père Eymard avait reçu au suprême degré : d'attirer à lui les âmes pour les porter à Dieu.

« Peut-être n'est-il jamais revenu dans cette paroisse qui eut les prémices de son ministère, mais son souvenir y est resté ineffaçable et on l'y pleure encore aujourd'hui (1868). »
(Mémorial catholique.)

Il est nommé curé à Monteynard. — Les habitants de Monteynard remarquèrent cette particularité, toute en faveur de leur nouveau curé. Il ne vint pas voir la paroisse où il allait être nommé, pour en connaître les ressources et la situation. Ils en conclurent que l'abbé Eymard devait être désintéressé, un prêtre n'ayant en vue que les âmes.

Leurs espérances furent dépassées.

Il donnait tout. — A Monteynard, son amour pour les pauvres et les affligés ne fit que grandir.

Dieu lui avait donné un talent merveilleux pour soulager les affligés. — Personne n'avait recours en vain à sa charité ; comme on savait la bonté de son cœur (c'était sa qualité dominante), toutes les douleurs aboutissaient à ce cœur compatissant. Il savait les adoucir toutes.....

A Monteynard, comme à Chatte, il donnait tout, et le nécessaire lui manquait souvent. A la cure, on n'avait la viande que le dimanche. Il était toujours sans argent. Sa sœur, qui s'était chargée des soins de son ménage, lui en demandait quelquefois pour des achats indispensables, et il arrivait à son frère de répondre : « *J'ai donné tout à l'heure l'honoraire de la messe que je viens de célébrer.* »

Il allait jusqu'à prier sa sœur de lui remettre les vêtements dont elle se couvrait, pour de pauvres femmes qui en manquaient, en lui promettant de les remplacer, ce qui n'arrivait jamais.

Il ne voulait jamais rien recevoir. — S'il donnait tout à ses paroissiens, il s'était fait une loi de ne rien recevoir d'eux. Il était sur ce point d'une noblesse et d'une fierté dignes de l'apôtre.

Lui apportait-on quelques denrées, il exigeait que tout fût payé généreusement. « *Je ne veux pas,* disait-il, *engager mon ministère. Je dois rester libre, indépendant. Je veux le salut de mes brebis et non leur laine et leur lait.* »

Il faisait porter et portait lui-même aux malades des secours en remèdes et en aliments, souvent même les petites provisions qui se trouvaient chez lui.

Comme il avait quelque connaissance de la médecine, il s'en servait pour gagner la confiance de ces pauvres gens.

Ses conseils et ses prescriptions ayant bien réussi, bientôt, dans la paroisse, on ne voulait plus que lui pour médecin, et l'on ne recourait aux autres qu'à la dernière extrémité. Il fut même quelquefois embarrassé d'une telle confiance ; mais son admirable simplicité vint toujours en aide à sa prudence.

Quand la saison était venue de recueillir certaines fleurs médicinales, il en avertissait ses paroissiens du haut de la chaire, leur indiquant la manière de les reconnaître et de les conserver, les endroits où on les trouve. Il y voyait un double avantage, sauvegarder à la fois la santé de ses paroissiens et leur moralité : occupés à cette recherche, ils ne songeaient plus à se livrer à des plaisirs dangereux.

Il transforme sa paroisse. — Monteynard devint bientôt comme une grande famille dont il était le père vénéré. Ayant ainsi gagné leur confiance, il se mit à l'œuvre avec courage et travailla de toutes ses forces au bien de leurs âmes.

D'abord, l'église étant éloignée du village, il orna une petite chapelle qui était dans l'intérieur du pays et y transporta le Très Saint Sacrement.

Là, chaque soir, on se réunissait pour la prière, le chant d'un cantique, la récitation du Chapelet, et il adressait quelques paroles d'édification.

En se rendant à cette chapelle, il s'arrêtait aux divers groupes d'hommes qu'il rencontrait sur son passage, causait un instant avec eux de ce qui pouvait les intéresser, puis les entraînait avec lui à la prière.

Sous l'influence de sa prédication, de son exemple et de sa charité, ce peuple fut bientôt transformé : « Auparavant », dit une personne digne de foi, « il était, grossier, presque sauvage, ignorant au point de ne pas même connaître la sainte Vierge : il devint doux, bon, affectionné, chrétien. »

Le respect et la soumission des habitants pour leur pasteur étaient tels, qu'il n'avait qu'à parler pour être obéi ; il suffisait que l'on sût qu'une chose lui déplaisait, pour qu'elle ne se fît pas. Leur confiance était sans limite, il n'est rien qu'ils n'eussent cru et fait sur sa parole.

Son zèle pour le culte divin. — Le zèle du curé de Monteynard pour le culte était aussi grand que son dévouement pour les âmes.

Ayant trouvé l'église dans un état pitoyable, il se mit à quêter avec une ardeur infatigable et une aimable industrie. En peu de temps, il eut monté son église d'ornements, de tableaux, de cloches.

Témoins de tant de zèle, ses paroissiens disaient dans un sentiment d'admiration, qui révélait une inquiétude touchante : « Nous ne le conserverons pas longtemps ! c'est trop pour nous. »

Les origines de sa vocation religieuse. — Jusqu'ici son idéal n'était réalisé qu'à demi. Il avait voulu être prêtre, il l'était ; il lui manquait encore d'être missionnaire. La grâce l'attirait à la vie religieuse.

Un vieux missionnaire le vint voir, celui-là même qui, au Laus, lui avait donné de si bons conseils pour l'engager dans la carrière ecclésiastique.

Le Curé lui parla de ses aspirations. — Le P. Touche répondit que, dans une petite ville, il connaissait quelques religieux vivant en grande pauvreté, simplicité, abnégation, et qu'il en avait été singulièrement touché. — « *Quel nom portent-ils ?* » reprit le Curé.

« Maristes », répondit le missionnaire.

Ce mot fut une révélation : il l'était déjà dans son cœur.

Bientôt après, il partit pour Lyon, afin de juger des choses par lui-même, puis pour Grenoble, voulant obtenir l'autorisation de son Evêque.

Il lui fallut faire de vives instances près de l'Evêque. « *Donnez, Monseigneur, à la Société de Marie, comme prémices de votre diocèse, ce pauvre prêtre qui ne vous sert de rien, et qui est comme un frêle roseau. La sainte Vierge vous saura gré de cette légère offrande, toute modique qu'elle soit.* »

Enfin, voyant à l'évidence la volonté divine, Monseigneur accorda son consentement, par une lettre de Grenoble, datée du 4 juillet 1839.

Il rendit de l'abbé Eymard ce témoignage précieux : « Je montre assez mon estime pour la Société de Marie, en lui donnant un tel prêtre. »

Il part sans retard pour le Noviciat. — Sans tarder, sans perdre un seul jour, l'abbé Eymard prit le chemin du Noviciat des Maristes, malgré les instances et les supplications de sa sœur. « Je ne vous demande qu'une grâce », disait-elle, « accordez-moi un jour, un seul jour ! » — « *Non, ma sœur, c'est impossible, Notre-Seigneur m'appelle aujourd'hui. Laissez-moi être fidèle à sa voix. Demain il serait trop tard.* »

Sa sœur tombe évanouie, il la laisse entre les bras d'une sœur adoptive, et s'éloigne sans tourner la tête.

Quiconque a connu le cœur si bon, si aimant, l'extrême

sensibilité du saint prêtre, restera convaincu qu'il lui fallut, à cette heure de sacrifice, une grâce puissante, une vertu héroïque pour porter un tel coup et avoir le courage d'une telle séparation.

Plus tard, lui-même avouait qu'en rompant le seul lien de famille qui lui restât sur cette terre, en quittant cette sœur chérie et dévouée qui, en toute occasion, lui avait servi de mère, son âme avait éprouvé une douleur indicible.

Son ami, l'abbé Baret, l'avait accompagné assez loin sur la route de Grenoble. Et l'abbé Eymard lui avait dit : « *Si j'avais attendu encore un jour, je ne serais pas parti, tant l'émotion me gagnait à la vue des larmes de ma sœur.* »

La douleur de ses paroissiens. — A la nouvelle d'un départ si précipité, si inattendu, toute la population de Monteynard fut plongée dans une extrême douleur. Tous pleuraient. Ils firent tout pour le ravoir ; ils écrivirent à Monseigneur, allèrent à Grenoble, envoyèrent une députation à leur curé devenu novice : tout fut inutile.

Un dernier trait qui montre son héroïque vertu : « Il y a aujourd'hui quinze ans, écrivait le P. Mayet en 1854, que notre vertueux confrère a quitté ce village de Monteynard, où il était si aimé, si vénéré : il n'y a pas remis les pieds. A celui qui connaît le cœur humain, ce seul mot dit tout. »

Le 7 octobre 1842, il écrivait à sa sœur : « *Mon voyage à Grenoble a été un peu contrarié, ignorant que la voiture que je prenais passait par Monteynard... On avait beau me dire que personne ne me verrait à Monteynard, qu'on me fermerait* (dans la voiture), *je ne pus me décider : la vue de ce pays et de ces bonnes gens m'aurait trop ému.* »

Il chantait pour tromper sa douleur. — Après cette héroïque séparation, le long de la route, pour tromper sa douleur, l'abbé Eymard chantait les vers suivants :

Partons, ô mon âme,
Quittons ces tristes lieux,
D'une divine flamme
Allons brûler aux Cieux ;

O régions si belles !
Séjour des bienheureux,
Ah ! que n'ai-je des ailes
Pour m'envoler aux Cieux !

Plus tard, lorsqu'il chantait, dans l'intimité, les mêmes

paroles sur cette même mélodie, souvent il pleurait ; et il y avait sur son visage, dans ses yeux, dans sa voix un tel mélange de tendre piété, de noble ardeur, de nostalgie céleste, que ceux qui l'écoutaient ne pouvaient retenir leurs larmes. Ce chant lui rappelait tant de souvenirs !

CHAPITRE IV

Son Noviciat et son séjour à Belley comme Directeur spirituel,
de 1839 à 1845.

Son Noviciat à Lyon. — Le Serviteur de Dieu, après avoir accompli si généreusement le *Egredere de domo tua et de cognatione tua* d'Abraham, arriva au Noviciat de la Société de Marie le 20 août 1839, en la fête de saint Bernard, jour choisi par lui à raison de la dévotion du grand docteur pour la très sainte Vierge.

Les archives des Maristes et la tradition n'ont rien laissé de sa jeunesse religieuse et de sa ferveur de novice. Mais s'il avait été un prêtre exemplaire dans le vicariat de Chatte et à la cure de Monteynard, s'il fut plus tard un parfait religieux, comment craindre d'affirmer qu'il n'a pu être qu'un modèle pendant son noviciat ?

Il le fit à Lyon, à la Montée Saint-Barthélemy, sous le regard de Notre-Dame de Fourvières qui le préparait ainsi elle-même, comme à son insu, pour sa mission future.

Ce noviciat fut court d'ailleurs, on l'abrégea de plusieurs mois ; car, entré le 20 août 1839, il fit sa profession religieuse le 16 février 1840.

Nous en trouvons l'affirmation dans ses notes personnelles :

« *Le 16 février 1840, dimanche de la Septuagésime, j'ai eu le bonheur de faire mes vœux dans la chapelle des Capucins où les premiers Maristes les firent en 1836. — Et là le premier Supérieur Général fut élu.* »

Immédiatement après, il fut envoyé à Belley comme Directeur spirituel du Petit Séminaire que dirigeaient alors les Maristes.

Sa pensée sur le Noviciat. — Si les traditions de cette époque manquent, nous avons heureusement quelques lettres du Père Eymard qui indiquent les sentiments de son âme généreuse.

Dès le lendemain de son arrivée au Noviciat, il écrit le 21 août 1839 à son ami Baret, curé de la Motte-d'Aveillan, qui voulait, lui aussi, entrer chez les Maristes :

« Enfin, je suis arrivé heureux, content et assez bien. J'ai été reçu, comme tu le seras, comme un tendre frère ; on t'attendait et on a été triste de ne pas te voir : hâte-toi, mon cher ; ici, on est au Paradis, sous tous les rapports. Pour y arriver, il faut beaucoup souffrir, mais une fois entré, on est si heureux ! »

Et quinze jours après, le 6 septembre 1839, au sortir de la retraite annuelle, il écrivait à ce même ami : *« Que tu aurais été heureux d'assister à cette retraite toute fraternelle et toute touchante ! Quarante Maristes étaient là. Ah ! mon cher, quelle différence entre ces retraites et les nôtres ! Si tu savais comme on s'aime dans cette Société de Marie ! J'ai entendu des choses admirables, je t'en ferai part de vive voix ; d'ailleurs, je ne puis les écrire, elles sont dignes du Ciel ! »*

Enfin, le 18 octobre 1839, il écrivait à un autre de ses amis, l'abbé Dumolard, curé du Villard-Saint-Christophe, qui devait lui aussi venir frapper à la porte des Maristes :

« ... Voici deux mois que je suis ici, c'est comme s'il y avait deux jours. J'ai été content en entrant, j'étais à ma place, la volonté de Dieu était accomplie. J'eus le bonheur, huit jours après mon entrée, de faire ma retraite avec la Communauté. Je ne puis vous dire ce que c'est que cette retraite, la fraternité qui y règne, la sainte joie qui en anime toutes les réunions, l'édification constante des anciens. Comme on s'aime dans cette Société de Marie !... »

De tels sentiments sont bien ceux d'une âme d'élite toute dévouée à Dieu, et qui n'a plus que ce seul objectif, après avoir sacrifié ses plus chères affections ; ils indiquent assez quel était le courant de ses pensées et la pureté de ses intentions.

Cette séparation d'avec ses sœurs fut de part et

d'autre un immense sacrifice. — Ce sacrifice de sa famille naturelle, de sa sœur Marianne qu'il aimait tant, fut alors l'un des plus grands de sa vie.

Nous avons entre les mains cent quarante-cinq lettres du Père Eymard à ses sœurs : celles de cette époque laissent entrevoir de part et d'autre la grandeur du sacrifice imposé par cet appel de Dieu à la vie religieuse.

La première de ces lettres est datée de la veille de son entrée au Noviciat. (Grenoble, 19 août 1839.)

« J'ai vu Monseigneur, et s'il vous a excitée à vous jeter dans les bras de la confiance en Dieu et en sa sainte Mère, je suis obligé de vous tenir le même langage. Notre-Seigneur sait le sacrifice que je fais.

« Monseigneur m'a engagé à partir d'ici, afin de ne renouveler pas vos douleurs et de n'être pas témoin des larmes de mes paroissiens. Vous savez ma sensibilité. Je vous l'ai cachée. Mais si je retournais à Monteynard, ou j'y tomberais malade, ou je m'exposerais à perdre ma vocation. Que la sainte volonté de Dieu soit faite!... J'espère que Notre-Seigneur aura pour agréable le petit sacrifice que je fais de tout mon être. Je ne vaux pas grand'chose, mais quand je vaudrais moins, je m'offrirais encore tout à Dieu.

« Je suis heureux de parvenir à la fin de mes vœux. Il vous en coûte beaucoup, regardez le ciel; un jour, nous y serons pour toujours tous les trois. »

A la suite de sa grande retraite, il leur écrivit, le 6 septembre 1839 :

« De retour de notre retraite à Belley, je vous écris pour vous dire que vous avez encore un frère sur la terre, qui, assurément, ne sera pas assez ingrat pour vous oublier... Je suis au comble de mes vœux et je ne puis assez remercier la sainte Vierge de m'avoir appelé dans une Société qui porte son nom et imite ses vertus. Pour en venir jusque-là, j'ai ressenti assurément toutes vos peines, mon sacrifice me paraissait peu de chose en proportion du vôtre. Mais cependant Jésus-Christ m'appelait, pouvais-je lui désobéir ? il m'appelait pour mon plus grand bien, pouvais-je mépriser sa grâce ? — Ainsi, je vous conjure d'aimer Notre-Seigneur et de ne pas le contrister par des larmes inutiles, et de vous armer de force pour vous mettre au-dessus de la nature. Et

comme je vous l'ai dit si souvent, mettez toute votre confiance en Dieu, et Dieu vous servira de Père... »

Comme on le voit, c'est toujours l'homme surnaturel qui parle le langage de la foi, sans écouter les cris de la nature incapable de s'élever jusque-là.

Il supporte les reproches de ses sœurs et de ses amis. — Il eut à supporter non seulement les reproches de ses sœurs, mais aussi ceux de ses anciens paroissiens de Monteynard. On l'accusait d'ingratitude, plusieurs même ne voulaient plus mettre les pieds à l'église et accomplir leurs devoirs religieux. Le Serviteur de Dieu en eut une peine extrême. Le 16 octobre 1839, il écrivait à sa sœur :

« ... Je puis vous assurer que je suis bien content de pouvoir me sanctifier plus parfaitement. — Ainsi, si vous m'aimez, laissez-moi continuer à vivre dans la voie de l'obéissance, c'est là mon état, et pour en sortir, il faut alors me préparer une bière, ou bien n'avoir plus de contentement sur la terre.

« J'ai abandonné Monteynard entre les mains de Dieu, faites comme moi... Je puis vous certifier que tous ces regrets qui nuisent à la religion et la font abandonner me causent de grands remords, par la crainte de n'avoir bâti que sur le sable mouvant. Il paraît donc que l'on m'aimait plus que le bon Dieu ! alors il était nécessaire de m'en aller... »

Il s'en plaignait également à son ami Dumolard, dans cette même lettre du 18 octobre 1839 déjà citée :

« ... On m'écrit des reproches, on cherche à me tirer du lieu de mon repos ; mais Dieu a commencé, et Marie m'obtiendra la persévérance, et, s'il le faut, pour me débarrasser de toute lâcheté, la grâce apostolique de l'Océanie. »

Il relève le courage de ses sœurs. — Le Serviteur de Dieu ne perdait pas une occasion de relever le courage de ses sœurs et de les porter à Dieu.

Le 9 novembre 1839, il leur écrivait :

« ... Je suis toujours bien content de la précieuse vocation à laquelle la sainte Vierge m'a appelé. Maintenant, je ne désire qu'une chose, c'est de vous rendre participantes de mon bonheur, en vous engageant d'abord à adorer la volonté de Dieu, puis à imiter, autant que vous le pourrez, la vie

cachée de la très sainte Vierge; car, après tout, qu'en ce monde nous soyons séparés pour quelques jours les uns des autres, ce n'est pas une grande perte; mais ce que nous devons avoir à cœur, c'est de nous retrouver dans le ciel; c'est pour cela qu'il faut que nous travaillions à nous détacher de tout ce qui peut s'allier avec l'amour de Dieu, pour n'aimer que Jésus-Christ crucifié et caché au Très Saint Sacrement.

« ... Vous avez cru que mon but était de partir pour les missions étrangères; je voudrais avoir la santé nécessaire : que je pleurerais de joie! Mais je ne porte pas mon ambition si loin, je reste à Lyon. »

Evidemment il voulait par là les consoler; car, bien certainement, s'il avait eu plus de santé, il aurait demandé à partir pour les missions de la Société de Marie, lui qui avait souhaité en être le premier martyr. — C'était la grâce qu'il demandait à la très sainte Vierge, lorsque l'on apprit que le Vénérable P. Chanel venait d'être martyrisé dans l'île de Futuna, le 28 avril 1841.

« Ah! je serais heureux, disait-il quelquefois, d'aller dans les missions étrangères, lors même que je ne pourrais pas y faire beaucoup de choses, afin d'offrir à Dieu le sacrifice entier de moi-même, de mon pays, de mes parents, de mes amis, de mes connaissances, de ma langue maternelle, de tout ce que j'ai appris, et d'être obligé de recommencer avec de nouveaux éléments.

« C'est une agonie, une mort, un vrai tombeau, un holocauste complet, où tout est consumé, anéanti.

« Ah! le beau moment que celui où, un pied sur la terre et l'autre sur l'embarcation, on laisse en arrière et l'on sacrifie tout pour se donner à Dieu seul! C'est un acte d'amour parfait. Oui, faire ce sacrifice à Dieu une fois, et puis mourir, voilà qui semblerait ma félicité! » Mais il eût fallu le voir alors et l'entendre. *(Notes du P. Mayet.)*

Sa pureté d'intention dans le choix de la vie religieuse. — Le Serviteur de Dieu, en quittant le ministère paroissial pour la vie religieuse, se laissa guider par une grande pureté d'intention.

Voici ce qu'il écrivait à ses sœurs le 21 novembre 1839 :

« *Assurément, si des motifs humains m'avaient guidé dans mon choix d'une vie plus parfaite, la présence* (près de vous) *et les raisons de M. Faure* (un ami de la famille) *m'auraient touché; mais, quoique je ne me fie nullement ni sur mes forces, ni sur aucune qualité humaine, je mets toute ma confiance en Marie et je lui abandonne mon sort, et j'espère persévérer dans cette belle vocation, porter son nom, la servir et la faire aimer.* »

Dans cet amour de la sainte Vierge, il trouve un motif délicat de consoler ses sœurs; il ajoute donc, dans son humilité :

« *Quoique je ne vous sois pas un sujet de gloire, cependant, il me semble que votre dévotion à Marie devrait être contente d'avoir un frère Mariste, et si je vous suis inutile, au moins pourrez-vous vous adresser à Marie avec plus de confiance et de droit.*

« *Consolez-vous donc avec la sainte Vierge, votre Patronne, et souvenez-vous que Marie est plus grande au pied de la croix que lorsqu'elle avait le bonheur de vivre avec Notre-Seigneur... Vous ne pensez pas que peut-être votre tristesse afflige le Cœur de Jésus-Christ et le Cœur de sa sainte Mère, et qu'en abrégeant ainsi vos jours, vous voulez aussi abréger les miens. Allez! quoiqu'on vous ait dit que j'étais dur et ingrat, que je ne voulais plus de vous, le bon Dieu sera mon juge, et il sait combien je vous suis attaché, et qu'aucun motif humain ne m'a conduit ici.*

« *Je suis triste que vous vous soyez laissées surprendre par ces discours pleins de malice et de mensonge : vous connaîtrez par là ce que c'est que le monde. Oui, Dieu seul est aimable!* »

Il ne pouvait montrer plus à l'évidence la sensibilité exquise de son cœur, son amour de la sainte Vierge et la pureté de ses intentions.

S'occuper d'un collège entrait peu dans ses goûts. — Sa nomination de Directeur spirituel d'un collège n'entrait guère dans ses vues, et était à l'opposé de ses aspirations.

Il s'ouvrit, à cette époque, au P. Mayet, de ses sentiments intimes; celui-ci s'empressa de noter la conversation :

« *Autrefois*, lui disait le Serviteur de Dieu, *je n'aimais que les œuvres d'éclat; à peine si j'avais un regard pour les ecclésiastiques qui, dans les petits séminaires et les collèges, s'occupent à l'œuvre obscure et laborieuse de l'éducation de la jeunesse. Si l'on m'eût dit qu'il fallait me consacrer à cette œuvre, la nature se serait révoltée.*

« Eh bien, c'est là que Dieu m'a conduit, c'est dans ce trou qu'il m'a enfoncé. Dieu soit béni! Il veut que tu t'enterres, que tu meures à tout, que personne ne sache à Belley que tu es ici, que tu sois entièrement ignoré! Je vous en remercie, ô mon Dieu! Oui, je sens que c'est une grande grâce que le Seigneur m'a faite et je m'y attache de plus en plus. » (Notes du P. Mayet.)

Il ajoutait encore : *« A l'époque où la pensée d'être employé dans une maison d'éducation m'eût naturellement fait bondir le cœur de répugnance, ce qui m'aurait le plus souri, dans cette position, c'eût été la facilité que j'aurais eue de m'instruire. Eh bien, aujourd'hui, Dieu me place au sein même de la science, et il m'est absolument impossible d'en profiter; je n'en ai pas le temps. Que ses voies sont admirables! qu'il soit béni! Il veut que je sois tout à Lui seul! »* (Notes du P. Mayet.)

Voyant la volonté de Dieu dans cette charge qui venait de lui être confiée, il veut s'y dévouer généreusement.

Il prit d'abord la résolution forte, irrévocable, de se consacrer entièrement, absolument, sans réserve à ce que Dieu demanderait de lui : *« M'occuper de mes fonctions, disait-il au P. Mayet, comme si je n'avais que cela à faire jusqu'à ma mort, et en même temps me tenir le cœur libre de toute affection, afin de partir et de m'envoler au premier signe de l'obéissance : c'est, je crois, ce qu'il y a de mieux, c'est ce que je tâche de faire. Je m'occuperai du Collège de Belley et de ma charge, comme si je devais toute ma vie être Directeur spirituel de cette maison. »* (Notes du P. Mayet.)

Telles étaient les pensées et la pureté d'intention qui guidaient le Père, lorsqu'il prit possession de sa charge de Directeur spirituel.

Sa prudence dans cette charge. — Tout d'abord le Père Eymard commença par prier, réfléchir, examiner la situation sous toutes ses faces, ne se hâtant pas d'agir, ce que quelqu'un prit alors pour de l'inexpérience, un manque de savoir-faire, tandis que c'était le résultat de sa prudence et de sa parfaite sagesse.

Bientôt, cependant, en quelques mois, son caractère, sa bonté avaient gagné tous les cœurs, les sympathies qu'il exerçait autour de lui l'avaient rendu maître de cette Maison. Il en était l'âme ; tous les élèves et les professeurs n'avaient qu'une voix pour proclamer sa sainte habileté : Dieu bénissait visiblement son ministère.

Le chanoine B..., ancien élève de Belley, a écrit de lui :

« Le Père s'était fait une spécialité : les indisciplinés, les indomptables, qui étaient la croix des maîtres et un sujet d'inquiétude pour les supérieurs, étaient ceux dont il triomphait le plus facilement. Comprenant, sans doute, qu'il y avait là des ardeurs et des forces précieuses qu'il s'agissait, non point de supprimer, mais d'utiliser, il les dirigeait d'abord vers Dieu, et par Dieu, vers le devoir. — Plusieurs sont devenus prêtres, fervents religieux ou laïques modèles. La plupart sont morts, mais tous ont gardé la vigoureuse empreinte de la foi et de la charité du Père Eymard. »

Témoins des résultats splendides qu'il obtenait, et de la méthode qu'il employait pour atteindre son but, les professeurs proclamaient, à haute voix, qu'il était le meilleur directeur de jeunes gens qu'ils eussent rencontré.

Il était admirablement doué pour la jeunesse. — Le Serviteur de Dieu était merveilleusement doué pour la mission que Dieu venait de lui confier.

Le chanoine D..., ancien élève de Belley et son admirateur, a écrit ce qui suit :

« Il avait, d'ailleurs, toutes les qualités désirables pour réussir dans cette importante mission : la bonté, la mansuétude, la franchise qui s'épanouissaient sur sa figure, le rendaient extrêmement sympathique.

« Les élèves, nouveaux venus, avaient bien vite deviné les dispositions de son âme et se sentaient portés vers lui, comme subjugués par un irrésistible instinct de confiance et d'affection. C'était l'aimant qui attire le fer. Pour nous tous, M. Eymard était le Père par excellence, son nom résonnait agréablement à nos oreilles, ne passait jamais sur nos lèvres sans être escorté d'un sentiment de respect. C'était le synonyme de confident, d'ami, de protecteur. Aussi, chacun l'abordait sans gêne, n'éprouvait aucun embarras à lui révéler ses désirs ou ses manquements, persuadé que sa bienveillance ne lui ferait pas défaut.

« Nous l'appelions *le Père aimable*; il l'était comme les saints, sans doute, mais ce n'est pas trop dire qu'il l'était d'une manière exceptionnelle.

« Sa physionomie ouverte et franche avait une expression de douceur et de bonté toute surnaturelle ; sa foi n'avait rien d'austère, de raide et de repoussant. Il était toujours surnaturel et aimable : toujours homme pour ne pas éloigner les débutants, et toujours assez surnaturel pour les édifier et les mener à Dieu. » *(Chanoine B...)*

« Tant de vertus font comprendre l'ascendant considérable conquis par lui dans une communauté de plus de deux cents étudiants et la vénération filiale dont il était l'objet.

« La légitime confiance que nous avions en lui se traduisait éloquemment la veille des principales fêtes de l'année.

« En effet, quoique les autres prêtres de la maison fussent autorisés à nous entendre en confession, tous, néanmoins, sauf un bien petit nombre, nous lui réservions les secrets de notre conscience, et ces jours-là, son antichambre était assiégée. » *(Chanoine D...)*

Aussi, le chanoine B... pouvait-il écrire encore en toute vérité :

« Pour moi, pour tous mes amis, pour tous les élèves, pour tous les professeurs du Collège de Belley, le P. Eymard était un *saint* dans la plus haute acception du mot. Son zèle ardent, actif, persévérant pour le salut des chères âmes dont il était chargé ; son activité, son ingéniosité d'apôtre pour diriger les volontés et les porter au bien; les succès inouïs qu'il a obtenus, sont une preuve éclatante de sa sainteté.

« Personne de ceux qui ont eu le bonheur de le connaître, n'en a jamais douté. Dans cette nombreuse réunion d'étourdis, il avait conquis du premier coup l'admiration, la sympathie, l'affection enthousiaste de tous. Il était l'idéal vivant du prêtre et de l'apôtre, et partant, le maître tout-puissant des cœurs et des volontés. »

Sa bonté et sa charité pour tous. — La charité du

Serviteur de Dieu était tendre et sans limites ; il était si affable pour tous, que les professeurs l'appelaient affectueusement le *Père* ou le *Padre,* sans ajouter son nom propre. Sa chambre était ouverte à tous et à chaque moment du jour ; ceux qui avaient des peines, des ennuis, qui cherchaient quelque consolation, venaient à lui avec l'assurance d'être écoutés.

Il était toujours gai et souriant, par caractère, sans doute, mais aussi par effort et esprit de foi ; car lui aussi avait de temps en temps dans son âme des nuages et les orages de l'épreuve ; mais sa mission était de répandre la joie, la paix, l'aisance dans les cœurs, et il se sacrifiait tout entier à cette mission sainte.

Se plier ainsi à tous les caractères, refouler tous les sentiments personnels, renoncer à ses études, à ses occupations, pour écouter, consoler chacun de ceux qui nous approchent : c'est une mortification qui a bien sa valeur.

Elle était pour le Père Eymard d'autant plus méritoire, que son excessive sensibilité le faisait s'identifier aux peines de chacun, et lorsque ceux-ci se retiraient soulagés, le pauvre Père, lui, restait avec le cœur meurtri.

Dix ou douze ans plus tard, Dieu lui fit la grâce de fortifier un peu ce cœur si tendre et si impressionnable.

Son influence durable sur les jeunes gens. — Son influence sur les jeunes gens ne se limitait pas à leur présence dans le Collège ; mais ils recouraient encore à lui, lorsqu'ils en étaient sortis.

L'un d'eux ayant été placé par ses parents dans un collège de l'État, pour le cours de Philosophie, lui écrivait quelques semaines après : « Mon Père, je ne peux rester ici, je vais partir, ayez la bonté d'avertir ma mère. La corruption de cette maison est horrible ; l'irréligion, scandaleuse. Je ne veux pas être un damné dès cette vie. J'aime ma mère et me soumets à tout par amour pour elle ; mais si elle savait dans quel enfer elle m'a placé, elle ne m'ordonnerait pas de rester ici. »

Puis, deux jours après, il avait franchi un espace de trente lieues, était dans les bras du Père Eymard : il rentrait au Collège de Belley.

On regrettait le bon Père, on le pleurait.

« Je suis bien, écrivait un ancien élève, très bien ; on a beaucoup de bonté pour moi ; mais tout cela n'est pas encore le *Père Eymard !* »

Un chanoine du diocèse de Belley, Mgr G..., ancien élève du Collège des Maristes, a écrit, comme il suit, sa pensée sur le Père Eymard :

« J'ai connu le Père Eymard, lorsqu'il était Mariste et Directeur à Belley. Pendant quatre années, de 1840 à 1844, il a été mon directeur de conscience, et j'ai gardé un souvenir profond de sa piété, de sa charité, de son esprit surnaturel.

« Sa mémoire est restée en bénédiction dans le cœur de tous ses élèves. Il était le type du directeur parfait.

« Il enthousiasmait les élèves par ses exhortations toutes remplies de l'amour de Dieu et des âmes. Ses exhortations et méditations du matin avaient un charme particulier dont je n'ai pas perdu le souvenir. J'avais alors de quatorze à dix-huit ans, et mes impressions sont restées très vives, pleines de respect, de reconnaissance et de filiale vénération. — Plein de bonté, le Père se mêlait volontiers à nos jeux, y mettait tout l'entrain d'une âme franche, ardente et généreuse. Je suis retourné au Collège en 1856, le souvenir du Père Eymard y était toujours vivant et nous regrettions tous de ne plus l'avoir au milieu des élèves, pour les enthousiasmer par sa piété communicative et sa direction si féconde, si sage et si douce.

« Pour nous, il restait le modèle, le prince des directeurs.

« Au temps où je l'ai connu, le Père Eymard avait la réputation d'un parfait et saint religieux. Ce témoignage a souvent été rendu de lui par tous ceux qui l'ont connu, et je l'ai recueilli sur les lèvres de prêtres vertueux, sages et prudents.

« Tous ceux qui ont été les élèves du Père Eymard, à Belley, lui ont gardé une vénération profonde et un inaltérable attachement. »

Sa méthode d'éducation. — Sa méthode pour l'éducation religieuse des jeunes gens était parfaite : soit au point de vue de la prédication, de la confession, de la direction et de l'enseignement catéchistique.

Sa Prédication. — Quand il parlait à l'église, il avait presque toujours le ton et les formes d'un général qui harangue ses troupes, employant des images fortes, des expressions techniques qui burinaient sa pensée et la gravaient dans ces jeunes âmes.

Tous, grands et petits, étaient suspendus à ses lèvres.

Souvent, en chaire, il était fort décisif, terrible, et frappait de grands coups. — « *Sans cela*, disait-il, *je ne leur ferais pas de bien et ils viendraient chez moi par attachement naturel et sans esprit de foi. Par la vigueur en chaire, je me rattrape de ma bonté dans ma chambre : il faut les deux pour réussir.* »

« Il préparait avec le plus grand soin ce qu'il avait à leur dire. Et si, par extraordinaire, il n'avait pas eu à sa disposition le temps nécessaire, il s'adressait à Dieu avec confiance : « *Mon Dieu, inspirez-moi* », et il enflammait son jeune auditoire. »

Au Confessionnal. — Il y employait un genre analogue à celui de la prédication : il était affable, paternel, tendre même dans les grandes occasions ; mais le surnaturel dominait partout ; il était en même temps rond, un peu militaire dans sa manière de dire.

Il voulait faire de ses jeunes gens de vrais chrétiens, armés pour les luttes de la vie, habitués à se vaincre eux-mêmes, pour pouvoir ensuite triompher plus facilement des scandales du monde.

« Il nous donnait une éducation chrétienne sérieuse, dit le chanoine B., nous devions sortir des petites routines de la dévotion extérieure pour nous initier à la piété intelligente, rationnelle et virile qui convient à des jeunes gens qui seront bientôt des hommes. La vie chrétienne était tout entière dans l'amour et l'imitation du divin Maître Jésus-Christ ; et, à son exemple, dans la lutte, le combat, la mort au besoin, pour conquérir la vraie vie. »

« Nous avons vu (dit le R. P. Mayet dans ses notes) des changements admirables opérés par cette conduite si sage et si prudente. Ceux qui passaient par ses mains perdaient vite ces allures efféminées qui sont si peu favorables à la persévérance, et devenaient des chrétiens aussi intrépides que sincères, aussi simples et francs dans leurs habitudes de piété, qu'exacts dans leurs devoirs. »

Dans la Direction. — Un des premiers buts que cherchait à atteindre le Père Eymard était d'ouvrir les cœurs des enfants et de pouvoir ainsi les diriger sûrement ; il y réussit admirablement.

On ne peut se figurer l'empressement que mettaient les élèves à l'aller trouver. Ils revenaient de ces visites la joie peinte sur le visage, et l'âme dilatée ; ceux même qui paraissaient soucieux en se rendant chez lui, rayonnaient au retour.

Le Père s'insinuait peu à peu : après les nouvelles des parents, des études, de la santé, il arrivait à l'âme ; souvent la direction se terminait par une confession qui rendait la paix du cœur.

Plusieurs fois, des jeunes gens qui n'avaient pu avouer à des confesseurs ordinaires certains péchés graves, venaient au Père Eymard et versaient dans ce cœur paternel, qui les avait attirés, leurs troubles de conscience ; ils s'en retournaient joyeux, ayant pris de nouvelles et fortes résolutions pour le bien.

Lorsqu'il avait remporté l'une de ces victoires du ciel, il adressait quelques paroles le soir à tout le collège. Il était alors attendrissant, entraînant, et le feu qui s'était allumé dans son cœur, au contact de la divine miséricorde, embrasait tout l'auditoire. Ou bien, quelquefois pendant son instruction, sa voix s'altérait tout à coup et il avait le cœur gros de larmes qu'il pouvait à peine comprimer. « *Mes pauvres enfants !* disait-il à ses confrères, *il faut bien prier pour mes pauvres enfants !* »

Pour les Catéchismes. — Le Père excellait dans la science de catéchiste ; c'était une des fonctions du zèle apostolique pour lesquelles il avait le plus d'attrait et qu'il remplissait avec le plus de ferveur. Ainsi ont fait tous les saints éducateurs de la jeunesse. Il possédait au plus haut point l'art d'intéresser les enfants.

« Plusieurs fois, étant à l'église au moment où il enseignait la doctrine chrétienne aux externes, nous nous trouvâmes surpris et comme entraînés par ses paroles pleines de charmes. »

« *Jamais le catéchisme ne doit être fait en chaire,* disait-il, *car, bien vite fatigués de lever les yeux, les enfants ne vous regardent plus, et alors viennent les distractions, et ils ne vous écoutent plus : c'est un fait d'expérience. Il faut être au milieu d'eux et savoir les fixer ; tous les yeux doivent être sur votre visage, et qu'en vous, tout parle : le regard, les mains, les gestes. »* Il ajoutait : *« Le catéchisme, avec les conditions voulues, est un des exercices les plus fatigants que je connaisse. »* (Notes du R. P. Mayet.)

Sa Congrégation de la Sainte Vierge. — Le chef-d'œuvre du Père Eymard, au Collège de Belley, fut sa chère Congrégation de la Sainte Vierge. Il la trouva, il est vrai, établie matériellement ; mais entre ce qu'elle était et ce qu'elle devint, la différence est telle que l'on peut dire qu'il en fut le véritable fondateur. Là il groupait l'élite du Collège, et par elle il imprimait chez tous un mouvement nettement accentué du côté de la vertu.

Sous sa direction, plusieurs devenaient de jeunes apôtres parmi leurs condisciples.

Le Chanoine B. dit encore :

« Dans nos réunions de la Congrégation de la Sainte Vierge, qui étaient toujours pour nous tous une fête, il exaltait notre confiance et notre amour en cette Mère toute-puissante que l'on n'a jamais invoquée en vain. Les élèves de la Congrégation devenaient vraiment les Chevaliers de la très sainte Vierge ; beaucoup, sous l'impulsion du Père Eymard, faisaient une propagande très active auprès de leurs condisciples pour les porter au bien, et s'initiaient ainsi à la vie d'apôtres qu'ils devaient pratiquer plus tard. »

Le Chanoine D. a dit aussi : « J'ai encore devant ma pensée la petite chapelle silencieusement établie dans l'endroit le plus élevé et le plus retiré du séminaire.

« C'est là que le Père Eymard nous réunissait de temps en temps..., c'est là qu'il nous édifiait, qu'il nous touchait, par les douces et tendres effusions de son cœur envers Celle dont il était doublement l'enfant.

« Pour intéresser son petit auditoire, il n'avait pas besoin de longs préparatifs ; il lui suffisait de donner libre cours aux sentiments qui remplissaient son âme.

« Alors, son visage rayonnant semblait refléter sa pureté intérieure ; sa parole devenait ardente, se colorait des plus vives images ; ses exhortations étaient d'autant plus entraînantes qu'elles bondissaient d'un cœur plus enflammé de l'amour divin. »

Il veut établir partout sa Congrégation de Marie. — Constatant. le bien opéré par sa Congrégation de la Sainte Vierge, il eut l'idée de la propager dans tous les collèges des Maristes, et même dans chacun des. pensionnats des *Petits Frères de Marie*. Voici comment le P. Mayet raconte la chose :

« Il s'agissait d'aller chaque année faire la visite de toutes les écoles des Petits Frères de Marie chargés de l'instruction primaire. Il serait resté une huitaine de jours dans chaque établissement, le temps suffisant pour donner une retraite, confesser les enfants, établir parmi eux une Congrégation de la Très Sainte Vierge, et enseigner aux frères instituteurs à la bien diriger.

« Il devait aussi composer un manuel à cette fin. Avant de quitter la paroisse de l'Etablissement visité, il aurait fait, avec l'agrément du Curé, un discours aux paroissiens sur l'éducation des petits enfants. » *(Notes du P. Mayet.)*

Il en fit même, en 1844, la demande formelle à son Supérieur Général. Il disait au P. Mayet : « *Je me suis proposé au Père Général, parce que, sans cesse, il me parle de me changer de position, et que ce que je lui demande est, humainement parlant, moins honorable que ce que je fais. Je veux me cacher, m'enfouir. Il ne m'en coûterait pas d'exercer ce seul emploi pendant toute ma vie.* »

Le Père Général loua son zèle, mais ne voulut pas l'autoriser à commencer cette sainte croisade, parce qu'il le destinait à devenir son bras droit à Lyon, par la charge de Provincial qu'il allait lui confier.

Son union à Dieu. — Le Serviteur de Dieu se tenait intimement uni à Notre-Seigneur, cherchant à connaître ses vues sur lui et à les suivre avec fidélité.

Dans un cahier de notes personnelles de Retraites que ses fils spirituels gardent comme un trésor, à la date du 21 novembre 1839, le Père écrivait :

« *Ce matin, à Fourvière, Notre-Seigneur m'a fait une grande grâce ; dans l'action de grâces, il m'a fait un vif, mais amoureux reproche en me disant : Eh quoi ! tu crains de t'attacher à moi, de me suivre et de te reposer sur moi du soin de ton avenir ? Est-ce donc que je suis plus ingrat que ces hommes à qui des serviteurs s'attachent jusqu'à la mort, renonçant souvent à des places plus avantageuses, les suivant dans leur infortune et la partageant avec eux, et cela, parce qu'ils les aiment ? — A cela, des larmes de douleur et de confiance m'ont fait jeter entre les bras de Jésus par Marie... »*

Le 16 mai 1841, il écrivait encore :

« *Notre-Seigneur depuis longtemps me poursuit. Il m'a mis dans une prison pour me forcer à le regarder, à lui parler. Il m'a tout arraché des mains pour que je me laisse tomber à ses pieds; et toujours je m'accroche à quelques brins d'herbe pour fuir l'abîme d'amour où repose et où m'attend le bon Jésus.*

« *Mais c'est fini. Enfin, ô mon Dieu ! je tombe à vos pieds.*

« *Ma pensée dominante sera : Mon Jésus au Très Saint Sacrement. Mon amour sera pour mon Jésus.* »

Cet attrait poussait le Père à se sanctifier activement : « *Si Dieu ne me voulait pas saint, il ne m'aurait pas créé, ou il m'aurait créé bête* »; et à se sanctifier par l'humilité :

« *Ce qui me frappe, c'est l'état d'humiliation et d'obéissance dans lequel se met Jésus au Très Saint Sacrement : l'attrait de la grâce est là pour moi.* »

Et en même temps il veille avec un soin jaloux sur la pureté de sa conscience. La plus légère tache déplairait à l'Ami de son cœur : « *Notre-Seigneur m'a fait connaître l'utilité d'accuser ses fautes aussitôt que commises et souvent : par là, on est toujours en état de grâce.* »

CHAPITRE V

Son Provincialat à Lyon ;
Son office de Visiteur et d'Assistant Général : de 1844 à 1851.

Il est nommé Provincial. — Le 24 septembre 1844, le Serviteur de Dieu fut nommé Provincial, et dut quitter le Collège de Belley pour résider à Lyon près du Supérieur Général.

C'étaient de nouveaux devoirs et de plus importants encore. Pour y faire face, le Père prend pour résolution principale : « *d'établir en lui un grand vide afin que Dieu le remplisse et de travailler courageusement à l'anéantissement de lui-même, parce que Dieu ne fera*, dit-il, *de grandes choses par nous que s'il nous trouve bien dépouillés de nous-mêmes.* » (Notice du P. Tesnière.)

Il n'osait en parler à ses sœurs. — Le Serviteur de Dieu n'osait faire connaître à ses sœurs sa nouvelle position.

La première lettre qu'il leur écrivit, après sa nomination, est datée du 14 novembre 1844 : près de deux mois s'étaient déjà écoulés depuis son départ du Petit Séminaire ; il se contente de leur dire qu'il a quitté Belley et se trouve à Lyon pour aider le Père Général.

« *Il me reste une nouvelle à vous annoncer*, leur dit-il ; *je ne sais pas si elle est bonne ou mauvaise. Pour moi, elle n'est ni bonne ni mauvaise, parce qu'un religieux ne doit pas avoir de volonté, et il est bien partout.*

« *Cette nouvelle, c'est que je viens de quitter Belley et que je vais maintenant rester à Lyon auprès du Supérieur Général pour l'aider.*

« *Ce sera un bonheur pour moi d'être en compagnie de si saints personnages, je ne puis qu'y gagner. Aussi, mettant de côté tout sentiment humain, je remercie le bon Dieu de m'avoir mis dans une position où j'aurai encore plus de moyens de perfection. Vous m'écrirez donc dorénavant : à M. Eymard, prêtre Mariste, Montée Saint-Barthélemy, N° 4, à Lyon.*

« *Il n'est pas nécessaire de l'annoncer vous-mêmes aux parents de nos élèves ; ils l'apprendront assez tôt par leurs enfants.* »

Ce ne fut que le 16 mai 1845 qu'il se décida à leur annoncer sa nomination de Provincial :

« … *Vous ne devez pas être étonnées de m'entendre parler de mes occupations, elles sont grandes, et jamais je ne puis me coucher et dire : Je suis libre. Que voulez-vous ! le bon Dieu a voulu me charger d'un emploi bien capable d'humilier celui qui l'aurait désiré ; et pour vous le dire (huit mois après), je suis Provincial, c'est-à-dire chargé de*

*nos maisons de France et même de l'étranger... Je ne
suis pas seul cependant à soutenir cette charge; le Père
Général est là pour me guider, et quand il n'y est pas,
j'ai bien besoin que la sainte Vierge soit ma Supérieure
Générale. »*

Il ajoute que c'est une charge et non une dignité, car dans
la vie religieuse les Supérieurs sont les serviteurs de tous ;
mais il devra être désormais un homme grave, réfléchi, réglé
en tout, car tous ses actes sont publics : il lui en coûte, dit-il,
parce qu'il est naturellement *gai et surtout simple.*

Il ajoute encore : *« Je ne vous ai pas écrit ceci au commencement, parce qu'il m'en coûtait de vous parler de moi,
j'en étais assez humilié. Je serai bien un peu gêné à La
Mure, surtout si l'on vient à savoir que je suis Provincial,
aussi je vous prie de ne pas le dire ; nous devons cela à
l'humilité de la très sainte Vierge ; d'ailleurs, mes sœurs,
croyez-le bien, plus on est haut placé, plus on est exposé,
plus on sent sa faiblesse. »*

**Sa dévotion au Saint Sacrement grandit en son
âme.** — Sa dévotion au Très Saint Sacrement prenait chaque
jour de nouveaux accroissements.

Nous trouvons dans ses notes personnelles de retraites, à
la date du 25 mai 1845, *jour de la Fête-Dieu,* le récit d'une
faveur précieuse qu'il raconte dans les termes de la plus vive
reconnaissance. Nous pouvons y voir la première lueur,
encore vague, mais cependant sensible, de sa vocation
eucharistique. Laissons-le parler :

*« J'ai eu l'insigne bonheur, aujourd'hui, de porter le
Très Saint Sacrement à Saint-Paul, et mon âme s'en est
bien trouvée. Elle a été pénétrée de la foi et de l'amour à
Jésus-Hostie. Ces deux heures ne m'ont paru qu'un instant.
J'ai mis aux pieds du Très Saint Sacrement l'Eglise, la
France, la Société de Marie, moi-même. Que de soupirs !
que de larmes ! Comme mon cœur était sous le pressoir,
et que j'eusse voulu avoir dans le mien tous les cœurs de
l'univers pour les donner à Jésus ! Depuis le commencement de ce mois, je suis dans un grand attrait vers
l'Eucharistie. Jamais il n'a été si fort. Cet attrait me
pousse, dans la direction, dans la prédication, à porter*

tout le monde à l'amour de Notre-Seigneur et à ne prêcher que Jésus-Christ, et Jésus-Christ-Eucharistie.

« *C'est une chose arrêtée. Ce sera l'objet désormais de toutes mes prières, de tous mes vœux. Je prends saint Paul, ce grand ami de Notre-Seigneur, pour mon patron dans ce nouvel apostolat, et ma bonne Mère m'initiera à l'esprit de son divin Fils et le personnifiera en moi...*

« *O mon Dieu, quel bonheur si je méritais d'entendre de votre bouche ces paroles dites à saint Thomas, l'angélique Docteur : Tu as bien parlé de moi, ô Pierre ! — Vous savez, ô mon Dieu, ma prière pendant votre triomphe !... Je la renouvelais si souvent !... Oh ! que de bien elle m'a fait !... »*

Voilà le Père sous le pressoir eucharistique : l'amour de Jésus-Hostie est son attrait dominant. Notre-Seigneur s'empare de lui comme à son insu. L'attrait c'est la première condition d'une vocation : « Personne ne viendra à moi, si mon Père qui est dans les cieux ne l'y attire. »

Et c'est Marie qui inspire à son fils de prédilection cette dévotion tendre : elle le forme pour Jésus.

Pendant les dix années qui vont précéder encore la fondation de la Société du Très Saint Sacrement, l'Eucharistie continuera d'enchaîner par des liens de plus en plus étroits le bon Père ; mais en même temps il se sentira porté vers la vie cachée et l'abandon total de sa volonté entre les mains de Dieu. Notre-Seigneur le prépare au suprême sacrifice.

« *Le bon Dieu me pousse vers l'amour d'une vie cachée, dit-il en septembre 1845, comme d'éviter de faire des connaissances, des visites, d'avoir trop de contact, dans mon ministère, avec les personnes du monde... Mon bonheur serait de dire ma messe dans une chapelle isolée et sans concours. »*

Ailleurs : « *Notre-Seigneur me témoigne dans son Eucharistie un amour privilégié : je veux tout faire pour y répondre ; mais la grande vertu qu'il me demande, c'est l'abnégation de ma volonté propre. »*

A sa retraite mensuelle du 16 décembre 1845, le Père, dans une méditation qu'il intitule « *Sur Jésus-Christ dans l'Eucharistie* », s'exprime ainsi :

« *L'Eucharistie est un signe et la cause de l'amour. Ce qui m'a frappé, c'est l'amour de Jésus-Christ pour moi, se donnant à moi tous les jours, faisant accompagner cette faveur de mille autres. Donc, Il m'aime d'un amour privilégié, il n'y a pas moyen d'en douter.*

« Mais, est-ce que je l'aime ? Pour le savoir, je n'ai qu'à consulter les effets que la sainte Messe opère en moi. Eh bien ! à ma grande honte et à ma condamnation, je suis forcé de dire que je ne pense plus à la reconnaissance que je dois à Notre-Seigneur. »

Le jour de clôture de sa retraite annuelle de 1845, le Père formulait ainsi sa donation à Notre-Seigneur :

« Ce matin j'ai été vivement impressionné à la sainte Messe et à la sainte Communion sur ces paroles : Sua suosque impendant, *pour la Société.*

« Je me suis offert à Jésus et à Marie, âme, corps, travaux, vie, pour la Société et tous ses membres ; je leur ai demandé un amour et un dévouement de père et de fils, les sept dons du Saint-Esprit que j'ai personnifiés pour ma position. De douces larmes coulaient de mes yeux et je sentais que le bon Dieu avait pitié de moi. De nouveau, l'attrait du détachement des créatures, du silence, de la retraite, est venu ; et je l'ai bien demandé à Notre-Seigneur. »

Il est nommé Directeur du Tiers-Ordre de Marie. — Le Serviteur de Dieu, à cette époque (décembre 1845), fut chargé de la direction du Tiers-Ordre de Marie.

Cette œuvre n'existait presque plus que de nom, elle comptait alors à peine une dizaine de membres.

Le Père y met aussitôt son dévouement et le feu sacré de l'homme de Dieu. En peu de temps l'œuvre était organisée, transformée, les membres se multipliaient sous la direction d'un tel maître : ils devinrent bientôt très nombreux.

Cette prospérité fait ressortir la puissance d'action du Père et l'ascendant qu'il avait sur les âmes. Quels doux moments les Tertiaires passaient à entendre ses conférences si belles sur la vie intérieure !

C'est là que tant d'âmes trouvèrent par lui les chemins du ciel, et que sa charité si ingénieuse multipliait le bien sous toutes ses formes.

Le Tiers-Ordre de Marie se divisa en sept branches :

Prêtres, hommes mariés, femmes mariées, jeunes gens, vierges chrétiennes, jeunes filles et les petits enfants.

Chaque branche avait sa réunion particulière, mais le but était le même pour toutes : « Honorer la vie intérieure de Marie, chacun dans sa position. »

De l'esprit du Tiers-Ordre. — Le chapitre intitulé *De l'esprit du Tiers-Ordre* suffirait à montrer la sagesse du Père et sa science des voies de la sainteté.

1º « *Une sainte et généreuse charité, dit-il, doit régner entre les membres du Tiers-Ordre ; comme les premiers chrétiens, ils n'auront tous qu'un cœur et qu'une âme au service de Jésus et de Marie.*

2º « *Les Frères et les Sœurs se distingueront par un grand amour pour Notre-Seigneur Jésus-Christ, et surtout pour l'adorable Eucharistie, mémorial divin et toujours vivant de sa vie de grâce et d'amour pour les hommes.*

3º « *Ils auront pour la très sainte Vierge une tendre et filiale dévotion, et ils se feront une gloire d'être les apôtres zélés de son culte et les dévoués défenseurs de ses augustes prérogatives.* »

Il ajoutait les pensées suivantes, qui ne sont ici qu'indiquées succinctement :

« *Ils auront une filiale vénération pour le Souverain Pontife, se tiendront fortement unis aux évêques, s'adonneront avec prudence aux œuvres de zèle compatibles avec leurs devoirs d'état et leur attrait spirituel ; ils établiront en commun les exercices de la piété chrétienne dans la famille ; ils se tiendront en garde contre la fausse piété, tout ce qui sent l'extraordinaire ; ils éviteront avec soin tout entêtement de parti, toute rivalité d'association pieuse, mais se feront tout à tous pour gagner tous les hommes à Jésus-Christ. Catholiques avant tout : telle sera leur suprême loi, leur premier et dernier serment. A ces caractères, on doit reconnaître partout un Tertiaire de Marie.* »

Il propage le Tiers-Ordre. — Son zèle ne pouvait se limiter à la ville de Lyon. Le centre de l'Œuvre était là ; mais bientôt furent érigées des fraternités à Vienne (Isère), à La

Mure, à Tarare, à Amplepuis, à Saint-Etienne ; Paris, Toulon,
La Seyne eurent aussi les leurs.

Partout, la sainte activité du Père savait toucher les âmes
et les mener à Dieu. Le bien fait par lui en peu d'années
était incalculable, et son influence grandissait chaque jour
davantage.

L'épreuve. — Ce zèle débordant du Père, les succès inouïs
qu'il obtenait dans la direction des âmes, la réputation de
sainteté qui l'entourait : tout cela, par la permission de Dieu,
devint le point de départ de l'épreuve.

La sagesse des supérieurs crut devoir lui donner de
nouvelles fonctions.

Le 21 septembre 1846, le Père cessa d'être Provincial et fut
nommé Visiteur, charge qui l'obligeait à de fréquents voyages
et à de longues absences.

Il ne pouvait plus, comme il l'avait fait jusque-là, suivre de
près ce cher Tiers-Ordre, si visiblement béni de Notre-Seigneur.
Et comme il n'y avait personne pour le remplacer, l'Œuvre
elle-même, par la force des choses, restait plus ou moins en
souffrance.

Cette situation se prolongea jusqu'en septembre 1851,
époque où il dut quitter Lyon définitivement pour se rendre
à La Seyne-sur-Mer en qualité de Supérieur du Collège qu'y
possédaient les PP. Maristes. C'était l'adieu, et désormais le
sacrifice total pour les Tertiaires comme pour lui.

Mais la conduite du Serviteur de Dieu pendant cette longue
épreuve fut celle d'un homme totalement abandonné à la
volonté divine. Ses lettres à Mlle Guillot montrent à découvert
ses sentiments.

Le 5 août 1851, il lui écrivait : « *Je viens, ma chère fille,
vous donner de mes nouvelles et vous dire que l'obéissance
me laisse encore ici jusqu'à la fin du mois d'août, pour
organiser une nouvelle maison. Je ne m'y attendais pas,
mais le bon Dieu m'y attendait et m'y voici, comme à Lyon,
avec sa sainte grâce et sa présence eucharistique.* »

Le 18 août 1851, il lui écrivait encore :

« *Voir Dieu en tout, aller à Dieu par toutes choses,
s'abandonner entièrement à tout son bon plaisir de chaque
instant : voilà la règle invariable d'une âme intérieure.*

Priez pour que la sainte volonté de Dieu s'accomplisse parfaitement en moi. Je suis ici comme je vous désire d'être, vivant au jour le jour, sans savoir l'avenir : mais le bon Dieu y pense pour moi... »

Le 15 octobre 1859, il écrivait à la même personne :

« ... Et mon pauvre Tiers-Ordre ? Oh ! que le bon Dieu le bénisse toujours et le fasse fleurir par sa sainte grâce, c'est là le faible de mon cœur ; mais je serais si heureux de le savoir tout à Dieu ! Cependant, je dois ne vouloir que ce que Dieu veut, et s'il en voulait la fin, qu'il en soit également béni ! »

Evidemment, ce sacrifice l'avait touché au cœur ; il revient sur la question du Tiers-Ordre dans une lettre à la même, le 26 novembre 1851, dans laquelle il montre le grand bien opéré par cette œuvre, faisant ainsi, sans le vouloir, sa propre apologie.

« ... Je pense sans cesse à notre cher Tiers-Ordre et l'offre tous les jours à Dieu au saint Sacrifice. Le bon esprit des sœurs, la bénédiction de Dieu et de la sainte Eglise (Pie IX l'avait approuvé), la protection visible et prodigieuse de la très sainte Vierge sur le Tiers-Ordre, me consolent, me réjouissent et me font espérer avec confiance que le Tiers-Ordre est né viable, qu'il portera un jour de précieux fruits de salut et que beaucoup d'âmes lui devront la perfection de leur salut même, que Notre-Seigneur et sa divine Mère seront bien glorifiés par lui.

« Le Tiers-Ordre vient de Dieu ! Oui ! que de preuves visibles, pour celui qui l'a suivi depuis le commencement ! Que d'épreuves dont il est sorti victorieusement ! Que de fruits de sainteté il a déjà produits !

« Pour moi, je lui dois beaucoup, et je m'estime heureux d'avoir été choisi pour le servir ; et je le confesse, j'y ai toujours travaillé avec bonheur : pour lui, rien ne me coûte, rien ne me répugne, j'aime tout ce qui lui appartient, et je l'aime d'un amour de prédilection.

« ... Ah ! si nos sœurs savaient combien il est beau et sublime ce titre de « Tiers-Ordre de Marie de la vie intérieure ! » *comme il y a de la perfection dans cette seule règle du Tiers-Ordre :* « L'amour de la vie simple et cachée de Marie avec Jésus ! » *comme il est puissant, ce moyen de*

perfection ! ah ! nos sœurs s'estimeraient bien heureuses d'avoir été choisies par la très sainte Vierge pour composer sa famille de Nazareth au pied du Cénacle !... »

Enfin, le 19 octobre 1852, il écrivait encore à Mlle Guillot :

« *... Pour le Tiers-Ordre, je l'aime, je souffre pour lui, mais à présent j'aime mieux n'être pas au courant, et prier en secret et dans l'oubli pour lui. Le bon Dieu ne m'en chargeant plus par obéissance veut, ce me semble, que je l'abandonne à la grâce... »*

Il reçoit l'ordre formel de ne plus s'occuper du Tiers-Ordre. — Le Serviteur de Dieu s'occupait encore de son cher Tiers-Ordre, envoyant de temps à autre ses conseils à la Directrice.

L'année 1852 se passa de la sorte ; il suivait de loin cette œuvre de prédilection.

Dans les premiers jours de janvier 1853, il dit au P. Mayet : « *Je me sens pressé, poussé de demander au T. R. P. Colin de me charger de répandre le Tiers-Ordre par toute la France.*

« *De tous côtés on le demande, des Evêques même réclament le Tiers-Ordre pour leur diocèse. — Ce serait fait en moins de rien, j'en aurais couvert la France comme d'un réseau : c'est mon attrait le plus fort, le plus constant. »*

Notre-Seigneur allait parler dans un sens différent. Peu de jours après, le Père Général lui envoya l'ordre formel de ne plus s'occuper du Tiers-Ordre de Lyon.

Le 31 janvier 1853, il écrivait à Mlle Guillot : « *Je ne vous ai jamais dit un sacrifice que le bon Dieu m'a demandé pour le Tiers-Ordre, et cela vous expliquera une réticence que je vous fis à son égard. — C'est que le T. R. Père Supérieur Général me dit formellement de ne plus m'occuper du Tiers-Ordre de Lyon, et le P. Lagniet me le renouvela. Devant cela, je ne pouvais plus faire qu'une chose, prier pour lui, et ne plus donner de conseils de gouvernement... »*

Dieu avait d'autres vues, que les événements dévoileront plus tard ; pour le présent, c'était l'heure du sacrifice.

Le 17 mars 1853, le Père revient sur la pensée qu'il exprimait au P. Mayet le 1er janvier et écrit à Mlle Guillot en des termes qui montrent et son amour pour le Tiers-Ordre, et aussi sa parfaite soumission à la volonté de Dieu manifestée par ses Supérieurs :

« ... Dans mon amour pour le Tiers-Ordre j'aurais désiré que le Père Supérieur Général me donnât cette branche avec un Père pour ne nous occuper que de sa direction, et j'aurais travaillé à l'étendre partout. — Voilà, ma fille, ma grande pensée. Le bon Dieu ne l'a pas encore voulu. Le voudra-t-il plus tard ? Tout ce qu'il voudra et rien de ce qu'il ne voudra pas. Il est bien sûr que si l'on m'écrivait : Dévouez-vous au Tiers-Ordre, je partirais sur l'heure avec joie. Le bon Dieu voit mon cœur. Il sait ce qu'il me faut. Que ce soit un autre qui le fasse, que m'importe ! pourvu que Jésus et Marie soient servis et aimés et les âmes intérieures soutenues et fortifiées... »

Quelques semaines plus tard, le 19 avril 1853, Notre-Seigneur fit germer la vie de la mort. — Il l'avait éloigné du Tiers-Ordre par la volonté des Supérieurs, mais pour lui mettre au cœur une pensée plus grande, qui allait désormais dominer et absorber sa vie : la pensée eucharistique, dont nous verrons le développement progressif dans les événements que nous relaterons plus tard, et qui transformeront sa vie.

Ses travaux en dehors du Tiers-Ordre. — A partir de septembre 1846, les années qui suivirent jusqu'en 1850 furent absorbées par ses travaux de Visiteur Général. — Il parcourut successivement toutes les Maisons de France de sa Société : Saint-Etienne, Bordeaux, Moulins, Paris, Toulon, etc., reçurent les encouragements de sa charité, les lumières de son expérience, les sages conseils de l'homme versé dans les voies de Dieu.

Le fait de Valbenoîte. — En mai 1849, le 25, le Père se trouvant au collège des Maristes de *Valbenoîte*, aux portes de Saint-Etienne, le Supérieur de l'établissement, le P. Germain, profita du passage du R. Père Visiteur pour inaugurer une statue de la sainte Vierge que l'on voulait placer au centre de la grande cour du Collège.

Elle s'élevait sur un tertre construit à la hâte, avec de la terre et des pierres non cimentées, sans aucune consistance. Groupés autour de la statue, les élèves écoutaient le Père Eymard qui leur adressait une allocution toute vibrante de piété filiale envers Marie.

En terminant, il dit à la sainte Vierge ces paroles que l'événement rendit en quelque sorte prophétiques :

« O bonne Mère ! veillez sur ces chers enfants, quelque temps qu'il fasse. J'ai bénit votre sainte image et je vous ai placée au milieu d'eux, c'est à vous d'y rester. C'est à vous de veiller sur eux, de les protéger dans les temps malheureux où nous sommes. Ne vous laissez pas arracher de ce lieu où vous êtes établie pour veiller sur toute la maison. C'est à vous de vous y maintenir. »

Après la cérémonie, les professeurs étant encore autour de la statue de Marie, le Père Eymard se tourna vers la sainte Vierge et dit tout haut :

« Sainte Vierge, nous vous avons fait une belle fête, nous vous avons bien priée, nous vous avons placée sur ce trône, tenez-vous-y bien ! car si vous vous laissez renverser, ce n'est pas moi qui viendrai vous y remettre. »

« Mais, dit le P. Germain, vous parlez bien cavalièrement à la sainte Vierge ! » — « *Laissez donc*, reprit le Père Eymard, *il faut la prendre par les sentiments ; il faut la compromettre, afin qu'elle fasse quelque chose !* »

Or, le 10 juillet suivant, c'est-à-dire cinq ou six semaines après, une trombe s'abattit sur Saint-Etienne ; le Furens débordé devint, en quelques minutes, un torrent dévastateur qui emportait tout sur son passage : les arbres, des blocs de pierres énormes, les poutres des maisons écroulées. Les murs du collège des Maristes furent renversés en plusieurs endroits, les eaux envahirent l'église jusqu'à deux mètres de hauteur.

Mais la statue de plâtre verni resta sur son socle fragile, sans être touchée par l'ouragan.

Tout le monde vint constater le fait et ne put s'empêcher d'y voir une protection évidente de la très sainte Vierge.

Il prêche le Carême à Chalon-sur-Saône. — En février 1850 le Père prêcha le Carême à Chalon-sur-Saône, dans l'église Saint-Pierre ; il se plaint d'y voir peu d'hommes.

« ... *Qu'est-ce que je fais à Chalon ? je fais un peu de bruit, hélas ! pour le fruit, j'attends que mes bonnes filles de Lyon obtiennent les conversions. — Il y a peu d'hommes; — triste ville ! les hommes ne valent pas les enfants ! je crains que la colère de Dieu n'éclate sur eux : la justice divine, hélas ! aurait trop à frapper. — Cependant, il y a un bon noyau de personnes pieuses et c'est ce qui console. — L'église est remplie ; mais quand j'ai quarante à cinquante hommes, c'est beau.* » (Lettre à M*me* Franchet, du 11 mars 1850.)

Son zèle souffrait de l'indifférence générale contre laquelle il se brisait.

Il est nommé Maître des Novices. — La même année 1850, en juin, il dut remplacer le Maître des Novices au Noviciat de la Favorite. Le P. Maîtrepierre venait de tomber gravement malade. La maladie se prolongeant, le Père Eymard prit définitivement en main le gouvernail. « Là il fit briller les qualités aimables et solides qu'on avait déjà remarquées pendant son séjour à Belley. »

Dans une circulaire du 31 mai 1851, qu'il adressait aux Vicaires Apostoliques et à tous les Pères et Frères de la Société de Marie employés dans les Missions étrangères, le R. P. Poupinel disait : « Le Père Eymard a remplacé, dans la direction des Novices, le R. P. Maîtrepierre ; depuis un an, le nom du Supérieur a changé ; l'esprit, l'union, la régularité n'ont pas changé au Noviciat. »

Expliquant aux Novices ces paroles de la Règle qui sont comme le mot d'ordre des membres de la Société de Marie : « *Occulti et quasi ignoti in hoc mundo,* être cachés et comme inconnus en ce monde », le Père Eymard leur disait : « *Lorsqu'un Mariste a fait beaucoup de bien, savez-vous quelle est sa récompense ? Dès qu'il a terminé, il s'enfuit, et vient se réfugier à la Maison-Mère comme s'il avait fait du mal.* »

Sa Mission de Saint-Chamond. — Le Père Eymard quitta momentanément le Noviciat, fin mars 1851, pour aller prêcher le jubilé de Pâques à Saint-Chamond, dans la paroisse Saint-Pierre.

Notre-Seigneur accorda à son zèle, dans cette Mission, un succès évangélique si prodigieux que le Curé disait : « Depuis que j'exerce le ministère sacerdotal (il y avait trente ou quarante ans), je n'ai jamais rien vu de semblable. Le R. P. Debussy, de la Compagnie de Jésus, cet homme de Dieu, n'a jamais fait dans ma paroisse ce qu'y a fait le Père Eymard. »

Les conversions furent très nombreuses. — Dans le feu de l'action, il écrivit à ses chers Novices une lettre qui montre toute l'ardeur de son zèle :

« *Dieu soit béni! je suis au fort du combat, je n'ai pas le temps de compter mes heures, pas le temps presque de prendre mes repas : c'est la moisson. Je me reposerai à la Favorite. Je suis disposé à mourir ici, sur le champ de bataille. Quand on a compris le grand principe géométrique, on ne tire plus qu'une ligne droite de la terre au ciel, de son cœur au Cœur de Dieu. On est libre, on est gai. C'est le bonheur du sacrifice.*

« *Adieu, je vais comme au combat, échauffé par le courage, et surtout soutenu par la grâce de Dieu. Je suis étonné de ma forte faiblesse !* »

Le 7 juillet 1851, le Père écrivait à Mme J... :

« *... Je vous remercie bien de vos bonnes prières pour mon jubilé de Saint-Chamond; le bon Dieu l'a béni au delà de toute espérance, sa grâce est si puissante ! Puis je voyais bien que toutes ces belles et consolantes conversions n'étaient pas le fruit de la parole de l'homme, mais une grâce cachée : que Dieu en soit glorifié à jamais !...* »

M. le chanoine Blanc, vicaire de Saint-Pierre de Saint-Chamond lorsque le Père Eymard y prêcha cette mission, a dit de lui en cette occasion :

« J'ai pu, alors, apprécier son zèle apostolique et sa grande piété, sa parole de feu et l'ardeur qu'il mettait à ramener à Dieu ceux qui en étaient le plus éloignés... Le Père Eymard était un homme de Dieu et en avait la réputation ; aussi son influence était-elle considérable. »

Zelus Domus tuæ comedit me. — Le zèle du Père semblait prendre chaque jour de nouveaux accroissements. Il multipliait ces ardentes prières dans lesquelles il demandait à Dieu « *de lui donner une mission qui lui fît faire du* *bien par toute la terre, s'il n'y avait pas d'orgueil dans cette pensée. »*

Nulle prière ne peut aller plus droit au Cœur de Notre-Seigneur ; aussi l'avenir prouva bientôt que nulle prière ne fut plus pleinement exaucée. Car quel bien plus grand l'homme et le prêtre peut-il accomplir ici-bas, que celui de se dévouer à faire connaître, aimer, adorer et servir la Présence réelle de Dieu au milieu de nous ?

Mais les apparences immédiates semblèrent peu répondre à cet idéal. En septembre 1851, le Père était envoyé dans le Midi, abandonnant ses œuvres multiples de zèle apostolique ; et aussi son Tiers-Ordre de Marie par lequel il avait fait un bien si réel et si durable.

C'était la dernière étape. Dieu l'attendait là pour lui confier sa mission privilégiée.

La pensée du Saint Sacrement s'accentue. — Malgré les occupations multiples qui remplissaient sa vie, la pensée eucharistique avançait toujours, s'accentuant chaque jour davantage.

Dès le Vendredi Saint 1847, le Père s'humilie de ses négligences, il tend toujours à la vie d'oubli : *« O mon Dieu ! c'en est fait : je suis mort, et ma vie est cachée en Dieu avec Jésus-Christ sur la Croix et dans l'Eucharistie ! »*

La grâce de l'apostolat eucharistique se développe : *« Notre-Seigneur m'a fait comprendre que, pour composer clairement et saintement, il fallait aller m'inspirer à ses pieds, que là mon travail serait béni et facile ; j'ai donc résolu de n'écrire un plan qu'après l'avoir médité devant Notre-Seigneur et l'avoir soumis à son approbation. »*

Et Notre-Seigneur le dépouille : *« Que veut de moi le bon Dieu ? L'abnégation de ma volonté, la pauvreté intérieure qui m'isole de moi-même, de mon esprit, de mon jugement et de mon cœur. »*

En 1850, il offre ses étrennes à Jésus-Hostie : *« Etre tout à la volonté de Dieu du moment.*

« Dilectus meus mihi et ego illi. »

« Tel sera mon mot d'ordre de cette année, de ma vie, de ma mort, de mon éternité. »

CHAPITRE VI

Son séjour à La Seyne-sur-Mer, comme Supérieur du Collège des Maristes : de 1851 à 1855 inclus.

Sa nomination. — La sainte obéissance, comme nous venons de le dire, demanda au Serviteur de Dieu le sacrifice de l'Œuvre qui lui tenait tant au cœur, le Tiers-Ordre de Marie, par lequel il avait fait dans nombre d'âmes un bien si apprécié.

Pendant sa retraite annuelle de septembre 1851, il reçoit une obédience de Supérieur du collège des Maristes, à La Seyne-sur-Mer.

Voici ce que le Père écrit à ce sujet dans ses notes de retraites personnelles. C'était le 12 septembre :

« *A 2 h., communication de ma nouvelle position. — Le bon Dieu m'y a préparé. Je me suis offert à Dieu et lui ai demandé quatre choses : la force, la sagesse, la piété, d'être préservé des calomnies contre la sainte vertu.*

« *En priant dans la chapelle du Tiers-Ordre pour le Tiers-Ordre, il m'a été montré que c'était un bien. — La Société, par le fait de la nomination d'un directeur, l'adopte définitivement. — Le Provincial l'avait présidé ; puis, si je dois revenir ici (à Lyon), je serai plus libre.* »

Le lendemain, il écrivait encore, après avoir médité sur la conformité à la volonté de Dieu :

« *La plus grande preuve de notre amour pour Dieu, c'est la vertu de conformité à sa sainte volonté : rien de plus raisonnable et de plus juste, rien de plus agréable à Dieu et de plus avantageux pour nous.*

« *Cette méditation a été, comme les autres, un exercice de componction et d'abandon à la sainte volonté de Dieu : c'est là mon attrait. — J'ai admiré avec quel amour cette divine volonté m'a toujours conduit où j'étais mieux, donné ce qui convenait le mieux à mon état. — Ma vie est une chaîne de merveilles et de miracles, de grâces de choix. Ah ! comment puis-je être encore si terrestre !* »

A la méditation suivante, il ajoutait ces paroles significatives:

« *Mon cœur a été un peu plus pénétré du désir de mieux servir Dieu par cette voie d'abandon ; ce qui m'a frappé, c'est cette pensée de me dévouer, à La Seyne, au but principal, exclusivement à la direction intérieure de ma maison.* »

Telles étaient ses dispositions d'âme en face de l'ordre de ses supérieurs.

Cette charge ne répondait pas à ses goûts. — A ne regarder les choses que du côté de la nature, cette charge de Supérieur d'un collège était assurément celle qui répondait le moins à ses goûts et à ses aspirations.

Il écrivait, le 15 octobre 1851, à Mlle Guillot : « *Me voici donc au milieu des enfants, et j'en bénis Dieu, puisque c'est sa sainte volonté qui m'a envoyé ici ; et c'est ce qui me donne de la force et un peu de bonne volonté.* »

A la même époque, 17 octobre 1851, il écrivait à Mlle Monavon : « *... Je ne puis rien vous dire de mon séjour ici, je n'ai pas encore fait une promenade hors de notre établissement. Je suis resté à la glèbe du matin au soir. La poésie de la mer, de l'escadre, du beau ciel de Provence ne m'a pas encore réjoui. — Il y a si peu de poésie dans le positif d'une maison d'éducation, à repasser des auteurs morts, des grammaires de grec et de latin ! — Priez pour moi, je vous le rendrai en bon frère.* »

Et à ses sœurs, le 7 novembre 1851 : « *... Mon départ de Lyon vous a peut-être peinées, surtout à cause du Tiers-Ordre ; — mais que faire ? — se soumettre à la sainte volonté de Dieu qui a tout réglé. — Je ne désirais pas venir dans le Midi, mais puisque le bon Dieu l'a voulu, je m'y trouve très bien.* » Il les console en ajoutant : « *C'est un si beau pays et un climat si doux ! — En ce moment, vous avez peut-être de la neige et un froid déjà piquant ; nous, ici, nous n'avons pas encore besoin de feu. Mais partout, dit-on, les pierres sont dures, le monde n'est qu'un grand calvaire : heureux qui sait souffrir pour Jésus et avec Jésus...* »

A Mme Gourd, 13 février 1852 : « *... L'entier et perpétuel accomplissement du bon plaisir divin en nous est tout ce qu'il y a de plus parfait, au ciel et sur la terre. Hélas ! si* *l'on n'avait pas cette consolation dans ce lieu d'exil, on serait bien malheureux, la vie serait une agonie sans espérance; mais quand on peut se dire : Je fais la sainte volonté de Dieu, je suis sûr de lui être agréable, de le mieux glorifier dans ma position actuelle, alors, on ne désire plus qu'une chose : être bien fidèle à cette grâce; on en fait son centre, sa règle, sa consolation, le monde entier. Mon séjour ici me sera, je l'espère, bien utile, et m'aidera à mourir à moi-même; j'en avais besoin et le bon Dieu m'a traité en enfant de son amour. Mais j'ai un besoin continuel de la vertu d'abnégation ; et je sens quelquefois que la nature n'aime pas ce calvaire lent et caché. »*

Comme on le voit, en lisant à travers les lignes, ses goûts ne le portaient pas de ce côté; mais sa grande retraite de septembre 1851 l'avait préparé à dire *Amen* à la volonté de Dieu.

L'épreuve l'oriente vers Dieu. — Les croix et les sacrifices généreusement acceptés de sa nouvelle position eurent pour résultat d'orienter plus directement vers Dieu son âme vaillante. Telle est la résolution de sa dernière grande retraite de 1851 : « *Voir Dieu en tout, consulter Dieu, travailler devant Lui et avec Lui et en Lui; me reposer en Dieu seul : voilà le plus grand fruit que je pourrai retirer de la retraite. Chassons tous les jours les créatures de notre cœur. A la sainte communion, je me suis bien offert à Notre-Seigneur et ai renouvelé mes trois vœux de toute mon âme. La dernière grâce que j'ai demandée à Notre-Seigneur, c'est la science de Dieu seul : n'avoir que Dieu seul pour motif, pour témoin, pour consolateur, pour fin dernière !* »

Ce qu'était alors le Collège de La Seyne. — Le Collège de La Seyne-sur-Mer, à l'époque où le Père fut chargé d'en prendre la direction, était dans une passe difficile. — Un malaise indéfinissable y régnait, sans que l'on en pût saisir la cause; mais cela se voyait chez les élèves et les professeurs : les rapports n'étaient plus ce qu'ils devaient être, et les parents eux-mêmes commençaient à s'inquiéter.

Mais dès que parut le Père Eymard dans cette maison, il y produisit « l'effet de l'aurore après la nuit, de l'arc-en-ciel après l'orage. Il y fut un véritable ange de consolation et de paix. Au dedans, les têtes se calmèrent, la ferveur un peu refroidie se ranima, et les volontés se groupèrent autour de la sienne dans une pensée commune de charité et de dévouement. Au dehors, on vit, comme par enchantement, renaître la confiance. Là, comme partout, il suffit au Père Eymard de se montrer, de se faire connaître pour gagner tous les cœurs. Dès lors les appréhensions se changèrent en joie, les demandes d'admission se multiplièrent, et le Collège devint plus florissant qu'il ne l'avait jamais été jusque-là. » (*Notes du P. Mayet.*)

Il se dépense sans compter. — Pour obtenir ce résultat, le Serviteur de Dieu n'épargna pas sa peine.

« Il se ménagea si peu, qu'il fit en deux ou trois ans plusieurs maladies, ou plutôt, il fut continuellement malade. Il ne s'accordait pas même le temps de prendre ses repas, et arrivait souvent au réfectoire, dix minutes avant la fin du repas; il récitait cependant les grâces avec ses confrères : « *Ah! que c'est ennuyeux, disait-il, d'être obligé de manger pour vivre !* » — Il avait tellement gagné la confiance de tous, qu'accablé par les mille détails de l'administration intérieure et les multiples relations avec les familles qui avaient vite deviné l'homme de Dieu, il dut s'arrêter et par ordre du médecin se retirer à Montbel, agréable résidence située à peu de distance de La Seyne.

Mais à peine arrivé, il voulait repartir : « *Je répondrai devant Dieu de mon Collège, tant que je n'aurai pas reçu une autre destination* », disait-il.

En voyant son activité, son zèle d'apôtre, un ecclésiastique traça de lui le plus bel éloge que l'on puisse faire d'un prêtre : « C'est un homme qui ne vit pas pour lui ! »

Le Père Eymard était convaincu qu'il succomberait à la tâche, si on le laissait à la tête de l'Etablissement; mais il ne se plaignit pas et ne demanda pas son changement.

Il souffrait de longues et fréquentes migraines, qui le saisissaient à l'improviste et l'arrêtaient tout court, l'empêchant même de monter à l'autel. Il les supportait avec résignation, patience et douceur, sans laisser échapper une plainte.

Dans les premiers mois de 1854, sa maigreur devint effrayante ; et son médecin, qui l'aimait comme un fils, allait répétant dans sa douleur : « Il n'a plus que peu de temps à vivre ! »

Un jour, à cette époque, le P. Mayet, son ami, reçut du Serviteur de Dieu cette confidence : « *Il est clair que je m'use rapidement, parlant du matin au soir. Mais qu'importe ? si je fais en quatre ans ce que d'autres font en dix.* »

Jamais il n'a compté sur ses forces et sur les moyens humains. Il regardait Dieu, sa volonté, et marchait de l'avant sans se préoccuper d'autre chose.

Son renoncement personnel. — De tels travaux, malgré les magnifiques succès dont Notre-Seigneur daignait les couronner, loin de répondre à son attrait, lui étaient une occasion de perpétuel renoncement. Il disait au P. Mayet :

« *Ma vie est une immolation continuelle. Depuis le matin jusqu'au soir, je suis tout au public, tout pour les autres. A chaque instant, on frappe à ma porte pour mille objets divers, je ne peux une seconde ouvrir un livre et prendre une plume ; on ne me laisse pas même faire ma lecture spirituelle : la nature en souffre continuellement. Ah ! si je voulais faire comme on fait quelquefois, être brusque, avoir un air sévère, un abord peu avenant, ce serait bien facile de couper court et d'éloigner. Mais cela n'est pas à propos pour le bien, ni pour la charité.* »

Il ajouta cette belle sentence qu'il pratiquait si bien et qu'il devait réaliser jusqu'au bout :

« *Le moyen de faire de grandes choses pour Dieu, c'est d'en faire de petites quand Dieu le veut. Car il n'y a qu'un moyen d'arriver à tout : c'est la fidélité. Les grâces s'enchaînent, se suivent, s'augmentent. On procède du connu à l'inconnu.* »

Il écrivait, le 8 mars 1852, à Mlle Guillot : « *Que je suis heureux d'être ici ! jamais je n'avais mieux connu ma pauvreté et ma misère ; maintenant que je suis en face de tant de devoirs divers, je sens bien ce qui me manque, et cela me tient bien dans l'humilité. — Ainsi, je n'ai pas assez d'ordre, de fermeté à la première action, — je suis négligent et paresseux pour bien des choses. — Voyez, ma pauvre fille, que de besoins, sans compter toutes les misères de la vie. Ah ! si je n'avais pas tant d'amour-propre, si je ne voyais que Dieu, je ne voulais que Dieu, je serais plus fidèle. Demandez donc pour moi par saint Joseph cette grâce de fidélité.*

« Plus j'examine, plus je vois que mon séjour ici est une grâce... J'aime bien ma position, il y a tant de bien à faire du matin au soir, surtout par la propre abnégation de la volonté propre ! »

Le mot de la fin indique bien son état d'âme, et en même temps sa soumission parfaite aux vouloirs divins.

Translation du corps de saint Victorius. — En juillet 1853 eut lieu au Collège des Maristes, à La Seyne-sur-Mer, la translation du corps de saint Victorius, martyr.

Ses reliques avaient été tirées des Catacombes par ordre de Grégoire XVI, le 27 juillet 1835, et apportées en France par Mgr Epalle, Vicaire Apostolique de la Mélanésie.

Cette translation fut l'occasion d'une fête inoubliable à laquelle prirent part, non seulement les parents des élèves, mais les autorités civiles et militaires : on peut le dire sans exagération, la ville entière s'y associa.

Une oriflamme avait été placée à la voûte de l'église, au-dessus de la châsse du jeune Saint; et l'on remarqua qu'elle se mit à osciller au moment de la bénédiction du Très Saint Sacrement, pendant quelques minutes. — Ce fait fut regardé comme miraculeux; car, après avoir ensuite ouvert portes et fenêtres, on ne put jamais obtenir le même phénomène.

L'arrivée du jeune Martyr fut pour le Collège une bénédiction éclatante. — D'abord elle détermina la conversion de deux ou trois élèves dont la conduite semait le scandale parmi leurs condisciples; puis, elle préserva le Collège du choléra, lequel menaçait déjà depuis quelque temps, et n'éclata que le jour même de la distribution des prix et de la sortie des élèves.

« N'était-ce pas aussi la sainteté du Supérieur du Collège qui attirait sur lui ces protections providentielles?... » (*Notes du P. Mayet.*)

Son influence considérable. — Le Père exerçait autour de lui une sympathie, une attraction incroyables; il captivait par le charme surnaturel de sa personne. L'un de ses confrères Maristes a dit de lui qu'il était « un fascinateur d'âmes. »

Mais c'est que chez lui la bonté débordait de toutes parts, et il savait se faire tout à tous : « Enfant avec les enfants, maman avec les mamans, soldat et marin avec les marins et les soldats, homme d'affaires au besoin », dit un prêtre, ancien élève de La Seyne.

Un employé supérieur de la Marine disait de lui : « Votre Père Eymard a reçu de Dieu le don de toucher les cœurs, un don d'attraction. »

D'autres hommes du monde, de tout état et de toutes conditions, lui ont rendu le même témoignage. C'est qu'en effet, il y avait en toute sa personne je ne sais quel charme exquis par lequel il gagnait tous les cœurs. « Tout le monde l'aimait : les gens du peuple, les ouvriers, les domestiques, ceux d'une condition plus élevée, les religieux, les soldats, les officiers supérieurs de la marine, les dames du monde, tous recherchaient le Père Eymard, subissaient l'attraction de sa charité et de sa simplicité charmante; tous venaient prendre ses conseils et trouver près de lui la parole qui relève et console.

« Sa seule vue, disait-on dans la famille du Président du Tribunal de Toulon, est une prédication éloquente. Que ne vient-il donc souvent à Toulon! ses apparitions font tant de bien! Ce bon Père nous semble être une copie de Jésus-Christ et nous représente le Sauveur entraînant les peuples à sa suite. »

Un négociant, homme de foi, mais rond d'allures, écrivait : « Le cher, le bon, l'excellent Père Eymard est dans notre ville ; je l'ai vu hier au soir. Je l'ai embrassé, ce cher homme, avec une tendresse toute filiale ; je voulais aller lui porter aujourd'hui « mon petit paquet » (se confesser), j'ai été libre trop tard. Ma femme l'a vu ce matin; elle en est revenue toute joyeuse, toute sanctifiée. C'est vraiment extraordinaire quelle fascination exerce cet homme-là sur tous ceux qui le voient! »

« A Toulon comme à Lyon, écrivait un ecclésiastique, on aime le Père Eymard à la folie. »

Mais c'est surtout dans sa maison que ce vertueux et aimable Père était chéri. S'il était absent, elle paraissait vide à tous, professeurs, parents, religieux, domestiques. —

« Quand reviendra-t-il ? » disait-on sans cesse. — Le jour où il reparaissait, l'épanouissement était général. (*Notes du P. Mayet.*)

« Je me rappelle, dit un témoin, l'abbé Reb..., ancien élève du Collège, qu'obligé par mes parents à passer l'année 1854-55 à La Seyne pour prendre les Lettres, j'en éprouvai un profond ennui et je le manifestai au Père Eymard. Il me répondit avec une simplicité charmante : *« Eh bien ! quand vous vous ennuierez, vous me regarderez ! »* Il ne pouvait dire plus vrai ; sa vue me suffisait pour me rendre le courage. »

En voyant la prospérité du Collège de La Seyne sous une telle direction, nous disions entre élèves : « Ce n'est pas étonnant, puisqu'il a à sa tête un saint escorté d'autres saints. »

L'Œuvre d'Adoration de Toulon. — Dès son arrivée à La Seyne, après avoir réorganisé le Collège et donné cette impulsion qui fait de lui l'un des plus florissants établissements de la Société de Marie, le Serviteur de Dieu s'occupa d'une œuvre qui lui allait droit au cœur, car elle répondait directement aux aspirations de son âme, dont nous parlerons bientôt.

Il s'agit de l'*Œuvre de l'Adoration nocturne de Toulon.* Il ne fallut pas beaucoup de temps au Père Eymard pour la mettre en mouvement, lui donner une organisation sage et bientôt féconde.

Un capitaine de vaisseau qui avait entendu le Père prêcher sur le Très Saint Sacrement aux réunions de l'Œuvre, s'écria : « Voilà ! voilà l'homme qu'il nous faut ! » et il ne trouvait pas d'expression pour dire l'enthousiasme de son âme.

Le Père écrivait à Mlle Guillot, le 8 mars 1852 :

« ... Toulon me veut pour une belle œuvre qui y est commencée depuis bientôt un an, c'est l'adoration jour et nuit du Très Saint Sacrement : le jour pour les femmes, la nuit pour vingt-quatre hommes ; c'est très édifiant, et cette Adoration a lieu une fois par semaine et quelquefois deux. Mgr l'Évêque m'en a chargé, ainsi que le Supérieur Général. Ce n'est jamais qu'une nuit.

« Mais ici je ne parle pas du Tiers-Ordre, le bon Dieu ne m'en inspire ni le désir, ni l'attrait. »

Son détachement personnel. — Au milieu de l'universelle affection dont il était entouré, le Père Eymard se détachait de lui-même surnaturellement de plus en plus. En mai 1853, il disait au P. Mayet : « *Mes confrères m'aiment tendrement ici ; j'en suis fort aise à cause du bien ; mais je n'en suis pas touché le moins du monde. Rien n'entre plus dans mon cœur, je ne tiens plus à rien.* »

L'année suivante, le 12 mai 1854, il disait encore au même Père :

« *Je soigne avec beaucoup de zèle mes pénitents ; je leur porte un vif intérêt, tant que j'en suis chargé ; quand je m'en éloigne, je n'y pense plus.* » Et il ajoutait cette belle parole : « *Grâce à Dieu, je ne suis jamais en mon âme avec personne !* »

En janvier 1854, il disait encore au même : « *Autrefois, j'ai assez aimé naturellement à me répandre. Eh bien ! maintenant, je suis tellement saoûl* (sic) *du monde, que toute la journée j'ai une extrême violence à me faire pour toutes les relations que je suis obligé d'avoir. J'aspire à la solitude ; je voudrais me cacher dans un coin. Cependant personne ne s'en aperçoit, car je dois faire bon accueil, bonne grâce à tous.* »

A cette époque, en effet, ses relations étaient plus multipliées que jamais. Le P. Laffay, directeur spirituel, qui ne connaissait pas cet attrait invincible qui le suivait partout, le voyant si aimable, si aimé, si goûté, dit au R. P. Mayet : « Ah ! vraiment, je ne sais pas comment son humilité n'en souffre pas, comment sa vertu ne s'humanise pas un peu ! »

« Qu'il eût été édifié, ajoute le R. P. Mayet, s'il eût connu le fond de son âme ! »

Le Père Eymard disait encore : « *Je remercie Dieu de ce dégoût : cela me rend indifférent à tout, excepté à Lui seul !* »

Son attrait eucharistique. — Un tel état d'âme avait cependant sa raison d'être pour celui qui connaissait les dates inoubliables du 21 janvier 1851 et du 19 avril 1853, dont nous parlerons au chapitre de sa sortie des Maristes.

« Lorsque Dieu efface, a dit de Maistre, c'est pour écrire. » — Il donnait à cette âme d'élite la nostalgie des choses divines, parce qu'il voulait lui confier une mission céleste qui allait être l'épanouissement de l'attrait dominant de toute sa vie.

Plus que jamais, l'appel intérieur le pressait de faire quelque chose pour l'honneur du Très Saint Sacrement.

Le 30 avril 1853, il écrivait à Mlle Guillot :

« Laissez-moi vous dire que je ne voudrais pas encore mourir, avant d'avoir vu se réaliser une belle et grande pensée que le bon Dieu m'a mise au cœur, relativement au culte de Jésus au Très Saint Sacrement. Elle est si grande, que la pauvre nature en a presque peur ; mais si belle, que sa vue me réjouit et m'encourage à tous les sacrifices. »

Le 10 mai suivant, il écrivait à la même :

« ... Je prie et fais prier ; peut-être le bon Dieu n'en veut-il que le désir ? J'en voudrais bien l'exécution, s'il le voulait.

« En me voyant faible et souffrant, je n'oserais y penser, si je ne savais que le bon Dieu aime à se servir de ce qui est infime, abject et néant pour faire éclater sa gloire et sa bonté.

« Vous en avez deviné un peu, mais non tout : il s'agit d'établir l'ORDRE DU TRÈS SAINT SACREMENT. *Voilà la grande pensée. »*

Huit jours plus tard, le 18 mai 1853, il écrivait encore à la même personne :

« Priez bien pour ce que je vous ai dit, et surtout pour moi... il faut du fumier pour mettre au pied de l'arbre ; si au moins j'en étais du bon ! »

Et le 25 mai 1853, il ajoutait encore :

« Priez-vous bien pour l'Ordre du Très Saint Sacrement ? Il faut des hommes, des prêtres de feu, il faut les demander à Notre-Seigneur, surtout pendant la belle octave eucharistique... »

Son humilité. — En mai 1853, le Serviteur de Dieu, dévoilant au R. P. Mayet quelques-unes des pensées intimes de son âme, lui dit :

« Autrefois, je faisais à Dieu cette prière : Domine, in Te vivam, et pro Te moriar. *Maintenant je dis :* Pro Te vivam ! *Oui, je ne veux plus mourir. Je voudrais faire de grandes choses pour Dieu avant de mourir.*

« *Et voici l'argument que je lui fais : Seigneur, vous avez dit que vous choisissiez* infirma, contemptibilia, ea quæ non sunt : *j'ai toutes les conditions requises.* Infirma, *je suis bien infirme* — (à peu près toujours malade). Contemptibilia, *je suis bien méprisable, je ne suis pas d'une famille noble et riche. Je suis le fils d'un pressureur d'huile, état si sale, que nous ne pouvions trouver de domestiques; pour toute livrée, nous avons des taches d'huile. Je n'ai pas de grands talents, je n'ai pas suivi un cours régulier d'études, j'ai tronqué toutes mes classes : je suis donc bien compris dans le* contemptibilia; *dans le* ea quæ non sunt, *également. — Je ne suis rien du tout, ô mon Dieu! — j'ai toutes les qualités requises : faites donc de grandes choses par moi!* »

Le Père ajouta : « *C'est peut-être de la présomption, mais j'espère que non. — D'ailleurs, je sais bien que c'est faire de grandes choses pour Dieu que de faire sa sainte volonté, ne fît-on rien.* »

Il reprit en riant : « *Mais je ferai, j'espère, de grandes choses pour Dieu; j'en sais, je crois, déjà la moitié!* »

Cette fin de conversation n'était pas comprise de son interlocuteur; mais évidemment, elle faisait allusion au fait du 19 avril 1853, qui venait de se passer quelques semaines plus tôt, qui avait soulevé le voile de l'avenir et fait entrevoir ce que serait sur lui la volonté de Dieu.

L'attrait eucharistique envahit son âme. — L'année 1854 et les suivantes virent la même pensée envahir son âme de plus en plus.

Le 1er janvier 1854, à trois heures et demie du matin, le Père Eymard, quoique dans un état de santé si chétif, était devant Notre-Seigneur Jésus-Christ en son tabernacle et il lui demandait pour étrennes de cette année que l'Œuvre du Très Saint Sacrement s'établît.

« *Quand je suis généreux,* disait-il à cette occasion, *Dieu ne reste pas en arrière avec moi, et cela va bien.* » (Note du R. P. Mayet.)

Le 10 juin 1854, il écrivait à Mlle Guillot : « ... *Venons à l'Œuvre du Très Saint Sacrement : ... j'aime toujours bien cette pensée, je la désire, toujours dans les conditions voulues par la volonté de Dieu; je dirais même que je soupire après ce Cénacle !* »

Le 25 novembre 1854, il écrivait à M. l'abbé Brameret, au Grand Séminaire de Bourg : « *...Aimez Jésus au Saint Sacrement, le Saint des Saints du Père, son Tabernacle, son Héritage, son Camp, sa Gloire. — Avec l'Eucharistie on a tout : le Ciel et le cœur de ses frères.*

« *L'Ordre du Très Saint Sacrement se forme et germe au sein de la solitude. Voilà où il faut vous faire garder une place : là, il y a lumière et feu incandescent...*

« *Aumônier de Marine ! c'est bien, mais c'est bien sec... j'aimerais bien mieux vous voir Père du Saint Sacrement !...*

« *Trouvez-moi dans vos anciens amis quelques hommes de feu pour ce nouvel Ordre, que j'aime beaucoup et que je voudrais voir prospérer.* »

L'année suivante, le 1ᵉʳ janvier 1855, écrivant à Mᵐᵉ J....., ce sont les mêmes constantes préoccupations, mais plus accentuées encore : « *...Moi, j'espère beaucoup et j'attends de grandes choses. Tout l'annonce, il y a une attente générale d'un meilleur avenir. — On sent le besoin de Dieu.*

« Que je voudrais faire le beau règne de Jésus-Christ sur la terre !

« *...Allons, priez pour moi, — j'ai une grande pensée au cœur, — afin que le bon Dieu la bénisse...* » .

Le même jour, il écrivait à Mᵐᵉ Tholin : « *...Que je vous dise un mot de l'Adoration* » (il voulait parler de l'Œuvre à fonder); « *les âmes qui en ont le secret sont heureuses et tout enflammées du désir de se dévouer au service de ce bon Maître, — elles attendent avec ardeur l'heureux moment qui les enrôlera sous les étendards Eucharistiques. — Mais quand sonnera-t-elle, cette heure bénie ? Quand le nouveau Cénacle s'ouvrira-t-il ? Notre-Seigneur me fera-t-il l'honneur et le bonheur de m'y convier dans sa miséricorde ?*

« *Voilà la mission dont je vous charge auprès de ce bon Sauveur, faites-lui une sainte violence pour hâter ce moment heureux.*

« *Dans une autre lettre, je vous dirai les bases de cet Ordre de feu, le zèle qui doit l'animer.* »

Telles étaient les pensées qui occupaient, absorbaient le

fond de son âme au milieu du dédale des affaires qu'exige l'administration d'un grand Etablissement scolaire.

Ses premières Constitutions. — Cette grande pensée prenait de plus en plus corps en son âme, les grandes lignes de l'Œuvre future se dessinaient nettement devant son esprit.

En 1855, le 25 janvier, il écrit à Mlle Guillot : « ...*Depuis le 13 janvier, l'Œuvre du Très Saint Sacrement se dépouille et se prépare, — le projet des règles est fait. — Mgr l'Evéque de Fréjus et de Toulon* (1) *l'a trouvée belle, il donne un bon prêtre, plusieurs autres se préparent, tous sont heureux. Moi je n'ai encore rien exposé au T. R. P. Favre. Pour lui exposer mes pensées, je prie, j'attends encore. Je me dis souvent : Mais le bon Dieu, que fera-t-il de moi, tout souffrant et ne valant rien ? je ne suis plus bon à rien, je suis usé ; j'aurais besoin d'aller me cacher aux pieds de Notre-Seigneur, j'espère que ce bon Maître me fera cette grâce !*

« *Je serais si heureux, avant de mourir, de voir au moins un Cénacle (ce sera le nom des maisons d'Adoration)!*

« *Quand saint Jean s'endormit sur la poitrine divine du Sauveur, il y puisa son amour et sa mission divine ; que j'aurais besoin, non d'un si grand honneur, mais d'être aux pieds de Jésus !*

« *Voilà près de vingt ans que je suis toujours dans la vie active ; il me faut, maintenant, un peu de Cénacle...* »

Le Père, avec sa prudence de fondateur, envoie ses Constitutions à d'autres personnages pour qu'elles soient examinées.

D'abord, il veut qu'elles soient déposées au Laus : « *J'ai envoyé les Constitutions au Laus afin qu'on les mette aujourd'hui sur l'autel privilégié de Marie, et que l'on en fasse un bouquet d'amour à cette bonne Mère.* » (Lettre à Mlle Guillot, 23 mai 1855.)

Il ajoutait dans la même lettre :

« *... Je prie et je conjure ce bon Maître d'accepter cette*

(1) Monseigneur rappellera cette première approbation dans une lettre testimoniale du 2 juillet 1856 : ... Cui proposito, circumstantiis omnibus rerum atque personarum mature perpensis, acquiescendum duximus, atque in lætitia cordis acquievimus... »

pensée, ce désir, et de permettre à ce petit grain de froment de s'élever devant son divin Tabernacle. J'ai reçu la réponse du T. R. P. Favre ; il renvoie aux vacances son examen ; en attendant, il me fait, ce bon Père, de bien sages réflexions, qui paraîtraient même sévères, s'il n'était pas Supérieur Général : il a bien raison, sans doute, la chose vue sous un aspect ordinaire.

« *Je n'ai pas répondu, j'attends, je prie ; et cette pensée, tout en me crucifiant, me fait une douce plaie au cœur...* »

Puis il envoie à Rome le projet de ses Constitutions pour les faire examiner. « *Ce bon P. Jandel*, dit-il dans une lettre à Mme Tholin, le 14 mai 1855, *est tout pour l'Œuvre Eucharistique.* »

Enfin il les adresse aussi à Mlle Guillot, qui était la confidente de ses pensées et de ses aspirations ; il lui dit, le 19 mars 1855 : « *.....Je vous enverrai dans quelques jours les Constitutions du Très Saint Sacrement, afin que vous m'en disiez votre avis. Je vous dirai les raisons qui sont pour l'Œuvre seule, et vous verrez devant Dieu ce qui peut le plus grandement procurer sa gloire.* »

« *Cette pensée me met sur le Calvaire, je sais qu'il faut mourir à tout pour travailler à une si belle Œuvre : Dieu m'y prépare.* »

Notre-Seigneur lui retire tous ses appuis. — Dieu le préparait à cette mort à tout ; il le dépouille d'abord de sa propre volonté ; puis, les uns après les autres, il lui enlève tous les appuis humains qui auraient pu l'aider dans cette fondation, et sur lesquels il comptait. Il restera seul et ne commencera l'Œuvre qu'avec un seul compagnon. — Mais Dieu sera avec lui quand son heure sera venue pour dire le *Crescite et multiplicamini.*

Le 29 mai 1855, il écrivait à Mlle Guillot :

« *J'ai reçu votre lettre le jour même de la Pentecôte avec le don de Conseil ; et ce jour-là même, j'avais eu pour mon lot le don de Force. Ah ! que j'en ai besoin de force ! Si Dieu veut cette Œuvre Eucharistique, je la veux de tout mon cœur, et comme il la veut et toujours. — Mais quelquefois la nature est au Jardin des Olives. Je prie, j'attends, je m'abandonne à la grâce de Dieu. Savez-vous où nous en sommes pour l'Œuvre Eucharistique ?. au jardin des Olives, n'ayant en perspective que la Grotte de Bethléem. — Les 60.000 francs qu'on m'avait promis pour commencer ont passé ailleurs. C'est une bonne chance de succès. — Il faut bâtir sur la pauvreté, l'humilité et l'amour. »*

Les saints ne savent pas tenir un autre langage ; il parlait comme eux, mais, comme eux aussi, il était décidé à l'action, si Dieu la voulait.

Quelques semaines plus tard, à la même personne, le 19 juin 1855 : « ... *Je suis de votre avis, il faut que la première personne se sacrifie, parce qu'avec trop de prudence et de calculs, on n'ose pas même faire un commerce d'épingles. Il faut s'assurer que Dieu le veut ou le désire, et puis jeter son filet.*

« *Voilà ma marche pour l'Œuvre du Très Saint Sacrement. — Nous attendons vers la fin du mois le T. R. Père Général ; j'espère qu'il décidera quelque chose... »*

Homme de prière, de prudence, d'énergie, d'abandon à Dieu : c'était tout ce qu'il fallait pour fonder.

Refus formel du Supérieur Général. — Une des plus grandes épreuves fut le refus formel du Père Général d'entrer dans ses vues, car elle le mettait en face d'une contradiction des plus douloureuses.

Le 17 juillet 1855, il écrivait à Mlle Guillot :

« ... *Le T. R. Père Général ne veut pas donner son concours à l'Œuvre Eucharistique ; peut-être est-ce bien pour l'Œuvre : Dieu le sait ! L'affaire se terminera pendant les vacances ; j'espère de la Miséricorde de Dieu que cette Œuvre ne sera pas étouffée sous terre, et qu'il enverra plutôt un ange pour la diriger de la terre d'épreuve, du désert à la terre promise. »*

Il est envoyé à Chaintré. — A la fin de cette année scolaire de 1855, le Serviteur de Dieu fut envoyé à Chaintré, près Mâcon. — Le P. Denys le remplaça comme supérieur du Collège de La Seyne.

Le bon Dieu ainsi le rendait libre pour l'Œuvre qu'il allait lui confier ; mais que de difficultés à vaincre encore avant d'atteindre le but tant désiré !

Cor nostrum ardens erat in nobis. — Comme il est facile de le comprendre après tout ce qui vient d'être dit, cette pensée de l'Œuvre Eucharistique dominait sa vie. Il ne pouvait pas la contenir dans le secret de son âme, il devait en parler ; et ceux qui l'entendaient restaient dans l'admiration et sous le charme de son enthousiasme.

A cette même époque, aux vacances de 1855, il alla passer quelques jours dans son pays natal, à La Mure. — Deux séminaristes s'y trouvaient aussi : « Il nous prit à part, ont-ils raconté, et nous parla de la grande pensée qui occupait son âme et qui débordait comme malgré lui ; *il voulait faire quelque chose pour l'honneur de Notre-Seigneur vivant au Sacrement de nos autels.*

« Avec quelle ardeur et quel enthousiasme il parlait de l'Eucharistie ! Comme les deux disciples d'Emmaüs : « *Cor nostrum ardens erat in nobis, dum loqueretur in via !* » — Nous nous étonnions d'entendre ces choses, et nous nous demandions comment cette noble préoccupation de la gloire à rendre à la Présence réelle pourrait bien trouver sa satisfaction dans les limites de sa vie religieuse de Mariste, et si ce vin nouveau n'allait pas rompre le vase qui le contenait.

« Cette conversation nous est restée à tous deux gravée dans la mémoire ; elle nous révélait, à elle seule, ce qu'était cet homme inspiré de Dieu et ce que serait son Œuvre quand elle aurait produit des disciples remplis de la même pensée et dévoués à la même cause du Règne Eucharistique de Notre-Seigneur. »

CHAPITRE VII

De sa sortie de la Société de Marie.

L'unité de sa vie dans le plan divin. — La sortie du Père Eymard de la Société de Marie ne fut que le développement providentiel des desseins de Dieu sur cette âme privilégiée.

En ne regardant les faits que par le dehors, sans voir les motifs surnaturels qui les ont déterminés, on pourrait peut-être trouver là un manque de stabilité. — Mais les faits, non seulement se succèdent, ils s'enchaînent : le passé n'étant ici qu'une préparation de l'avenir.

Lorsque le Père aura toute la vertu, toute l'expérience, toutes les intuitions de l'homme appelé à une mission divine, Dieu la lui manifestera, et il s'y dévouera jusqu'à la mort.

Notre-Seigneur voulut mettre quarante-cinq ans à préparer l'homme de son choix.

Lui-même, dans une retraite de deux mois qu'il fit à Rome en 1865, exprime nettement cette pensée :

« 1ᵉʳ *février.* — *Comme le bon Dieu m'a aimé !* dit-il, *il m'a conduit par la main, jusqu'à la Société du Très Saint Sacrement.*

« 1° *Toutes mes grâces ont été des grâces de préparation ; tous mes états, un noviciat ! Toujours le Très Saint Sacrement a dominé !*

« 2° *C'est la sainte Vierge qui m'a conduit à Notre-Seigneur : à la Communion de tous les dimanches, par Le Laus, à douze ans ; de la Société de Marie à celle du Très Saint Sacrement !* »

Cette pensée, qui donne la clé de sa vie tout entière, il l'écrivait dans un gracieux laconisme à Mˡˡᵉ Guillot, le 1ᵉʳ janvier 1855, en disant : « *De Nazareth, Jésus alla au Cénacle, et Marie y fit sa dernière demeure.* »

Les points d'appui surnaturels de sa Vocation Eucharistique. — En dehors de la dévotion spéciale au Très Saint Sacrement qui fut l'attrait dominant de toute sa vie, le Père Eymard eut, à diverses reprises, des indications de la volonté divine telles, que la question de l'Œuvre du Très Saint Sacrement à fonder devint pour lui, non une question d'attrait personnel, mais une question de conscience qu'il ne pouvait plus éviter.

Il l'écrivait, le 30 avril 1856, à celle qui devait être avec lui la fondatrice des Servantes du Très Saint Sacrement :

« ... *Croyez-le bien, chez moi ce n'est pas une question de raison, ni de désir d'une vocation plus parfaite ; c'est une crainte de conscience, la crainte d'être infidèle à une grâce et à une croix.* »

Triple apparition de Notre-Dame de Fourvière, 1851.

— Au commencement de l'année 1851, le Père Eymard, priant à Notre-Dame de Fourvière, eut une triple apparition de la sainte Vierge : le 1ᵉʳ janvier, le 21 janvier et le 2 février 1851.

Voici le récit de la Révérende Mère Marguerite reproduisant la conversation qu'elle eut avec le Père sur ce sujet, le 16 juillet 1863 ; il n'en avait jamais parlé auparavant à qui que ce fût, et depuis, n'en parla à personne autre, excepté au R. P. Tesnière, quelques jours avant sa mort :

« *Le 1ᵉʳ janvier 1851, j'allai dire ma Messe à Fourvière, et je tenais à dire la première Messe, je voulais souhaiter la bonne année au Fils et à la Mère. Notre-Seigneur me fit une grande faveur, mon cœur fut abreuvé d'amertume à la pensée des outrages qu'Il reçoit dans son divin Sacrement, et de le voir si peu connu et aimé. Cette souffrance de cœur fut telle que mon corps en fut brisé. —* « *Que pourrai-je donc faire, Seigneur, lui dis-je, pour vous dédommager ?* » *— Et Marie fut si bonne ! et bien plus encore qu'au Laus !...*

« *La deuxième faveur fut le 21 janvier de la même année. J'allai faire une visite à la sainte Vierge dans la journée ; là je demandai à Marie ce que je pourrais faire pour faire aimer le Très Saint Sacrement. Je lui disais :* « Chaque Ordre honore un mystère ; l'Eucharistie, le plus grand de tous, est le seul qui n'en a point. » *Alors, Marie se montra à moi vêtue de blanc, et me dit qu'elle voulait que je me dévouasse à faire honorer son divin Fils dans l'Eucharistie...*

« *La troisième faveur de Fourvière fut le 2 février 1851. Je revenais de Puylata, où j'étais descendu de La Favorite — j'étais alors Maître des Novices — pour aller faire la réunion des jeunes gens du Tiers-Ordre de Marie ; je montais par la Montée des Anges, il était deux heures de l'après-midi. Il me souvient que je ne voulus pas aller dans le Sanctuaire, par un sentiment d'humilité, et je me plaçai au delà de la chaire. Là, Marie fut si bonne pour moi ! Je vis clairement ce qu'elle voulait de moi, que je me dévouasse à faire connaître Notre-Seigneur au Saint Sacrement. Elle se montra ensuite avec tout le costume* des Servantes du Très Saint Sacrement *en entier.*

« *Elle me dit :* « *Pierre, tu les appelleras* Servantes, *et tu leur donneras ce costume.* » *Voilà ce que j'ai vu, ma pauvre fille...* »

Il convient d'ajouter encore le récit du R. P. Tesnière relaté dans la notice « LE PRÊTRE DE L'EUCHARISTIE. »

« Une après-dînée du mois de janvier 1851, nous raconta le Père quelques jours seulement avant sa mort, je montai à Notre-Dame de Fourvière. Une pensée m'absorba au point de me faire perdre tout autre sentiment : *Notre-Seigneur-Eucharistie n'avait point, pour glorifier son mystère d'amour, de Corps religieux qui en fît sa fin et y consacrât tous ses soins. Il en faut un...* Je promis à Marie de m'occuper de cette affaire... C'était encore bien vague, et je ne fis pas là le sacrifice de ma vocation de Mariste. »

Et il ajoutait avec un accent indicible : « *Oh ! quelles heures j'ai passées là !* » On lui dit : « Vous avez dû voir la sainte Vierge, pour vous sentir si fortement pris ? »

Le Père ne s'attendait pas à cette brûlante question. Un *oui* arraché par la vérité, retenu par l'humilité, fut prononcé entre les dents, mais n'échappa point à son interlocuteur.

C'est à dater de cette époque que le Père travailla avec une ardeur et une ténacité infatigables, et qu'aucun obstacle n'arrêtera, à l'Œuvre du Très Saint Sacrement.

Sa Lettre de La Favorite, 3 février 1851. — Se trouvant à La Favorite (Maison de Noviciat des Maristes) le 3 février 1851, et voulant mettre tout de suite la main à l'Œuvre qu'il s'agissait de fonder, le Père Eymard s'en ouvrit à son Supérieur Général, le T. R. P. Colin, dans une lettre où il ébauche ses pensées, et propose la création du Tiers-Ordre de l'Adoration Réparatrice.

Ce document, qui sera inséré au dossier, commence ainsi : « *C'est après de mûres réflexions, après avoir beaucoup prié, fait prier, et consulté, que je me décide enfin à vous ouvrir mon cœur, sur une pensée que je combats depuis longtemps, et qui sans cesse me poursuit, me reproche de résister à la voix de Dieu, etc., etc...* »

Il se termine par ces pensées qui dévoilent toute la droiture de ses intentions :

« *Je vous soumets mes sentiments comme à mon Père, vous priant et vous conjurant de les examiner devant Dieu ; la chose est grave et voilà pourquoi je ne veux pas la prendre sur moi, et vous en charge la conscience, car vous ne voulez que la plus grande gloire de Dieu et le salut des âmes.*

« *Il me semble pouvoir dire que ce n'est par aucun sentiment humain que je vous écris tout cela, et qu'aucun motif naturel ne m'a dirigé. — Si je consultais mes goûts, mes désirs, je préférerais la vie de retraite entière, la solitude ; Dieu m'en a fait goûter la paix et le bonheur. Mais s'il veut de moi ce sacrifice, cette immolation, je lui demanderai la grâce et vous la demanderez pour moi.* »

Cette lettre cependant ne fut pas envoyée, le Père voulant mûrir ses pensées dans le silence de l'oraison. Il disait, bien des mois après : « *Il y a deux ans que je pense à cela, que je réfléchis, que j'examine, que je prie Dieu, que je m'offre à lui avec un vif désir de travailler à sa gloire.* »

La faveur du 19 avril 1853. — Le 19 avril 1853, un mardi, le Serviteur de Dieu reçut du Ciel une grâce signalée qui marqua une étape de plus vers la fondation de la Société du Très Saint Sacrement, et qui restera une des dates les plus mémorables pour sa famille religieuse.

Quelques semaines plus tard, le Père en écrivait le récit à Mme Tholin dans une lettre datée du 23 juin 1853, de Montbel, Maison de Noviciat des Maristes. Le Serviteur de Dieu, alors très fatigué, était allé y prendre quelques jours de repos.

Après avoir parlé de sa santé délabrée, il ajoutait : « ... *Mais finir ma carrière apostolique sans avoir rien fait de grand pour Notre-Seigneur, mais n'avoir fait que mener une vie bien tiède : voilà, chère sœur, ce qui désole parfois mon pauvre cœur. Et cette indisposition est venue dans un beau moment où j'allais réjouir votre âme par une grande nouvelle, quand je fus forcé d'ajourner le tout.*

« *En voici la substance (mais dont je vous prie de ne pas parler). — Le 19 avril, dans l'action de grâces de la sainte Messe, je fus tout à coup saisi par un grand senti-*

ment de reconnaissance et d'amour pour Jésus, et alors, de lui dire : Que pourrais-je faire de grand pour Vous ? — Et une pensée douce, paisible, mais forte et vive, me rendit heureux : de me dévouer au service du Très Saint Sacrement, d'en demander la permission, de chercher les moyens de soutenir la grande Œuvre de l'Adoration perpétuelle, de pousser à établir l'Ordre religieux du Très Saint Sacrement. Quelle belle pensée, n'est-ce pas, bonne fille ! — N'est-il pas surprenant que, depuis l'établissement de la sainte Eglise, l'Eucharistie n'ait pas eu son Corps religieux, sa garde, sa cour, sa famille, comme les autres mystères de Notre-Seigneur ont tous un Corps religieux pour les honorer et les prêcher ? Et il me semblait que j'étais disposé à faire tous les sacrifices pour Jésus au Très Saint Sacrement.

« Je fis part de ce sentiment au P. Hermann qui se trouvait avec nous, et avec qui je suis lié depuis longtemps ; et voilà que nos pensées et nos désirs se rencontrent, nous bénissons Dieu, et la conclusion fut : Travaillons à cette Œuvre divine, cherchons des hommes, les moyens, prions, souffrons, attendons le moment de Dieu.

« Voilà où nous en sommes, et tous deux nous sommes malades.

« J'ai vu hier à Hyères ce bon Père Hermann : il souffre, mais nous sommes heureux de souffrir. Lui voudrait aller au Ciel, et moi rester pour faire glorifier Notre-Seigneur : et nous avons eu une longue discussion ; à la fin, nous nous en sommes remis à la sainte volonté divine.

« Ainsi, bonne sœur, priez, demandez à ce bon Maître qu'il me fasse la grâce de travailler à sa gloire. Comment et quand ? — J'attends un signe de sa main... »

Treize ans plus tard, le 28 juillet 1866, le Père Eymard écrivait : *« Jamais je n'oublierai cette heure délicieuse où tous les combats de la nature et de la grâce se sont livrés à la fois. L'impression de douceur et de force m'en est restée pendant de longues années, tant qu'il a fallu souffrir. Oh ! comme ce sentiment m'a fait comprendre la bonté de Dieu !... »* (Notice biographique du R. P. Mayet.)

En juillet 1868, racontant le même fait à un de ses religieux, le Père disait : *« Là Notre-Seigneur me demanda le sacrifice de ma vocation. Je dis oui à tout, et je fis vœu de me dévouer jusqu'à la mort à fonder une Société d'Adoration. Je promis à Dieu que rien ne m'arrêterait, dussé-je manger des pierres et mourir à l'hôpital. »*

Ce sont ses énergiques paroles. Il continua : « *Par-dessus tout je demandai à Dieu (peut-être était-ce présomption de ma part) de travailler à cette Œuvre sans consolations humaines. La force qui me fut donnée alors m'a soutenu dans toutes mes épreuves, qui n'ont pas été petites »*, disait-il en souriant.

Le Père disait encore que « *ce fut en ce jour que fut posée la première pierre de la Société du Très Saint Sacrement. »*

La pensée du T. R. P. Colin, son Supérieur Général. — Dans les premiers mois de l'année 1854, le Père Eymard s'ouvrit de ses pensées au T. R. P. Colin, qui était tout à la fois un homme de Dieu et son Supérieur Général.

Le T. R. P. Colin, après l'avoir écouté, lui dit : « *Cela vient de Dieu. »*

Il ajouta que le nouveau Supérieur (car il devait en mai 1854 donner sa démission) ne pourrait sans doute refuser au Père Eymard de travailler à cette Œuvre.

Dans une lettre écrite à Mlle Guillot le 10 juin 1854, le Père, relatant cette grave conversation, s'exprime ainsi :

« *... Maintenant où en est l'Œuvre ? Elle est toujours dans la prière et l'épreuve ; cependant, elle a fait un grand pas pendant mon séjour à Lyon. Je me suis ouvert au P. Colin, il m'a confirmé dans cette pensée et m'a dit qu'il croyait que cela venait de Dieu, mais que nous avions besoin de prier et de marcher avec prudence et patience. Ce bon Père est tout pour cette Œuvre, c'est sa pensée favorite, il a commencé l'adoration à la Néglière. Mais nous resterons Maristes. C'est bien juste, pourrions-nous abandonner notre Mère ?... »*

Deux ans plus tard, le 31 mars 1856, racontant à M. l'abbé de Cuers une longue conversation qu'il venait d'avoir avec le R. P. Colin au sujet de son projet de fondation, le Serviteur de Dieu lui écrivait :

« *... Le P. Colin disait qu'il aurait fallu demander purement et simplement la dispense de mes vœux ; je lui* *ai répondu que nous voulions d'abord épuiser les moyens de conciliation et de bonne harmonie, que nous verrions plus tard... »*

Premier encouragement de Pie IX, 29 juin 1854. — Le Serviteur de Dieu, qui était avant tout et par-dessus tout l'enfant de la sainte Eglise, avait à cœur de faire consulter le Saint-Père et de marcher ensuite selon ses directions.

Ce fut le T. R. P. Jandel, Maître Général des Dominicains, qui soumit à Pie IX l'idée de cette fondation.

Pie IX répondit « que c'était une belle pensée et qu'il l'encouragerait, si le Seigneur la faisait aboutir. »

Cette seule parole était bien, en vérité, pour le Père, le plus sûr des encouragements, la confirmation de cet attrait intérieur qui envahissait son âme et le poussait vers cette Œuvre à fonder.

Ajournement du projet par le T. R. P. Favre. — Lorsqu'il s'ouvrit de son projet de fondation au T. R. P. Favre, le successeur du P. Colin dans la charge de Supérieur Général, la décision fut renvoyée par lui aux vacances de fin d'année.

Voici ce que le Père Eymard en écrivait au R. P. Mayet dans une lettre du 11 mars 1855 :

« *L'Œuvre du Très Saint Sacrement se mûrit, les Constitutions (à l'essai) s'avancent. Elles paraissent bien faites.*

« *Comme on sera à la source de toutes les vertus, tout sera facile. Puis une vocation qui aura plus de vie contemplative que de vie active doit avoir une vertu plus parfaite et plus mortifiée.*

« *M. de Cuers est toujours brûlant pour l'Œuvre Eucharistique. Il m'écrit quelquefois; c'est toujours le même homme, le marin, le fervent chrétien.*

« *Plusieurs prêtres veulent faire partie de l'Œuvre, plusieurs abbés aussi et quelques jeunes laïques, en tout dix ou douze. On voudrait se réunir pour le mois de septembre dans le diocèse de Marseille, commencer par se cacher dans une maison de campagne, pendant quelques mois, afin de se refondre dans ce nouveau Cénacle, autour de Jésus, avec Marie l'auguste Reine du Cénacle.*

« Ce qui fait plaisir, c'est la générosité, l'humilité, la piété séraphique qui les anime tous.

« Pour ma question personnelle, elle est renvoyée par le T. R. P. Favre aux vacances. Je prie, veuillez prier pour moi.

« Cette pensée est un rude Calvaire, une oraison de Gethsémani ! Qu'importe tout cela pourvu que Notre-Seigneur soit glorifié, connu, aimé et servi ! C'est là tout mon désir. J'avoue que je serais heureux de servir de fumier à l'arbre, mais c'est un trop grand honneur que je ne mérite pas.

« Je sens ma pauvre santé s'affaiblir. Je désirerais bien faire quelque chose pour la gloire de notre bon Maître, avant de mourir. Je m'offre sans cesse et m'abandonne à son bon plaisir. »

Le 11 juin 1855, le Serviteur de Dieu écrivait à l'abbé de Cuers :

« J'ai reçu la réponse à une seconde lettre adressée au T. R. Père Général. Le P. Favre m'écrit : « Vous êtes Mariste « avant tout ; la Société, c'est votre barque de salut : soyez « donc si prudent, qu'on n'ait pas même l'ombre d'un « prétexte pour vous accuser de vous occuper plutôt d'une « Œuvre qui n'est qu'un PROJET, qui n'est pas LA VÔTRE, « que de celle à laquelle vous vous devez tout entier par « votre consécration absolue et irrévocable.

« Le mieux est souvent l'ennemi du bien. »

« Puis il annonce qu'il viendra à La Seyne vers la fin du mois. Or, je m'applique à remplir de mon mieux les devoirs de ma charge ; il me semble que je fais plus que je n'ai jamais fait.

« Maintenant, j'attends cette visite qui doit trancher la question. Je suis bien décidé, avec la grâce de Dieu, de faire sa sainte volonté, de mettre de côté tout motif humain, toute crainte naturelle... »

Au R. P. Hermann, le Père écrivait, le 14 juin 1855 :

« Je vous ai bien porté envie dans votre délicieux sanctuaire ! Mais continuez bien à prier. C'est le grand moment. Nous attendons le T. R. Père Général. Quelque chose se décidera vers la fin du mois. Vous savez que le projet est à Rome. Rome avant tout !

« *Adieu, bon Père, l'Œuvre est sur la Croix !* »

Un mois plus tard, il écrivait au P. Mayet, le 24 juillet 1855 :

« *L'Œuvre Eucharistique est toujours sous terre. Dans sa sagesse, le T. R. Père Général n'a pas cru devoir donner la permission temporaire. Est-ce une épreuve ? ou bien Dieu veut-il un autre David mieux selon son cœur ? Quid ad me ? pourvu qu'il soit connu, aimé et glorifié de tous !*

« *Qu'il m'immole et me pulvérise, pourvu que l'Œuvre de sa gloire vive et grandisse comme le grain de sénevé !* »

Ainsi le T. R. P. Favre ajournait sa réponse définitive aux vacances, et il crut devoir lui refuser une permission temporaire qui lui aurait permis de jeter les premiers fondements de l'Œuvre.

Second encouragement de Pie IX. — Le 27 août 1855, dans une audience que le P. Touche recevait de Pie IX, après avoir lu au Saint-Père une supplique du Père Eymard et un projet de Constitutions de la future Société, il reçut de lui cette parole de vie :

« L'Œuvre vient de Dieu, j'en suis convaincu ; l'Eglise a besoin de cela ; qu'on prenne tous les moyens pour faire connaître l'Eucharistie. Que le Prêtre Mariste s'entende avec son Supérieur et l'Evêque du lieu. »

Dans la lettre où il rendait compte de son audience, le P. Touche ajoutait :

« Je vous dirai, mon bon ami, que de la manière dont s'est exprimé le Pape, je croirais aller contre la volonté de Dieu de m'y opposer. Je puis, mon Père, vous certifier tout ceci avec serment. »

Et dans une autre lettre, il disait encore : « Si j'étais Supérieur Général des Maristes, je croirais pécher grièvement de m'opposer le moins du monde à cette Œuvre. Notre Saint Père le Pape m'a répété : « C'est l'Œuvre de Dieu, je la « désire ; je ne puis pas encore l'approuver, plus tard je le « ferai. »

Les vues du P. Touche ne sont pas acceptées. — Notre-Seigneur, par une permission particulière de sa sagesse divine, voulant sanctifier son Serviteur et perfectionner l'instrument de son choix, permit que la lettre du

P. Touche, dont nous venons de parler et qui indiquait si nettement la pensée et les désirs de Pie IX, n'eût pas le résultat que l'on pouvait prévoir.

Le P. Favre se refusa à entrer dans les vues du P. Touche. Il écrivait, le 5 septembre 1855 : « ... La prudence me fait un devoir d'attendre de Rome quelque chose de plus officiel, avant de faire le sacrifice que vous me demandez. Et puis, il me sera bien permis, sans doute, d'exposer au Très Saint Père les motifs de mon refus, comme on lui a exposé le bien de votre Œuvre. »

Dans la même lettre, il disait d'ailleurs : « ... J'espère bien, avec la grâce de Dieu, ne jamais m'opposer à la volonté du Saint-Père, quand elle me sera suffisamment connue. »

En même temps, le Père Eymard fut remplacé à La Seyne-sur-Mer dans le poste de supérieur qu'il y occupait. Ceux qui devaient l'accompagner se dispersèrent ; plusieurs furent envoyés à Saint-Sulpice pour leurs études de Philosophie et de Théologie, et lui-même fut envoyé dans une solitude, à Chaintré, près de Mâcon, pour travailler au Manuel du Tiers-Ordre, ayant défense de communiquer avec personne. Il restait seul avec sa souffrance et ses aspirations.

Voyage du T. R. P. Favre à Rome. — Le T. R. P. Favre, dans les premiers mois de 1856, fit un voyage à Rome, pour y traiter les affaires de sa Société, et en même temps exposer au Saint-Père sa pensée sur le projet du Père Eymard. Mais il arriva qu'ayant parlé pendant plus d'une heure de cette affaire dans l'antichambre de Pie IX, tandis qu'il attendait son audience, il oublia totalement d'en parler dès qu'il fut aux pieds du Pape, et dut revenir en France sans avoir de Rome d'autre parole du Saint-Père que celles adressées au P. Touche dans l'audience du 27 août 1855.

Visite du T. R. P. Favre à Chaintré, 22 avril 1856. — Le 22 avril 1856, le Père Général, à son retour de Rome, vint voir le Père Eymard dans sa solitude de Chaintré. Ils eurent un long et grave entretien sur la question qui allait forcément se trancher.

Le Père Eymard exposa ses pensées de fondation, renouvela ses instances pour obtenir de travailler à cette Œuvre, au moins pendant quelques années, ne fût-ce même que pour un an ou deux. Tout fut inutile. Le T. R. P. Favre refusa de donner son concours, disant même qu'il ne l'autoriserait jamais. Mais il dut avouer que Rome n'avait rien dit, puisqu'il avait oublié d'en parler à l'audience du Saint-Père.

En face d'un refus si formel, en face aussi de sa conscience et des paroles très authentiques de Pie IX, le Père Eymard demanda la dispense de ses vœux.

Le Supérieur Général, après quelques hésitations, finit par la lui accorder, *viva voce*.

Le 29 avril, le P. Favre la lui renouvela *par écrit* en lui remettant, avant son départ pour Paris, le certificat dont voici la teneur et qui a été copié sur l'original :

« *Cédant aux instances réitérées du Père Eymard qui se croit appelé de Dieu à travailler à une Œuvre nouvelle, je lui accorde, quoique avec peine et à regret, la permission de sortir de la Société de Marie et je le dispense des vœux qui le liaient à cette Société. Abstraction faite de sa nouvelle vocation, sa conduite a toujours été celle d'un prêtre pieux et d'un fervent religieux.*

« *Lyon, 29 avril 1856.*

« *Loc.* ✳ *Sig.*

« J. FAVRE,
« *Supérieur Général de la Société de Marie.* »

Sa lettre à l'abbé de Cuers, du 22 avril 1856. — Au sortir de cette conversation, qui venait de décider de l'avenir, le Père Eymard écrivait à son ami, l'abbé de Cuers, et lui raconta en détail l'événement qui venait d'avoir lieu ; pour la première fois, dans la joie de son âme, il signa sa lettre : EYMARD, *P. du Saint Sacrement.*

Le même jour, le Serviteur de Dieu écrivit au même une seconde lettre, dans laquelle il disait : ... « *Le dimanche du Patronage de saint Joseph, 3ᵉ dimanche après Pâques, après la sainte Messe, dans mon action de grâces, je me suis senti bien recueilli, et Dieu me demandait le sacrifice, non de mon désir, de mon dévouement pour l'Œuvre, mais de me mettre dans la sainte indifférence et l'abandon à sa sainte volonté, et dans la disposition ferme de me soumettre si le Souverain Pontife me faisait défendre ou dire de m'en occuper. Je l'ai promis franchement. Puis, après ce sacrifice, Dieu m'en a demandé un second, celui de me croire indigne de travailler à cette Œuvre et de l'abandonner à son choix ; je l'ai fait, et depuis, j'ai travaillé à combattre toute pensée de retour, de défense, de moyens, etc... »*

Une coïncidence. — Cette date du 22 avril, dans la pensée divine, ne fut pas fortuite. Il sera facile de s'en convaincre en remarquant que, ce jour-là, la sainte Eglise fait l'Office de deux Papes, saint Soter et saint Caius.

Or, c'est le premier de ces Papes, Soter, qui fit le décret par lequel tous les chrétiens étaient obligés de communier le jour de la Cène : « *Idem statuit, ut Christi Corpus in Cœna Domini sumeretur ab omnibus...* »

Et Caius ordonna que le Sacrement de l'Ordre serait distribué en sept degrés avant d'en conférer la plénitude dans la consécration épiscopale : « *Constituit, ut in his ordinum et honorum gradibus in Ecclesia ad Episcopatum ascenderetur...* »

En sorte que l'un de ces Papes s'occupe du Sacrement et l'autre du sacerdoce. Et le Serviteur de Dieu vient à cette date fonder une Congrégation religieuse qui aura pour but de servir le Très Saint Sacrement et de se dévouer aux prêtres, de les aider à vivre du Sacrement pour en faire vivre les autres.

D'autres dates providentielles. — Dans cette même lettre du 22 avril 1856, le Serviteur de Dieu formulait ce désir : « *Je disais la semaine passée à Dieu : O mon Dieu, quelle consolation pour nous, si nous pouvions commencer, comme jadis les Apôtres, par nous mettre en retraite dans le Cénacle le jour de l'Ascension, recevoir l'esprit et les grâces de notre Vocation le jour de la Pentecôte, et commencer notre ministère eucharistique le saint jour de la Fête-Dieu ! Et voilà que tout se prépare.* »

Non seulement tout se préparait, mais tout s'exécute ainsi : c'est le 1er mai, jour de l'Ascension, que le Serviteur de Dieu arrive à Paris, qu'il se met en retraite pour recevoir de l'Archevêque de Paris la réponse définitive sur ses projets de fondation.

Il la reçut le mardi de la Pentecôte, le 13 mai 1856, et le 1er juin suivant, octave de la Fête-Dieu, en France, le Père Eymard prit possession de la maison du 114, rue d'Enfer, par la procession du Très Saint Sacrement.

Le Père avait le pressentiment des épreuves qui l'attendaient. — Le Père prévoyait bien tous les sacrifices au-devant desquels il marchait. Il avait dit, il est vrai, que la pensée de l'Œuvre du Très Saint Sacrement à établir était pour lui un attrait qui le rendait meilleur, quelque chose de doux, de fort, de calme, de sanctifiant.

Mais il disait aussi à cette époque au P. Mayet : « *Je vois bien tout ce qu'il m'en coûtera ! On n'établit pas une Œuvre nouvelle sans se faire crucifier. Puis, je renonce à une position acquise pour m'exposer à la pauvreté, au mépris, au dénûment... si la chose ne réussit pas, on se moquera de moi : je vois tout cela, je sens tout cela ; je ne cherche que la volonté de Dieu.* »

Sa retraite à Paris, du 1er au 13 mai 1856. — Malgré toutes les assurances qu'il avait de faire la volonté de Dieu en se dévouant à cette Œuvre, puisqu'il avait une parole de la sainte Vierge, deux encouragements de Pie IX, l'approbation du P. Colin et l'autorisation du P. Favre, le Serviteur de Dieu voulut encore faire une dernière et décisive épreuve : il recommença à nouveau, sans tenir aucun compte du passé.

Le 1er mai, il partit pour Paris, voulant se mettre en retraite, exposer les raisons pour et contre de ses projets de fondation, les préoccupations de son âme, à des hommes expérimentés dans les choses de Dieu, et résolu à accepter purement et simplement leur décision.

Il s'était placé dans une indifférence absolue, prêt à marcher si Dieu l'appelait, mais prêt aussi à rentrer à Lyon, si la réponse des Evêques était négative.

Les longs entretiens qu'il avait eus avec Monseigneur de Tripoli l'avaient presque convaincu de l'insuccès de ses démarches, il avait le pressentiment que son projet de fondation ne serait pas accepté. Aussi, lorsqu'on l'appela à l'Archevêché pour prendre la réponse définitive de Monseigneur, avait-il, avant de partir, bouclé sa malle, décidé qu'il était à repartir le soir même pour reprendre à Lyon son poste de religieux Mariste.

Cependant une circonstance qui se produisit dans une visite qu'il fit à Montmartre, pendant cette retraite de douze jours, aurait pu lui être une indication du Ciel. En entrant dans la vieille église qui avait vu les premiers apôtres des Gaules, qui avait reçu les vœux de saint Ignace et de ses compagnons, où avaient prié tant d'âmes d'élite, un prêtre était en chaire et il rappelait les noms illustres de ces saints, de ces fondateurs d'*Ordres religieux* qui étaient venus consacrer leur Œuvre dans ce sanctuaire vénéré.

Trois évêques jugèrent la question : Mgr l'Evêque de Tripoli, Mgr de la Bouillerie, évêque de Carcassonne, examinèrent la question religieuse personnelle ; Mgr l'Archevêque de Paris se réservait de prononcer définitivement.

Le 13 mai 1856, le Père se rendait à l'Archevêché.

« La volonté de Dieu, lui dit l'Archevêque, s'est manifestée trop clairement pour l'Œuvre Eucharistique. Le Seigneur a tranché lui-même la difficulté ; il faut vous consacrer sans retard à cette Œuvre. »

Dieu avait parlé, il n'y avait plus qu'à agir. — Le Père quitta l'Archevêché, l'âme débordante de joie sainte, et alla à Saint-Sulpice remercier Notre-Seigneur et sa sainte Mère et se consacrer, avec son premier compagnon, le P. de Cuers, à l'Œuvre du Très Saint Sacrement.

Cette date resta ineffaçable. — Cette date du 1er mai, comme celle du 13, restera ineffaçable dans sa mémoire.

Deux ans plus tard, il écrivait à Mme Gourd : « C'est le jeudi, fête « de l'Ascension, que je suis venu à Paris, et le 13 mai que nous « avons été approuvés. — Bénissez Dieu avec nous, et remerciez- « le pour nous. — Quel heureux jour pour nous ! Que de grâces « en sont découlées ! Quelle maternelle Providence nous a pro- « tégés et guidés dans une Œuvre si difficile, et si impossible « selon la marche ordinaire des choses ! — Oh ! oui, c'est pour « moi une grâce telle, que je ne puis y penser sans être ému ; « surtout quand je vois le choix que Notre-Seigneur a fait de « si pauvres et de si misérables instruments, sans ressources,

« sans protections, sans être connus à Paris ! Puis, voir toutes
« les difficultés disparaître, tous les secours venir à l'heure
« de leur besoin. Oh ! oui, le Doigt de Dieu est là ! — Mais
« comme je dois craindre d'être infidèle et ingrat ! Priez pour
« que je ne le sois jamais. »

Et douze années après l'événement, il écrivait à une personne, Mme G..., le 19 mai 1868, deux mois avant sa mort :
« Je vous écris de notre Noviciat, où je suis venu passer deux
« jours pour me préparer à la fête de l'Ascension.

« C'est le jour où je me suis mis en retraite pour examiner
« aux pieds de Notre-Seigneur s'il me voulait pour travailler
« à l'Œuvre du Très Saint Sacrement. C'était en 1856, le 1er mai.
« C'était bien l'Ascension pour moi ! car je ne méritais pas que
« Notre-Seigneur me regardât et me choisît pour une Œuvre
« si belle, si grande et qui voulait un saint, un savant et un
« prince pour être au service d'un si grand Maître ! Voilà
« douze ans de cette date ; que de grâces reçues et que de
« déficit en moi ! Ah ! Notre-Seigneur a voulu prouver une
« fois de plus que c'est lui qui est tout, qui fait tout, et que le
« plus misérable, le plus vil instrument entre ses mains est ce
« qu'il préfère. Ainsi, chère fille, le saint jour de l'Ascension,
« vous prierez bien pour la Société du Très Saint Sacrement
« et pour son pauvre supérieur. »

Son bonheur en face de la décision des Evêques. —
La décision des trois Evêques de Paris remplit son âme d'une
sainte joie et d'une reconnaissance indicible.

Voici ce qu'il écrivait à Mme Tholin, quelques jours après,
le 18 mai 1856 : « Le bon Maître a gagné sa cause : me voici à
« Paris et tout à son service et à son amour eucharistique. —
« Tous les sacrifices sont consommés, les épreuves du moment
« finies. Le T. R. Père Supérieur Général m'a donné la dispense
« de mes vœux et conservé son amitié. Trois Evêques ont
« approuvé ma résolution et mon désir. Mgr l'Archevêque de
« Paris l'a accueillie et bénie avec une bonté toute paternelle.
« — La maison est louée (rue d'Enfer, 114, Paris). Dans quel-
« ques jours nous y serons pauvrement installés, mais avec
« joie et bonheur.

« Mon corps et mes facultés sont comme le soldat qui
« revient d'un champ de bataille.

« Avant d'user de ma liberté et avec la permission du
« T. R. Père Supérieur Général, j'ai fait la retraite du Cénacle
« en douze jours, et le 13 mai nous avons été approuvés.

« Voilà, bonne sœur, où la Cause Eucharistique est arrivée ;
« bénissez-en Dieu et remerciez-le pour moi. Mon âme ne
« cessait de dire le *Magnificat*, et sous le poids encore des
« pensées et des sacrifices, elle n'avait qu'une parole : « Que
« le bon Dieu est bon ! »

« Vous allez maintenant prier pour que je réponde à une si
« belle vocation ; que, comme le pain du sacrifice, je perde
« ma vie, ma substance, ma personnalité, pour être changé
« en l'esprit et la vie de Jésus, n'en conservant que l'appa-
« rence humaine, que l'humiliation et la pauvreté, afin que la
« vertu de Jésus habite au milieu de mes infirmités. »

A la même date du 18 mai 1856, le Serviteur de Dieu écrivait
aussi à Mlle Guillot : « Je viens, ma chère fille, vous donner
« la grande nouvelle. Hier, le T. R. Père Supérieur a dû
« recevoir ma lettre qui lui annonçait qu'après douze jours
« de souffrances, d'épreuves, d'abandon, trois personnages
« éminents en sainteté et en science m'ont dit qu'ils croyaient
« que la volonté de Dieu était que je me dévouasse à l'Œuvre
« du Très Saint Sacrement.

« Et cette réponse m'est venue dans un moment où je
« croyais que tout était perdu. — Mon sacrifice était fait sans
« retour, je devais repartir tout de suite de Paris. — Dieu en
« a décidé autrement ; qu'il en soit béni et glorifié !

« Le T. R. P. Favre a été d'une bonté et d'une piété qui
« m'ont transpercé le cœur ; cela a été l'épée la plus sensible,
« car je l'aime et il le mérite à tous égards.

« ... Priez maintenant que je ne me rende pas indigne d'une
« si belle et si sainte vocation ; car si le combat est fini, un
« autre va recommencer : c'est celui du calvaire personnel, du
« sacrifice de chaque jour... »

Son amour de la Société de Marie. — Le Serviteur de
Dieu aimait la Société de Marie comme une seconde Mère.

Il l'écrivait à Mlle Guillot, le 17 août 1855 :

« Sachez, disait-il, que cette pensée (celle de sa sortie) me
« crucifie depuis bien longtemps.

« La nature, l'affection filiale que je porte à ma chère

« Société, à mes si bons confrères, à mes supérieurs ; leur
« bienveillance à mon égard, ma faiblesse spirituelle et corpo-
« relle, tout me dit de rester tranquille. D'un autre côté, je ne
« veux pas ne pas correspondre à la grâce de Dieu, s'il daigne
« me choisir, malgré mes grandes misères, pour travailler et
« mourir pour cette belle Œuvre, et je me sens attiré vers
« elle comme quelqu'un qui ne peut plus reculer. »

Il disait encore ces paroles qui montrent la douleur que lui
causa cet holocauste : « *Dieu a voulu de moi le sacrifice de
la Société de Marie, parce qu'en me faisant religieux la
première fois, je n'avais sacrifié qu'un père et une sœur.* »

La Société de Marie était sa seule Mère. Il resta toujours
son enfant par le cœur : « *Je reste l'enfant de la Société par
le cœur et le dévouement : on n'oublie pas une si bonne
Mère !* » disait-il encore.

Le 24 septembre 1856, écrivant à Mme Franchet, qui était
membre du Tiers-Ordre de Marie, il exprimait admirablement
la même pensée : « ... Merci, chère Sœur, de vos bonnes
« prières pour notre Œuvre Eucharistique et pour ma faiblesse.

« On ne quitte jamais Marie en allant vers Jésus ; c'est
« cette divine Reine du Cénacle qui nous y conduit et nous y
« dirige, c'est sous ce beau titre de NOTRE-DAME DU CÉNACLE
« que nous l'honorons. Nous sommes de petits enfants à
« genoux avec leur bonne Mère devant le Très Saint
« Sacrement.

« La Société de Marie me sera toujours chère et je suis
« toujours son enfant par le cœur. Vous dites vrai : personne
« ne sait ce que ce sacrifice m'a coûté ; mais quand on croit
« que Dieu appelle, il faut même donner sa vie ; et encore, ce
« n'est rien.

« Adieu, chère Sœur et fille en Notre-Seigneur, faites-nous
« toujours l'aumône de vos prières : un soldat dans la tranchée
« a besoin de secours. »

Le 3 octobre 1856, quelques jours plus tard, il écrivait
encore : « Ce n'est pas un déshonneur d'avoir passé par les
« mains de Marie pour servir plus directement Jésus, de
« passer de Nazareth au Cénacle, ou mieux, d'honorer Marie,
« Mère et Reine du Cénacle Eucharistique.

« Personne ne sait ce qu'il m'en a coûté de faire ce pas et
« de dire à Dieu : Me voici ! J'avais quitté ma famille tem-

« porelle, mon pays, etc. Eh bien, je quitterai encore ma
« famille spirituelle, la paix de Nazareth, les douceurs de la
« famille, pour venir vous servir en votre état sacramentel
« d'Hostie et de Victime. »

La conclusion. — Etant connu tout ce qui précède, il
paraît de toute évidence que la sortie du Père Eymard de la
Société de Marie fut tout à la fois :

1º Le plus grand sacrifice de sa vie, car il aimait sa famille
religieuse, et il y était aimé ;

2º L'acte le plus surnaturel de sa vie, un sacrifice accompli
avec une pureté d'intention parfaite.

La réponse du T. R. P. Favre. — Le Serviteur de
Dieu se hâta d'annoncer la décision des trois Evêques au
T. R. P. Favre, qui lui répondit par la lettre suivante, datée
du 20 mai 1856 : « Mon cher Confrère, enfin voilà une affaire
terminée ! que la sainte volonté de Dieu soit faite et non la
nôtre ! Tout ce que je puis vous dire, c'est que je désire bien
sincèrement que Dieu vous bénisse, vous et votre Œuvre.

« Je vais écrire dans ce moment à Mgr Jordani, et j'éviterai
avec soin tout ce qui pourrait compromettre le succès de
l'Œuvre à laquelle vous vous consacrez.

« Continuez, je vous prie, à me donner de vos nouvelles,
qui m'intéresseront toujours vivement. — La séparation qui
s'est opérée entre nous ne nous empêchera pas de nous aimer
toujours dans les cœurs de Jésus et de Marie.

« Tout à vous en J. et M. (signé) FAVRE. »

Le 24 mai 1856, le T. R. P. Favre envoya à sa Congrégation
une circulaire, dans laquelle, en post-scriptum, il écrivit
ce qui suit, au sujet du Serviteur de Dieu qui venait de les
quitter :

« *P.-S.* — Je dois vous annoncer, si déjà vous ne l'avez
apprise, une nouvelle qui vous causera tout à la fois beaucoup
de surprise, de peine et de regrets. Il s'agit du Père Eymard
qui, s'y croyant appelé de Dieu, va se consacrer, en dehors
de la Société, à l'Œuvre du Très Saint Sacrement. Dans
l'intérêt de la vérité et de la charité, pour prévenir toute
interprétation fausse, tout commentaire fâcheux, je dois vous
dire que le Père Eymard, dans cette séparation qui lui a tant

coûté, ainsi qu'à nous, n'a eu d'autre motif que celui de faire la volonté de Dieu, et qu'il a obtenu pour suivre sa nouvelle vocation toutes les permissions voulues. — Qu'il fasse connaître, aimer et glorifier Notre-Seigneur de plus en plus, dans le Sacrement de son amour, et nous nous en réjouirons de tout notre cœur. »

Dix ans plus tard, au Chapitre Général des Maristes, en juin 1866, le P. Colin, leur fondateur, dans une allocution aux Capitulaires, s'exprimait ainsi :

« C'est un grand honneur pour nous que Dieu ait choisi parmi nous le fondateur de la Société du Très Saint Sacrement. Nous devons tous faire des vœux pour qu'il réussisse ; et lors même qu'il ne réussirait pas, il aurait déjà fait un très grand bien dont nous devons nous réjouir. » (*Notes du R. P. Mayet.*)

L'année suivante, allant mettre la dernière main à ses Constitutions, le P. Colin demanda au Père Eymard de prier à cette intention. Le Père lui répondit, le 26 décembre 1867 : « Je « vous ouvre toutes les cataractes de grâces et de mérites « pour l'intention que vous me marquez, et je le fais avec « bonheur ; car j'en viens, de cette bonne et aimable Société « de Marie ! J'y suis et j'y serai de cœur jusqu'à ma mort. « — Je brûle du désir de revoir le Père Fondateur. » (*Notes du R. P. Mayet.*)

Le Serviteur de Dieu, quand il quitta la Société de Marie, était donc parfaitement en règle avec sa conscience, comme avec l'autorité première de l'Institut qu'il quittait pour obéir à la voix de Dieu l'appelant à une autre mission.

CHAPITRE VIII

De sa Vocation Eucharistique.

La raison d'être de sa Congrégation. — La pensée première qui détermina la fondation de la Société du Très Saint Sacrement, en dehors des deux faits du 21 janvier 1851 et du 19 avril 1853 dont nous avons parlé au chapitre précédent, fut celle-ci : « *Tous les mystères de Jésus et de Marie ont un Corps religieux qui les honore, les perpétue, en* *continue l'esprit, les influences, la vie : seule, l'Eucharistie n'en a pas !* »

Le 25 janvier 1857, il écrivait à la Supérieure de l'Hôtel-Dieu de Belleville-sur-Saône : « Me voici à Paris, tout à « l'Œuvre du Très Saint Sacrement ; organisant, priant, sou-« pirant après ce Règne Eucharistique si bon, si beau, si « puissant, si délicieux à l'âme qui en a le secret. — Tous les « mystères de Jésus et de Marie ont leur Corps particulier « qui les honore, les garde, en perpétue les vertus, l'esprit, la « vie. — Et pourquoi le plus grand des mystères n'aurait-il « pas le sien? Pourquoi le Roi des rois n'aurait-il pas aussi « sa Garde d'honneur, sa Cour Eucharistique? Pourquoi les « hommes ne viendraient-ils pas reprendre leur place au « Cénacle? »

Ce qu'il fallait faire en face de cette pensée. — En face de cette pensée, le Père comprit vite qu'il n'y avait qu'une chose à faire : *se consacrer à l'Eucharistie pour la servir personnellement, et attirer à ce service les âmes chrétiennes ; car l'Eucharistie, notre Emmanuel, est pour tous.*

De là, la Congrégation à fonder devait être, par la force des choses, à la fois active et contemplative : *Contemplative,* car il s'agit de Dieu, et, en face de Lui, l'homme n'a rien de mieux à faire que de contempler et d'adorer : « *Deus meus es tu, quoniam bonorum meorum non eges.* » ;

Active, pour annoncer cette Présence bénie de Dieu, pour redire son amour, pour lui constituer une Cour de fidèles adorateurs, pour ramener à cette *Source première* toutes les âmes chrétiennes.

La vie des Trappistes ou celle des Chartreux ne convenait pas à l'Ordre à fonder ; il fallait un Ordre apostolique, ayant les deux vies réunies : « *Nos orationi et verbo intenti erimus.* » Mais, dans cet Ordre apostolique, la contemplation aura le pas sur l'action ; car le service personnel de Dieu l'emporte sur toutes les œuvres de miséricorde.

Ces religieux-là seront :

« *Pour Lui d'abord ; pour attirer à Lui ensuite.* »

Ils chercheront à reproduire ici-bas une ébauche de ce qui existe au Ciel autour du Trône de l'Agneau.

Il fera la Fête-Dieu perpétuelle. — Pour atteindre plus pleinement le but qu'il se proposait, pour servir plus dignement Notre-Seigneur dans sa Présence Réelle, le Serviteur de Dieu ne crut pouvoir mieux faire que d'imiter la sainte Eglise, lorsqu'elle veut affirmer et glorifier l'Emmanuel.

Dans l'Eglise, il y a une fête spéciale pour laquelle la liturgie catholique déploie toutes les magnificences de son culte : c'est la FÊTE-DIEU !

La Congrégation que fondera le Père n'aura d'existence que pour faire à Jésus-Christ une *Fête-Dieu perpétuelle !*

Si la sainte Eglise décerne à Notre-Seigneur des hommages exceptionnels un jour dans l'année, ne les mérite-t-il pas toujours ? — Le Père travaillera à les lui donner.

1º Il exposera le Très Saint Sacrement sur un trône orné de fleurs et de lumières ; tout ce que la piété sait trouver pour affirmer son amour et sa foi envers la Présence Réelle, il l'offrira à Notre-Seigneur. Avec le Docteur angélique, il dira : « *Quantum potes, tantum aude ; quia major omni laude, nec laudare sufficis.* »

2º Et autour de ce trône il constituera une Garde d'honneur pour adorer perpétuellement le Dieu qui daigne demeurer perpétuellement avec nous.

Tandis que les vaillants soldats de la croix livrent pour la gloire de Jésus-Christ et de son Eglise des luttes acharnées, le religieux du Très Saint Sacrement a assez à faire « *que le Maître ne soit jamais seul !* » Telle est la pensée-mère inscrite par le Père en tête de ses Constitutions (Iª p., cap. II, n. 1) :

« *Que tous nos religieux sachent bien qu'ils n'ont été uniquement choisis et qu'ils n'ont fait profession que pour se dévouer au service de la divine Personne de Jésus-Christ, notre Roi et notre Dieu, véritablement, réellement et substantiellement présent dans le Sacrement de son amour. C'est pourquoi, comme de bons et fidèles serviteurs d'un si grand Roi, ils consacreront totalement à sa plus grande gloire leurs qualités et leurs vertus, leurs études et leurs travaux,* SANS PROPRE PERSONNEL, ABSQUE SUI PROPRIO. »

La méthode des quatre fins. — Voulant indiquer à ses

religieux de quelle manière ils devaient adorer, le Serviteur de Dieu ne crut pouvoir mieux faire que de copier ce que fait l'Eglise. Lorsqu'elle veut rendre à Dieu le culte de latrie qui ne convient qu'à lui seul, l'Eglise offre le saint Sacrifice par lequel elle adore Dieu, le remercie de ses dons, répare pour les péchés des hommes, le prie pour les grands besoins de l'humanité.

Telle sera la méthode d'oraison ou d'adoration du Père.

L'expliquer, la recommander à tous, en user pour lui et la commenter pour les autres : ce fut le soin incessant du Fondateur.

A la fois simple et profonde, elle est comme l'Evangile accessible à tous ; elle permet de faire entrer dans ces quatre pensées : *Adoration, action de grâces, réparation, prière,* tous les sujets quelconques de méditation ; car la sainte Eucharistie, c'est Jésus-Christ passé, présent et futur. Il y glorifie tous ses états, il y continue toutes ses vertus. C'est le royal Mystère de la foi, où toutes les vérités catholiques viennent aboutir, comme les fleuves viennent tous se jeter dans l'Océan qui les alimente.

Et ainsi l'adorateur pourra facilement offrir à Dieu :

Une prière *tirée de son fond,* sans être réduit à recourir toujours à un livre ;

Une prière *variée,* ce qui écarte l'*assueta vilescunt ;*

Une prière *qui ramène sans cesse* au point fondamental de la Présence Réelle, raison d'être de la Congrégation qu'il fondait ; car les quatre fins du Sacrifice s'adressent en dernier ressort au Dieu Sacramentel pour l'adorer, le remercier, réparer et prier.

L'adoration est une Visite, une Audience royale. En arrivant au prie-Dieu, le Père voulait que l'adorateur ne commençât pas aussitôt par étaler ses misères et parler de ses péchés : cette vue attriste l'âme. Au contraire, que le premier mouvement soit à la joie d'être près de Notre-Seigneur pour passer une heure avec Lui, à l'action de grâces d'une si douce audience.

« *Que vous êtes bon d'aimer une aussi pauvre créature que moi ! Oh ! je vous aimerai par un juste retour ! L'amour alors vous a ouvert le cœur de Notre-Seigneur : entrez, aimez, adorez.* »

Service quotidien d'Adoration. — Le Serviteur de Dieu voulait que le religieux adorateur fût trois fois dans les vingt-quatre heures de service royal auprès de Notre-Seigneur, et parcourût successivement aux pieds du Maître toutes les heures du jour et de la nuit, tout en accordant à la faiblesse humaine ces adoucissements qu'une sage prudence ne saurait lui refuser.

Il disait : « *Regardez l'heure d'adoration qui vous est échue, comme une heure du Paradis. Allez-y, comme on va au Ciel, au banquet de Dieu...* »

Quand la cloche l'appelait à son heure de service, il quittait tout pour s'y rendre. Puis, au prie-Dieu, il se tenait dans une religieuse immobilité, le corps droit, touchant des mains à peine l'accoudoir, les yeux fixés, bien qu'avec un modeste respect, sur la divine Hostie dont sa foi perçait le nuage. — On venait pour le contempler lorsqu'il était sur son prie-Dieu, et sa seule vue excitait à la ferveur et ravivait la foi en la Présence Réelle.

Récitation de l'Office divin. — Le Père voulut pour ses religieux, outre le service perpétuel d'adoration, la récitation de l'Office divin, autre adoration plus solennelle, dans laquelle toute la Cour entoure le Roi et chante sa gloire avec les paroles de l'Esprit-Saint.

Son religieux sera un serviteur du Saint Sacrement. — En dehors de ce service direct de son Maître, qui est sa récompense en même temps que son premier travail, le religieux du Très Saint Sacrement est encore serviteur royal : ou bien laïque, il s'occupe du Culte et prend soin de la Maison du Roi ; ou bien prêtre, il se recueille, étudie, recherche les moyens d'étendre le règne de Jésus-Hostie dans les âmes. Du reste, à chacune des heures du jour, la cloche l'avertit de saluer à genoux, en quelque endroit qu'il se trouve, « le Très Saint et Très Divin Sacrement », mot de guet qui lui rappelle la présence voisine de son Roi. Il y joint, pour consoler sa piété et soutenir sa ferveur, un affectueux hommage à la Reine du Cénacle : « Et bénie soit la Très Sainte et Immaculée Conception de la Bienheureuse Vierge Marie ! »

Ainsi le Père a voulu faire de ses religieux des Serviteurs

du Très Saint Sacrement, vivant pour honorer l'Eucharistie, prodiguant à Jésus-Christ leur temps et leur personne, rendant au Roi des rois les devoirs que l'on trouve très naturel de rendre au dernier des maîtres de ce monde.

Son amour de la liturgie romaine. — Le Père avait le plus grand respect pour les lois liturgiques, et en même temps une grande horreur de toute innovation personnelle.

Comme c'est au Saint-Siège à déterminer le culte qu'il convient de rendre à Notre-Seigneur, il voulait que ses religieux étudiassent les Décrets de la sainte Eglise Romaine, pour les observer ensuite comme leur loi suprême et inflexible en tout et partout.

Au Chœur, il voulait que ses religieux gardassent le silence le plus absolu, *strictissimum silentium,* par respect pour la personne de Notre-Seigneur toujours exposé.

L'Apostolat. — Le Père, à côté du service de l'Adoration, voulut aussi de son religieux qu'il dépensât ses forces dans un fécond apostolat.

Si nous comprenons quelque chose de la grande vérité de la Présence Réelle de Dieu ici-bas, nous ne pouvons faire moins que d'attirer à Elle les âmes chrétiennes. Tout ce qui peut aider à faire connaître cette présence bénie de Notre-Seigneur devient donc l'objet du zèle et de l'apostolat du religieux adorateur.

Il devra prêcher le Saint Sacrement, grouper les fidèles dans des Agrégations Eucharistiques, rappeler au prêtre surtout que le foyer de son zèle, la fécondité de son ministère, le moyen efficace par excellence de la sainteté sont dans la sainte Eucharistie : « *Carbo est Eucharistia.* »

Les premiers chrétiens n'allaient au martyre qu'au sortir des Catacombes, après avoir mangé le pain des forts.

Dans un petit agenda de 1857, le Père écrivait :

« *La fin apostolique de l'Adorateur, c'est de faire connaître, aimer et servir Notre-Seigneur en son adorable Sacrement; c'est de prêcher le Règne de son amour, c'est de répandre partout ce feu du ciel que Jésus-Christ a apporté et qu'il veut voir allumé partout.*

« *Donc, pour un tel apostolat, il faut grouper des hommes*

de feu, rendre des hommages à Jésus-Christ Eucharistie par tous les arts, toutes les sciences, tous les genres de génie; il faut un Culte royal, un Culte liturgique. »

Touchant les retraites à donner aux prêtres et aux fidèles, il ajoutait :

« *Comme c'est dans la retraite que l'âme tiède se renouvelle dans la ferveur, l'âme juste se purifie dans le feu, l'apôtre reçoit la plénitude du Saint-Esprit : les retraites Eucharistiques doivent être le principal apostolat de la Société.*

« *Ils se dévoueront donc, avec joie, aux retraites ecclésiastiques, à celles des Ordinands, des laïques pieux dans leurs maisons, aux retraites Eucharistiques des Quarante-Heures, des Premières Communions, de la Communion pascale, aux octaves du Très Saint Sacrement, du Sacré-Cœur.* »

Le Serviteur de Dieu voulait que les Exercices Eucharistiques eussent pour but de faire connaître l'Eucharistie, l'amour que nous y témoigne Notre-Seigneur, les vertus qu'il y manifeste, afin d'exciter ensuite l'âme à répondre à cet amour par la pratique des vertus chrétiennes.

L'Exposition envisagée au point de vue social. — Le Serviteur de Dieu n'envisageait pas seulement l'Exposition au point de vue de la piété individuelle, il l'envisageait aussi au point de vue social. En 1864, dans la première livraison de la REVUE DU TRÈS SAINT SACREMENT, le Père écrivait :

« ... Ne craignons pas de l'affirmer, le culte de l'Exposition
« est le besoin de notre temps; il faut cette protestation
« publique et solennelle de la foi des peuples en la divinité
« de Jésus-Christ et en la vérité de sa Présence sacramentelle.
« C'est la meilleure de toutes les réfutations à opposer aux
« renégats, aux apostats, aux impies et aux indifférents.
« Il est nécessaire pour sauver la société. La société se meurt
« parce qu'elle n'a plus de centre de vérité ni de charité, plus
« de vie de famille. Chacun s'isole, se concentre, veut se
« suffire; la dissolution est imminente. Mais la société renaîtra
« pleine de vigueur, quand tous ses membres viendront se
« réunir autour de notre Emmanuel. Les rapports d'esprit se
« reformeront tout naturellement sous une vérité commune;

« les liens de l'amitié vraie et forte se renoueront sous l'action
« d'un même amour.

« Il faut remonter à la source de la vie, à Jésus dans l'Eu-
« charistie ; il faut le faire sortir de sa retraite pour qu'il se
« mette, de nouveau, à la tête des sociétés chrétiennes, qu'il
« dirigera et sauvera. Il faut lui reconstruire un palais, un
« trône royal, une Cour de fidèles serviteurs, une famille
« d'amis, un peuple d'adorateurs. »

Et ailleurs :

« L'Eucharistie n'est pas seulement la vie du chrétien, elle
« est celle des peuples ; l'homme qui vit en société a besoin
« d'un lien qui l'unisse à ses semblables, d'une loi d'honneur,
« d'un centre d'affections. L'Eucharistie est le lien du chrétien.
« Par Elle, on est parent, on mange à la même table, on a le
« même Père qui est dans les cieux. »

Et encore : « ... Qu'on le sache bien, un siècle grandit ou
« décroît, en raison de son culte pour la divine Eucharistie.
« C'est là sa vie et la mesure de sa foi, de sa charité et de sa
« vertu.

« ... Le culte de l'Eucharistie exprime la puissance d'une
« génération, la sainteté d'un siècle. Quand il domine la foi
« et la piété d'un peuple, ce peuple grandit et prospère. Le
« culte de l'Eucharistie est comme le soleil des beaux jours
« qui réchauffe, ranime et féconde la nature, fait partout
« éclore et mûrir les fruits. Mais, quand le divin Sacrement
« est négligé, ou qu'il n'est, comme chez les Grecs schisma-
« tiques, qu'un viatique pour les moribonds, renfermé dans
« le coin d'une sacristie, c'est alors le pâle soleil d'hiver qui,
« n'éclairant que quelques heures, laisse toujours la terre
« froide et glacée... Soumettons-nous aux salutaires influences
« du Soleil Eucharistique, et tout sera renouvelé. » (Mai 1865.)

Les moyens de perfection du religieux adorateur. —
Le Serviteur de Dieu donna à ses religieux des moyens de
sanctification proportionnés au but sublime qu'il poursuivait.

Quels doivent être ces moyens, et où les prendre ? se de-
manda-t-il, et il répondit :

« La divine Eucharistie est assez grande, assez puissante
« pour se suffire ; tout doit sortir d'Elle et revenir à Elle. —
« Son esprit (celui de sa Congrégation) doit être un et sortir

« de ce Cœur divin. Sa Règle, ses Œuvres, ses Moyens, tout
« est dans l'adorable Hostie. Plût à Dieu que nous fussions
« assez saints et embrasés d'amour pour la voir et la lire dans
« Jésus-Christ Eucharistie ! (Lettre du 27 septembre 1857 à la
Fondatrice de l'*Action de Grâces*.)

C'est donc dans l'Eucharistie que le Père trouvera les lois
de la sainteté qui convient à ses religieux.

Il veut à la base le principe d'amour de Dieu. — Le
principe sanctificateur donné par le Père à ses religieux est
le principe d'amour. — En face de l'Eucharistie, il ne saurait
y en avoir d'autre ; l'Eucharistie n'est-elle pas le produit, le
foyer, la preuve évidente de l'amour divin ? C'est elle qui réalise le *in finem dilexit* dont parle l'apôtre saint Jean.

Cet amour divin connu a une conséquence, il engendre
l'amour : « *Nos ergo diligamus Deum*, QUONIAM *Deus prior
dilexit nos.* » (I Joann., IV, 19.)

Notre amour n'est qu'une réponse à celui de Dieu ; et lorsqu'il vit en l'âme chrétienne, il y fait germer toutes les
vertus. Tel est le principe fondamental que le Serviteur de
Dieu enseigne à ses religieux comme moyen de leur sanctification personnelle.

« *La sainteté de nos religieux*, dit-il, *doit être fondée tout
entière sur la loi du divin amour : l'amour de Jésus Sacramentel, voilà leur loi, leur vertu suprême. — C'est l'amour
qui doit les porter à tous les combats et à tous les sacrifices que réclame l'acquisition des vertus.* »

Et encore : « *L'esprit dans lequel nous devons servir
Notre-Seigneur, nous sanctifier nous-mêmes et nous dévouer aux œuvres de zèle, doit être ce même esprit
d'amour qui a porté Notre-Seigneur à instituer l'Eucharistie pour la gloire de Dieu et le salut des âmes.* »

Et encore : « *L'amour eucharistique, voilà ce qui doit
être la loi souveraine de toutes nos vertus, le thème de
notre zèle, et le caractère distinctif de notre perfection.* »

« *Sit ergo hæc eucharistica Jesu dilectio summa virtutis
lex, zeli thema et nostrorum sanctitatis quasi nota.* »
(Const., I^a p., cap. I, n. 3.)

Il voulut aussi que cet amour de Dieu-Eucharistie fût l'objet
de leur prédication, comme il sera dit au chapitre suivant.

Dans ses conférences, dans ses prédications, dans ses Constitutions, le Père revient toujours sur ce point de départ, regardant le principe d'amour, le don de soi, le dévouement à Notre-Seigneur, comme la loi première du religieux adorateur.

Dans ses Constitutions, au chapitre intitulé : *Quo spiritu instrui debeant novitii*, il dit explicitement (II^a p., cap. VIII, n. 4) :

« *In divini amoris lege fundetur sanctitas nostrorum; sit ergo amor Jesu Christi eorum lex et virtus suprema, qua inspirati et affecti ad majora virtutum certamina atque sacrificia devoto corde se dedant.* »

Il faudrait lire son Directoire aux Agrégés, opuscule de plus de 120 pages, dans lequel il expose *ex professo* ses pensées sur le principe d'amour.

Les conséquences du principe d'amour. — Allant droit à la pratique, voulant que les siens aimassent le Très Saint Sacrement « *non verbo et lingua, sed in opere et veritate* », le Père rappelait sans cesse que le véritable amour, ou le don de soi, ou l'abnégation personnelle, étaient une seule et même chose.

Si, par le don de soi, nous nous livrons à un autre, c'est pour cesser de nous appartenir. La suppression morale du moi humain livre au bon plaisir du moi divin ; la sainteté n'est pas autre chose. C'est la parole de saint Paul : « *Vivo, jam non ego, vivit vero in me Christus.* »

Donné à quelqu'un, on agit par lui et on agit pour lui. — Le Père résumait cette pensée en une sorte d'axiome qu'il aimait à répéter souvent : « *Rien par moi et rien pour moi; tout par Jésus, tout pour Jésus.* »

Cherchant quelle devait être la vertu souveraine d'un Adorateur, le Père écrivait, dans sa grande retraite de Rome, en 1865 :

« *Il faut une vertu qui soit souverainement et perpétuellement Eucharistique, dont Notre-Seigneur soit perpétuellement et universellement le modèle présent, la grâce et la fin actuelle.* » Or, qu'est-ce qui caractérise l'Eucharistie ? — L'anéantissement. — De même qu'il s'est anéanti dans l'Incarnation, parce qu'il a pris la forme d'esclave, « *formam servi accipiens* »; ainsi, plus profondément encore, il s'anéantit en l'Eucharistie, parce qu'il y prend la forme du pain, « *formam panis accipiens.* »

Et pourquoi cet anéantissement? — parce qu'Il aime l'humanité, il se donna à elle. Voilà le modèle pour l'adorateur. — L'adoration, qui est le *summum* de l'amour, doit donc produire le don de soi, le dévouement constant à la personne du divin Maître, l'abnégation personnelle.

Ces pensées, si simples et si vraies, revenaient sans cesse sur ses lèvres; il les synthétisait dans un mot : « ABSQUE SUI PROPRIO », elles ne sont que *l'abneget semetipsum* de Notre-Seigneur.

Dans ses Constitutions, le Père dit explicitement, parlant de ses religieux :

« *Vivant absque sui proprio, ut liberi Christi sese existimantes, et omnia sua ad Domini gloriam et honorem referentes tanquam ad finem suum supremum.* » (1ª p., cap. XII, n. 3.)

« *Cette pensée est vieille dans le monde*, disait le Père Eymard, *nous ne l'avons certes pas inventée. C'est le « vivo jam non ego » de saint Paul. Les saints l'ont réalisée dans leur conduite; nous voulons seulement en faire la vertu d'un Corps religieux.* »

La vertu d'humilité. — Le Serviteur de Dieu formulait encore le principe « *absque sui proprio* » sous une autre forme : il l'appelait l'humilité. Il disait que le religieux adorateur devait être parfait en l'humilité pour être parfait en l'amour.

Et ici il n'entendait pas seulement l'humilité négative, qui tire son principal motif de la déchéance originelle et de la multitude des péchés qui s'accumulent dans une vie humaine, mais bien l'humilité positive qui est une déduction logique de l'amour divin. — Notre-Seigneur nous aimait et Il s'est humilié jusqu'à l'anéantissement : *exinanivit semetipsum;* nous le devons aimer, donc nous humilier aussi à son exemple, pour que notre vie soit une réponse à son amour infini.

Ce que renferme l'idée du service eucharistique. —

Envisageant la vocation au point de vue du service eucharistique, le Père disait encore :

« *Que sommes-nous en face de l'Eucharistie? Des serviteurs au service de leur Maître.* » C'est là ce que doit être et rester toujours le religieux adorateur. Tous ses actes doivent être des actes de service de Dieu.

Un serviteur s'en réfère toujours à son maître, il n'a pas d'autre objectif. — Et parce qu'il est serviteur, il reste donné. — Il pratique comme vertus propres de son état la vie commune, l'esprit de simplicité, l'esprit de vérité; ces vertus sont la conséquence de la condition de serviteur.

Par nécessité, les serviteurs vivent de la vie commune : il n'y a pas tant de précautions à prendre pour eux; ils sont tous à la même table et au même régime, gouvernés par les mêmes lois.

Un serviteur n'a pas de prétention, ni d'ambition; il n'a pas la préoccupation de faire fortune, de chercher ses intérêts : les siens sont ceux de son maître; il appartient à un autre et travaille pour lui. De là la simplicité de sa vie, l'absence de politique; il n'a qu'à travailler au jour le jour.

Le Père aimait à dire : « *Je suis le journalier de Notre-Seigneur !* »

Dans le petit agenda de 1857, le Père écrivait : « *L'homme Eucharistique doit être libre de toute servitude étrangère, en sa vie comme en son zèle. — Tout à la divine Eucharistie, comme tout pour Elle !*

« *Donc, de là : principe de loi commune, éviter toute sollicitation auprès des grands, tout privilège qui distingue et lie par la reconnaissance. Le roi suffit à son serviteur.* »

De là encore : l'esprit de vérité; le Père y tenait comme à un principe fondamental : celui qui la viole prouve par là-même qu'il est préoccupé de ses propres intérêts, non de ceux de Notre-Seigneur; il cache ses vues, voile son ambition ou ses passions.

Notre-Seigneur est le Roi de la vérité. Il nous a dit dans son Evangile : « Sans faire de serments, qu'il vous suffise de dire : *Est, est; non, non.* »

Lui-même, le Père, était la personnification de la loyauté, de la sincérité, de la droiture. Tous ceux qui l'ont connu disent qu'il était incapable d'un mensonge et qu'il n'a jamais violé la vérité.

Dans une supplique à Pie IX, en décembre 1858, où il indique admirablement l'esprit de sa Société, le Serviteur de Dieu s'exprime ainsi :

1º « In spiritu amoris et sacrificii Domino nostro Jesu « Christo alacri et devota mente deserviant : ita ut amore « divino inspirati ad perardua virtutum exercitia gaudentes « advolare contendant, et maximos sustinere labores quasi « pro nihilo reputent.

2º « Auctoritatis a Deo ordinatæ cultores ac defensores « addictissimi erunt : ideoque ante omnia, sanctam Sedem « apostolicam (extra quam non est via recta, nec veritas « certa, neque vita sancta) summo honore et summo obsequio « devota mente prosequentur, et ad primum ejus nutum, læti « occurrent.

« Ordinarium loci, ut Dominum et Patrem in Jesu Christo « habebunt, cui summam reverentiam et obedientiam corde « devoto præstare et a subditis ejus hæc religiose reddi « conabuntur.

« Potestatibus honorem et debitum obsequium reddent, a « factionibus alieni et adulatione servili.

3º « Veritatem Domini Nostri Jesu Christi ut formam vitæ « et legem inflexibilem habebunt; ad omnia damna et mala « parati potius quam veritatis gloria privari.

4º « Vitam communem profitebuntur ad exemplum Jesu « Christi, nullo privilegio honorati, nulla exemptione a lege « communi distincti. »

Son amour du Pape. — Le Père exigeait de ses religieux qu'ils eussent une véritable piété filiale envers le Souverain Pontife, prompts à défendre ses droits, ses privilèges, ses doctrines, à lui obéir en tout, au moindre signe de sa volonté.

Dans un petit agenda de 1857, le Père écrivait ce que devait être son religieux par rapport à l'Eglise et au Pape.

« Les Adorateurs étant comme les députés de l'Eglise au « service Eucharistique de Notre-Seigneur Jésus-Christ et les « hérauts de son amour, il est de toute nécessité qu'ils s'ins- « pirent de sa foi, de sa piété, de son amour, de son esprit « enfin, pour être de dignes religieux de l'Eglise.

1º « Ils doivent surtout bien s'inspirer de sa doctrine et
« adhérer parfaitement d'esprit et de cœur à tout ce qu'Elle
« définit, statue, règle pour le culte comme pour la foi.

« L'adorateur doit aller plus loin que le précepte; le conseil,
« le désir doivent être pour lui la loi du cœur.

« Il aura en grande estime et grande vénération tout ce
« qui vient de la sainte Eglise, cette digne Epouse de Jésus-
« Christ : l'amour filial ne raisonne ni la loi, ni le dévouement.

2º « Il doit professer pour le Saint-Père la plus religieuse
« vénération et le plus filial dévouement, comme au Vicaire
« de Jésus-Christ, le Chef et le Père de tous les fidèles et
« surtout de notre Société, sa bien-aimée famille.

« C'est en priant perpétuellement pour le Saint-Père, et
« en professant et défendant *impavide* ses droits sacrés et
« ses privilèges, son infaillibilité dans la doctrine comme sa
« royauté indépendante, qu'ils se montreront de vrais reli-
« gieux de la sainte Eglise. » (Le dogme de l'Infaillibilité
n'était pas alors proclamé.)

Aussi, dans ses Constitutions, avait-il statué qu'une sévérité
rigoureuse serait exercée contre le religieux qui parlerait
mal du Saint-Siège, ou ne suivrait pas ses directions : que
Novice, il serait chassé impitoyablement de la Congrégation ;
Profès, il subirait une peine rigoureuse ; *Supérieur*, on le
déposerait de sa charge ; qu'en face de la récidive, après trois
monitions, on l'expulserait sans miséricorde « *ut lupus in
ovili, et serpens in paradiso.* »

Longtemps avant la parole de Pie IX et les décisions du
Concile du Vatican, le Père professait la foi la plus entière au
dogme de l'Immaculée Conception, à l'Infaillibilité du Pape et
à ses droits au pouvoir temporel.

Unité de But. — L'Œuvre du Serviteur de Dieu se
distingue par un caractère exceptionnel d'unité, qui est
assurément la sauvegarde de l'avenir, mais qui montre tout
à la fois, et la lucidité de vue du Fondateur et l'intelligence
qu'il avait de la mission que Dieu lui confiait.

Il n'eut qu'un seul et unique but : servir la Présence Réelle
de Dieu voilée en l'Eucharistie : et par l'Adoration, parce qu'il
s'agit de Dieu, et par l'Apostolat, parce qu'il s'agit de l'Eucharistie, faite pour toutes les âmes chrétiennes ; et il a tout

sacrifié à ce service, écartant tout autre ministère, éloignant toute œuvre capable d'introduire dans la sienne un dualisme qui ne pourrait qu'amoindrir l'idée première.

Le Père écrivait à [Mlle Guillot, 6 mars 1858, en parlant d'une personne qui désirait entrer comme religieuse :

« Si elle s'attend à trouver une communauté toute montée, « toute réglée, elle doit attendre, car nous ne sommes que « dans les fondations.

« Cependant, une chose est parfaite : c'est notre but, notre « Règle, c'est en un mot la divine Eucharistie ! Là il n'y a rien « à inventer, à créer, à perfectionner ; il n'y a qu'à adorer, à « aimer et à servir. »

Unité de Moyen. — A côté de l'unité du *but*, le Serviteur de Dieu a aussi donné à ses fils spirituels *un moyen unique*, qui est l'Eucharistie elle-même, envisagée comme modèle et source de sainteté personnelle, et aussi comme objectif et moyen d'apostolat.

Il disait : « *L'Eucharistie doit être pour vous fin et moyen : vous devez l'adorer parce qu'elle est Dieu, vous anéantir à ses pieds pour l'adorer véritablement, et, en la prêchant, attirer à Elle les âmes chrétiennes. — Votre mis. sion est de l'exposer perpétuellement dans l'ostensoir pour lui rendre le culte solennel qu'Elle mérite toujours ; et par l'Exposition elle-même, la montrer à tous, pour lui gagner tous les cœurs :* Et si exaltatus fuero a terra, omnia traham ad meipsum. » (Joann., XII, 32.)

Unité d'Esprit. — Avec l'unité de but et de moyen, le Serviteur de Dieu voulut imprimer à sa Congrégation un seul esprit : celui du principe d'amour. Ses religieux devront s'inspirer en tout de cet esprit-là, dans le travail de la sainteté personnelle, dans le ministère de la parole, dans la direction des âmes ; il exprime admirablement cette pensée dans ses Constitutions (Cap. XXVII, n. 2, I^a p.) :

« *Ut autem anima devota in Jesu Christo solidetur et semper proficiat, de divina ejus veritate et de bonitatis amore enutriatur, ut sic de luce ad amorem, et de amore ad virtutes procedat sapienter ; nam probatio amoris exhibitio est operis.* »

Il voulait que les procédés de la vie spirituelle ne fussent pas différents de ceux que la nature inspire à une mère dans l'éducation de ses enfants. Elle les aime, leur en donne des preuves multiples et constantes, les persuade de cet amour, éveille dans leur cœur un amour réciproque ; et déjà le principal est fait, le reste ne sera plus qu'une question de temps. — En face de l'Eucharistie, et de l'excès d'amour que nous y témoigne Notre-Seigneur, il ne pensait pas qu'une autre marche fût possible. Il fallait persuader l'âme chrétienne de *l'amour* PERSONNEL *de Notre-Seigneur* pour elle et la convaincre du *Dilexit me* de saint Paul ; l'expérience a prouvé que cette méthode était excellente, et les âmes goûtaient ces vérités qui les transformaient.

Mais en même temps, combien il était éloigné du quiétisme dont l'accuseront peut-être quelques superficiels !... car mettre le principe d'amour aux origines de la conversion, de même qu'il existe aux sommets de la sainteté, ce n'est certes pas exclure la crainte salutaire, ni les motifs moins nobles, mais légitimes de conversion ou de sanctification qu'elle inspire ; au contraire, éclairés par l'amour, ils ne sont que plus touchants et plus efficaces : la crainte devient plus filiale, l'horreur du péché plus intense, les rigueurs et la durée du feu inextinguible de l'enfer plus légitimes et plus accessibles à notre foi.

Unité dans ses Constitutions. — Il laissa à ses fils spirituels des Constitutions qui mettent admirablement en relief ce principe d'unité dont nous parlons. — Car en elles tout converge vers l'Eucharistie comme vers un point centre : de même que tout découle de l'Eucharistie comme d'une source, pour vivifier chaque article des Constitutions, en montrer la raison d'être ou la valeur.

Le Père travailla ses Constitutions jusqu'à la mort : « *Chaque article de mes Constitutions*, disait-il, *m'a coûté du sang et des larmes.* »

Sa règle est une éducatrice ; si elle est ponctuellement observée, elle forme l'adorateur, inspire le religieux, lui donne l'intelligence de cette vie Eucharistique qui est déjà le Ciel commencé ici-bas ; elle forme aussi l'apôtre qui devra réaliser le désir du Maître : « *Ignem veni mittere in terram, et quid volo, nisi ut accendatur ?* »

Il récuse la qualité de Fondateur. — Par un sentiment de profonde humilité, le Père, se mettant en face du but qu'il poursuivait, récusait la qualité de fondateur :

« *On m'appelle fondateur*, disait-il, *et je n'ai rien fondé, rien inventé : on n'invente pas l'Eucharistie, on n'invente pas le Culte, on n'invente pas l'Adoration.* »

Le 22 février 1858, il écrivait à Mlle Guillot :

« Oui, oui, la marche de la divine Providence est admirable,
« les difficultés deviennent des lumières et sont toujours de
« grandes grâces. Que Dieu est bon de nous avoir choisi et
« guidé pour une si belle Œuvre ! Plus je la vois, plus je
« l'apprécie. Ce qui me comble de joie c'est de voir que
« personne n'a la gloire d'être son fondateur, son protecteur,
« son défenseur, sa loi ! — Quelle position elle a ! Elle ne
« dépend que de Dieu et de la sainte Eglise.

« Elle a pour fin, pour culte, pour but premier et dernier,
« l'adorable personne de Jésus-Christ au Très Saint Sacrement.
« — Elle n'a rien et possède tout ; elle semble ne rien faire,
« mais que sa vie est belle et puissante aux pieds du Dieu
« des miséricordes ! Dieu me fait la grâce de tout souffrir avec
« joie pour l'établissement de son règne, d'estimer comme la
« plus grande grâce d'être ignoré et inconnu du monde reli-
« gieux. Je sens qu'il faut que les racines soient cachées sous
« terre, et que ce petit feu soit couvert de cendres ; aussi
« ai-je bien peur d'être connu ou découvert dans notre bel
« héritage ; je sens que ce n'est pas encore le moment de
« paraître ; il faut grandir autour du divin Tabernacle et y
« vivre comme les anges, presque invisibles. »

Dans sa grande retraite de Rome, à la date du 24 février 1865, le Père écrit ce qui suit :

« Notre-Seigneur m'a bien honoré de me faire la grâce de
« m'appeler à travailler à la Société du Très Saint Sacrement.
« Il ne pouvait pas me faire un plus grand honneur, et à un
« plus indigne, plus néant dans le monde.

« Pour une semblable Société, il aurait fallu *le premier*
« *prince du monde, le prêtre le plus accompli, le religieux*
« *le plus parfait.* C'est là la gloire des autres Corps religieux ;
« tous ont eu une célébrité en quelque chose, au moins à leur
« origine.

« La Société du Très Saint Sacrement ne devait tirer sa

« gloire que de son divin Maître, et c'est bien assez, puisqu'il
« est vivant et que toutes les autres Sociétés n'honorent
« qu'un [mystère passé ou le professent par la perfection
« évangélique. »

Dans une autre lettre adressée à la Supérieure de l'Hôtel-
Dieu de Belleville-sur-Saône, le 25 janvier 1857, il avait dit,
une année auparavant :

« Dieu nous a bien aidés ; il a tout fait ; et ce qu'il y a de
« plus admirable, c'est qu'il a tout fait avec ce qu'il y a de
« plus infime, de plus misérable, de plus imparfait et méchant.
« — C'est l'inverse des autres Corps religieux, qui ont vu à
« leur tête des hommes distingués, au moins par leurs vertus.
« Ici, Jésus-Christ est tout, l'homme n'est rien. S'il y avait
« un grand homme, on n'irait pas de suite au Maître. »

Il fut vrai fondateur. — Le Père Eymard est un fondateur dans toute la force de l'expression, car il a ouvert dans
l'Eglise une voie nouvelle de perfection, il a fait une Œuvre
éminemment et exclusivement surnaturelle, une œuvre *sui
generis*. — Cependant la pensée première qui fut l'origine de
sa fondation apparaît à tout le monde si simple, si obvie, si à
l'intime de la vérité catholique, qu'involontairement on se
demande comment il a pu se faire qu'une telle pensée n'ait
germé dans l'Eglise qu'après dix-neuf siècles d'existence.

Si l'Eucharistie est Dieu au milieu de nous, la prendre pour
en faire le point centre, le pivot, le principe vital d'une vie
religieuse toute consacrée à la servir, apparaît à tous les
regards comme la chose la plus légitime, et le couronnement
de la *vie religieuse elle-même*.

Comme disait le Père : « JÉSUS-CHRIST EST LA ! DONC, TOUS
A LUI ! »

CHAPITRE IX

La Fondation de la Société.

Son départ de Lyon. — Le Père Eymard, le 30 avril 1856,
quitta Lyon pour venir à Paris consulter Dieu une dernière
fois dans la retraite, voulant d'abord se mettre dans l'indif-

férence absolue, afin que sa Congrégation fût fondée non sur l'attrait intérieur qui le pressait d'agir, mais exclusivement sur le principe d'obéissance qui seul nous fait connaître la volonté divine d'une manière absolue.

Son Supérieur Général lui avait donné 200 francs, qui servirent à son voyage et à ses dépenses pendant la retraite qu'il fit chez les prêtres du St-Cœur de Marie, au 114, rue d'Enfer, à Paris, qui devait être le berceau de l'Œuvre. Le 13 mai 1856, il reçut la réponse divine par la parole approbative de l'Archevêque de Paris, et commença sa fondation avec le reste de la dite somme.

Il commence au 114, rue d'Enfer. — Le lieu de l'épreuve fut celui où il jeta les fondements de son Œuvre. Les prêtres du St-Cœur de Marie qui l'avaient reçu pendant sa retraite se dispersaient, et Mgr Sibour, Archevêque de Paris, permettait au Père et à son premier compagnon, à Pierre et à Jean, de s'installer pour préparer le *Cénacle*.

C'était au 114, rue d'Enfer. On transforma un salon en chapelle. Des planches firent un autel, on l'entoura de calicot; c'était presque aussi pauvre que la crèche de Bethléem. Ils en prirent possession le 1er juin 1856. Lui-même l'écrivait à Mgr de la Bouillerie, le 4 juin :

« *Nous voici dans notre nouveau Cénacle; le 1er juin, par la procession de la Fête-Dieu, nous avons pris possession...* »

« *L'Œuvre commence, il est vrai, dans la pauvreté* (ils n'avaient rien), *mais aussi au milieu de la joie et de la reconnaissance de nos cœurs; nous sommes riches avec Notre-Seigneur.* »

Il commence sans aucune ressource. — Comme les Apôtres fondant l'Eglise, le Serviteur de Dieu commença sans ressources d'aucune sorte, sans moyens financiers, sans protection, sans personnel (le P. de Cuers était son seul compagnon de la première heure).

Il n'avait que sa parole, et au cœur la conviction de faire une œuvre sainte et féconde par excellence, en fondant une Société toute consacrée au service du Dieu de l'Eucharistie.

A l'origine, le Père connut donc toutes les rigueurs de la pauvreté la plus complète.

Le 20 juin 1856, il écrivait à Mlle Guillot : « ..... Je suis
« heureux d'avoir quelques privations à faire et de savoir
« me passer de bien des choses ; il faut si peu pour celui
« à qui Jésus est tout !

« Jamais je n'aurais connu la pauvreté, ni la bonté toute
« maternelle de Dieu, sans ma nouvelle vocation : nous avons
« commencé comme on commence dans un désert, avec une
« paire de draps, une chaise, une cuillère et non deux, c'est
« admirable !... Nous commençons à rendre décente notre
« chapelle ; nous y consacrons tout ce que nous avons, le Roi
« Eucharistique le mérite bien. — Quel autel ! rien qu'en bois
« blanc, sans rien pour le couvrir !... Quel tabernacle ! quatre
« planches ! ni plus ni moins... Mon cœur se réjouissait et
« pleurait à la vue de ce Bethléem... Aujourd'hui nous avons
« couvert l'autel avec du calicot à huit sous le mètre, et cela
« va mieux.

« Nous n'avions qu'un amict pour tous deux, et deux puri-
« ficatoires jusqu'à présent, et hier on nous en a donné deux
« avec quelques purificatoires...

« Tout ce que nous avons pour le culte est d'emprunt : mais
« peu à peu Notre-Seigneur nous enverra quelque chose...
« Ah ! si l'on savait à quels intérêts on place dans cette Œuvre
« nouvelle ! et quel honneur il y a d'y contribuer ! »

Le 8 juillet 1856, il écrivait à Mlle Guillot : « ..... Nous
« n'avons pas souffert du besoin de la vie, mais bien des
« objets nécessaires. Que voulez-vous faire, quand on arrive
« dans une maison avec quatre murs, et sans cuisine ni cui-
« sinier ?... Aujourd'hui c'est à en rire, maintenant que nous
« avons le gros nécessaire, nous avons chaque jour des
« cuisiniers qui viennent s'offrir... Un jour nous avions deux
« personnes à déjeuner, mais pour quatre, trois cuillères ;
« heureusement je m'en aperçus avant, et je dis que je ne
« prendrais pas de café : n'est-ce pas joli ?... »

Mlle Marie C. a raconté ce qui suit : « ..... Nous avons eu
la consolation d'aller visiter la chapelle de la rue d'Enfer, à
Paris, si touchante dans sa pauvreté qui rappelait Bethléem :
les poutres apparentes de la charpente, les murs à peine crépis,
recouverts d'étoffes rouges ; l'autel seul rayonnait. Notre-
Seigneur y était exposé au milieu de cierges allumés et de
fleurs : deux prêtres en surplis, prosternés à ses pieds.

« Le pauvre et étroit jardin où les premiers Pères prenaient
un peu de récréation recevait chaque jour, par-dessus les
murs, des pommes pourries et d'autres immondices. Le Père
Eymard racontait ces faits en souriant, plaignant les habitants
de méconnaître leur bonheur. »

Son cuisinier voleur. — A peu de temps de là, le cuisinier qu'il avait reçu se sauva en emportant le peu d'argent
qui était réservé pour payer les travaux de la chapelle.

Le 12 août 1856, il l'écrivait à Mlle Guillot :

« ... Tout à l'heure je dois paraître devant le juge d'instruc-
« tion, j'ai déjà paru devant le commissaire contre notre cui-
« sinier qui nous volait depuis son entrée... Il avait une fausse
« clé... et enfin il a été pris en flagrant délit. Le voilà en
« prison, et probablement il sera envoyé au bagne. Hélas ! il
« faut bien passer un peu partout, mais quelle épreuve !...
« Mais soyez tranquille, la nourriture reste assurée... il a pris
« l'argent destiné à l'ornementation de la chapelle... Dieu y
« pourvoira : c'est son Œuvre. »

Il disait encore (lettre du 9 septembre 1856) : « Notre voleur
« n'est pas encore jugé... Dieu est notre Père, nous n'avons
« manqué de rien, il y a le suffisant... seulement, au lieu
« de faire des dépenses de meubles et d'ornements, nous
« attendons. »

Sa joie immense de posséder Notre-Seigneur. — Sa
joie fut immense le jour où Notre-Seigneur demeura définitivement dans son tabernacle. Il l'écrivit à Mme Tholin le
21 juin 1856 : « ... Quel bonheur ! depuis dimanche, nous avons
« un tabernacle, et, dans ce tabernacle, Jésus-Christ avec ses
« grâces, son amour, son ciel, tout !... aussi je ne fais plus
« attention au reste... pas même à mon corps ou à mes
« misères... Ma cellule est à la porte du sanctuaire... j'en
« suis le gardien... je dirais presque le Maître !... Dans quel-
« ques semaines nous aurons une plus grande chapelle, où
« Jésus, le bon Jésus sera solennellement exposé et rayonnera
« de toutes parts avec sa lumière et sa fécondité d'amour...
« Que nous sommes heureux !

« Quand je regarde le chemin d'épines et de douleur par

« lequel il nous a fallu passer, je n'ai qu'un regret, c'est celui
« de ne pas avoir assez souffert seul ; je demande au bon
« Maître de me donner assez d'amour pour être puissant à
« souffrir et à être crucifié... »

L'épreuve de l'abandon. — Le Serviteur de Dieu, avec
l'épreuve de la pauvreté, connut aussi celle de l'abandon.
Plusieurs de ceux qui l'avaient admiré autrefois ne voyaient
plus en lui qu'un déserteur, un inconstant ; ils ne comprenaient
pas les nobles motifs qui avaient guidé sa conduite. — Lui
qui avait été si entouré, dont l'influence était jusque-là si
appréciée, resta seul en face de l'Œuvre à réaliser.

Quelques-uns allèrent même, ce qui lui fut une épreuve
plus sensible que les autres, jusqu'à s'attaquer à l'Œuvre
elle-même qu'il fondait, essayant de jeter sur elle le discrédit
et parlant d'une façon tout humaine des encouragements qui
lui étaient venus de Rome.

« J'ai reçu des lettres bien pénibles, écrivait-il à Mlle Guillot
« (lettre du 8 juillet 1856) : j'ai vu tout ce que l'on pensait, et
« su tout ce que l'on disait... Dieu le sait, Dieu le veut pour le
« bien, me disais-je, qu'il en soit béni !... et je crois avoir
« répondu avec calme et charité ; cela venait de La Seyne et
« de Toulon. »

Il trouvait même des paroles d'excuse : « J'excuse bien,
« disait-il dans la même lettre, ces bonnes personnes qui
« peuvent dire un mot de peine sur moi, c'est bien raison-
« nable aux yeux de l'amitié... puis en face du Corps, il est
« un peu juste de sacrifier une question particulière... On ne
« parle que de ma décision personnelle, et non de celle donnée
« après ma retraite. Tout cela n'est qu'un petit nuage... »

Un religieux fort grave se laissa aller, au sujet de la sortie
du Serviteur de Dieu, à dire : « Je crains bien que Dieu n'humilie le Père Eymard par quelque lourde faute. » Deux hommes honorables l'écrivirent à celui-ci, et ils voulaient faire un
éclat. Le Père leur persuada de se taire ; mais le glaive entra
bien profond dans la plaie. Il se rendit devant le Très Saint
Sacrement, et portant la lettre à Jésus-Christ, il lui dit : « *Ah !*
mon Dieu, vous qui m'avez préservé toute ma vie de pa-
reilles fautes ! ! ! »

Le P. Mayet qui relate ces faits disait : « Nous sommes le

premier à qui il ait raconté cela, et il nous défendit de le répéter. Il nous en parla avec la douceur d'un agneau. »

« Nous entretenant encore de quelqu'un qui l'a accablé et lui a écrit une lettre dure, toute sa vengeance consista dans ces paroles : *C'est un saint Jérôme !* »

D'ailleurs plus d'une fois on a dit « qu'il était sans fiel » ; il y avait en lui trop de bonté, trop de cœur, trop de délicatesse pour qu'il en fût autrement.

Les six premiers mois, il prépare sa chapelle. — Les premiers six mois depuis la fondation furent employés à préparer la future chapelle.

Il écrivait à Mlle Guillot, 8 juillet 1856 : « Nous avons fait « peut-être une imprudence pour notre chapelle qui nous « coûtera trois mille francs... Nous nous sommes dit : Nous « allons les donner à Notre-Seigneur, il nous y laissera tant « qu'il voudra ; et, comme nous disait Monseigneur l'Evêque : « il est probable que vous y restiez longtemps ; d'ailleurs « nous vous donnons la préférence..... Belle préférence ! « quand on n'a rien... ou plutôt, nous avons tout en Notre- « Seigneur Jésus.

« On dit que mon confrère est riche... il a deux mille francs « de retraite par an, et voilà tout... mais les oiseaux du ciel « et les vrais disciples sont bien riches.

« Nous commençons à être heureux depuis dix-sept jours « que nous avons la sainte Réserve. Nous n'aurons l'Exposi- « tion que lorsque la grande chapelle sera finie ; elle contiendra « cent personnes. Nous ne faisons autre chose que ce que « faisaient Pierre et Jean préparant le Cénacle, et quand tout « sera fini, Jésus y enverra ses disciples.

« Nous avons déjà sept lits garnis à 100 fr. pièce ; voyez « que nous sommes riches ! Nous avions trois serviettes, puis « six, maintenant vous nous avez enrichis... »

Son enthousiasme à élever à Notre-Seigneur un trône d'exposition. — Il travaillait avec une sainte ardeur et un saint enthousiasme à préparer le Cénacle où Notre-Seigneur allait être perpétuellement exposé. « ... Gloire à « Dieu ! écrit-il (lettre à Mme Tholin, 5 septembre 1856), oui, « que son règne arrive ! c'est là aussi ma pensée, mon désir,

« mon bonheur, ma vie, ma mort... C'est là la prière que je
« fais continuellement... Que le règne de son amour arrive et
« s'étende sur toute la terre et la consume du feu céleste et
« éternel... Que souvent, à la vue de ce beau trône eucharis-
« tique que nous lui élevons, je dis à ce bon Seigneur :

« Que je sois l'escabeau de vos pieds, que je souffre, que je
« sois humilié, que je meure, tout m'est beau et bon, pourvu
« que vous régniez !...

Il attend de Notre-Seigneur les vocations. — Le
Serviteur de Dieu connut tous les genres d'épreuves. Outre
celles du délaissement et de la pauvreté qui apportent avec
elles des difficultés sans nombre, il se trouva en face de
l'épreuve du manque de vocations. Elle dura longtemps.
L'homme voyant plus facilement le dehors, et ne jugeant trop
souvent les choses que par l'extérieur, devait passer, sans la
regarder, cette Œuvre placée par sa nature si en plein dans
le surnaturel, si en dehors des aspirations et des préoccupations de la foule.

Les vocations étaient donc rares. Plusieurs venaient, qui
bientôt désertaient le poste, manquant du courage nécessaire
à ceux qui sont aux avant-gardes.

Le Serviteur de Dieu en souffrait. Sa délicatesse l'empêchait
de chercher du côté de ses anciens amis ou confrères. Il
disait (lettre du 20 septembre 1856 à Mlle Guillot) :

« Quelquefois je me regarde comme un aventurier, qui
« risque le tout pour le tout, et qui ne veut pas qu'un seul de
« ses amis souffre avec lui et pour lui.

« Nous sommes toujours quatre : deux prêtres et deux
« serviteurs — (c'est-à-dire, lui et son compagnon, le P. de
« Cuers, le frère de celui-ci et un autre laïque quelconque) —
« dont l'un portier et l'autre cuisinier. Il y a trois ou quatre
« prêtres qui ont répondu oui à l'appel eucharistique ; mais
« je crains que le démon, que la nature, que les amis inté-
« ressés leur fassent partager l'état des premiers invités de
« l'Evangile aux noces du fils du Roi.

« A la garde de Dieu ! Ce n'est pas à nous de faire des
« vocations, mais à les recevoir de la bonté divine ; c'est le
« Roi qui invite et non le serviteur.

« Nous avons le bonheur d'avoir toujours avec nous Jésus ;

« quoi de plus heureux ! Si le bon Maître veut que nous
« restions seuls durant quelques mois, un an, deux ans, qu'il
« en soit béni ! c'est ce qu'il y aura de mieux pour nous.
« Pouvons-nous acheter trop cher la faveur d'être sa famille
« eucharistique ?

« Le monde et les amis qui ne jugent des choses que par
« le succès, le nombre et la fortune, riront de nous et nous
« regarderont comme stériles et sans crédit, etc... Quel bon
« fumier pour le grain de l'arbre ! »

La première messe dans sa chapelle. — C'est le
28 septembre qu'il put célébrer la messe dans sa chapelle
pour la première fois. Il l'écrit à Mme J...

Paris, 23 septembre 1856.

« C'est dimanche prochain, 28 septembre 1856, que nous
« célébrerons pour la première fois la messe dans notre
« nouvelle chapelle ; que n'êtes-vous ici pour recevoir la
« première bénédiction !... Nous l'enverrons jusqu'à vous et
« à tous les vôtres.

« La petite Œuvre chemine dans le silence et germe sous
« terre... Nous attendons avec paix et confiance le moment
« de Dieu. — En attendant, nous faisons comme Jésus au
« désert. »

Le 3 octobre 1856, il disait encore à Mlle Guillot : « ... Notre
« petite Œuvre marche petitement, humblement, pauvrement ;
« elle marche, Dieu la protège visiblement tout seul : c'est ce
« qui nous encourage et nous fortifie.

« Si nous étions des saints, nous dirions au bon Dieu de
« nous crucifier davantage, de nous annihiler tout à fait, afin
« que sa gloire toute seule soit bénie et sa grâce divine
« remerciée.

« Priez, s'il vous plaît, pour que Dieu choisisse lui-même
« les premiers adorateurs, les premiers religieux, afin qu'ils
« soient bien remplis de son esprit et de son amour... »

Sa lettre au Curé d'Ars. — Vers cette époque, il écrivait
au Curé d'Ars pour lui annoncer sa fondation :

« Je pense réjouir votre piété envers Notre-Seigneur dans
« la divine Eucharistie, en vous annonçant la réalisation de la

« pensée dont vous a parlé le P. Hermann, que vous avez
« bénie et pour laquelle vous avez prié.

« La Société du Très Saint Sacrement est fondée à Paris
« depuis quatre mois... Son but est de faire que Notre-Seigneur
« soit connu, aimé, servi et adoré de tous les cœurs au Sacre-
« ment de son amour ; c'est de lui former une cour et une
« garde d'honneur toujours veillante à ses pieds... C'est Marie
« qui a donné à Jésus un de ses pauvres enfants. C'est moi,
« bon et vénéré Père, qui eus le bonheur et l'honneur de
« vous recevoir du Tiers-Ordre de Marie, il y a deux ans. Je
« vous prie donc en l'amour de notre bon Maître de continuer
« vos prières pour la bénédiction de ce petit grain de
« sénevé... »

Sa confiance en Dieu en face des épreuves. — Sa
confiance en Dieu, à cette époque, était sans limite et méritait
à elle seule que Dieu donnât la fécondité à ses efforts. Le
26 novembre 1856, il écrivait à Mlle Guillot : « ... En me con-
« sacrant à l'Œuvre Eucharistique, j'ai dû renoncer à tout et
« tout sacrifier, ne mettre plus ma confiance qu'en Dieu seul,
« l'avoir pour seul trésor, pour seul protecteur et pour seul
« bien, et j'ose dire que Dieu est bien suavement, bien mater-
« nellement tout cela pour moi. Je ne regrette qu'une seule
« chose, c'est de n'avoir pas assez sacrifié, assez souffert
« pour une si belle Œuvre.

« Mon âme est heureuse d'avoir une si belle et si riche
« part ! Si jamais on vous disait que je regrette mes dé-
« marches, que je suis triste et découragé, ce n'est pas vrai.
« En voilà assez pour moi...

« Notre petite Œuvre marche sous terre ; tous les jours il y
« a quelque chose de plus : ou c'est une demande sur l'Œuvre,
« ou quelque ornementation nouvelle, ou bien quelques petites
« épreuves ; je dis petites, parce que nous sommes faibles, et
« Dieu nous ménage.

« Je tremble pour les premières vocations à venir, nous
« avons déjà refusé quatre prêtres. Priez bien pour nous :
« cette épreuve serait trop lourde... »

Cependant personne n'est encore venu se joindre à eux. Le
3 novembre 1856, à Mlle Guillot il écrivait : « Pour nous, tou-
« jours deux seulement ; il y a bien quelques pensées de

« vocation, quelques prêtres qui le désirent ; mais qu'il est
« difficile de quitter le monde ! Priez bien pour que de
« mauvaises vocations ne viennent pas encore nous affliger.
« Jeudi, nous allons aux Assises pour notre voleur... hélas ! —
« Dieu en soit béni ! »

Mais sa confiance en Dieu reste admirable : « C'est une
« bonne fortune, écrit-il à Mme J... le 28 novembre 1856, pour
« les œuvres de Dieu que les épreuves et surtout les décep-
« tions : la gloire de Dieu est alors engagée ; la pauvre
« humanité n'apparaît plus qu'avec sa pauvreté, ses misères
« et son néant. Qu'il fait bon fonder en Dieu et rien qu'en
« Dieu !

« Nous n'avons pas été dignes de toute cette faveur, car il
« y a eu des âmes sympathiques et saintes qui nous ont servi
« en la Providence divine. — Celles qui nous ont exercés ont
« été une grâce de lumière, de sainte liberté, de grande
« confiance en Dieu.

« Saint Paul disait aux premiers chrétiens persécutés :
« *Vous n'avez pas encore combattu jusqu'au sang...* Que
« nous sommes loin des Apôtres, des grandes âmes de
« Jésus-Christ !

« Cependant Notre-Seigneur nous accorde une grande grâce,
« celle d'aimer notre solitude, notre vie cachée sous terre,
« ensevelie comme Jésus au tombeau, comme le grain de
« froment.

« Saint François de Sales disait à sainte Jeanne de Chantal,
« quand il eut résolu d'établir la Congrégation de la Visitation :
« *Je ne vois point de jour pour cela, mais je m'assure que
« Dieu le fera.* Je puis dire la même chose. Je ne sais pas
« quand ce petit grain germera et sera fécond, quand les
« bonnes vocations viendront ; mais ce que je crois, c'est que
« Dieu le bénira un jour. »

**Son espoir d'exposer bientôt le Très Saint Sacre-
ment.** — A la Noël 1856, le Père écrivait à Mme Tholin une
lettre dans laquelle il lui exprime ses espérances de pouvoir
enfin commencer l'Exposition du Très Saint Sacrement le
6 janvier 1857 : « ... Donnez-moi de vos nouvelles, en voici
« une qui vous ira au cœur : le 6 janvier, jour de l'Epiphanie,
« nous ferons notre première Exposition. Quelle joie ! quel

« bonheur ! Enfin le Roi divin va monter sur son trône ! et
« nous allons commencer sa Cour, l'office de ses Gardes du
« Corps. — Remerciez-le pour nous, chère fille, car mon âme
« est triste de ne pouvoir le faire mieux. Puis le Calvaire
« n'a pas en moi une de ces victimes bien généreuses ! et
« cependant quoi de plus beau que s'immoler à Jésus ! »

Suppression du tabac et de la calotte. — Le 8 décembre 1856 il demanda et obtint de la sainte Vierge la grâce
de pouvoir supprimer deux habitudes de toute sa vie : l'habitude de prendre du tabac et celle de porter une calotte. — Il
ajoutera un troisième sacrifice, celui du jeûne, et fera le
carême entier dans le jeûne et l'abstinence totale de quarante
jours.

Il l'écrivait le 1er janvier 1857 à Mlle Guillot : « Une grande
« nouvelle ! Depuis le jour de l'Immaculée Conception, plus
« de tabac, plus de calotte à l'église, et je m'en trouve
« bien. Si j'avais pu prévoir cette victoire, je vous aurais
« priée de choisir pour les mouchoirs le blanc, mais c'est
« égal... »

« C'est un petit sacrifice, et autour de Notre-Seigneur, ce
« sera plus convenable. » (Lettre du 19 janvier 1857, à la
même.)

Voici comment le R. P. Mayet raconte ces mêmes faits dans
ses notes biographiques : « Le Père rejeta loin de lui mille
petits soins dont sa santé délicate avait eu besoin jusque-là.
Il était sujet à de violents et fréquents maux de dents,
craignait beaucoup le froid à la tête et avait l'habitude de se
couvrir du chaud et large bonnet appelé « clémentine. » Dès
lors il ne porta plus de calotte ni hiver, ni été, et allait
toujours tête nue dans la maison, dans le jardin, partout,
même en des temps humides ou glacials. Il se soumit aux
jeûnes de l'Eglise, qu'il ne pouvait guère observer jusque-là.
Il renonça au tabac. Depuis très longtemps, vingt-cinq ans
peut-être, il avait au bras un exutoire. Un jour il dit au P. de
Cuers qui se récriait : « C'est fini ! » Faisant ensuite sur le
bras malade le signe de la croix, il prononça avec foi ces
mots : « Au nom du Père, du Fils et du Saint-Esprit » ; et il
n'en *fut plus question.* » Cependant plus tard il le reprit.

Son discours du 28 décembre 1856. — Le Serviteur de Dieu, le 28 décembre 1856, à la Réunion générale des Messieurs de l'Adoration Nocturne de Paris, prononça un discours dans lequel il exposait avec sa lucidité habituelle les pensées fondamentales de sa vocation eucharistique.

« Un jour Jean-Baptiste reçut une députation des princes « des Juifs qui lui dirent : *Tu quis es ?* — Il me semble, « Messieurs, que votre présence ici nous pose la même « question : Qui êtes-vous ? Qu'est-ce que cette Œuvre « nouvelle ?

« A la première question, nous répondrons : Rien ; puissions- « nous être de vrais néants entre les mains de Dieu ! Nous « n'avons pas ce qui fait la gloire, le succès, la puissance « d'une Œuvre. Si nous avions pour berceau ces grandeurs « humaines ou ces protections qui sont une victoire déjà, nous « craindrions que Dieu ne fût pas avec nous.

« Nous avançons munis de la Bénédiction de l'Eglise...

« Quelle est cette Œuvre ? — C'est la Société du Très Saint « Sacrement ; religieux du Très Saint Sacrement, c'est le nom « de ses enfants ; son but est de glorifier la sainte Eucha- « ristie ; son moyen, l'Exposition perpétuelle de l'Auguste « Sacrement. Elle ne se refuse pas tout apostolat au dehors : « elle le borne aux ministères qui se rattachent plus directement « à sa noble fin... »

Première Exposition, 6 janvier 1857. — Le 6 jan- vier 1857 eut lieu dans sa chapelle du 114, rue d'Enfer, la première Exposition solennelle du Très Saint Sacrement. Voici comment il le raconte lui-même à Mlle Guillot, dans une lettre de 19 janvier 1857 : « Quel bonheur pour nous que le 6, « jeudi ! de voir pour la première fois Jésus notre Roi monter « sur son trône d'amour, manifester sa Présence par cette « grâce si unique ! Mon cœur était trop plein pour pouvoir « parler et dire ses sentiments : j'étais presque muet et « stupide d'étonnement. Quand je pense, en effet, au chemin « que Jésus a suivi pour arriver jusqu'ici et nous faire passer « à travers tant de difficultés sans nous en douter ; aujour- « d'hui que je vois ces difficultés passées, je suis comme « quelqu'un qui a traversé les plus grands dangers sans s'en « douter. C'est que Jésus était dans la barque, et nous dor-

« mions à ses pieds. Oh ! oui, Dieu veut cette Œuvre Eucha-
« ristique, tous les jours nous en voyons les preuves, mais
« pourvu que nous correspondions bien à une si grande grâce.

« Puis cette mort si cruelle de Mgr l'Archevêque vient nous
« dire encore que Dieu veut seul nous protéger.

« Maintenant que le grain est en terre, nous n'avons plus
« qu'à pourrir pour germer en la grâce de Dieu... »

Le même jour il écrivait à Mme Gourd : « ... Qu'il fait bon
« habiter dans la maison eucharistique ! que Jésus y est bon !
« Vous l'avez aussi près de vous... Trois fois par semaine, le
« dimanche, le mardi, le jeudi nous avons l'Exposition du
« Très Saint Sacrement ; ce sont trois jours de fête. Quand
« nous serons plus nombreux, nous l'aurons toujours ; ce sera
« alors le ciel continué. »

L'idée de la fondation des Servantes. — Déjà à cette
époque il songeait à fonder *les Religieuses du Très Saint
Sacrement*.

Il l'écrivait le 1er janvier 1857 à Mlle Guillot : « ... Mes vœux
« de cette année, c'est que cette année vous soyez religieuses
« du Très Saint Sacrement, et dans le Cénacle de son amour.

« J'ai la douce confiance que Jésus bénira cette pensée, ce
« désir de sa gloire, et qu'alors finiront pour vous toutes ces
« petites croix parsemées sur votre chemin.

« L'épouse du Roi ne pense qu'à plaire à son époux et lui
« laisse le soin de l'extérieur et du gouvernement. Vous serez
« ses épouses au pied du trône divin, et Jésus sera votre
« Sauveur et votre tout.

« En attendant ce jour béni, on prépare, on dispose, et
« quand le Cénacle sera prêt, on vous dira : *Levez-vous,
« prenez votre lampe allumée et venez au-devant de
« l'Epoux céleste.* »

Déjà le 20 septembre 1856, il avait écrit à la même :
« Quant aux femmes, c'est comme arrêté, c'est-à-dire que l'on
« ne veut s'associer à aucune Communauté déjà existante,
« avec son esprit et ses œuvres, mais former de véritables
« adoratrices de Jésus-Eucharistie sur le modèle de Notre-
« Dame du Cénacle, adorant et vivant autour du divin
« Tabernacle.

« Nous commencerons par réunir autour de notre Cénacle

« quelques âmes que Jésus se choisira, afin de les former sans
« bruit comme sans éclat à la vie eucharistique ; puis, quand
« les éléments seront prêts, on consultera Dieu sur le lieu où
« il veut ce nouveau Cénacle.

« Mais nous ne pensons pas encore à cela, nous désirons
« attendre que les premiers sacrifices de notre installation
« soient faits, que le grain de sénevé ait pris un peu racine.

« En ce moment, ce serait nous mettre à la merci de la
« charité de ces nouvelles sœurs. A la guerre, on laisse les
« femmes dans le camp... »

L'épreuve continue de la Pauvreté. — Le Serviteur
de Dieu, à côté de l'épreuve de l'absence de vocations,
ressentit toujours celle de la pauvreté, qui était telle que
même les ressources nécessaires à l'entretien du luminaire
d'Exposition lui manquaient.

« *On remplacera,* écrivait-il dans une note personnelle
(petit agenda 1857), *par deux cierges les deux bougies qui
manquent, n'en ayant que quatre au lieu de six...* »

Le surlendemain (9 février 1857), il écrivait encore : « ... *On
envoie chez le cirier payer l'ancienne facture et reprendre
une petite provision de cire : Dieu doit passer avant nous ;
si nous le servons bien, il nous servira ; si nous avons une
grande confiance en lui, il sera tout.* »

**Le médecin l'oblige de prendre les eaux d'Allevard.
Les épreuves l'attendaient au retour.** — En août 1857,
sa santé étant compromise, les médecins l'obligèrent à prendre
les eaux d'Allevard.

« Me voici aux eaux d'Allevard, écrit-il (lettre du 14 août 1857
« à Mlle Guillot), pour un commencement de catarrhe ; on a
« voulu que j'y vienne, je m'y suis rendu afin de travailler et
« souffrir plus longtemps au service Eucharistique de Jésus ;
« je ne sais encore ce que me feront les eaux, mais jusqu'à
« présent cela ne va pas mal. Vous comprenez combien mon
« âme souffre loin de ce tabernacle d'amour ! et de sentir mes
« confrères seuls. A la grâce de Dieu ! »

Le démon profita de son absence pour tout bouleverser.
Il l'écrit à une personne (Mlle Danion, 27 septembre 1857) :
« Avant mon départ, tout allait à merveille : on allait acheter

« une maison, l'argent se présentait, etc... des sujets s'an-
« nonçaient à l'Œuvre si belle, mes confrères se portaient
« bien ; tout est changé, tout est souffrant ; que Dieu en soit
« béni ! »

Il écrivait encore le 6 octobre 1857 (à Mlle Guillot) : « Voici
« quelques détails sur nos épreuves : le démon a tourné la
« tête à deux de nos prêtres pendant mon absence, ils ont
« mal parlé de l'Œuvre au dehors, ils ont agi auprès de leur
« Evêque pour s'en aller et on n'a pas même ménagé l'Œuvre.

« A mon arrivée, un frère qu'ils avaient amené est parti ;
« deux affaires tendant à nous procurer une maison ont
« manqué pendant mon absence ; un de nos prêtres a écrit
« au Cardinal de Paris lui demandant un poste, chose qui m'a
« fait une grande peine.

« Le P. de Cuers est resté fidèle et dévoué ; c'est un saint.
« J'apprends tous les jours des choses incroyables... Au
« milieu de tout cela, mon cœur ne perd pas confiance. »

Même le P. H... l'abandonne. La lettre continue : « Le P. H...
« est venu ici pendant mon absence, on lui a tourné la tête,
« et il nous écrit des choses incroyables.

« *Dieu seul*, bonne fille, voilà la pierre fondamentale et
« éternelle. J'espère que la main de Dieu nous soutiendra ;
« nous prions beaucoup.

« Mon âme reste calme, il me semble que Dieu va faire
« quelque chose. »

A la même époque, il écrivait à une autre personne,
Mme de G... (lettre du 6 octobre 1857) :

« Depuis mon arrivée ici, des croix m'attendaient ; elles
« n'ont pas encore fleuri, mais je les reçois comme venant
« du Cœur de Notre-Seigneur. Ce sont des déceptions, des
« abandonnements de l'Œuvre Eucharistique de la part de
« deux prêtres (Rolland et Huan) sur lesquels j'aimais à
« compter. Ils sont encore ici, mais leur parti est pris. Que
« Dieu en soit béni et glorifié ! L'Œuvre marche tout de
« même, l'Exposition n'a pas souffert ; tant que Jésus sera
« sur son trône de grâce et d'amour, j'espère et j'ai confiance.
« Les épreuves sont légères quand on a Jésus. »

Il est desservi près du cardinal Morlot. — En
octobre 1857, des personnes mal intentionnées desservirent

l'Œuvre près du cardinal Morlot, lui faisant croire que le Père avait fondé sans aucune approbation.

Il était facile au Père de se justifier, lui qui avait été accueilli si paternellement de Mgr Sibour ; il le fit et le calme revint : mais cette épreuve lui avait été bien pénible. « *Ce que Dieu veut est toujours le meilleur* », écrivait-il le 29 octobre 1857 à Mlle Guillot.

Le 7 novembre 1857, à Mme Gourd il raconte ses épreuves :

« J'ai été comme quelqu'un qui a été exposé à la grêle, sans
« abri, ne pensant qu'à la recevoir, et n'ayant le temps pour
« autre chose, disons mieux, le courage.

« Ces petites tempêtes sont passées en partie. Deux prêtres,
« la sœur d'un de ces messieurs, un frère, sont partis.

« Ce qui me causait de la tristesse, c'était de voir que peut-
« être il faudrait suspendre notre Exposition, faute de sujets.
« Mais Notre-Seigneur a eu pitié de nous. Quelques heures
« après le départ du premier prêtre, le P. Champion est
« arrivé, et, quelques jours après, un frère, de sorte que nous
« restons six comme avant

« Voyez que le bon Dieu est bon ! Oui, notre Œuvre Eucha-
« ristique vient de Dieu ; nous avons tant de miracles de
« Providence que nous serions bien ingrats et bien aveugles
« de ne pas le voir et remercier sa divine bonté. »

Il doit chercher un autre local et fonder ailleurs (faubourg St-Jacques). — Il se vit bientôt en face d'une autre épreuve non prévue, pour laquelle il dut souffrir pendant plus d'une année. La maison qu'ils occupaient allait être vendue, et, incapables d'y mettre le prix qu'il aurait fallu pour l'acheter eux-mêmes, ils durent chercher une nouvelle installation et quitter leur cher Bethléem.

Il écrivait à Mme Tholin, 19 décembre 1857 : « Nous voici
« depuis trois jours dans une épreuve : on m'annonce la vente
« de notre maison, et dans trois mois il faut sortir et aban-
« donner ces lieux si chers ; mais nous emporterons Jésus
« avec nous. »

Le 16 janvier 1858, il écrivait à Mme J... : « ... Pour nous,
« nous cheminons toujours en la Grâce de Dieu sur notre
« petite, mais bien belle Œuvre. Je m'estime bien heureux
« que Notre-Seigneur ait daigné m'appeler à une si belle vie,

« et j'ose dire que toutes les petites croix, toutes les épreuves
« et humiliations qui m'arrivent de temps en temps, me font
« du bien et réjouissent mon âme, car c'est la pluie du ciel.
« Nous voilà décidément à la rue ; dans deux mois et demi, il
« faut sortir d'ici, mais où aller ?...

« Nous regarderons la nuée du désert, nous dirons au
« Maître : Où voulez-vous faire la Pâque ?... »

Pendant longtemps ils parcoururent tout Paris ; souvent ils
crurent avoir trouvé, mais vain espoir.

En sorte que tous les genres d'épreuves sévissaient en
même temps sur cette Œuvre si fragile du côté des hommes.
La tempête menaçait de tout submerger ; mais Notre-Seigneur
était dans la barque de Pierre : il aimait son abandon, ses
supplications, sa confiance indéfectible.

Le Père écrivait à cette époque : « *Donnez-moi d'espérer
contre toute espérance, ô Seigneur Jésus... Je m'abandonne
à vous, Seigneur... Vous ferez toutes choses, car tout appui
humain nous manque, et je suis dans les plus épaisses
ténèbres.* »

Il crut un moment qu'on lui prêterait un Oratoire pour
l'Exposition du Très Saint Sacrement, mais sans maison pour
les Religieux : « *Grande consolation ! nous commencerons
par loger Notre-Seigneur ! Le Roi avant les serviteurs,
c'est bien juste ! Il aura soin de nous loger après ; il est si
bon !* »

Ce n'était qu'un éclair dans la nuit : « *Seigneur Jésus,
sauvez-nous ! Tout ce qui nous reste, c'est de pouvoir élever
encore nos regards suppliants vers vous !* »

Ces épreuves, loin de l'abattre, excitent sa confiance et sa
générosité dans la souffrance : « *Pourvu que la sainte volonté
de Dieu triomphe,* fiat voluntas tua! *je boirai virilement le
calice de votre Passion pour votre amour.* »

Il ajoute : « *Mane nobiscum, Domine, et sufficit nobis ! et
humiliatio et solitudo erunt paradisus voluptatis !* »

Notre-Seigneur ne tarda pas à le récompenser de son filial
abandon. L'épreuve cessa, et le Père Eymard se trouva en
mesure d'acheter une maison non loin de la rue d'Enfer. Il
l'écrit à Mlle Monavon : « ... Merci de prier et de vous inté-
« resser toujours à notre chère Œuvre ; Dieu la bénit. Il vient
« de la doter d'une chapelle, d'une maison et d'un beau jardin

« d'une superficie de 4.452 m. c. ; on dit ce total énorme
« pour Paris. Notre adresse à Pâques sera : faubourg Saint-
« Jacques, 68. »

Le jour de Pâques 1858, le Père prenait possession de la
maison et de la petite chapelle qu'il y avait installée. Il y
demeura neuf années. Le Maître y répandra ses grâces avec
une profusion telle que le Père appellera ce sanctuaire : LA
CHAPELLE DES MIRACLES.

Chassé alors par l'expropriation, il reviendra un jour prier
sur ces ruines. A la vue des fenêtres jetées par terre, des
murs à moitié démolis, il tombera à genoux et, les larmes aux
yeux, il dira : *Unissons-nous aux anges qui pleurent sur
ces ruines désolées !* »

Il annonce à sa sœur cette nouvelle installation. —
Le Père avait une tendre affection pour sa sœur Marianne,
qui lui avait été une seconde mère. Aussi ne lui laissait-il
ignorer aucun des événements importants de sa vie.

Voici ce qu'il lui écrivait au sujet de cette deuxième installation du Cénacle de Paris : « 2 avril 1858. Tous les matins je
« me propose de vous écrire et j'arrive toujours au soir sans
« l'avoir fait ; aujourd'hui je m'arrache à tout pour que ma lettre
« vous arrive le saint jour de Pâques, et vous annonce que
« l'achat de notre maison est définitif, que nous y entrons
« demain au soir, et que le saint jour de Pâques nous bénirons
« notre jolie chapelle. Je dirai la sainte Messe de l'Exposition
« à moitié pour vous et pour moi.

« Ce qui m'a retardé, c'est que, depuis un mois, nous avons
« quinze ouvriers à guider, à surveiller, et pour cela nous
« n'avons pas un moment de libre...

« Ajoutez à cela notre Exposition à continuer, mille choses
« nouvelles à faire et, chose incroyable, je me porte bien ;
« nous avons fait maigre tout le carême, et je ne m'en suis
« pas mal trouvé. Je n'ai pas le temps de dormir, et cepen-
« dant je n'ai plus la migraine. Comme le bon Dieu est bon !
« Remerciez-le bien pour moi. Nous sommes huit mainte-
« nant ; tout va bien. Dieu nous a bien aidés dans cette
« affaire ; nous voilà enfin chez nous, ou plutôt chez Notre-
« Seigneur, car les serviteurs demeurent chez leur Maître. »

Son premier voyage à Rome. — L'année 1857, la première de sa fondation, avait été féconde en épreuves de toutes sortes, mais elles l'avaient trouvé toujours héroïque dans son dévouement et sa fidélité au Maître divin qu'il servait.

L'Œuvre cependant était fondée malgré et par les épreuves, qui attirent les bénédictions célestes ; le Père avait hâte d'obtenir les encouragements de Pie IX. Rome l'attirait. Il partit au commencement de décembre 1858.

A ce premier voyage, il descendit au Séminaire français ; il voulut que sa première visite fût pour Saint-Pierre. M. Fiot l'accompagna. Lorsque la voiture eut dépassé la colonnade et fut proche de la basilique, le Père sauta à terre et se mit à courir. En arrivant dans l'atrium, M. Fiot aperçut le Père qui entrait *à genoux* dans Saint-Pierre.

A quelques jours de là, il demanda l'audience. Et comme on lui disait qu'il fallait la préparer, faire prévenir indirectement le Pape de ce qu'il voulait, le disposer en sa faveur, il répondit : « *Non, non, certainement ! Je ne viens pas ici faire mes affaires, mais celles du Maître ; c'est à lui d'inspirer son Vicaire.* »

Cette conversation avait lieu chez la signora Rosa, et l'on souriait un peu de ce qui semblait de l'ingénuité.

Peu de jours après, il eut l'audience ; le Pape le reçut avec une bienveillance toute paternelle et dit après l'audience à Mgr Fioramonti : « *J'ai vu un prêtre de Paris qui m'a beaucoup plu.* »

Le Saint-Père lui ayant demandé le but de son voyage, il répondit modestement et franchement : « *Je viens vous demander l'approbation de notre Institut.* » — « *Ah !* répliqua le Saint-Père, *l'approbation, c'est une grande chose ! combien de temps pensez-vous passer à Rome ?* » — « *Une quinzaine de jours, Très Saint Père.* » — « *Quinze jours, c'est quelque chose.* »

Le Père Eymard, à qui l'on avait dit qu'il fallait des semaines et des mois, se prit à espérer, d'autant mieux que Mgr Fioramonti lui raconta la bonne impression qu'il avait faite sur le Saint-Père ; le bon prélat avait ajouté que, si le Pape prenait directement l'initiative, la chose pourrait aller vite.

Le Père Eymard s'adressa alors à deux grands et puissants

protecteurs. Tous les jours il allait à Saint-Pierre prier à la chapelle du Saint Sacrement et à la Confession. A Notre-Seigneur au Saint Sacrement, il disait : « *C'est à vous, Seigneur, de vous faire approuver, il s'agit de votre Société* », et il répandait son âme à ses pieds. A la Confession, il disait au prince des Apôtres : « *Je viens vous demander l'approbation de votre Maître.* »

Un jour qu'il priait devant la Confession de saint Pierre, il était tellement absorbé dans sa prière presque extatique, disait-il en riant, qu'il n'aperçut pas le Saint-Père qui était venu faire sa visite à la Confession et se trouvait à quelques pas de lui. Quand il ouvrit les yeux, il se hâta de s'éloigner et d'aller se cacher derrière un pilier de la basilique.

Il avait pris la bonne voie : ses protecteurs le servirent bien ; et, au bout de la quinzaine, il avait obtenu le BREF LAUDATIF tant désiré, signé de la main de Pie IX. Le Pape avait envoyé dire à Mgr le Secrétaire de se mettre « à la disposition du Père pour la rédaction du Bref. »

Le 26 novembre 1862, il racontait au P. Mayet ce premier voyage de Rome, et il ajoutait ensuite : « Oh ! il y aurait de « bien belles choses à écrire sur les grâces que Dieu a faites « par rapport à notre Œuvre du Saint Sacrement ; mais non, « il faut que tout soit enseveli avec nous, et que le Saint « Sacrement seul paraisse. Vous voyez, quand il est exposé, « tout le reste disparaît. Il faut aussi que toutes les individua- « lités disparaissent dans notre Œuvre. — J'ai transporté « chez nous la maxime « *ignoti et quasi oculti* » de la Société « de Marie. Oui, que le Saint Sacrement seul paraisse ! »

Un mois plus tard, au commencement de mars 1859, le Père prêcha à ses religieux la retraite à la suite de laquelle tous prononcèrent leurs vœux pour la première fois, se donnant au service perpétuel de Notre-Seigneur au Saint Sacrement.

D'autres épreuves non moins cruelles. — L'année 1859 apporta au Père des épreuves d'un autre genre.

Plusieurs vocations se présentèrent, mais il arriva ce qui se voit fréquemment dans les Sociétés naissantes : les nouveaux venus apportèrent eux aussi leur contingent d'idées personnelles et voulurent changer le but et l'esprit de l'Œuvre ;

mais le Fondateur se montra bien éloigné d'accéder à un tel désir. Il était trop éclairé et trop fier de sa vocation pour permettre qu'on y touchât en quoi que ce fût.

Ceux qui voulaient autre chose que ce qui existait durent se retirer et tout rentra dans l'ordre. — Ce sont de bonnes épreuves qui affermissent l'esprit d'une Société.

Il écrivait en mai 1859 à son premier compagnon (lettre au « P. de Cuers, 16 mai 1859) : « ... J'adore, je bénis Dieu et je « baise sa main paternelle de nous mettre ainsi dans la néces-« sité de fermer les yeux, de prendre sa main et d'aller, « n'ayant d'autre ressource, d'autre vue, d'autre espérance « que sa divine bonté. Je vois bien clairement que Dieu veut « de nous un parfait abandon entre ses mains ; tout ce que « nous avions attendu n'est pas venu, nos espérances chan-« gées par d'autres moyens, les étrangers prenant la place « des aînés d'abord dévoués, les épreuves venant des nôtres, « le P. H. changé, je ne dis pas en ennemi, mais en combat-« tant, redisant toujours ce qui est fini depuis un an et demi, « parlant toujours de ces prétendues religieuses de chœur, « proclamant bien qu'il n'est plus avec nous. Hélas ! je n'en « dis pas davantage. Dieu n'a besoin de personne ; il veut se « réserver à lui seul la gloire de son Œuvre. Et nous, il nous « veut libres de toute influence, de toute direction étrangère. « Tant que nous servirons bien notre Maître, ne craignons « rien. Tout ce travail d'épuration, d'éloignement, de déser-« tion, d'abandon des créatures, est la plus grande des grâces, « j'en remercie sans cesse notre bon Maître, et j'ose dire que « j'en crains et redoute la cessation... L'épreuve vaut mieux « que le succès, la croix que le Thabor. »

Quelques semaines plus tard, en face du manque de voca-tions, il écrivait au même dans une lettre du 1er juillet 1859 : « Il n'est encore arrivé personne. A cela je m'applique sans « cesse ces paroles de Notre-Seigneur : *Nisi granum fru-« menti mortuum fuerit, ipsum solum manet.* Quand est-ce « donc que ce vieil homme sera entièrement mort, afin que « le règne de Notre-Seigneur commence !... »

Son zèle pour l'Adoration dominait tout. — Au mi-lieu de ses tribulations sans nombre, une chose le préoccupait par-dessus toutes les autres : l'Adoration, l'Exposition du

Très Saint Sacrement. Tout allait bien, selon lui, si celle-là
était sauvegardée.

« ... Pour nous, tout va bien, écrivait-il (lettre à Mme Gourd,
« 31 mars 1859), puisque le bon Maître reste avec nous. Quel-
« quefois je vois des croix, et la nature voudrait avoir un
« soutien et frissonne un peu ; mais cela ne va pas loin, grâce
« à Dieu.

« Une chose va bien, c'est l'adoration. Le reste n'est plus
« ni croix, ni peine pour moi. Quand le Maître est servi, il est
« content, tout va bien. Hélas ! qu'il y a peu d'âmes eucharis-
« tiques, qui soient toutes à Jésus-Christ ! On veut toujours
« avoir quelque chose avec Jésus-Christ, ou en dehors de lui.
« De là la fièvre, le tiraillement : Jésus-Christ n'est pas seul
« Maître.

CHAPITRE X

Ses diverses Fondations.

Fondation des Servantes du Très Saint Sacrement.
— Le Père Eymard, en 1845, étant alors religieux mariste et
Provincial de son Ordre, prêchant la station de Carême à
l'église de la Charité de Lyon, le 22 février, Mlle Marguerite
Guillot vint avec sa mère entendre le Serviteur de Dieu.

Il parlait des épreuves de Dieu dans les âmes. — « Comment
« se fait-il, se disait-elle, que ce prêtre ne semble parler que
« pour moi ? »

Son étonnement ne fit que grandir lorsque, huit jours plus
tard, elle le demanda au confessionnal. — Sans lui laisser le
temps de parler, le Père lui dit : « *Vous avez tel attrait, telle
dévotion, tel genre d'oraison, telles peines; vous faites telles
pénitences, vous récitez telles prières.* » — « Mais qui vous
a dit cela ? » reprit-elle avec vivacité. — « *Ma fille, lorsque
Dieu a des vues sur une âme, il donne au confesseur les
lumières nécessaires pour la connaître et pour la guider.* »
Et alors le Père lui donna les conseils les plus directs et les
plus appropriés à tous ses besoins.

Il était dans les vues de Dieu que la nouvelle pénitente
s'adressât désormais au Père Eymard et devînt la fille obéis-

sante et dévouée de celui qu'elle devait aider si généreusement plus tard dans sa double mission de fondateur.

Mlle Guillot devient directrice du Tiers-Ordre. — Le Serviteur de Dieu, à l'époque de son provincialat chez les Maristes, fonda le Tiers-Ordre de Marie, comme nous l'avons dit plus haut. — Il voulut que Mlle Guillot en acceptât la direction. — Elle ne tarda pas à y montrer les grandes qualités qui la distinguaient, et qui lui gagnèrent promptement la confiance des tertiaires. Aussi venaient-elles la consulter sur tous leurs besoins, et avec une lucidité parfaite elle dénouait les difficultés et indiquait à chacun la route à suivre.

Pendant douze années, le Père la dirigea avec cette sûreté et cette prudence qui faisaient de lui le guide le plus apprécié, le directeur d'âmes le plus entouré de la confiance universelle.

Le Père lui fait entrevoir la vocation eucharistique. — Le Serviteur de Dieu, dans les dernières années de sa vie religieuse de Mariste, alors qu'il était supérieur du collège de La Seyne-sur-Mer, avait, comme nous l'avons indiqué au Chapitre VI, la préoccupation constante de l'Œuvre Eucharistique à fonder. Elle s'imposait à lui comme malgré lui.

Il écrivait à Mlle Guillot, le 1er janvier 1855 : « Oui, que cette « année soit une année eucharistique ! qu'un Cénacle d'amour « et de louange s'élève sur cette terre d'ingratitude et d'oubli ! « Puissé-je en être le premier adorateur comme la première « victime !

« Cette pensée eucharistique ne me quitte pas, je la bénis, « je l'environne d'épines et de fleurs, j'aime à en faire une « couronne de vœux et de désirs. Mais Notre-Seigneur le « veut-il à présent ? Me fera-t-il l'honneur et le bonheur de « m'appeler autour de ce doré tabernacle ? Voilà, ma fille, ce « qu'il faut demander à ce Roi de tous les cœurs... »

« Mais que deviendra le Nazareth de Jésus et de Marie ? me « direz vous ? — De Nazareth Jésus alla au Cénacle, et Marie « y fit sa dernière demeure... »

La sainte Vierge les préparait l'un et l'autre à la mission qu'elle allait bientôt leur confier.

Les origines de la Congrégation des Servantes. — En mars 1857, plusieurs personnes partaient de Toulon et venaient à Paris se mettre à la disposition du Père pour commencer dans le silence l'Œuvre des religieuses du Très Saint Sacrement.

L'année suivante, en mai 1858, arrivèrent de Lyon Mlle Guillot, sa sœur et une autre, grossir la Communauté naissante.

Des difficultés de personnes, qu'il est difficile d'expliquer et d'apprécier, ayant surgi, obligèrent à une séparation. — Les personnes de Toulon rentrèrent dans leur famille en décembre 1858.

Voici en quels termes le Père donnait à Mlle Guillot l'ordre de venir à Paris : « Allons, mes bonnes filles, on ne fait « qu'une fois en sa vie ce grand sacrifice de toute la terre, « de sa maison, de son champ, de ses frères et sœurs. — « Mais il faut bien le faire pour l'amour de Notre-Seigneur. « C'est l'acte d'amour parfait, il vaut le martyre ; puis on est « si heureux d'avoir tout donné ! — Remettez bien tout entre « les mains de Notre-Seigneur, vos sœurs, votre tante, vos « affaires : il aura soin de tout. Mais vous, faites comme « Abraham, comme Marie ; venez où Dieu vous appelle, car la « terre de la Vision vaut mieux que la terre des ténèbres. »

Avant son départ de Lyon, Mlle Guillot veut recevoir la bénédiction du Curé d'Ars. — Avant de quitter Lyon, Mlle Guillot avait voulu recevoir la bénédiction du Curé d'Ars, qu'elle et sa famille connaissaient tout particulièrement ; car chaque année, de tradition, elles allaient faire une retraite sous la direction de cet homme de Dieu, et l'intimité était telle que le saint Curé ne craignait pas de leur raconter quelques-unes des faveurs du Ciel dont il était privilégié. — Lorsqu'elles lui eurent exposé le but de leur voyage, le Curé d'Ars leur dit : « Oui, mes filles, partez, *obéissez à mon saint* (c'est ainsi que le Curé d'Ars appelait toujours le R. Père Eymard) ; cette Œuvre manquait à l'Eglise, c'est une Œuvre voulue et bénie de Dieu. Vous rencontrerez, il est vrai, bien des épreuves, — vous en particulier, dit-il à Mlle Marguerite Guillot, vous en aurez de bien pénibles ; mais ayez confiance, vous triompherez et votre Œuvre réussira. Partez donc de suite, ne prenez pas le temps même de disposer vos bagages ;

arrivez à Paris au jour et à l'heure où le Père vous attend :
je vous bénis. » (*Notice sur la Mère Marguerite.*)

Mlle Guillot arrive à Paris le 24 mai 1858. — Marguerite et sa sœur, comme le saint Curé le leur avait conseillé,
disent adieu à leur famille, laissent leurs bagages inachevés
et volent vers Paris, sans s'inquiéter de ce que l'avenir leur
réserve. Elles y arrivent à l'heure fixée, vers les midi, le
24 mai 1858, et se rendent aussitôt à la chapelle du faubourg
Saint-Jacques où les attend le divin Maître exposé.

Le Père Eymard accueillit avec sa paternelle bonté celle
qu'il dirigeait depuis de longues années déjà ; elle devint
bientôt la Supérieure des *Servantes du Saint Sacrement*,
recueillant les pensées du Fondateur, s'imprégnant de son
esprit, recevant de lui ses *Constitutions* et son *Directoire*,
sans parler de quatre cents lettres environ qui lui furent
envoyées par le Père pour la guider dans les voies de Dieu,
et qui montrent l'estime qu'il faisait de cette âme d'élite et
ce qu'était la prudence du Fondateur.

Elles s'appelleront Servantes. — Quelques semaines
plus tard, le Père leur donna les exercices de la Retraite.
« *Vous vous appellerez,* leur disait-il, *du beau nom de* Servantes du Très Saint Sacrement, *imitant la sainte Vierge
qui fut toujours la servante du Seigneur.* »
Il ajoutait : « *Jusqu'à présent on a honoré tous les mystères de la vie de la très sainte Vierge : sa Conception, sa
Présentation, etc., mais aucun Ordre n'a encore songé à
honorer la vie de Marie au Cénacle, comme adoratrice de
Jésus. — On honore bien Marie dans le Cénacle comme
Reine de la Prière, du Silence..., mais non sous le titre
d'Adoratrice perpétuelle du Très Saint Sacrement. — Les
autres disent à la sainte Vierge : Priez pour nous ; nous
nous unissons à Marie, nous prions, nous adorons avec
elle Jésus Eucharistie.* » (Notes de cette Retraite.)
L'année suivante, en juillet 1859, le Père leur donna encore
les exercices de la Retraite annuelle qui se termina par les
Vœux des cinq premières. — Voici comment il le raconte au
P. de Cuers dans une lettre du 5 août 1859 : « J'ai fait une
« Retraite à ces Dames, comme la nôtre, une Retraite fonda-

« mentale ; elle a fini bien, par les Vœux des anciennes, à ma
« grande édification et à leur grande joie ; elles étaient cinq.
« Ces bonnes personnes attirent et attireront sur nous des
« grâces précieuses ; elles valent plus que nous, elles sont
« d'une piété, d'un dévouement admirables.

« Dieu se prépare là une sainte famille, et je ne serais pas
« étonné qu'elles devinssent aussi grandes un jour que ces
« grands Corps qui ont donné au Ciel tant de saintes âmes ! »

Deuxième fondation, à Marseille. — Une grande partie
de l'année 1859 fut employée à préparer une deuxième fondation, celle de Marseille.

Mgr de Mazenod, qui connaissait le Père depuis de longues
années et qui voulait établir dans son diocèse l'Adoration
perpétuelle, vint lui-même à Paris, en 1858, trouver le Serviteur de Dieu, lui demandant de réserver pour Marseille la
première fondation qu'il ferait.

Le Père vit là une indication de la Providence et se mit à
l'œuvre sans tarder. — Un peu plus tard il écrivait au P. de
Cuers, le 19 juin 1858 : « L'offre que le saint Evêque de Mar-
« seille nous fait pour l'Œuvre Eucharistique m'a bien touché.
« — Voyez comme Notre-Seigneur est bon ! — C'était par
« Marseille que nous voulions commencer, par cette maison
« des Minimes (7, rue Nau), et voilà que tout semble s'arranger
« pour y faire la première fondation. — J'aime Marseille, c'est
« ma première ville, j'aimerais commencer par elle… »

En mars, la maison, 7, rue Nau (Marseille), était achetée,
et l'on y entrait le 2 avril.

Le Serviteur de Dieu écrit à ce sujet, le 5 avril 1859, au
P. de Cuers :

« J'ai admiré le jour de l'entrée ! fête de saint François de
« Paule (1) ; le jour de la première Messe, où l'on chante
« *Lœtare sterilis, quæ non parturis* ; l'Epître du fils de la
« promesse ; l'Evangile de la multiplication des pains, figure
« de la sainte Eucharistie ; le titre de Roi donné pour la pre-
« mière fois à Notre-Seigneur : que tout cela soit la grâce de
« la fondation !… »

(1) La maison avait deux entrées, l'une donnant sur la rue Nau,
l'autre sur la rue Saint-François de Paule.

Le 16 juin 1858, le Père recevait de l'*Evêque d'Arras*, Mgr Parisis, la proposition de fonder dans sa ville épiscopale. On offrait un ancien Couvent, avec chapelle, grand jardin, et l'assurance que Monseigneur favoriserait les vocations.

Dans cette même lettre au P. de Cuers, il ajoutait : « *Ainsi, bon Père, vous le voyez, Mgr Parisis est là qui nous appelle ; faut-il préférer le Midi, ou étendre les deux bras ?...* »

C'est le jour de la Fête-Dieu 1859 que se fit à Marseille la première Exposition, mais la maison ne commença à fonctionner que le 9 novembre 1859.

Le Serviteur de Dieu l'indique dans une lettre du 15 juillet 1859 à Mme Tholin : « ... Dieu nous a donné de grandes « consolations à Marseille. — J'y ai trouvé de grandes âmes, « des âmes de feu. — J'espère que notre bon Maître y « trouvera des aigles autour de son Corps divin. Nous y « avons fait là première Exposition le jeudi, jour de la Fête- « Dieu, puis nous l'avons suspendue pour achever les répa- « rations. — L'église est très convenable. Nous étions cinq, « trois prêtres et deux frères...

. « Nous n'organiserons définitivement cette maison qu'au « mois d'octobre ou de novembre..... »

Il se plaint toujours de la pénurie des vocations, l'une des plus grandes épreuves de son âme d'apôtre de l'Eucharistie. Dans la même lettre, il ajoutait : « En attendant, nous « demandons à notre Bon Maître de nous envoyer les sujets « de son Cœur ; car les chercher, les désirer par nous-mêmes « serait nous tromper et prendre des étrangers et des en- « nemis... Oh ! que j'ai souffert de ces vocations condition- « nelles ! de ces hommes qui ne se dévouent qu'à demi ! Six « prêtres depuis le commencement sont partis, et quand « j'examine le pourquoi, j'en remercie le Bon Dieu, tout « en m'humiliant de n'avoir pas pu ni su les rendre eucha- « ristiques.

« Aussi, quand une vocation se présente, je regarde d'abord « qui l'envoie et ce pourquoi elle vient, car je ne veux plus « des hommes qui viennent pour eux. — Oh ! priez donc pour « de bonnes vocations autour du grand Maître ! — C'est un « don que l'on n'apprécie pas, une grâce que l'on ne connaît « pas. »

Au commencement de novembre, le Père retourna à Marseille pour l'ouverture de la Maison. « Notre Exposition première a « eu lieu, écrit-il à la Sœur Antoinette du Saint Sacrement, « le mercredi 9 par Monseigneur l'Evêque au milieu d'un « grand concours et de la joie universelle. Nous la conti- « nuons avec bonheur. Nous prêchons une Octave du Très « Saint Sacrement, afin de bien expliquer au peuple la manière « d'adorer, d'aimer et de servir Notre-Seigneur..... »

Apôtre infatigable, en rentrant de Marseille à Paris, fin décembre 1859, le Père s'arrête aux environs de Lyon, à Tarare et à Amplepuis, et y ranime deux foyers d'adoration. — Il l'écrit à Mme de Grandville, 28 décembre 1859 : « *En venant de Marseille, j'ai visité deux adorations, une à Tarare, petite ville près de Lyon, et l'autre à Amplepuis. Que j'ai donc été édifié et consolé de voir là de si nombreux et de si fervents adorateurs dans la paroisse !* »

Les années 1860 et 1861 sont employées à l'Apos-tolat. — Les années 1860 et 1861 furent employées par le Serviteur de Dieu à *l'Apostolat Eucharistique*. — En fé-vrier 1860, on le vit prêcher à Tours les Quarante-Heures à l'Œuvre de l'Adoration nocturne ; en juin une autre retraite à Tours et à Rouen pour les fêtes du *Corpus Christi ;* plusieurs retraites de Première Communion des Adultes ; les retraites annuelles à ses religieux et aux Agrégés du Saint Sacrement, à Marseille et à Paris ; — en 1861, une retraite d'Ordination à Beauvais ; l'Octave du Saint Sacrement à l'église Saint-Thomas d'Aquin de Paris ; la Neuvaine du Sacré-Cœur à Saint-Sulpice ; la retraite annuelle des Servantes du Très Saint Sacrement à Paris ; une retraite aux Bénédictins de la Pierre-qui-vire.

Dans la première partie de 1862, il prêche à Marseille, à ses religieux et aux agrégés ; à Grenoble, puis à Tarare qui possédait une agrégation de sept cents membres ; puis, à son retour à Paris, la retraite de Première Communion des Adultes, son Œuvre de prédilection, celle qui lui avait obtenu la bienveillance de l'Archevêque de Paris à l'origine de la fondation de sa Société.

Il faudrait parler de ses autres prédications continuelles dans les Maisons de son Institut, de sa volumineuse corres-pondance, des nombreuses visites qui l'accablaient et ne lui laissaient pas un moment de répit : et l'on aura une idée de l'activité et du zèle de cette âme de feu, qui ne vivait que pour servir Notre-Seigneur et propager la flamme eucharistique.

Troisième fondation, à Angers. — La grande préoccupation du Serviteur de Dieu pendant l'année 1862 fut celle d'une fondation nouvelle.

Déjà, deux années auparavant, il avait fait de sérieuses démarches près de Mgr l'Evêque de Nantes, qui paraissait très favorable ; l'idée de cette fondation lui était sympathique, et il avait dit au Père qu'il espérait que la Société du Très Saint Sacrement travaillerait un jour dans son diocèse.

Le Père, à cette occasion, écrivait à Mme de G., le 25 février 1860 : « *Quelle grâce pour Nantes ! si Dieu le veut ! Nous sommes à voir si c'est par Lyon ou par Nantes qu'il nous faut commencer... Quelques villes de second ordre nous désirent ; mais, comme je l'ai dit à Monseigneur, nous voulons choisir de préférence les grandes villes, afin de pouvoir agir sur un plus grand rayon... *»

Cependant des difficultés surgirent qui obligèrent à abandonner ces espérances. — Le Serviteur de Dieu tourna alors ses regards du côté d'Angers.

Mais là encore les obstacles ne manquèrent pas, et du côté des ressources pécuniaires qui faisaient défaut, et du côté de l'autorité civile qui s'y opposait.

Après maintes recherches, on trouva une combinaison temporaire qui permettait la fondation. Les religieuses Carmélites, dont le monastère est situé rue Lyonnaise, mirent généreusement à la disposition du Serviteur de Dieu leur église et la maison de l'aumônier. Mais il restait à triompher du préfet qui était contraire à cette fondation, ainsi que le ministre. — Ils ne voulaient permettre que trois personnes. Le Père répliquait : « *Mais, Monsieur le Ministre, les prêtres ont ordinairement un domestique avec eux. Chaque prêtre aura donc le sien, en tout six personnes. *»

De nouvelles difficultés surgirent encore. Le Père en parla au Chapitre de sa Communauté et dit : « *Je viens de voir Notre-Seigneur, et je lui ai dit : Est-ce que par hasard vous vous laisseriez damer le pion ? — manquerait plus que ça ! *»

La fondation se fit. Les derniers mois de l'année furent

employés à la préparer. Elle eut lieu le 29 décembre 1862, un lundi, à huit heures du matin.

Voici comment il en fait le récit à Mme la Comtesse d'Andigné dans une lettre du 3 janvier 1863 : « Nous voici donc à « Angers !... après tant d'obstacles, de défenses, de menaces ! « Ce que Notre-Seigneur veut se fait, malgré toutes les « malices des hommes. — Aussi ne voulons-nous fonder que « sur sa protection et son amour... L'ouverture a été belle, « Monseigneur y a mis tout le cœur de sa piété et de sa « tendresse ; il a dit des choses admirables de la fondation « qu'il a comparée à la naissance de Notre-Seigneur ; puis il « nous a fait sa profession de foi pour nous. Je me serais « caché si je l'avais pu ; ce bon évêque a pleuré en prêchant...

« L'assistance était nombreuse ; quant à la fête du Ciel, elle « a dû être grande : c'est un nouveau trône pour l'Agneau. — « Notre-Seigneur Jésus a aujourd'hui *sept jours* chez nous. « Oh ! qu'ils ont été bons et aimables ! j'avais faim de le voir « et de lui parler. — Vraiment je me prends quelquefois à « dire à ce Bon Maître que je l'aime bien, car à ses pieds « j'oublie Paris, Marseille, La Mure ; il me semble que je ne « suis plus de ce monde ; quelquefois je me demande si j'ai « du cœur encore..... »

« Que c'est beau l'Exposition ! — Il n'y a plus de pays « étrangers ! plus de belles choses au monde, sinon la belle, « la sainte, l'aimable et adorable Hostie, Jésus ! Si le Bon « Maître voulait me faire mourir ici, je le veux bien ; être « enterré dans les fondations, quelquefois je le lui demande ; « car celui qui viendra après moi sera mieux et fera mieux. « Moi je suis le premier soldat du premier coup de feu, « couvert de poussière et de boue..... et sur le champ de « bataille on n'a que cela... »

Deux jours plus tard, il écrivait à Mme Gourd : « ... Notre « petite fondation d'Angers, faite au milieu de bien des « épreuves, marche... Nous sommes cinq ; mais tous les « sacrifices ne sont rien quand on met Notre-Seigneur sur « son trône... Le voir, l'adorer, l'aimer, le servir..., n'est-ce « pas le Paradis ?... »

Les fondations se font dans la pauvreté. — Cette fondation, comme les précédentes, se fit dans la plus com-

plète pauvreté. — Il le dit aimablement dans une lettre du
31 décembre 1862 à la Mère Marguerite : « L'ouverture de
« lundi par Monseigneur a été magnifique ; beaucoup d'ecclé-
« siastiques et de fidèles, un autel très beau ; mais quand il a
« fallu aller au réfectoire, la divine Providence devait y
« pourvoir... J'avais fait faire le déjeuner de quinze personnes
« étrangères dehors... tout s'est bien passé, mais tout était
« d'emprunt... C'est bon... Rien n'est beau comme une fondation
« faite par des hommes... A tout instant, on rit en disant :
« Nous n'avons pas ceci, ni cela, ni même des épingles... Je
« sors de temps en temps et je reviens chargé comme ces
« pauvres femmes de village revenant de la ville... Mais le
« Bon Dieu est si bon ! nous sommes chez les Carmélites, qui
« nous donneraient toute leur maison... Vous comprenez bien
« que la discrétion veut que nous n'ayons besoin de rien... »

**Deuxième voyage de Rome, pour obtenir l'appro-
bation de son Institut.** — La fondation d'Angers à peine
terminée, le Serviteur de Dieu songea à la réalisation d'une
autre pensée qui lui tenait au cœur par-dessus toutes les
autres, et qu'il regardait à bon droit comme le sceau de Dieu
sur son Œuvre.

Il voulait voir sa Société approuvée canoniquement par la
sainte Eglise. — Les deux fondations de Marseille et d'Angers
devaient permettre de réaliser cette pensée, — trois maisons
étant requises pour l'approbation de Rome : en cela il plaçait
la vie et la prospérité future de sa Société.

« *Tout ce qui s'attache au tronc vigoureux de la sainte
Eglise*, disait-il, *grandit et demeure. Vivre à côté plus ou
moins, c'est se condamner à la mort.* »

Il fit donc imprimer ses Constitutions, et dès les premiers
jours de mars 1863 il prenait le chemin de Rome, accompagné
du P. de Cuers et de l'abbé de Leudeville.

Voici ce qu'il a écrit au P. Leroyer dans une lettre datée
du 11 avril 1863 :

« Nous avons eu une première audience le 18 mars dans
« laquelle Sa Sainteté a agréé notre demande du *Décret
« Constitutif* et l'a renvoyée à l'examen de la Sacrée Congré-
« gation. — Nous avons été assez heureux pour pouvoir
« introduire notre affaire avant les vacances de Pâques.

« Le cardinal Clarelli, Préfet de la S. Congrégation, nous a
« promis tout son concours. — Son Excellence Mgr le Nonce
« de Paris lui avait écrit une bonne lettre pour nous ; puis, j'ai
« apporté quatre lettres testimoniales très belles, savoir : de
« Paris, d'Angers, de Marseille et de Carcassonne ; et une
« cinquième m'est arrivée, celle de Coutances. Monseigneur
« de Marseille s'est distingué, il a fait en latin la plus belle
« lettre que l'on puisse faire : je vous en ferai part.

« J'ai eu une deuxième audience de Sa Sainteté le mercredi
« 8 avril, et le Saint-Père a bien voulu accorder que les Prê-
« tres, les Novices et les Agrégés qui ne pourraient pas faire
« leur adoration devant le Très Saint Sacrement exposé, mais
« la feraient devant le Tabernacle où est la sainte Réserve,
« gagneraient la même indulgence avec la condition de la
« lampe brûlant devant le tabernacle. — Voilà une grande
« faveur ! »

Mais il fallait encore attendre la réponse de la Sacrée Congrégation. Il écrivait à la Mère Marguerite, le 20 mars 1863 :

« Le temps me dure de notre petit Cénacle... j'ai besoin de
« voir le Saint Sacrement... Tous ces saints que je rencontre,
« toutes ces belles églises que je vois, toutes ces magnifiques
« fêtes ne me font pas le bien d'une heure d'adoration... Oh !
« vive le Très Saint Sacrement, et la plus belle comme la plus
« heureuse des vocations...! »

Ses Epreuves a Rome. — Selon les apparences, il semblait
qu'aucune difficulté ne devait se présenter : tout marchait à
souhait ; on lui avait promis le Bref d'approbation, et le Père
allait le chercher, la joie et la reconnaissance dans l'âme.

« Quelle n'est pas sa surprise !... Celui auquel il s'adresse
pâlit et le renvoie à un haut dignitaire de la Cour Romaine.
Là il apprend qu'un religieux mal avisé a envoyé à Rome une
lettre de dénonciation contre lui à Sa Sainteté, et que le Pape
a ordonné de suspendre l'impression et la traduction du
Bref.

« Dans cette lettre, on rappelait que le Père Eymard avait
été Mariste ; on l'accusait de loger dans une maison où il y
avait des religieuses ; on disait qu'entre la demeure du Père
et celle des Sœurs il y avait une porte de communication, etc...
A ces mots, le Père Eymard laissa cette fois éclater toute son

indignation. — Quant à son titre de Mariste, il affirma ne l'avoir jamais caché, et il repoussait énergiquement les autres allégations, ajoutant qu'il était au vu et su de tout le monde que chaque maison avait sa porte d'entrée... Il parla avec tant de force, son émotion portait un tel caractère de sincérité que l'interlocuteur n'eut pas besoin de preuves ; sur-le-champ il lui répondit : « J'irai parler moi-même au Pape. »

« Ce prélat pria alors le Père Eymard de pardonner à l'auteur de cette lettre et de ne pas tirer vengeance de cette fausse démarche. C'était chose facile : le Père mit tout au pied de la Croix et ne parla même pas à ses confrères de cet incident où son honneur se trouvait engagé.

« Mais, ajoute le R. P. Mayet, que nous venons de citer, si l'on eût donné suite à l'affaire, le Père était résolu de poser la question sur le terrain juridique ; il allait droit au cardinal Antonelli pour demander une enquête. »

Cette épreuve, et le retard qu'elle occasionna, avaient leurs côtés providentiels. Grâce à ces délais, le *Bref d'approbation* porta la date du 3 juin 1863, veille de la Fête-Dieu, et les Servantes du Très Saint Sacrement s'établirent ailleurs. — Dans les mains de Dieu, les obstacles humains sont toujours des moyens.

La première Retraite de Rome. — Le Serviteur de Dieu profita du temps libre qui lui était donné (puisqu'il fallait attendre le décret), pour se mettre en retraite, du 17 au 24 mai.

« Je viens faire cette Retraite, dit-il dans ses notes person- « nelles, pour devenir un saint. — Je sais qu'il me faudra « pour cela mourir à tout. Je mets ma confiance en Dieu, qui « m'a toujours gâté dans sa bonté et accordé tout ce que j'ai « désiré, même dans les grâces naturelles... Cette mort m'ap- « paraît dans tous ses sacrifices et me ferait presque peur... « les défauts et les peines de chacun de mes frères... Il faudra « être plus que mère pour des enfants, qui ne comprennent « pas, personnels, à caractères contraires...

« Ce que me feront souffrir les SS! Quel fardeau! quelle « croix! c'est à épouvanter!

« 1° Croix personnelles... souffrant sans secours, sans « sympathies, toujours enchaîné, faire le bien sans gloire,

« sans honneur, sans succès, sans protection, sans affection,
« sans liberté.

« 2° Je sens que le moment de cette mort est venu. Le gros
« travail extérieur de la Société est fait ; reste l'intérieur, et
« ce cera le plus difficile... Il faudra payer de ma personne...
« Il faut que chaque vocation me coûte une mort, et que
« personne ne s'en aperçoive. C'est par la souffrance que je
« servirai la Société.

« 3° Je sens encore que le Bon Maître va me faire la grande
« grâce de me convertir tout à lui... Je n'ai été qu'un homme
« extérieur, peu à la Règle, trop au monde... Je le croyais
« nécessaire, mais mon âme y a perdu... Je vais donc travail-
« ler à me mettre bien en ce moment sous l'action de la
« grâce de Dieu...

« Il ne veut pas m'abandonner après s'être servi de moi,
« quoiqu'indigne et incapable, pour établir la plus belle, la
« plus sainte, la plus aimable Société. C'est bien lui qui a tout
« fait ! Je devais tout gâter... »

Il faut citer encore les pensées qui le préoccupaient le
second jour de cette Retraite, car elles montrent son âme et
nous dévoilent à son insu l'homme de Dieu.

« Deux pensées, dit-il, ont occupé ma journée, qui a été
« souffrante.

« La première, la bonté de Dieu envers moi, dès mon
« enfance, comment elle m'a retiré du danger dans ma
« première enfance, et m'a conduit par le Très Saint Sacre-
« ment jusqu'au sacerdoce et la vie religieuse.

« C'est un tissu de prodiges !

« La seconde pensée, c'est de bien comprendre que la
« Société vient bien de Dieu...

« 1° SA FONDATION, — sans protection, sans célébrité, sans
« fortune, avec des gens inconnus, je devais être plutôt un
« obstacle. Tout était contre avant, même ceux qui m'avaient
« encouragé : gloire à Dieu seul ! Au jour dit du Ciel, le
« 13 mai 1856, à une heure et demie après midi, l'Archevêque
« de Paris l'adopte, avec bonheur en Conseil, donne immé-
« diatemeut des pouvoirs, nous laisse dans sa maison ; tous
« les cœurs utiles nous sont ouverts : c'était l'heure de Dieu...

« 2° SA CONSERVATION. — Dieu prouve encore mieux par la
« bénédiction : vingt fois elle devait périr par moi, par les

« premiers membres, elle a eu de faux frères. La Société a
« survécu ; elle tient sur une...

« 3° SON EXTENSION. — On a commencé les fondations sur
« cette confiance : *Dieu la veut*, elle procurera sa gloire ! Il
« semblait qu'on n'avait à la première heure rien, sinon : *Dieu*
« *la veut*. Puis à l'heure, tout arrivait.

« 4° LA BÉNÉDICTION DU SAINT-PÈRE ET DES EVÊQUES. — C'est
« un fait que quand un homme a été nécessaire, Dieu l'a
« donné à l'Œuvre pour ce moment...

« Les lettres des Evêques sont touchantes... *Le Bref lau-*
« *datif* du Pape est une faveur qui tient du miracle. Puis
« voici son approbation sans protection, sans mérites person-
« nels, ni services rendus. C'est l'œuvre divine. »

Il termine cette Retraite le jour de la Pentecôte. « J'ai
« demandé le Saint-Esprit non plus pour les autres, mais *en*
« *moi*. J'ai compris enfin *que Dieu aime mieux un acte de*
« *mon cœur, de don de ma personne*, que tout ce que je puis
« faire au dehors ; *qu'un acte intérieur* lui est plus glorieux
« et aimable que tout l'apostolat de l'univers.

« J'ai demandé au Saint-Esprit les larmes de Pierre, la
« place de Madeleine, l'amour caché, pas de dons extérieurs,
« rien qui pût me glorifier, me faire estimer, remarquer,
« aimer des hommes, la charité envers mes frères, la joie de
« souffrir pour eux, de les servir. »

Ces notes personnelles que la Providence a gardées dans
nos mains montrent mieux que toutes les paroles le fond de
son âme toute livrée à Dieu, et nous font sentir le parfum de
sainteté qui s'en exhale.

La joie du Décret d'Approbation. — Le Serviteur de
Dieu était au comble de la joie en emportant le Décret tant
désiré qui lui donnait l'assurance des bénédictions divines.

Il annonçait la bonne nouvelle en ces termes au P. Chanuet,
son Maître des Novices :

« Bénissez et remerciez Dieu par sa très sainte Mère,
« saint Joseph et saint Michel. La Société est approuvée ; j'ai
« le Décret d'approbation.

« Le 18 mars le Saint-Père l'a introduite en examen de la
« Sacrée Congrégation, le 8 mai il l'a approuvée ; le 3 juin,
« veille de la Fête-Dieu, ou plutôt la Fête-Dieu ! la Sacrée

« Congrégation des Evêques et Réguliers a décrété son
« approbation. Voyez les dates et les saints : le 18, saint
« Gabriel ; le 8, saint Michel ; le 3, Fête-Dieu. Le mois de
« saint Joseph, le mois de Marie, le mois du Saint Sacrement !
« Dans les dons de Dieu, tout est complet et a un mystère de
« reconnaissance. »

Il va remercier la très sainte Vierge. — En quittant
Rome, le Père avait hâte d'aller remercier la très sainte
Vierge dans ses pèlerinages de prédilection : le Laus et la
Salette (lettre 124ᵉ à ses sœurs).

Le 12 juillet 1863, il rentrait à Paris. Il l'écrivait à Mˡˡᵉ Monavon : « Me voici à Paris depuis quelques jours ; j'ai été un peu
« fatigué à mon retour par suite des chaleurs, et aussi la mer
« a été mauvaise ; mais elle portait plus que César et son
« empire, elle portait l'approbation de la Société et bien
« d'autres grâces.

« Nous voilà, bonne Demoiselle, *approuvés* mais non *sanc-*
« *tifiés*. Je comprends plus que jamais que tout est vanité et
« que la vertu est personnelle ; tous ces titres et honneurs,
« c'est un habit qui couvre des plaies ou une grande misère... »

Le Père annonça la grande nouvelle de l'approbation au
P. Touche qui, en 1855, avait présenté à Pie IX le projet de
fondation. Le vieux missionnaire lui répondit : « Le 27 août,
« jour de la fondation de l'Œuvre du Très Saint Sacrement,
« fête de saint Joseph Calasance. C'est le jour où notre Père
« commun, après avoir écouté attentivement le projet divin,
« fit entendre cette parole : *Cette idée vient de Dieu.* Amen !
« Amen ! Que Dieu est bon d'avoir voulu se servir d'un pauvre
« imbécile comme moi ! Merci, mon Dieu ! merci aussi, mon
« bon Père, de m'avoir fait passer le Décret... *Causa finita*
« *est !* Vous voilà constitués Corps religieux dans l'Eglise. Je
« ne peux vous dire combien ma pauvre âme y trouve son
« compte... »

Il complète ses Constitutions. — En septembre 1863,
accompagné du P. Chanuet, son Maître des Novices, il visite
à Lyon plusieurs Noviciats pour examiner les coutumiers, les
détails pratiques de la vie religieuse, et s'en servir ensuite
pour la formation des sujets.

Le Père va passer ensuite quelques jours à Aix-les-Bains, et de là se rend chez M. Blanc de Saint-Bonnet pour travailler à ses Constitutions, les compléter et les corriger selon les *animadversiones* reçues de Rome.

Il écrit de Saint-Bonnet au P. de Cuers, le 11 octobre 1863 : *« Je suis ici dans un séjour parfait de paix, de solitude, de piété. Je travaille comme jamais je n'avais travaillé, avec facilité... J'avais besoin de ce temps et de ce calme... J'espère que vous en bénirez le Bon Dieu avec moi. Je pense y rester jusqu'à ce que j'aie fini les Constitutions et le Directoire... Priez et faites prier pour moi, pour que, sur cette montagne, je sois bien uni à Notre-Seigneur et écrive sous sa dictée. »*

Translation des Servantes à Angers, 24 mai 1864. — Les épreuves que le Père rencontra à Rome, lors de l'approbation de son Institut, eurent ce côté providentiel d'obliger les Servantes à s'éloigner de Paris et à vivre de leur vie propre, ayant elles aussi leur centre d'Exposition et d'Adoration.

Le Père s'occupa de leur trouver un Evêque qui voulût bien les accepter. — L'accueil si bienveillant de Mgr Angebeault lui faisait espérer qu'il agréerait cette nouvelle fondation des Servantes. Il ne s'était pas trompé. Voici la lettre qu'il écrivait à la Mère Marguerite, d'Angers, le 12 septembre 1863 : « J'arrive de l'Evêché ; le bon et saint évêque vous reçoit « comme ses filles dans sa ville épiscopale, il sera votre Père, « vous y serez de bonnes servantes du Très Saint Sacrement. « C'est à onze heures qu'il m'a dit ce *fiat* qui va mettre le « comble à votre joie. Dieu vous a préparé un bon et pieux « curé pour guide et soutien, M. le Curé de Notre-Dame, « M. Crépon.

« Je n'ai pu encore trouver une maison. M. le Curé le fera : « Notre-Seigneur sait bien où il veut loger. Remerciez-le donc « bien, et demandez-lui où est le Cénacle qu'il a choisi.

« Je serai toujours votre Père, et plus dévoué encore. »

Le 8 décembre 1863, il annonçait à la Mère Marguerite qu'une maison venait d'être achetée pour la fondation :

« Je viens de vous acheter une maison très convenable, « tranquille et bien placée pour l'adoration. Remerciez Dieu

« et sa sainte Mère. C'est aujourd'hui la fleur de Marie à son
« divin Fils. Monseigneur vous est tout dévoué et M. Bompois
« son grand-vicaire. Inscrivez les deux dans les annales de
« vos prières. »

On mit six mois à préparer l'installation matérielle, et dès
que tout fut prêt, le Père les fit venir de Paris. Elles arrivèrent
à Angers, le 23 mai 1864, au nombre de vingt.

Le jeudi suivant, 26 mai, solennité de la Fête-Dieu, Mgr Angebeault entouré des religieuses, qui, pour la première fois,
avaient revêtu le costume blanc des Vierges adoratrices que
leur avait donné le Fondateur, célébra le saint Sacrifice de la
Messe, fit une pieuse et paternelle allocution, et reçut les
vœux de ses nouvelles religieuses.

. Le Père Eymard eut la consolation alors d'exposer le Très
Saint Sacrement, et l'adoration commença pour ne plus
s'interrompre jusqu'à ce jour.

La chapelle des Servantes est un foyer de piété où viennent
se raviver la dévotion et le zèle des Angevins.

Projet de fondation au Cénacle. — Désormais, pendant
dix-huit mois, toute l'énergie et l'activité du Père et de son
premier compagnon, le P. de Cuers, se portèrent sur un
projet dont la seule pensée les remplissait d'enthousiasme.

Ils avaient projeté de racheter le Cénacle et d'établir l'Exposition perpétuelle là-même où Notre-Seigneur, dans un
excès d'amour, daigna instituer le Sacrement de sa Présence
réelle parmi nous.

Si tous les Ordres religieux ont leur berceau, ce lieu sacré,
qui rappelle leurs plus doux souvenirs et qui leur est cher
entre tous, le berceau de la famille eucharistique, quel sera-t-il ?
Ne sera-ce pas le Cénacle ? Au Calvaire sont allés tous les
grands dévots de la croix ; nos pères voulaient aller au
Cénacle.

Dès le 26 octobre 1863, le Père écrivait au P. de Cuers
quelques mots d'encouragement : « Je prie le bon Maître de
« vous donner, cher Père, un peu de courage, car nous avons
« encore un long chemin et difficile à parcourir ; pensez donc
« qu'il faut aller nous coucher au Cénacle ! »

« Oh ! que de fois nous avons entendu le Père Eymard
parler de sa grande ambition ! Il ne pouvait contenir les

désirs de son cœur, il fallait qu'il parlât du Cénacle et de la chère espérance qu'il nourrissait d'y aller un jour. Il disait que le retour du Cénacle entre les mains de l'Eglise serait le signal d'une nouvelle conversion du monde ; que les Apôtres étaient partis du Cénacle pour conquérir la terre, et que du Cénacle découlerait encore une nouvelle effusion de grâces... qu'il fallait acheter cette grande faveur par tous les sacrifices. » (*Notes du P. Chanuet.*)

« Le jour où nous aurons le Cénacle, disait-il vers 1864, ce jour-là, je parcourrai l'Europe à pied, un bâton à la main, quêtant pour élever une somptueuse basilique, un temple magnifique au Cénacle. Je veux bâtir un autel en or, et je serai le plus heureux du monde ! »

Le 31 mai 1868, deux mois avant sa mort, dans une instruction qu'il donnait le jour de la Pentecôte, le Serviteur de Dieu disait :

« Et le Cénacle aujourd'hui ! entre les mains des Turcs !... Son Cénacle !... Et Notre-Seigneur le laisse... Et l'honneur ? les enfants de famille rachètent la maison paternelle pour faire revivre les aïeux : voilà l'honneur... et Notre-Seigneur ?

« Que font les rois aujourd'hui ? S'ils étaient chrétiens, ils feraient croisade pour le racheter... Si j'étais roi pendant vingt-quatre heures ! Nous y avons été deux fois... le démon a eu peur... Il a fallu partir de Jérusalem... Le Cénacle recommencerait la Pentecôte... Nous n'y renonçons pas... oh ! non, c'est une trop grande grâce ! Que je mourrais content si je voyais un trône au Cénacle ! »

Noble ambition, digne de son grand cœur et de sa foi plus grande encore, et qui nous dévoile quelque chose de l'amour qui dévorait son âme pour la gloire de Jésus Sacramentel.

Le Serviteur de Dieu s'employa pendant dix-huit mois à faire aboutir cette grande pensée. Nous avons pu recueillir tout le dossier de la S. Congrégation de la Propagande sur cette grave affaire, et constater, pièces en main, avec quel esprit de foi le Père cherchait à la réaliser.

Dans sa première supplique à Pie IX, datée du 2 février 1864, il s'exprime ainsi : « Depuis bien des siècles, le Cénacle est « entre les mains des infidèles, pour la punition et l'humiliation « des chrétiens, et cependant c'est l'église la plus vénérable et « la plus sainte du monde ! Ce fut là le premier autel, le premier

« tabernacle de la sainte Eglise de Jésus-Christ ; c'est de là
« qu'elle est sortie sainte et puissante pour conquérir le
« monde au Sauveur : il serait bien temps, Très Saint Père, de
« rentrer en possession de notre maison paternelle, de remet-
« tre Notre-Seigneur sur son trône d'amour, et de lui rendre
« un culte solennel et perpétuel d'adoration là-même où son
« amour excessif institua le Sacrement adorable de l'Eucha-
« ristie... Le dogme de l'Immaculée Conception doit naturel-
« lement amener le règne eucharistique de Notre-Seigneur,
« c'est notre confiance, et le rachat du saint Cénacle doit en
« être le fruit précieux. Autrefois on faisait des croisades
« pour les Lieux Saints ; la Société du Très Saint Sacrement,
« approuvée canoniquement par un Décret de la S. Congré-
« gation des Evêques et Réguliers en date du 3 juin 1863,
« désirerait faire cette croisade pour le saint Cénacle, le
« racheter des mains des Turcs, disposée qu'elle est à con-
« sacrer à cette œuvre éminemment catholique ses biens, sa
« personne et sa vie, et d'y établir un culte solennel et
« perpétuel d'adoration et y prier jour et nuit pour Votre
« Sainteté, pour la sainte Eglise, pour le pardon et la con-
« version du monde, et le triomphe de la foi et de l'amour du
« Très Saint Sacrement de l'Autel. »

Le 25 janvier 1864, il avait écrit à son premier compagnon,
le P. de Cuers, aussi enthousiaste que lui dans cette grande
pensée et qui partait pour Jérusalem :

« Ne fussions-nous venus au Très Saint Sacrement que pour
« cette belle mission : rendre son Cénacle à Notre-Seigneur, il
« me semble qu'après cela il n'y a plus que le *Nunc dimittis*.
« Courage donc, cher Père, et confiance : je ne dis pas que
« Notre-Seigneur est pour nous, avec nous, mais que tout est
« pour Lui et sa plus grande gloire... »

Le Père vient à Rome plaider cette grave affaire. —
Le Père Eymard se trouva tout d'abord en face d'une difficulté
qui resta insurmontable... Le Cénacle est entre les mains des
Turcs, et ce qui est plus grave, il a été par eux converti en
mosquée ; de plus, ils croient que là se trouve l'emplacement
du tombeau de David qu'ils vénèrent. — Il faudrait un boule-
versement politique pour modifier cet état de choses.

Pour ne pas abandonner l'entreprise, on résolut d'acheter

des terrains avoisinant le Cénacle, afin d'être prêt quand sonnerait l'heure de Dieu. Le Père vint lui-même à Rome pour soutenir cette grave affaire ; il y arrivait les premiers jours de novembre 1864 et n'en repartit qu'à la fin de mars 1865.

La S. Congrégation de la Propagande, le Patriarche de Jérusalem, les Franciscains de Terre Sainte, le gouvernement français : tout le monde était favorable.

Nos Pères crurent que l'affaire était gagnée. Mais lorsqu'ils parlèrent de fonder une maison provisoire d'adoration dans Jérusalem, ils se trouvèrent en face du second obstacle, alors infranchissable : les droits exclusifs et séculaires des Franciscains, qui ne permettaient à aucun Ordre religieux de fonder aux Lieux Saints.

Malgré deux voyages successifs à Jérusalem et un voyage de cinq mois à Rome, tout fut inutile. Il fallait remettre à des temps meilleurs de si chères espérances.

Notre-Seigneur leur en gardera le mérite et récompensera leur foi chevaleresque quand sonnera l'heure de la délivrance.

Deuxième Retraite du Père à Rome. — Le Serviteur de Dieu profita de ce séjour prolongé à Rome pour se mettre en retraite. — Il quitta le Séminaire français où trop de visiteurs venaient le distraire, et alla se cacher dans la solitude des PP. Rédemptoristes, villa Caserta. Il y resta plus de deux mois dans le silence et la prière, recueillant chaque jour par écrit le résultat de ses méditations. Nous n'en voulons indiquer ici qu'une seule ; elle suffira à montrer les pensées qui occupaient son âme.

« J'ai vu comment je ne me suis donné à Notre-Seigneur au
« Très Saint Sacrement que par le dévouement, le zèle de sa
« gloire extérieure : l'activité de l'esprit et la nature y trouvaient
« leur compte.

« Ce n'est pas là ce que Notre-Seigneur attend de moi. Il
« veut que je me donne moi-même : *Non tua volo, sed te !*

« Et Notre-Seigneur m'a fait comprendre que je le glorifiais
« davantage par un acte d'humilité personnelle, ou de pauvreté
« personnelle, que par tous les actes de vertu que je pourrais
« lui obtenir chez les autres : ceci est hors de moi, cela est
« en moi. »

Il termine cette longue retraite par cette pensée qui montre bien ce que doit être le religieux du Saint Sacrement en face de l'Eucharistie :

« Ce que je dois être, c'est un serviteur demeurant chez
« son Maître, tout et toujours à sa disposition, volant à tout
« également et affectueusement, plus joyeusement à ce qui
« plaît davantage à ce Maître adorable. »

Premier Chapitre général, juillet 1865. — A son retour de Rome, la question du Cénacle se trouvant indéfiniment ajournée, le Père songea à réunir pour la première fois le Chapitre général de sa Congrégation. Il devait se tenir à Paris, dans la Maison-Mère, 68, faubourg Saint-Jacques, le lundi 3 juillet 1865. Il se composait de neuf membres : Père Eymard, P. de Cuers, P. Champion, P. Leroyer, P. Audibert, P. Chanuet, P. Carrié ; un diacre : fr. Henri Billon ; un sous-diacre : fr. Chave.

Le Père avait envoyé à chacun des Capitulaires une lettre de convocation, dans laquelle il s'efforçait de faire comprendre que sa mission était finie et que c'était un acte de charité à lui faire de le rendre à sa liberté de simple religieux.

« Voilà huit ans, écrivait-il à l'un d'eux, que je combats.
« Pendant quatre ans de préparation à la Société, j'avais eu
« toutes les épreuves possibles. Voilà la Société approuvée,
« en marche, ma mission est finie : je soupire après la solitude,
« le silence et la mort de vie de Notre-Seigneur caché en son
« divin Sacrement. J'obéirai à celui que vous aurez nommé
« comme au représentant de Jésus-Christ et de son Vicaire,
« et il me sera bien doux de me dévouer au bien et à la fin
« de cette chère Société, comme le dernier, mais le plus
« heureux de ses enfants. »

Cet appel que lui dictait sa profonde humilité ne fut pas écouté. Toutes les voix se portèrent sur lui, sauf une seule. Le Père s'inclina devant la volonté de Dieu manifestée par l'élection et il continua de diriger sa famille religieuse. « Me
« voici réélu à vie, écrivait-il le 19 avril 1865 à Mme de Gr... ;
« ce sont bien là les galères de la religion, car c'est bien
« l'immolation de la liberté et presque de la paix. » D'ailleurs, trois ans plus tard sonnait pour lui l'heure de l'éternelle récompense.

La maladie de sa sœur. — A cette même époque, septembre 1865, la sœur du Père, Mlle Marianne, qu'il aimait comme une seconde mère, tomba dangereusement malade. Un moment il crut que Notre-Seigneur allait lui demander ce sacrifice. Il courut vers elle, et resta à son chevet plusieurs semaines ; chaque matin il célébrait dans sa chambre le saint Sacrifice de la Messe. Partout il fit faire pour elle des prières : c'était l'épreuve seulement. Notre-Seigneur se laissa toucher et la lui conserva pour lui fermer les yeux. Trois ans plus tard, c'est près d'elle, à La Mure, qu'il rendra le dernier soupir.

Fondation de Nemours, 8 décembre 1865. — Le Serviteur de Dieu, après sa réélection, se remit au travail avec toute l'énergie de sa foi et de sa grâce de fondateur. Quelques mois plus tard, il fondait deux nouvelles maisons d'adoration : l'une pour les Servantes du Très Saint Sacrement, l'autre pour ses religieux.

Ce fut le 8 décembre 1865 que s'ouvrit à Nemours (diocèse de Meaux), le Cénacle des Servantes.

Une demoiselle Sterlingue avait offert sa fortune pour la fondation, se réservant seulement une rente viagère de 5.000 fr. et l'habitation dans le couvent.

L'acte de cession fut passé devant notaire selon toutes les règles du droit, et l'installation se fit du consentement des deux évêques d'Angers et de Meaux.

Douze religieuses furent envoyées pour inaugurer le service d'adoration (entre autres Sœur Benoîte, Sœur Philomène et Sœur Emilienne). — Tout semblait présager une fondation durable et qui serait bénie de Dieu. C'était un nouveau trône élevé à Notre-Seigneur et, pour les Servantes, une seconde maison dans un diocèse peu éloigné de Paris, ce qui aurait permis au Père de les visiter plus souvent.

Mais les événements ne tardèrent pas à montrer le contraire. Les bonnes relations qui avaient existé entre la Supérieure locale et Mlle Sterlingue, s'altérèrent bientôt pour se transformer en une haine qui détruisit l'Œuvre elle-même en dix-huit mois.

Mlle Sterlingue réclama sa fortune, malgré les contrats passés devant notaire, cria à la captation, menaça de faire un procès scandaleux, usa de toutes les calomnies près des évêques de Meaux, de Paris et d'Angers. — Les choses allèrent si loin que, pour éviter un scandale, le Père se décida à tout abandonner.

Il serait difficile de dire les souffrances sans nombre causées par cette fondation, qui devint ainsi pour lui l'une des grandes épreuves des derniers temps de sa vie.

Il y perdit d'abord ce trône d'exposition, et c'était sa grande douleur. « *Ce qui m'afflige*, écrit-il le 18 mai 1867 à la Mère Marguerite, *c'est de penser que Notre-Seigneur va perdre son trône d'adoration. Je ne puis me résigner à cette perte eucharistique de son service.* »

De plus, une des religieuses retourna dans sa famille à Tours et ne revint plus ; la supérieure de Nemours et une autre religieuse, du diocèse de Lyon, se refusèrent à rentrer chez les Servantes d'Angers, malgré les ordres formels du Père ; la réputation du Serviteur de Dieu en fut amoindrie dans plusieurs diocèses près des évêques ; ses rapports avec la Mère Marguerite en furent un moment altérés.

En somme, cette fondation de Nemours, désastreuse sous tous les rapports, n'eut qu'un bon résultat : d'être l'épreuve de Dieu, et de montrer la haute vertu du Père qui brilla d'un plus vif éclat dans la résignation et le *fiat* du Saint.

« *Nous sommes sortis de la grosse tempête de Nemours*, écrivait-il à la Mère Marguerite, le 18 juillet 1867, *mais après y avoir tout perdu. Daigne le Seigneur nous tenir compte au moins de toutes ces souffrances.* »

Et le 26 décembre 1867, il lui écrivait encore : « ... *Je demande à Notre-Seigneur qu'il vous console de tant de peines, vous soulage de tant de souffrances et vous donne la joie et le bonheur de son saint service. Vous avez bien souffert cette année, pauvre fille ! Il y avait là de quoi faire mourir, si la grâce de Dieu n'était pas plus grande que la croix ! Dieu en a tiré sa gloire, et vous en avez tiré un bon mérite pour le ciel ! Mais il ne faut pas laisser la croix vous renverser par terre ; il faut être plus forte qu'elle, et surtout la porter comme une semence de la gloire de Dieu. Ainsi, relevez-vous, reprenez courage et force. Je le demande à Notre-Seigneur pour vous et pour vos filles...* »

Fondation de Bruxelles, 2 février 1866. — Après

avoir fondé Nemours, le Père alla à Bruxelles où on le récla-
mait depuis longtemps. Il fit là, chez les Dames de l'Adoration
perpétuelle et des églises pauvres, à Salazar (rue des Douze-
Apôtres, 2bis), une fondation analogue ou plutôt identique à
celle d'Angers chez les Carmélites ; car il se servait d'une
église de religieuses pour y exposer le Très Saint Sacrement ;
mais identique surtout, car il la commençait sans ressources,
comme celle d'Angers, comptant sur Notre-Seigneur pour ses
besoins matériels.

Il écrivait, le 6 février 1866, au P. de Cuers : « ... Le jour
« de la fête de la Présentation de Notre-Seigneur a été le
« jour de notre fondation. Elle a été faite aussi belle que
« possible pour Notre-Seigneur (ils étaient cinq). Nous com-
« mençons tous les jours l'Exposition après la messe de sept
« heures, et nous la terminons à neuf heures du soir. L'église
« commence à avoir quelques adorateurs. J'espère cependant
« que cette petite fondation procurera un jour une grande
« gloire à Notre-Seigneur. Mais cette vie d'adoration est si
« peu connue ! Nos rapports avec Mlle de Méeüs sont simples
« et bons. Ces Dames sont toutes dévouées au culte du Très
« Saint Sacrement. Notre grande lutte a été de mettre de côté
« tous ces usages antiliturgiques belges, et de nous mettre
« au pur romain. C'est fait ; mais tout est à inculquer, à cor-
« riger, à former. Je n'ai encore eu aucune réclamation du
« clergé ou des coteries pieuses ; il est vrai que nous ne
« voyons personne, absorbés par notre service.

« Nous nous sommes mis à la bière, car le vin est si cher
« ici !

« Mais les finances sont bien petites ; et, si nous ne savions
« que la divine Providence a toujours été si bonne pour nous,
« nous aurions peur. Je n'ai voulu rien demander ni à Mlle de
« Méeüs, ni à personne ; jusqu'à présent nous n'avons manqué
« de rien.

« ... Nous avons été embarrassés ici un jour. J'ai été obligé,
« le jour de la fête, de faire moi-même la cuisine, le Frère
« François avait une forte migraine. »

Dans une autre lettre du 16 février 1866, adressée au
P. Chanuet, il disait : « Nos Frères sont admirables de dévoue-
« ment. Je reconnais là de vrais et bons novices. Quand le
« Frère François prend sa migraine, nous voilà tous cuisiniers,

« et moi en tête ; puis, le service par quatre se fait joyeuse-
« ment. Nous faisons tout ici comme si nous étions vingt ;
« chaque Frère sert deux messes et, ce que j'admire et bénis,
« pas un mot, pas un signe qu'on est trop chargé ; voilà de
« vrais adorateurs d'amour ! Nous ne voyons personne, parce
« que nous sommes presque toujours avec le bon Maître,
« sans jardin, sans vin, sans feu, sans confitures. Eh bien !
« nous sommes plus heureux que vous tous, Notre-Seigneur
« double la ration de grâces.

« Adieu, bon et cher Père, plus je vais, plus je vois com-
« bien le bon Dieu nous a aimés de nous appeler à une si
« sainte, si belle, si glorieuse vocation... »

Le même jour, il écrivait à la Mère Guyot : « ... Pensez que
« nous buvons de la bière amère comme le buis, sans jardin,
« sans petits adoucissements, car la pauvreté est l'âme de
« cette vraie fondation du ciel. A tout ce que me demande
« mon Frère François, toujours demandant, je dis : *Je n'ai*
« *rien*, puis le bon Dieu mange tout. Je ne fais pas de miracles,
« mais le bon Dieu en fait. »

Le lendemain, 17 février 1866, il écrivait à la comtesse
d'Andigné quelques lignes qui montrent combien il était
adorateur dans l'âme : « Quand un rayon arrive, on le reçoit
« avec plaisir ; quand il s'en va, il faut alors attendre le
« soleil, savoir qu'il est derrière le nuage. D'ailleurs Dieu
« m'aime ! quoi de plus beau, de plus remplissant !

« Ici, notre fondation va, marche, nous absorbe ; je ne fais
« pas attention aux petits ou gros vents qui soufflent, aux
« critiques, aux étonnements. Notre-Seigneur est sur son
« beau trône, c'est pour lui que nous sommes venus, nous
« l'avons douze heures exposé pour cinq adorateurs. Voyez
« quelle richesse ! quelles bonnes audiences ! Mon âme se
« refait un peu sous ce beau et bon soleil ; je ne vois pour
« ainsi dire personne, ni [ai] envie de voir. Soyez assurée que
« je vous présente, que je vous donne, que je vous redis sans
« cesse à notre bon Sauveur et Roi... »

Le Père reste plusieurs mois en Belgique. — Le
Père resta plusieurs mois à Bruxelles pour organiser cette
fondation, de fin janvier à fin avril 1866, époque à laquelle il
rentrait à Paris.

Il écrit au P. Leroyer, 24 février 1866 : « ... Je bénis Dieu
« d'être venu le premier ici, car il y a tant de difficultés à
« éviter, à ôter, à prévoir, et puis tant de prudence et de
« moyens à prendre, que j'espère laisser la place prête et
« libre à celui que Dieu et la sainte obéissance enverront ici... »
Rien mieux que de telles paroles ne pourrait montrer sa
prudence consommée.

**Fondation du Noviciat de Saint-Maurice, 25 dé-
cembre 1866.** — Le 25 décembre 1866, le Père inaugurait
dans la solitude un Noviciat longtemps désiré : c'était à
l'extrémité d'une bourgade appelée Saint-Maurice, au diocèse
de Versailles.

Le 28 juin 1866, il écrivait au P. de Cuers : « Je viens vous
« apprendre, à vous et à vos Pères et Frères, la nouvelle que
« nous avons acheté une maison et son clos à deux heures de
« Paris, sur le chemin de fer d'Orléans, à Saint-Maurice, ligne
« de Vendôme ; on s'arrête à la gare de Breuillet. C'est un
« coup de Providence, car nous y trouvons tout ce qu'il faut
« pour le Noviciat et, plus tard, pour la *maison solitaire :*
« 5 hectares 75 ares de terrain clos, une maison en bon état
« et qui peut nous donner de suite vingt-cinq cellules et une
« chapelle convenable. »

A la comtesse d'Andigné, il écrivait, le 24 août 1866 :
« ... J'ai affaires sur affaires avec cette maison du noviciat
« que Dieu nous a fait trouver et qui est comme un petit
« Eden. — Dieu veuille que ce soit l'Eden premier, ou mieux
« céleste, où jamais le serpent ne trouve entrée. »
Il pensait que les travaux d'installation seraient promptement terminés ; ils demandèrent six mois, et ce ne fut que le
25 décembre 1866 que put s'ouvrir le Noviciat.

Au P. Audibert il écrivait, le 31 décembre : « ... *C'est le
jour de Noël que nous avons ouvert la maison de Saint-
Maurice ; à minuit Notre-Seigneur a pris possession de
l'autel et de son trône. J'espère qu'il s'y trouvera mieux
qu'en la crèche de Bethléem. J'y ai laissé quatorze
novices...* »

Un témoin (M. Fiot), ami intime du Père, parlant de Saint-
Maurice, a dit : « En 1867, peu de temps avant sa mort, le
Père me conduisit à son Noviciat de Saint-Maurice qu'il appe-

lait son paradis. C'était une solitude charmante ; on ne pouvait trouver un site plus apte à la prière et au recueillement d'un Noviciat... Le Père en était fier ; il me montra sa chapelle : *On laissera*, disait-il, *la porte ouverte, et les oiseaux eux aussi viendront visiter leur Souverain.* »

Maison solitaire. — Une des grandes pensées du Père, qu'il regardait comme capitale pour sa Congrégation, était la fondation d'une maison solitaire d'adoration ; tous ses Pères étaient unanimes dans la même pensée.

Dès le 21 novembre 1863, il écrivait au P. Chanuet : « *J'ai reçu votre lettre aujourd'hui. Vous exprimez positivement dans cette lettre ce que je venais de dire à nos Pères qu'il fallait dans la Société une maison de contemplation pure pour les vocations purement contemplatives ; que j'avais mis cette maison dans nos Constitutions, qu'elle serait l'âme de la Société, et tout le monde l'approuvait. Ainsi ce que vous me dites confirme mon désir et mon espérance de la faire bientôt.* »

Et le 10 avril 1866, de Bruxelles il écrivait encore au P. Chanuet : « *Oh ! oui, comme vous je soupire après la fondation de cette maison de solitude ; j'y pense jour et nuit, elle est l'objet de toutes mes prières, il me semble que ce sera là le cœur de la Société et l'âme de la vie eucharistique de nos religieux.*

« *Aussi est-ce la première chose à laquelle je vais me dévouer en arrivant à Paris ; ainsi, cher Père, nous sommes bien dans la même pensée et le même désir ; seulement il faut prier beaucoup.* »

La maison de Saint-Maurice répondait à ce désir et à ce double objectif d'un Noviciat situé en dehors du bruit et des dissipations d'une grande ville, et d'une maison solitaire où les âmes contemplatives trouveraient le repos dans la vie retirée du monde et cachée en Dieu.

Deuxième fondation de Bruxelles, 17 novembre 1867. — A la suite du désastre de la fondation de Nemours, le Père fit des démarches pour trouver aux Servantes une nouvelle installation. Tout semblait devoir réussir à Bruxelles, au faubourg d'Ixelles, Chaussée de Wavre.

Mais dès que les Dames de l'Adoration perpétuelle de la rue des Douze-Apôtres eurent connaissance de ce projet, elles firent tout pour l'enrayer; la Supérieure générale vint trouver le Père, disant que si les Servantes venaient s'établir à Bruxelles, ce serait la ruine de leur fondation. Le Père répondit qu'il ne voulait pas la guerre, mais la charité, et le projet abandonné pour les Servantes fut réalisé pour les religieux.

Il écrit au P. Leroyer, le 12 novembre 1867 : « *Dimanche prochain (17 novembre), nous ouvrons à Bruxelles une deuxième Maison d'adoration et qui sera un commencement de Scolasticat.*

« *L'excellente demoiselle fondatrice nous donne une très belle maison d'adoration et un magnifique jardin, dans le quartier neuf, dit Léopold, où il n'y a ni couvents, ni églises. Son Eminence a agréé avec plaisir cette petite fondation, qui deviendra peut-être la principale, car il vaut mieux être chez soi. Et si jamais les Dames de l'Adoration de la Rue des Sols nous voulaient ailleurs, nous ne serions pas à la rue.*

« *Cette affaire est toute providentielle; nous y allons, parce que ces Dames d'Angers n'ont pu y aller... »*

Elle le fut plus qu'on ne le pouvait prévoir alors, car c'est dans ce Cénacle que se réfugièrent nos novices à l'époque des expulsions de 1880.

Deuxième fondation d'Angers. — Le Père, pour sortir du provisoire de sa première fondation d'Angers, acheta, dans le courant d'octobre 1867, au Cloître Saint-Martin, un grand terrain avec maison et jardin, et y transporta ses religieux dès que furent terminées les réparations les plus urgentes. Le transfert se fit vers la fin de 1867.

Cet emplacement était on ne peut mieux choisi, car on se trouvait dans un endroit isolé du bruit de la ville et à la fois dans un quartier très central.

Le 30 juin 1868, un mois avant sa mort, le Père vint à Angers poser la première colonne de la plus belle église qu'allait posséder sa Société, et que les expulsions de 1880 obligèront d'abandonner.

L'épreuve de la maladie. — Durant toute l'année qu précéda sa mort, le Père fut mis au creuset purifiant de la maladie ; il n'en sortit que prêt pour le ciel.

« Un rhumatisme goutteux fort douloureux et presque constamment à l'état aigu paralysait tantôt un membre, tantôt un autre ; et parcourant tout le corps, il n'en épargnait aucune partie. — *C'est une douleur dans d'excellentes conditions que celle-là,* disait le Père en souriant : *elle ne se voit pas et ne laisse pas de faire beaucoup souffrir. On est moins entouré de compassion et Notre-Seigneur a tout.*

« Cette infirmité fut le couronnement de sa patience ; on ne saurait imaginer un malade plus aimable et plus facile à soigner que le Père.

« Il ressentit, plus violentes et plus souvent renouvelées, des névralgies qui l'avaient accompagné presque toute sa vie. Une insomnie, un chagrin suffisaient à les ramener. Pendant ces pénibles crises, étendu sur son lit, le Père était aussi incapable de dire une parole que de faire un mouvement ; un pâle rayon de soleil, le moindre bruit redoublaient ses souffrances ; mais il savait encore se dominer pour se montrer affable à ceux qui venaient le visiter.

« Après une mauvaise nuit, on lui dit : Nous craignons bien que vous n'ayez la migraine aujourd'hui, mon Père ! — *Eh bien ! elle sera la bienvenue, si Notre-Seigneur l'envoie.*

« Malgré tout, le Père remplissait son office d'adorateur, et distribuait régulièrement aux pieux habitués du Sanctuaire de Paris le pain de la doctrine eucharistique. » (*Notice du P. Eymard.*)

Notre-Dame du Très Saint Sacrement. — Dès la première heure de sa fondation, la pensée du Père était d'honorer Marie sous un titre en harmonie avec sa vocation religieuse. Dans ce modèle achevé de toute vocation, il s'efforcera de copier la vie de Marie au Cénacle, adoratrice de l'Eucharistie. Elle sera pour lui « Notre-Dame du Très Saint Sacrement. » Mais ce ne fut qu'à la fin de sa vie qu'il lui donna officiellement ce glorieux titre.

Le 1er mai 1868, se trouvant à son cher noviciat de Saint-Maurice qu'il appelait *le Paradis du Seigneur,* le Père voulut ouvrir les pieux exercices du mois de Marie.

« Il termina une chaleureuse allocution sur nos devoirs envers notre bonne Mère par ces paroles : *Eh bien ! nous honorerons Marie sous le vocable de Notre-Dame du Très Saint Sacrement ! Oui, disons avec confiance, disons avec amour :* « *Notre-Dame du Très Saint Sacrement, Mère et* « *modèle des adorateurs, priez pour nous qui avons recours* « *à vous !* »

« Le Père était radieux, sa parole émue ; son cœur débordait d'allégresse : il venait de payer la dette de la reconnaissance à Marie, sa Mère ; à Marie qui l'avait donné à Jésus-Hostie, qui l'avait soutenu et encouragé avec une maternelle sollicitude dans la fondation de sa Société.

« Il laissait ainsi à ses enfants, sur le point de les quitter, un puissant moyen de mieux servir leur Maître, et ajoutait au diadème de Marie un fleuron qui n'est ni le moins beau ni le moins glorieux. » (*Notice du P. Eymard.*)

L'état de ses deux Congrégations en 1899. — Depuis la première Exposition du Très Saint Sacrement, du 6 janvier 1857 au 6 janvier 1899, c'est-à-dire dans l'espace d'une quarantaine d'années, la Congrégation fondée par le Serviteur de Dieu a grandi ; elle compte actuellement huit maisons, savoir : la Maison-Mère de Paris ; les Maisons de Marseille, de Bruxelles, de Rome, de Montréal (Canada), de Sarcelles (près Paris), de Bozen (dans le Tyrol autrichien) et de Trévoux.

Les décrets d'expulsion de 1880 ont obligé les religieux du Très Saint Sacrement à fermer trois de leurs résidences : celles d'Angers, d'Arras et de Saint-Maurice (diocèse de Versailles).

Les religieux, tant profès que novices, s'élèvent au nombre de deux cents environ. De plus, Trévoux, École apostolique, prépare au sacerdoce une quarantaine d'enfants qui font là les études secondaires jusqu'à la philosophie exclusivement.

La Congrégation du Très Saint Sacrement possède plusieurs publications mensuelles :

1° La Revue du Très Saint Sacrement, qui en est à sa vingt-quatrième année, offre à ses abonnés tous les ans près de 900 pages entièrement consacrées à traiter du Très Saint Sacrement et des Œuvres qui s'y rattachent ;

2° Les Annales des Prêtres-Adorateurs, publiées en

français, en italien, en allemand, en anglais, en polonais, en tchèque, en espagnol, s'adressent à plus de soixante mille prêtres. Cette publication a douze ans d'existence ;

3° Le Petit Messager du Très Saint Sacrement, publication plus modeste, qui est l'organe des Agrégés du Très Saint Sacrement, et qui, pareillement, est à sa douzième année, s'imprime en France, en Belgique, et au Canada ; dans les pays de langue allemande, elle paraît sous le nom de l'*Emmanuel*. Elle compte en tout plus de cent mille abonnés.

La Congrégation des Servantes du Très Saint Sacrement, fondée elle aussi par le Vénéré Père Eymard, compte environ deux cents membres, et possède quatre Maisons d'adoration, savoir : la Maison-Mère, à Angers, les Maisons de Lyon, de Paris et de Binche (Belgique).

Chaque Maison recrute une Agrégation de pieux fidèles qui viennent adorer dans leur Chapelle Notre-Seigneur perpétuellement exposé.

CHAPITRE XI

Son Apostolat.

Son âme d'apôtre. — Le Serviteur de Dieu fut une âme éminemment contemplative et tout à la fois un apôtre dévoré du zèle de la maison de Dieu : « *Zelus domus tuæ comedit me.* »

Tout jeune, il prêchait ses petits camarades pour leur apprendre à prier et à aimer le Bon Dieu. — Pendant ses études, il exerçait la même influence sur ses condisciples ou les jeunes gens de son âge. — Prêtre séculier, le ministère absorbait tous ses instants.

Mariste, à Belley et à La Seyne, rien ne le rebutait lorsqu'il s'agissait de la formation religieuse des élèves : il était toujours à leur disposition, ne se réservait jamais un moment de liberté, avait tellement gagné la confiance de tous que l'on ne voulait s'adresser qu'à lui pour les confessions. Ce zèle ne se limitait pas aux Collèges où il était directeur comme à Belley, ou supérieur comme à La Seyne, mais il s'étendait encore aux familles des élèves et au delà.

Devenu Provincial et Visiteur de sa Société, ces nouvelles charges ouvrirent devant lui un champ nouveau à son zèle d'apôtre.

Provincial, il fonda le Tiers-Ordre de Marie, où tant d'âmes trouvèrent sous sa direction éclairée les voies de la sainteté ;

Visiteur, il fit entendre partout cette parole ardente, convaincue, qui allait droit aux âmes, pour les porter à Dieu.

Le R. P. Mayet, dans sa Notice biographique, dit du Père Eymard : « La confiance qu'on avait dans sa sainteté et sa bonté sans limite, la flamme de charité qui brûlait dans son cœur, multipliaient sous ses pas les occasions de faire le bien ; il savait lui-même les faire naître. Beaucoup de personnes d'un rang élevé lui doivent, après Dieu, leur retour à la vertu, leur renouvellement dans les voies de la perfection. »

Son apostolat eucharistique. — Lorsqu'il eut fondé la Congrégation du Très Saint Sacrement, l'apostolat eucharistique envahit sa vie tout entière.

« *Il faut servir*, disait-il, *et combattre. La première mission de la milice eucharistique est de garder et d'honorer Jésus-Christ sur son trône comme sa garde d'honneur. Mais nous exposons Notre-Seigneur, nous le montrons, pour jeter à ses pieds d'innombrables adorateurs.* »

Dès 1851, le Père était préoccupé de rechercher les remèdes à l'indifférence des chrétiens ; il n'en trouvait pas d'autres que la sainte Eucharistie. — Le 22 octobre 1851, il écrivait à Mme Tholin :

« ..... J'ai souvent réfléchi sur les remèdes à cette indif-
« férence universelle qui s'empare d'une manière effrayante
« de tant de catholiques, et je n'en trouve qu'un : l'Eucha-
« ristie, l'amour de Jésus Eucharistique.

« La perte de la foi vient d'abord de la perte de l'amour ;
« les ténèbres, de la perte de la lumière ; le froid glacial, de
« la mort et de l'absence du feu... Ah ! Jésus n'a pas dit : Je
« suis venu apporter la révélation des plus sublimes mystères,
« mais bien : Je suis venu apporter le feu sur la terre, tout
« mon désir est de le voir embraser l'univers. »

A la même, le 11 février 1852, il écrivait encore : « ... Main-
« tenant il faut vite se mettre à l'œuvre, sauver les âmes par
« la divine Eucharistie... et réveiller la France et l'Europe

« engourdie dans son sommeil d'indifférence, parce qu'elle ne
« connaît pas le Don de Dieu, Jésus, l'Emmanuel Eucharistique.

« C'est la torche de l'amour qu'il faut porter dans les âmes
« tièdes, et qui se croient pieuses et ne le sont pas, parce
« qu'elles n'ont pas établi leur centre et leur vie dans Jésus
« au saint Tabernacle.

« Et toute dévotion qui n'a pas une tente sur le Calvaire et
« une autour du Tabernacle n'est pas une piété solide et ne
« fera jamais rien de grand. Je trouve que l'on s'éloigne trop
« de la divine Eucharistie, que l'on ne prêche pas assez
« souvent sur ce mystère d'amour par excellence.

« Alors les âmes souffrent, elles deviennent tout sensuelles
« et matérielles dans leur piété, s'attachant à la créature d'une
« manière déréglée, parce qu'elles ne savent pas trouver leur
« consolation et leur force dans Notre-Seigneur..... »

Ce moyen, la prédication eucharistique, il l'employa pendant
les douze dernières années de sa vie, et le bien qu'il fit par
lui dans les âmes est incalculable.

La nécessité de prêcher l'Eucharistie. — Le Père
avait admirablement compris la nécessité actuelle de prêcher
l'Eucharistie.

« *Il ne s'agit plus*, disait-il, *de défendre une vérité de
foi, mais le Roi de la vérité attaqué partout ; ce n'est plus
le moment de faire profession de telle ou telle vertu évangélique ; il faut montrer et servir Notre-Seigneur abandonné
dans son Sacrement d'amour... Il faut prêcher la Divine
Eucharistie à temps et à contre-temps, partout, toujours.
Il faut que dans tout rapport de société, que dans tout acte
extérieur, Notre-Seigneur ait sa part : Dum omni modo
Christus annuntietur..... »*

C'est au prie-Dieu, à l'adoration, que le Père Eymard a
puisé cette science du Très Saint Sacrement qui lui permettait de parler toujours de l'Eucharistie sans se répéter
jamais.

« *Apprenez, travaillez le Très Saint Sacrement*, disait le
Père à ses religieux ; *c'est une mine à exploiter... sachez
votre métier ! que vos heures d'adoration portent leurs
fruits !* »

Et il ajoutait : « *Si quelqu'un connaît mieux l'Eucharistie*

que nous, cédons-lui notre prie-Dieu : nous ne sommes pas
dignes de la place que nous y tenons. »

Le Père ordinairement ne montait en chaire qu'après avoir
passé un certain temps devant Notre-Seigneur exposé. — Il
écrivait ordinairement quelques notes et se pénétrait du saint
Evangile, surtout de celui selon saint Jean qu'il portait toujours
sur son cœur.

Ce travail préliminaire, il l'appelait « *faire la pâte* » ; elle
devenait, exposée « *au feu eucharistique* », un pain savoureux
et substantiel.

Il voulait que la prière précédât la parole. — Le
Père était persuadé de la nécessité de l'oraison pour rendre
féconde la parole du prédicateur

« *Nos orationi et ministerio verbi instantes erimus* »,
disaient les Apôtres. — Notre-Seigneur lui-même se dérobait
à la foule et passait les nuits en prière : « *Et erat pernoctans*
in oratione Dei. » — La parole du prédicateur demeure stérile,
si elle n'est alimentée par l'oraison. Tout le succès constant
du Père dans son ministère, soit chez les Maristes, à Belley,
en missions, à La Seyne, soit au Saint Sacrement, est là : il fut
un homme *d'oraison.*

La prière était sa préparation permanente ; les pensées du
Saint Sacrement ne le quittaient jamais ; en chaire, il savait
« *laisser la place au Saint-Esprit.* »

Plus d'une fois, il l'avoua lui-même, saisi d'une lumière
subite, au moment de prendre la parole, il abandonna le sujet
préparé pour celui que lui inspirait Notre-Seigneur.

Cette influence de la lumière divine était sensible, surtout
dans ses dernières années, pour ses auditeurs eux-mêmes.
« Je suis persuadé, disait après une instruction du Père
Eymard un prédicateur distingué, que le Père parle sous
l'inspiration directe de l'Esprit-Saint. »

Une personne (Mme la comtesse de Th...) a attesté qu'à Marseille, en janvier 1868, pendant une prédication du Père, elle
aperçut une auréole autour de sa tête ; elle ajoutait : « Ce
phénomène, qui dura plusieurs minutes, n'était nullement le
résultat de la lueur des cierges allumés derrière lui, ni un
effet de mon imagination. »

Aussi les prédications du Père étaient-elles pleines de ces

pensées vraies, simples, saisissantes, qui touchent les âmes ; elles étaient, non le résultat de la mémoire qui redit ce qu'elle a lu, mais le jet naturel d'un esprit toujours en Dieu.

Il voulait le genre simple pour la prédication. — Le Serviteur de Dieu visait à être simple, clair, à donner à sa pensée une forme qui la pût graver plus facilement dans l'esprit de l'auditeur.

Nullement esclave de la phrase, il la laissait quand il en trouvait une autre pour rendre mieux sa pensée. Il avait même parfois des divisions d'essai, mais ensuite on en était bien récompensé, car alors tout coulait de source. Arrivé au cœur de sa pensée, il ne faisait plus attention qu'à elle seule, en jouissait, et en faisait jouir les autres ; elle était à l'aise dans son esprit lucide.

Il cherchait avec confiance l'inspiration d'En-Haut, savait l'écouter et la suivre. Mais à vrai dire, c'était là le caractère distinctif de toute sa vie et ce qui attirait à lui tant d'âmes désireuses de la perfection.

Descendu de chaire, il ne se souvenait que vaguement de ce qu'il avait prêché. Ayant reçu un jour les félicitations enthousiastes de plusieurs personnes émerveillées d'un de ses sermons, il avoua dans l'intimité qu'il ne savait nullement ce que cela signifiait, « *n'étant absolument pour rien dans ses instructions.* »

Une autre fois, lisant le résumé d'un sermon donné la veille : « *Qui donc a pu dire de si belles choses ?* » demandat-il avec naïveté. — « C'est votre instruction d'hier. » — « *Je ne m'en serais pas douté.* »

Il voulait que l'on ne songeât pas au prédicateur. — Le Père par-dessus tout voulait éviter dans sa prédication que l'on songeât au prédicateur. — Très capable de donner ce que l'on appelle le « grand sermon », il s'était limité au genre simple ; — il avait dès le commencement prié Notre-Seigneur « que sa parole ne fixât jamais sur lui l'attention des auditeurs », et l'idéal qu'il ambitionnait d'atteindre était qu'on dît après l'avoir entendu : « *Quelle bonne et belle eau nous vient par ce canal de bois vermoulu !* »

Il disait à ses jeunes scolastiques : « *N'affichez jamais de*

*prétention : soyez simples, très simples. Notre-Seigneur
ne souffrirait pas que vous vous élevassiez un petit trône
à côté du sien. »*

**Il savait, quel que fût l'auditoire, prêcher toujours
l'Eucharistie.** — Le Serviteur de Dieu savait, quels que
fussent les auditoires ou le but de ses prédications, annoncer
toujours l'Eucharistie. « Pour sa foi, ce mystère vivant n'était
pas un sujet, mais tous les sujets ; ce n'était pas un point de
doctrine, mais toute la doctrine, et il avait un art merveilleux
d'y ramener l'économie entière de la religion. » (*Notice du
Père.*) A Rouen, à Nantes, à Rennes, à Tours, à Tarare, à
Amplepuis, à Angers, à Bruxelles, à Gand, il prêche la gloire
de l'Eucharistie et les avantages vitaux de la sainte Communion.

Dans les Retraites nombreuses qu'il a données, soit aux
Religieux de chacune de ses maisons, soit aux Agrégés et
à des Communautés religieuses, toujours l'Eucharistie restait
le fond de sa prédication. Il puisait à cette source première
les principes de la perfection, les motifs les plus capables de
déterminer l'âme chrétienne à transformer sa vie et à devenir
meilleure.

L'Œuvre des Adultes. — Pour avancer le règne eucharistique de Notre-Seigneur, le Serviteur de Dieu résolut de
mettre toutes les classes de la société sous l'influence directe
du Soleil d'amour.

Trois Œuvres, de moyens et d'objets divers, mais conçues
dans une même pensée, furent le résultat durable de son
apostolat : l'Œuvre des Adultes, l'Œuvre des Prêtres, l'Œuvre
de l'Agrégation du Très Saint Sacrement.

L'Œuvre des Adultes fut la première, dans l'ordre du temps,
à laquelle il se dévoua ; ce fut elle aussi qui, à l'origine de la
fondation de la Congrégation, fit accueillir favorablement
l'idée de la fondation elle-même. — Jusque-là l'Œuvre des
Premières Communions des Adultes n'existait pas dans Paris.

Comme l'écrivait le Père lui-même, « *le but de cette Œuvre,
que Mgr Sibour, de vénérée mémoire, accueillit avec
bonheur dans son diocèse, est de rechercher, d'instruire et
de préparer pour la Première Communion tous les adultes
qui ont dépassé l'âge des catéchismes paroissiaux; ou bien*

encore ceux qui, à raison de leur travail prolongé dans les ateliers, ne peuvent y assister.

« ... Le recrutement de l'Œuvre se fait par les enfants eux-mêmes ; le dimanche qui suit leur Première Communion, ils amènent leur remplaçant.

« Que de fois ils sont revenus avec leur père, leur mère, leurs frères et sœurs plus âgés, demandant aussi d'être admis au bonheur de la Première Communion !...

« Que de mariages réhabilités ont été le doux fruit de la Première Communion de ces enfants ! — Ils sont les apôtres de leur propre famille. »

« Le Père Eymard, dit un témoin (M. Fiot), s'occupait avec une zèle d'apôtre de cette Œuvre des Adultes.

« La première fois qu'il cherchait à réunir ces pauvres petits abandonnés, au bout de quelques instants, déjà fatigués de la leçon, ceux-ci s'échappaient dans la rue comme une volée de moineaux.

« Il les rappelait doucement ; sa bonté peu à peu arrivait à les apprivoiser. Il les instruisait des notions les plus importantes. Et c'était grande fête quand arrivait le jour désiré de la Première Communion.

« Le Père voulait que ce jour laissât dans leur âme des souvenirs durables. Il les préparait par une retraite qu'il prêchait lui-même avec sa manière inimitable. Un Evêque venait présider la cérémonie et donner la Confirmation à ces déshérités de la terre. »

Le Père Eymard affectionnait particulièrement cette Œuvre : *« Nous ne la céderions pas pour une Œuvre princière »*, disait-il. — Lorsqu'il dut se faire remplacer dans le rôle de Catéchiste, il voulut encore confesser les enfants, il leur donnait la retraite et présidait à leur Première Communion.

En dehors des enfants, le Père eut toujours quelque vieillard à préparer, quelque couple mal uni à instruire. Il le faisait le soir après de fatigantes journées, avec un dévouement plein d'attentions délicates pour ces pauvres gens. Puis il les baptisait, les recevait à la sainte Table ou les mariait.

En 1868, il revint, par une après-midi pluvieuse de février, harassé et portant les germes d'une fluxion de poitrine ; il était allé, sur le désir de ses néophytes, bénir leur union dans une paroisse de la banlieue. « Vous n'auriez pas dû sortir par ce temps, mon Père, lui dit-on, ni surtout aller si loin ! » — « *C'est vrai, mais ces pauvres gens ont été si heureux !* »

« Durant l'hiver qui précéda sa mort, pendant que ses religieux dormaient, il reçut au parloir de sa maison de Paris deux chiffonniers, homme et femme, vivant en concubinage, sans instruction, sans foi ; il leur faisait le catéchisme, il les confessa, les admit à la Première Communion et les maria. Ce jour-là fut une joyeuse fête ; et c'est le Père Eymard lui-même qui servait à table ses deux heureux disciples. » (*Mémorial catholique.*)

L'Œuvre des Prêtres. — Le Serviteur de Dieu avait, on peut le dire, le culte du prêtre ; il le vénérait, recommandait à ses religieux d'être pour eux d'une affectueuse déférence, de les recevoir avec amour.

« *Les prêtres ! les prêtres !* disait-il un jour avec un accent singulièrement ému, *je laisserais tout pour les prêtres !* »

Déjà, lorsqu'il dirigeait le Tiers-Ordre de Marie, il avait fondé une branche spéciale pour les prêtres, et travaillait à les sanctifier.

En 1851, dans son rapport du 3 février au T. R. P. Colin, la pensée qui domine est celle du prêtre :

« *Je fus fortement impressionné à Fourvière, dit-il, 1° de l'abandon spirituel des prêtres séculiers, au milieu de leur ministère et des pieux laïques ; de la plainte que quelques prêtres m'avaient faite de se voir seuls, isolés de tout secours spécial, de n'avoir pas même pour eux les secours que les laïques avaient dans le monde dans ces pieuses associations qui remplissent nos villes... *»

Lorsqu'il fonda sa Congrégation du Très Saint Sacrement, ce désir d'être utile aux prêtres ne fit que grandir avec son amour de l'Eucharistie. — Ces deux amours sont inséparables : qui aime l'Eucharistie aime celui par qui nous la possédons.

Le 27 septembre 1857, il écrivait à Mlle Danion : « ... Je « comprends mieux que jamais, que ranimer, alimenter et « perfectionner l'esprit et la dévotion eucharistiques dans les « Prêtres, c'est là l'Œuvre par excellence et la plus nécessaire « de toutes... Jésus peut tout ! s'il lui plaît de choisir de si

« pauvres instruments, c'est qu'il veut en avoir toute la
« gloire... »

Cet apostolat du prêtre est explicitement indiqué dans le
Décret d'approbation de l'Institut comme la première des
Œuvres de zèle à laquelle doit se dévouer le religieux du
Très Saint Sacrement, ainsi que l'Œuvre de la Première Com-
munion des Adultes :

« ..... *Ex hoc apostolico elogio jam prospicitur quinam
sit præfatæ Congregationis finis, cui, præter propriam
sanctificationem, adjicitur cura excipiendi Presbyteros
sæculares qui spiritualibus exercitiis vacare exoptant, ac
instruendi et præparandi pauperes adolescentulos ut digne
Sanctissimo Christi Corpore prima vice se reficiant...* »
(Ex Decreto Approbationis.)

Le 15 décembre 1867, il disait à ses religieux de Paris
réunis au Chapitre : « *Je voudrais former une association
des Prêtres des paroisses, les unir par la prière, certains
statuts, des conférences périodiques, et les sanctifier par
le Très Saint Sacrement.*

« *Voyez-vous, sanctifier les prêtres par l'Eucharistie, cela
embrasse tout : avec les prêtres, on a les paroisses, le pays
tout entier. Et quel besoin il y a d'une Œuvre pareille !...
Oh oui ! cela viendra...* »

Dans une conversation avec le P. Tesnière, il disait, le
26 février 1868, quelques mois avant sa mort : « *Tenez,
écoutez : je veux prendre les prêtres, c'est notre apostolat
principal.* »

Ses fils spirituels sont entrés dans cette voie, cherchant à
réaliser toutes les pensées du Fondateur.

La Congrégation du Très Saint Sacrement a constitué une
Association de Prêtres séculiers qui compte actuellement
plus de cinquante mille membres.

Le Père aimait à dire encore : « TRAVAILLER SUR LES
PRÊTRES, C'EST TRAVAILLER SUR DES MULTIPLICATEURS.

« *Que la sainte Eucharistie devienne le centre de leurs
pensées, le but de leurs travaux, ils auront à leur disposition le moyen le plus efficace de conversion et de sanctification pour leurs peuples...* »

L'Œuvre des Vétérans du Sacerdoce. — Le Serviteur

de Dieu « *voulait offrir aux prêtres la faculté, sur leurs vieux jours, de venir achever leur vie au pied du Très Saint Sacrement.* »

Le 4 juin 1856, le Père écrivait à Mgr Wicard, évêque de Laval, qu'il avait particulièrement connu autrefois lorsqu'il était à l'évêché de Fréjus :

« ... Il y a trois sortes de membres (dans notre Société) : « les religieux prêtres, les frères et les agrégés, c'est-à-dire « les VÉTÉRANS DU SACERDOCE.

« Les religieux font les trois vœux... »

Ainsi la pensée de s'occuper des prêtres âgés était bien explicitement affirmée à la première heure de la fondation.

A la même époque, développant cette idée, il écrivait encore :

« ... Est-il une retraite plus honorable, plus délicieuse pour « les vétérans du sacerdoce, qui ont blanchi sous les armes « spirituelles et combattu les combats du Seigneur, que celle « qui leur serait offerte aux pieds de leur Roi ? — Là ils « pourraient faire une halte avant le grand voyage de « l'éternité et se préparer plus saintement à paraître devant « leur Juge.

« Et ils serviraient encore, chacun selon ses forces. Les « infirmes seraient traités avec amour comme nos pères « vénérables. Ils visiteraient de temps en temps le Très Saint « Sacrement pour réjouir leur vie glacée par l'âge et la souf « france. Ceux qui pourraient supporter une partie du service « eucharistique le feraient. »

Ces œuvres sacerdotales montrent le dévouement du Père pour le prêtre, et combien il avait à cœur de travailler à le surnaturaliser et le sanctifier.

Sa charité pour les égarés. — Le Père, dans sa charité inépuisable pour le prêtre, voulait aussi s'occuper de secourir ceux qui avaient failli à leurs devoirs. Que de prêtres seraient rentrés dans la bonne voie, si, à l'heure des désillusions, une main charitable s'était tendue vers eux !

C'est pour ces délaissés que le Père avait une charité de mère. Combien en a-t-il remis sur la bonne route, en leur montrant l'Eucharistie, en relevant leur confiance en Dieu, en leur ouvrant son cœur sacerdotal !

A sa Maison-Mère de Paris, il y avait toujours l'un ou

l'autre de ces prêtres qui recevait du Père cette charité si capable d'attirer les bénédictions du Ciel.

Son Eminence le Cardinal Langénieux, lorsqu'Elle était à l'Archevêché de Paris comme Promoteur, a dit combien elle avait été édifiée du zèle du Père Eymard pour venir en aide à ces égarés, ajoutant que le Père lui avait appris à aimer les pauvres prêtres tombés.

Œuvre de l'Agrégation. — Le Serviteur de Dieu voulait attirer au pied du trône eucharistique tous les chrétiens, faire pénétrer dans la vie chrétienne la pensée de l'Eucharistie, l'amour de Jésus-Hostie ; rendre à la dévotion envers le Très Saint Sacrement la place d'honneur qui lui revient légitimement.

Tel est le but de l'Œuvre de l'Agrégation du Très Saint Sacrement, enrichie de nombreuses indulgences par Pie IX et Léon XIII.

« *Cette association se compose de trois classes de membres, suivant la diversité de leur condition et dévotion : les uns consacrent tous les mois une heure entière à l'adoration de l'Auguste Sacrement ; d'autres tous les trois mois, quatre fois l'année, se dévouent tout spécialement pendant une semaine entière au culte du Très Saint Sacrement, le visitant, l'adorant fréquemment pendant cette semaine, contribuant par leurs offrandes à la décoration de l'autel où le divin Sacrement est exposé ; d'autres enfin, non seulement visitent et adorent très fréquemment le Très Saint Sacrement, mais s'emploient de toutes leurs forces à promouvoir sa gloire et son culte, n'épargnant ni leur personne, ni leurs biens pour atteindre ce but si excellent.* »

Par cette Agrégation du Très Saint Sacrement, la pensée du Serviteur de Dieu n'était pas d'enchaîner les fidèles dans les obligations multiples d'un règlement qui enserre tous les instants de la journée ; il voulait par-dessus tout imprimer un esprit, rendre fréquente la pensée de la Présence Réelle, apprendre aux âmes à venir puiser à cette source première.

Une âme chrétienne, pénétrée de la vérité de l'Eucharistie, se met d'elle-même sous l'influence de ce foyer divin, y ranime ses forces et y trouve les énergies surnaturelles pour les devoirs de chaque jour ; elle comprend qu'elle doit adorer, aimer, servir Jésus Sacramentel.

Le 11 février 1852, le Père écrivait à Mme Tholin : « Sou- « venez-vous que quand on a mis dans une âme une étincelle « eucharistique, on a jeté dans son cœur un germe divin de « vie et de toutes les vertus, et qui se suffit pour ainsi dire à « lui-même. »

Le Père Eymard eut la consolation de voir autour des sanc- tuaires d'exposition de Marseille, d'Angers et de Bruxelles, des phalanges d'Agrégés qui s'efforçaient, par leur dévoue- ment, d'honorer cette Présence bénie de Jésus Sacramentel.

La sainte Communion, pivot de la vie chrétienne. — Le Père voulait que la sainte Communion fût le pivot de la vie d'un Agrégé du Très Saint Sacrement, comme elle doit être le pivot de la vie chrétienne.

Ce sujet revenait fréquemment dans ses instructions. Il voulait que les chrétiens d'aujourd'hui vécussent de la sainte Communion comme ceux de la primitive Eglise.

La Communion inocule en nos âmes les « mœurs de Notre- Seigneur », elle nous fait vivre de sa vie, connaître et goûter son amour personnel, reproduire sa douceur, son humilité, son esprit d'abnégation ; en un mot, elle fait le saint.

Il voulait aussi que l'on communiât pour plaire à Notre- Seigneur, pour répondre aux désirs qu'il a de descendre dans les âmes chrétiennes, pour ne pas laisser inutile sa Présence parmi nous.

Toutes les objections tombaient devant cette seule condition de la Communion : l'état de grâce. — *« Etes-vous en état de grâce ? Alors vous vivez, il faut vous nourrir, — on ne vit que par l'alimentation, — la Communion est la nourriture de nos âmes. »*

« Il faut aller à Notre-Seigneur avec confiance. — La vraie préparation à la Communion est dans la confiance en Notre-Seigneur, nous disant : Venez, je suis le Dieu de votre cœur ;

« comme la vraie action de grâces après la Communion est celle qui se met dans la bonté de Notre-Seigneur, le remercie de son amour personnel et de la preuve irrécu- sable qu'il vient d'en donner. »

C'est ainsi que le Père voulait relever, ennoblir la piété chrétienne, en lui donnant comme véritable centre Jésus-Christ Sacramentel.

Le Père, Directeur éclairé. — Le Père Eymard fut un Directeur éclairé, sûr, expérimenté dans les voies de Dieu.

Toutes les âmes qui ont été dirigées par lui en ont rendu témoignage. « *Un directeur*, disait le Père, *n'a qu'un rôle : redire les ordres de Notre-Seigneur; — il ne fait pas, l'attrait de grâce dans l'âme, il le constate et doit chercher à le développer selon les vues de Notre-Seigneur, sous la conduite du divin Directeur des âmes.*

« Moïse et Josué conduisaient le peuple dans le désert; mais ils étaient conduits par la colonne de feu. »

« Il y a un mérite qui est particulier aux Saints : c'est celui du respect de l'attrait de grâces de chacun. Les Saints comprennent la beauté et la diversité des œuvres de Dieu, et ils admirent l'une et l'autre dans la nature comme dans les âmes. »

Cette qualité, le Père Eymard l'avait au plus haut degré : aussi chacun se trouvait-il bien de l'ouverture de conscience avec lui. Il disait avec saint Augustin : « *Ama et fac quod vis.* »

Il comprenait toutes les voies, mais il savait particulièrement diriger dans les voies élevées. A ces âmes supérieures il faut la satisfaction de l'attrait intérieur qui parle en elles et règle toute leur vie. — Ces âmes demandent que l'on comprenne l'attrait qui les porte vers ce qui est grand et parfait; elles vivent dans cette région et n'en veulent pas sortir : descendre pour elles, c'est mourir; elles fuient ceux qui ne les comprennent pas. Le Père favorisait leurs saints désirs et les excitait à monter plus haut.

Mais s'il ouvrait les cœurs, il les préservait aussi du zèle imprudent qui souvent fait avorter les meilleures résolutions. Il leur apprenait cette modération, dont ils avaient besoin pour tempérer le labeur des voies âpres de la perfection.

Il leur communiquait surtout le secret de sa propre grâce, la voie par excellence, celle de l'union à Jésus Sacramentel, le véritable Ange Conducteur. C'est alors qu'il disait : « *Jésus est fin et moyen dans l'adorable Sacrement. Quel que soit votre attrait, vous le trouverez satisfait : car qu'y a-t-il de meilleur que d'aller à Jésus par Jésus même ? »*

Ses vues surnaturelles sur les âmes. — Ses pénitents étaient convaincus que Notre-Seigneur l'éclairait d'une vue surnaturelle sur l'état véritable des âmes qu'il dirigeait.

« Ceux qui ont vécu avec le Père Eymard ont bien connu son regard pénétrant, qui faisait bien comprendre à ceux qui l'écoutaient, que pendant que vous lui parliez, il connaissait déjà ce que vous alliez lui dire..... » (Comtesse d'A.)

Nous en parlerons plus au long au Chapitre XXI.

Aussi le Serviteur de Dieu acquérait-il vite une autorité incontestée sur ses dirigés, et pouvait ainsi les porter plus facilement à Dieu.

C'est par cette vue surnaturelle des âmes qu'il convainquit à l'origine Mlle Guillot, et fit d'elle l'instrument longuement préparé pour la fondation des Servantes du Très Saint Sacrement.

Il dirigeait vers la vie d'abandon. — La direction qu'il imprimait aux âmes les portait toujours vers la vie d'abandon à Notre-Seigneur et à sa sainte volonté, lequel abandon devait être basé sur *l'amour de Dieu* pour nous, sur la *confiance* en son aimable Providence, toujours occupée et préoccupée de nos besoins.

A une personne dominée trop souvent par la crainte et la peur de Dieu et de ses jugements, il écrivait (8 déc. 1867 ; Comtesse d'A.) :

: « Je vois que votre âme est un peu triste et quelquefois
« stérile devant Notre-Seigneur. — C'est là la condition de
« cette pauvre vie d'exil et de misère, il faut s'y attendre :
« le soleil du Paradis n'y luit pas toujours ; mais il y a tou-
« jours assez de lumière pour en voir et en suivre le sentier
« étroit et qui va toujours en s'élargissant pour l'âme fidèle.
« Et bien plus, vous marchez en la compagnie de Notre-
« Seigneur, vous restez avec Lui ; êtes-vous heureuse ! Jésus
« Sauveur faisant votre salut avec vous ; ce Jésus, juge futur
« que vous craignez tant, qui vous fait si peur, et qui cepen-
« dant travaille avec vous, et s'associe à votre vie, à vos
« actions : il se jugera donc lui-même en vous jugeant, il sera

« donc bon et toujours bon ; ne le faites donc pas méchant et
« sévère, vous n'oseriez pas le faire d'un cœur d'ami et fidèle.

« Je serais content si vous vous serviez des épines et des
« mauvais temps du chemin pour trouver Notre-Seigneur
« meilleur encore : on aime le feu, quand on revient d'un
« lieu froid ; on aime encore plus le bon Maître, quand on a
« passé par un moins bon.

« Nous avons besoin que le chemin de la Terre promise ne
« soit pas trop beau et trop aimable ; on s'attacherait au
« désert et au chemin.

« Votre vie serait trop naturelle si vous aviez la sympathie
« de la vie. Laissez faire Notre-Seigneur, et suivez-le avec
« amour et reconnaissance de tout..... »

A une autre personne (Mme Gourd, le 3 août 1867), il traçait
en quelques mots clairs et précis la ligne de conduite qu'elle
devait suivre.

« *Voici ma prescription :*

« *Tête libre de toute préoccupation, mais toute à la
volonté de Dieu du moment ;*

« *Cœur tout à Dieu, pour l'adorer, l'aimer et le suivre
comme il le veut ;*

« *Volonté d'un enfant ;*

« *Travail, sans viser au succès, mais au devoir seulement ;*

« *Rapports du prochain, de convenance ou de charité
seulement, simples et chrétiens ; tendres et bons pour ce
qui souffre ;*

« *Oraison, comme Dieu la fait ; le fond : le don et l'action
de grâces ;*

« *La sainte Communion, pain de force et de vie, y aller
pauvre et faible, reconnaissante et aimante ;*

« *Votre examen, sur vos devoirs et voilà tout.*

« *Je vous donne sans cesse au bon Maître. — Soyez bien
sa chose, sa servante et son adoratrice.*

« *Tout à vous en Notre-Seigneur.* »

Le 23 janvier 1866, il écrivait à la Comtesse d'A. :

« ..... J'aime à penser que *l'esprit* est toujours avec un
« beau et bon soleil, le *cœur* libre comme l'air et le Bon Dieu
« en vous ;

« *La volonté* sans choix autre que celui de la volonté du
« moment, aimant tout ce que Dieu aime, indifférente à tout

« ce qui n'a pas le mouvement vers Dieu ; méprisant tout ce
« qui est contre ;

« Pour *ce pauvre corps* voué à la souffrance, il faut toujours
« le regarder comme la petite maison de la Trinité, et le
« tenir toujours digne d'une si divine demeure...

« *Vivez en un mot du positif, de la vérité, de la grâce,
de la bonté divine, et enfin de l'amour qui donne et reçoit
avec amour. — Je vous bénis en Notre-Seigneur, et vous
laisse en sa main paternelle et à son bon service.....* »

Aux âmes tourmentées de peines intérieures, il disait :

« *Sachez bien qu'une des plus grandes souffrance spirituelles, ce sont les peines intérieures, qu'on ne peut
expliquer ni bien comprendre.*

« *Dieu se réserve souvent ce secret pour tenir l'âme dans
le mystère de l'obéissance, et dans l'immolation entière de
la raison ; et c'est dans cet état crucifiant que l'âme s'épure
de tout ce qu'il peut y avoir de trop naturel en elle-même.*

« *Voilà, je crois, ce qu'il y a de plus parfait, car alors
on ne fait pas reposer sa paix intérieure sur ses actes ou
sur le témoignage de sa conscience, mais seulement sur
l'acte de foi à l'obéissance aveugle.* »

CHAPITRE XII

De l'héroïcité des vertus in genere.

Ce fut une âme privilégiée. — Le Père Eymard fut une
âme privilégiée de Dieu, et répondit toujours aux avances de la
grâce par l'accomplissement de toutes les vertus chrétiennes,
les pratiquant au degré héroïque, avec facilité, avec joie,
d'une manière tout à fait extraordinaire, bien supérieure à
celle des hommes adonnés à la piété et aux œuvres de zèle ;
en toute occasion, il en donnait des preuves manifestes et
continues.

Son véhément amour de Dieu. — Dès ses jeunes
années, vers quatre ou cinq ans, il savait déjà ce que c'était
que d'aimer Dieu ; il avait entendu la voix intérieure qui

Autographe du T. R. Père Eymard

Lettre-Circulaire à ses Religieux.

Le Dieu de l'Eucharistie est toute notre
gloire, toute notre loi, & toute notre
faveur sur la terre —

Oh! bien chers Confrères, si la cour céleste
le pouvait, elle envierait notre sort
nous sommes, la garde royale du Sauveur
du monde — Sa famille d'amour !

Mais pour répondre à tant de grâces
& d'honneur, Soyons toujours de bons
religieux du T. S. Sacrement —

Soyons toujours fidèles à ces 4 points
fondamentaux —

1° que la Divine Eucharistie soit,
l'unique fin de notre vie & par conséquent
que le service de l'adoration soit
le service royal, auquel tout soit
soumis & que tout respecte —

2° Dans le culte Eucharistique obéissance
entière & absolue aux règles liturgiques
de la Ste Eglise,

3° que la vérité soit la règle invariable
& inflexible de nos rapports & de
nos actions —

4° Bien en dehors de la loi commune
par conséquent, sans exemptions, ni faveurs
dans le monde

avec ces 4 fondemens de l'esprit vraiment
eucharistique, notre petite Société sera
grande devant Dieu & puissante sur les hommes
Ne nous en écartons jamais si nous voulons
prospérer au service de Jésus-Christ — —
& faire un grand bien dans l'Église de Dieu —
merci, bien chers confrères de vos vœux si
pleins de cœur & de bonne volonté —
merci de votre bonne & cordiale fraternité
pour tous .
Dans quelques jours j'irai vous porter de
vive voix les vœux bien affectueux de
tous vos frères de Paris . —
Il me sera bien doux d'aller vous voir
& vous embrasser en notre Seigneur . —
en qui je suis
   Bien chers confrères
                            Tout vôtre
                              Eymard
                                   ptre S. S.
P. S. Je pense vous arriver
Vendredi soir vers les 7 heures
les 4 Anges sont achetés —

l'appelait au sacerdoce : « *Je serai prêtre*, disait-il, *je veux être prêtre*. » Ce feu de l'amour dont brûlait son âme ne s'éteignit jamais en elle, il fut le foyer de son zèle d'apôtre, et lui fit accepter généreusement tous les sacrifices : d'abord celui de sa famille naturelle, par la séparation de sa sœur qu'il aimait comme une mère, puis celui aussi de sa famille religieuse de Mariste, plus tard, pour obéir à Dieu qui l'appelait à fonder la Congrégation du Saint Sacrement : « *J'avais fait,* dira le Père, *le sacrifice de ma famille naturelle en entrant au Noviciat des Maristes, le Bon Dieu me demande encore celui de ma famille religieuse.* »

Cette pensée du Saint Sacrement fut son martyre pendant de longues années. « *Je ne doutais pas de la volonté de Dieu,* disait-il, *j'aurais marché sur des charbons ardents, sur des lames rougies.* » Toute son ambition était d'ouvrir un Cénacle, d'élever un trône à Notre-Seigneur. « *Il faut du fumier pour mettre au pied de l'arbre, au moins si j'en étais un bon !* »

Ses œuvres disent sa sainteté. — Si le fruit indique l'arbre, les œuvres manifestent la sainteté. Sous ce rapport la double fondation des Religieux et des Servantes du Très Saint Sacrement met admirablement en relief la sainteté du Serviteur de Dieu. Elles sont la preuve authentique de son amour véhément de l'Eucharistie, elles lui ont été l'occasion de sacrifices de tous genres qu'il a généreusement acceptés, sans défaillance, pour répondre à l'appel divin.

Sa fidélité constante au devoir. — Dans toutes les situations de sa vie, depuis son enfance jusqu'à sa mort, le Père est resté toujours l'homme de la fidélité au devoir, accomplissant toutes ses obligations si diverses et si multiples avec joie, avec facilité, avec persévérance, même dans les circonstances les plus pénibles, en face des plus durs sacrifices, sujet d'admiration pour tous ceux qui en étaient les témoins.

Il a laissé derrière lui, partout où il a passé, une réputation de sainteté universelle, comme nous le verrons plus explicitement au Chapitre XXII : dans son enfance, à l'époque de son Séminaire à Belley, à Lyon, à La Seyne-sur-Mer, comme fondateur de deux Congrégations religieuses, partout et toujours sa vie fut exemplaire, sans faiblesse, abandonnée à tous les vouloirs divins, réalisant dans la pratique sa devise favorite : « *Rien par moi, rien pour moi; tout par Notre-Seigneur et pour Notre-Seigneur-Eucharistie.* »

CHAPITRE XIII

Sa Foi héroïque.

Sa foi à tous les mystères du Catholicisme. — Le Serviteur de Dieu possédait au degré héroïque la vertu de foi, adhérant sans hésitation à toutes les doctrines et vérités révélées.

Il ne cessait de remercier Dieu de l'avoir fait naître au sein de l'Eglise catholique, de parents chrétiens qui lui apprirent à parler des choses de Dieu avant celles des hommes.

Le 5 février, anniversaire de son Baptême, était un jour à part qu'il ne passait jamais sans remercier Notre-Seigneur de cette grâce première qui le faisait enfant de Dieu.

Tous les autres anniversaires de sa vie rappelant ou des grâces spéciales, ou ses ordinations, particulièrement celle de son Sacerdoce, restaient des jours où son cœur débordait de reconnaissance envers Dieu.

Il ne retournait jamais à La Mure, son pays natal, sans y faire, comme il disait, trois stations : une aux fonts baptismaux de son église, l'autre à la Sainte Table, la troisième à la tombe de ses parents.

Tous les mystères de notre sainte religion éveillaient en son âme une dévotion particulière : il faudrait les nommer tous. Les fêtes de la sainte Eglise étaient réellement pour lui des jours de fête et de joie céleste. Il entrait dans l'esprit de la fête et y puisait de nouvelles vigueurs pour sa foi.

Les Patrons qu'il a donnés à ses religieux et à ses filles, les Servantes du Très Saint Sacrement, montrent son esprit de foi : saint Michel, le prince de la milice céleste qui proclama le cri de victoire : « *Quis ut Deus ?* »; saint Joséph, le gardien et l'adorateur du Christ; saint Pierre, le fondateur de l'Eglise et des Ordres religieux; saint Paul, l'Apôtre des Nations et le prototype de tout apostolat; saint Jean, le disciple de la dilection.

Il voulut que les Servantes du Très Saint Sacrement célébrassent avec une solennité particulière le mystère de l'Annonciation, dans lequel la sainte Vierge s'était déclarée « la *Servante* du Seigneur. »

Il avait le culte du souvenir. — Le Serviteur de Dieu avait le culte du souvenir, il resta toujours reconnaissant à Dieu des grâces privilégiées dont il fut comblé.

Les anniversaires des grandes grâces de Dieu renouvelaient son âme et sa reconnaissance : ceux de son Baptême, de sa Première Communion, de son premier Sacrifice, comme nous l'avons noté plus haut; particulièrement les anniversaires des 21 janvier 1851, 19 avril 1853, et la date de la fondation de sa Société religieuse, le 13 mai 1856.

Cette dernière date resta ineffaçable entre toutes dans sa mémoire, comme nous l'avons fait remarquer en son lieu.

La foi dans la fidélité à suivre les inspirations divines. — Animé d'une foi vive, le Serviteur de Dieu n'avait d'autre but en toutes ses actions et les grandes Œuvres qu'il accomplit dans sa vie que la gloire de Dieu et le salut du prochain. Cette fin fut le moteur de toute sa vie et le mobile de toutes ses entreprises. Il aurait volontiers versé son sang plutôt que de manquer à sa Vocation, ou de se montrer hésitant à croire aux divines inspirations, quand il était certain que Dieu en était l'Auteur. C'est ainsi que, dans les grands événements de sa vie, après avoir acquis cette certitude de la volonté de Dieu, il n'hésitait plus, soit à quitter sa famille pour se livrer aux études ecclésiastiques qui conduisent au sacerdoce, soit à quitter le Ministère paroissial, où le bien cependant se multipliait sous l'élan de son zèle apostolique, pour entrer dans la vie religieuse et venir frapper à la porte du Noviciat des Maristes; soit même, et surtout, en sacrifiant cette vie religieuse qu'il aimait tant pour suivre à l'aveugle l'appel de Dieu qui lui confiait la mission de fonder la Société du Très Saint Sacrement.

A cette fin, il priait continuellement, suppliait Notre-Seigneur de ne pas permettre qu'il se trompât, et ses oraisons prolongées manifestaient l'ardeur et l'héroïcité de sa foi.

C'est encore dans le même esprit de foi et d'amour de la vérité catholique qu'au sortir du Séminaire il aurait voulu courir aux *Missions Étrangères* et verser son sang pour la cause de Jésus-Christ.

Le « Mysterium fidei » fut le triomphe de sa foi. — Le mystère qui resta toujours l'attrait dominant de sa vie fut l'Eucharistie.

Toute sa vie pourrait se résumer en un mot : la foi en l'Eucharistie.

Cette foi fut son unique principe ; ses Œuvres en furent la conséquence. L'Eucharistie fut le livre vivant où il sut apprendre la science des Saints et celle d'un apostolat qui ne put être que fécond, puisqu'il a pour objet de faire connaître la Présence Réelle, Celui qui est le Bien par essence.

Tout jeune encore, la grâce eucharistique avait déjà touché son âme. Il enviait sa sœur, lorsqu'elle retournait de la Sainte Table, et s'approchait d'elle pour être plus près de Notre-Seigneur.

Touché un jour jusqu'au fond de l'âme des outrages que Dieu reçoit dans la sainte Eucharistie, — il n'avait pas encore dix ans, — on le vit, à l'imitation d'un saint dont il lisait la vie, se rendre secrètement à l'église à l'heure où il la croyait déserte, s'approcher de l'autel, et dans l'excès de sa douleur y allumer deux cierges, puis, les pieds nus et une corde au cou, se prosterner le visage contre terre devant le saint Tabernacle et y pleurer de tout son cœur. Déjà, à cette époque, il ne manquait pas de faire chaque semaine l'Heure Sainte, comme nous l'avons noté.

Souvent il allait prier derrière l'autel, se mettant le plus près possible du Tabernacle. « Que fais-tu là ? » lui dit un jour sa sœur, « *Je suis près de Jésus et je l'écoute.* »

Au Séminaire, dans une retraite de commencement d'année, on trouve cette note : « *J'ai reconnu que je ne témoigne pas assez mon amour à Jésus dans le Très Saint-Sacrement.* »

Prêtre, le Père Eymard ne sembla vivre que pour l'Eucharistie. « Plus de deux heures avant sa messe, dit sa sœur Marianne, mon frère était inabordable. Il passait un temps presque égal dans le plus profond recueillement après son action de grâces. »

Mariste, l'Eucharistie fut sa constante préoccupation, qu'alimentait son amour de la très sainte Vierge :

a) soit *au Noviciat*; il le dit lui-même quelques mois après son entrée : « *J'ai deux sujets d'oraison favoris, Jésus au Très Saint Sacrement et le Paradis, la vision de Dieu. Mon âme s'ouvre d'elle-même à ces deux pensées* »;

b) soit *au Petit Séminaire de Belley*. Le Dieu de l'Eucharistie était son véritable Maître. « *Je n'en ai jamais eu d'autre*, pourra dire le Père : *je me serais sans doute trop attaché à ceux qui m'auraient fait du bien. Du reste, personne ne me disait ce que je cherchais* »;

c) soit *pendant les années de ses charges de Provincial et de Visiteur*. En la Fête-Dieu 1845, il écrivait ces lignes que nous avons déjà citées plus au long au Chapitre V : « ..... *Que j'eusse voulu avoir dans la main tous les cœurs de l'univers pour les donner à Jésus! Depuis le commencement de ce mois, je suis dans un grand attrait vers l'Eucharistie. Jamais il n'a été si fort. Cet attrait me pousse dans la direction, dans la prédication, à porter tout le monde à l'amour de Notre-Seigneur et à ne prêcher que Jésus-Christ et Jésus-Christ-Eucharistie...* »

« C'est une chose arrêtée. Ce sera désormais l'objet de « toutes mes prières, de tous mes vœux »;

d) soit enfin *à La Seyne-sur-Mer*; là surtout cet attrait vainqueur finit par tout envahir; il devint bientôt sa souffrance intime et le poussa malgré lui jusqu'à la fondation de sa Congrégation du Très Saint Sacrement.

Les deux fondations seules prouvent l'héroïcité de sa foi. — Ce qui prouve le plus à l'évidence l'héroïcité de la foi du Serviteur de Dieu, ce sont les deux Congrégations religieuses qu'il a fondées : celle du Très Saint Sacrement et celle des Servantes, toutes deux consacrées exclusivement au service de Notre-Seigneur présent et vivant en l'Eucharistie, créées l'une et l'autre pour glorifier le « *Mysterium fidei.* »

Si le fruit indique l'arbre, de telles fondations n'ont pu être entreprises et réalisées que par un homme de foi, par un *voyant* qui a compris quelque chose de ce qui était dû à cette

Présence Réelle, qui a entrevu le bien à réaliser dans l'Eglise en appelant tous les chrétiens à cette source première de la vie surnaturelle.

A la rigueur, certaines Œuvres de miséricorde pourraient n'avoir pour mobile qu'un sentiment purement naturel et humain ; une bonté native peut déterminer parfois à entreprendre de telles Œuvres et à s'y dévouer : la philanthropie ne va pas plus loin ; mais quelle distance entre elle et les Œuvres de foi ! Se dévouer au Saint Sacrement, y consacrer sa vie tout entière, fonder des Congrégations religieuses qui n'ont pas d'autre but que celui-là, ce ne peut être que le fait d'un homme tout rempli de foi, d'un homme voyant les choses de haut, parce qu'il les envisage toujours par leurs côtés surnaturels, d'un homme privilégié qui possède en plénitude le don de la foi au degré le plus héroïque.

Sa foi en face des épreuves de sa fondation. — Pour connaître quelque chose de la foi indomptable du Serviteur de Dieu, il suffirait de se rappeler ce que nous avons dit des épreuves de sa fondation, qui ne l'ébranlèrent jamais. Nous les avons indiquées au Chapitre IX.

Un trait seulement ici :

Dans les premiers temps de la fondation, un jour son premier compagnon l'abandonna : le Père resta seul pendant vingt-quatre heures.

Alors, sans se décourager, il se rendit à la chapelle avec le surplis et l'étole, exposa le Très Saint Sacrement, se mit à son prie-Dieu et dit à Notre-Seigneur ces belles paroles qui indiquent si bien l'héroïcité de sa foi : « *Vous êtes à votre place, sur le trône de votre Exposition ; et moi à la mienne, à mon prie-Dieu : à vous de faire le reste.* » Quelques heures après, son compagnon rentrait reprendre sa place à ses côtés.

Sa foi en face de la mort se manifesta encore dans le temps de sa dernière maladie. D'ordinaire les Saints, surtout les fondateurs, veulent donner à leur famille religieuse, à cette heure suprême, ces derniers conseils qui sont comme leur testament spirituel. Pour le Père Eymard, il n'en fut pas ainsi. Le P. Chanuet lui ayant demandé à plusieurs reprises s'il avait quelque chose à dire à ses enfants, il répondit :

« *Non, non* », d'un air qui dénotait sa confiance absolue en Dieu et montrait toute l'étendue de sa foi. Notre-Seigneur-Eucharistie n'était-il pas le Maître ? et l'Eucharistie ne restait-elle pas, si lui partait ? Il ne se considérait que *comme le journalier de Notre-Seigneur ;* sa mort, comme sa vie, ne devait être qu'un acte d'obéissance et d'abandon à Dieu : « *Que j'y sois ou que je n'y sois pas, qu'importe ? n'avez-vous pas toujours l'Eucharistie ?* »

Sa foi au saint Autel, à l'Adoration, en Chaire. — La foi du Serviteur de Dieu se manifestait dans toutes ses actions, mais plus particulièrement encore en celles qui se rapportaient plus directement au service de Notre-Seigneur Sacramentel.

Au saint autel on ne pouvait le voir sans être édifié et ému. Il célébrait la sainte Messe avec une grande piété et une grande tendresse de cœur. Observateur exact des prescriptions liturgiques, il ne montrait toutefois aucune raideur ; et la piété dont il était animé pénétrait jusqu'au moindre de ses mouvements.

« Son *Dominus vobiscum* le révélait tout entier. Lui naturellement vif et prompt, était au saint autel d'un calme admirable : il était tout entier dans la grande Action, toute autre préoccupation l'avait adandonné.

« Si l'on voulait connaître le Père, il fallait assister à sa messe : c'est là qu'il inspirait une grande confiance : on y voyait le fond de son âme.

« Entendant parler de ces prêtres d'autrefois qui ne trouvaient pas le temps de dire la sainte Messe : *Mais qu'avaient-ils donc à faire ?* disait-il.

« Il faisait toutes les cérémonies avec une admirable dignité.

« Distribuant le Pain Eucharistique, sa démarche, l'expression de sa voix, la pieuse lenteur qu'il apportait dans ce ministère, pénétraient de dévotion tous les assistants.

« Il donnait la Bénédiction du Très Saint Sacrement avec une dignité et une modestie célestes : c'était le ministre du Seigneur, il passait tout entier dans la grande chose qu'il faisait, pratiquant à la lettre le conseil de l'Evêque dans l'ordination : « *Imitamini quod tractatis.* » (*Notes du P. Chanuet.*)

« *Au prie-Dieu* sa tenue était parfaite, rien n'y manifestait sa faiblesse physique. Sa tête s'élevait et suivait son regard porté sur la divine Hostie : il semblait avoir une auréole. On venait le voir prier. Lui si faible, si épuisé, paraissait plein de vie en cette posture d'adorateur.

« S'il avait à donner l'exemple, il le donnait noblement. Il suffisait de rencontrer ses yeux dans le lieu saint pour être soi-même saisi de recueillement et averti de la présence de Jésus. » (*Notes du P. Chanuet.*)

« Notons ici la manière dont le Père se présentait le matin à Notre-Seigneur. Il se mettait à sa place, puis penchant la tête du côté du Saint Sacrement, les deux mains jointes et réunies devant la bouche, il faisait un acte d'adoration, de soumission, de déférence, de don de soi pour la journée : tant que je vivrai, j'en garderai le souvenir.

« Je l'ai vu souvent, dit le R. P. Tesnière que nous citons, jamais je ne m'y suis habitué ; et chaque fois j'ai senti, en le voyant, ma foi se ranimer en la Présence Réelle du Roi caché. On sait combien le Père détestait les simagrées, les postures trop pieuses, les gestes de dévotion qui sortaient de la noble et respectueuse simplicité.

« Généralement, en commençant son adoration, tout ce qu'il se permettait, c'était de s'incliner profondément sur son prie-Dieu pour honorer Notre-Seigneur par un acte de foi plus vive.

« Après quelques secondes, il se relevait et se tenait dans la mâle et noble posture du serviteur qui écoute. Sa figure reflétait la confiance, l'abandon de l'enfant.

« Et cette posture si noble a édifié tous ceux qui en ont été les heureux témoins. Combien de personnes ont dit : Comme le Père se tient bien au prie-Dieu ! ni les coudes trop appuyés, ni le corps trop penché, ni les pieds l'un sur l'autre ; jamais ne se touchant ni la figure, ni les cheveux ; mais les mains jointes, posées sur le bord antérieur du prie-Dieu, la poitrine appuyée contre les mains, les pieds immobiles et le corps droit.

« Dans les derniers temps seulement, quand la douleur, le chagrin lui arrachait des larmes qu'il voulait cacher, il mettait ses coudes sur le prie-Dieu et sa tête dans ses mains ; mais on voyait assez un homme accablé, et non quelqu'un cherchant ses aises. » (*Notes du P. Tesnière.*)

Beaucoup venaient le voir à l'autel, ou au prie-Dieu, pour raviver leur foi en la Présence Réelle ou s'exciter à la prière.

En chaire, on avait la même impression : l'homme de foi, l'homme surnaturel n'avait pas encore parlé, et cependant déjà son attitude avait touché les cœurs, l'auditoire était gagné d'avance. Lorsqu'il se tournait vers le Saint Sacrement, Le montrait du geste, s'adressait à Lui, il faisait passer dans l'âme de ses auditeurs quelque chose de sa foi en Notre-Seigneur Sacramentel. On restait persuadé qu'il parlait sous l'inspiration du Saint-Esprit ; ailleurs déjà nous l'avons indiqué.

Sa dévotion à la Passion. — Le Serviteur de Dieu avait une particulière dévotion à la Passion de Notre-Seigneur,

Tout jeune, il réunissait ses petits camarades et faisait avec eux le Chemin de la Croix. Cette pieuse pratique fut celle de toute sa vie : lorsqu'il voulait obtenir une lumière du Bon Dieu pour la décision d'une affaire importante, il faisait une neuvaine de Chemins de Croix.

Dans les années qui précédèrent sa fondation et jusqu'à sa mort, chaque soir, quelque fatigué qu'il pût être, il ne se couchait pas sans avoir accompli cette pieuse pratique, afin de connaître la volonté de Dieu sur ses projets.

Plus tard, il voulait que ses religieux consacrassent leur adoration de nuit à méditer sur le mystère de notre Rédemption.

Sa dévotion au Pape et sa soumission aux Evêques. — Nul plus que lui ne se sentait l'enfant de la sainte Eglise, aimant tout ce qu'elle aime, abhorrant tout ce qu'elle réprouve, disposé à donner sa vie, s'il le fallait, pour la servir. Il se réjouissait de ses triomphes, souffrait plus qu'on ne saurait le dire de ses persécutions.

Sa joie à la proclamation du dogme de l'Immaculée Conception fut immense. Il espérait que de grands événements seraient bientôt la réponse de la Très Sainte Vierge.

« Nous voilà donc en 1855, écrivait-il au 1er janvier de cette « année-là à une dame (Mme Jordan) qu'il avait en particulière « estime ; cette grande année qui commence avec la guerre, « comment se passera-t-elle ? Que le dogme de l'Immaculée « Conception réponde avec la paix et l'ère nouvelle de la

« sainte Vierge. Nous en avons bien besoin ; le monde est si
« mauvais, et les chrétiens si pauvres ! Mais le Bon Dieu
« nous aime et il a fait les nations guérissables... »

Il avait un culte particulier pour la personne du Souverain
Pontife. Tout jeune, n'ayant pas encore atteint sa dixième
année, il voulait faire le pèlerinage de Rome.

Lorsqu'il songeait à fonder la Congrégation du Très Saint
Sacrement, il ne voulut rien entreprendre sans avoir auparavant fait consulter Pie IX sur ses projets, voulant connaître
par lui la volonté divine, marcher à la lumière de l'obéissance
et non en s'appuyant sur son attrait personnel.

Quand il aura fondé, il fera aux siens une loi rigoureuse
d'être les enfants filialement soumis du Saint-Siège. « ... *Ante
omnia, Sanctam Sedem apostolicam (extra quam non est
via recta, nec veritas certa, neque vita sancta) summo
honore et summo obsequio devota mente prosequentur, et
ad primum ejus nutum læti accurrent.* » (Supplique pour le
Bref Laudatif.)

A la vénération que le Serviteur de Dieu professait envers
le Saint-Siège et le Pontife Romain, il unissait un respect
profond pour toute la hiérarchie catholique, et spécialement
pour les Evêques, auxquels il fut toujours soumis et obéissant
comme à ses supérieurs légitimes.

« **Dilexi decorem Domus tuæ.** » — La foi si vive du Père
lui inspirait pour la Maison de Dieu un grand respect, une
sainte vénération ; il employait à la décorer toutes ses forces
et toute sa sollicitude.

Sa joie n'avait plus de limites lorsqu'il arrivait à ériger un
trône de plus à Notre-Seigneur.

Nous avons déjà parlé de son zèle pour le Culte, de son
amour de la liturgie romaine, de son ambition de reconquérir
à Jérusalem le Cénacle, pour y bâtir un temple digne du
Mémorial de l'Eucharistie ; il faudrait redire ce qui a été dit
pour la fondation de ses deux Congrégations, qui n'avaient
d'autre but que celui d'élever des trônes à Notre-Seigneur, de
lui rendre l'honneur que sa Présence parmi nous réclame.

Ces faits montrent à l'évidence sa foi héroïque.

Il vénérait pareillement les **saintes images** et les reliques
sacrées, pour lesquelles il avait une dévotion plus qu'ordi-

naire et auxquelles il ne manquait jamais de rendre le culte qui leur est dû.

Il avait pour la **sainte Ecriture** un spécial respect, la regardant toujours comme la parole de Dieu. Il portait continuellement sur son cœur l'Evangile de saint Jean, l'apôtre de l'Eucharistie et le disciple de la dilection.

Il avait aussi un grand zèle pour **gagner les indulgences,** et recommandait aux siens cette pieuse pratique, comme l'indique ce texte de ses Constitutions (1864, p. Iᵃ, cap. ɪv, n. 8) : « *Indulgentias quotidianas pro adorationis exercitio singulis adorationibus a Sancta Sede tam benigne concessas, lucrari curent omnes novitii et professi, el orent ad intentionem Summi Pontificis, Orationem dominicalem cum Salutatione angelica in fine adorationis quinquies recitando.* »

C'était un contemplatif. — Le Serviteur de Dieu, qui eut, on peut le dire sans exagération, la passion de l'Eucharistie, était par excellence une âme de prière.

Cette prière, il ne l'a jamais interrompue ; elle était son point d'appui, sa force dans les difficultés, sa consolation dans les épreuves : il y passait les jours et les nuits.

Depuis son enfance, alors qu'il groupait autour de lui ses jeunes compagnons pour prier à l'église ou faire le chemin de la croix dans les champs avec des croix de bois improvisées, ou même de pieuses lectures, jusqu'à l'époque de sa fondation, il fut toujours un homme de prière. Son âme s'orientait vers Dieu comme l'aiguille de la boussole vers le pôle aimanté. Nous l'avons dit : à La Seyne, il avait fait pratiquer une lucarne dans le mur de l'église contiguë à sa cellule, afin d'apercevoir le Tabernacle et mieux prier Notre-Seigneur.

Il obtenait tout dans la prière : « *Vous savez bien,* disait-il à Mˡˡᵉ Guillot, *que le bon Dieu ne me refuse rien. Il va au-devant de mes désirs.* » C'est dans la prière qu'il embrasait son âme du zèle qui le dévorait et qui le poussait à vouloir faire de grandes choses pour Dieu, à *« réaliser le beau règne de Jésus-Christ sur la terre. »*

Sa dévotion à la très sainte Vierge. — Guidé par sa

foi, le Serviteur de Dieu avait une filiale dévotion pour la très sainte Vierge.

A dix-sept ans il perd sa mère, et aussitôt il court à l'autel de Marie se jeter à ses pieds, la prend pour mère et traite avec elle en vrai fils. Toute sa vie il eut pour elle une admirable piété filiale.

Dans son enfance, il fit seul un pèlerinage à Notre-Dame du Laus, et comme on lui demandait comment il pourrait voyager ainsi sans argent : « *Je mendierai le long de la route*, répondit-il ; *pourvu que la sainte Vierge me réponde sur ce que je vais lui demander, je serai content.* »

Marie répondit en effet ; c'est là que s'est confirmée en lui la pensée qu'il avait déjà à quatre ou cinq ans : « *Je serai prêtre.* »

Il dit au P. Tesnière, un jour, en parlant de Notre-Dame du Laus : « *Oh ! le Laus, que ne lui dois-je pas ! Il y a quinze lieues de La Mure au Laus, je les faisais à pied deux fois par an. Je restais quelques jours chaque fois et je ne quittais pas l'église.* »

Aussi ce souvenir du Laus avait-il pour son âme un charme particulier. « *Ah ! au Laus*, disait-il, *on voit la sainte Vierge* », puis il ajoutait en se reprenant : « *Oh ! j'ai trop parlé !* »

C'est sa foi en la sainte Vierge qui lui fit choisir la Société de Marie, lorsqu'il voulut entrer dans la vie religieuse. — Il avait trouvé une Congrégation toute consacrée à la très sainte Vierge, cela lui suffisait ; et sans en vouloir connaître davantage, il allait frapper à la porte du Noviciat des Maristes.

La Salette et Fourvière furent aussi ses pèlerinages de prédilection, surtout Fourvière, où la sainte Vierge lui fit connaître la mission qu'elle voulait lui confier en se dévouant à la cause de l'Eucharistie ; c'est elle qui le conduisit de la Société de Marie à celle du Très Saint Sacrement.

Puis, avant de mourir, il donna officiellement à la très sainte Vierge le beau nom de *Notre-Dame du Très Saint Sacrement*, ajoutant ainsi à sa couronne ce fleuron de sa piété filiale et cette gloire que nul aux siècles passés ne lui avait conférée avant lui.

Le Père aimait à parler de la sainte Vierge dans ses prédications, et il le faisait avec des accents qui montraient combien profonde était sa piété envers notre Mère du Ciel.

Il faudrait citer en entier le Chapitre des Constitutions des Servantes du Très Saint Sacrement qui traite de la dévotion à la sainte Vierge, pour connaître ce qu'il pensait d'Elle et le rôle d'éducatrice qu'Elle devait avoir dans la formation religieuse des siens.

Sa dévotion au Sacré-Cœur. — Le Père Eymard, passionné comme il l'était pour le Saint Sacrement, ne pouvait pas ne pas avoir une dévotion particulière au Sacré-Cœur : mais il voulait que cette dévotion ne s'arrêtât pas à l'image qui ne donne qu'un culte relatif, mais s'adressât au Sacré-Cœur lui-même vivant dans l'humanité du Sauveur présente en l'Eucharistie. Comme il l'exprimait si bien dans une conférence intitulée : « Mois du Saint Sacrement » :

« Beaucoup l'honorent en image et font des tableaux du Sacré-Cœur l'objet de leur dévotion. Ce culte est bon ; mais il n'est que relatif : nous devons aller au delà de l'image pour trouver la réalité. Or, au Saint Sacrement, il est vivant, il bat pour nous : ayons donc notre vie, notre centre en ce cœur vivant et animé ; sachons donc honorer le Sacré-Cœur en l'Eucharistie ; ne séparons jamais le Sacré-Cœur de l'Eucharistie. »

Sa dévotion à saint Joseph et aux Saints. — Le Père avait aussi une particulière dévotion à saint Joseph, le premier adorateur de Notre-Seigneur avec Marie et son serviteur fidèle.

Dans ces prédications, il aimait à montrer les vertus de saint Joseph, si humble, si dévoué, si oublieux de lui-même, si préoccupé toujours d'adorer Jésus et d'honorer Marie.

Il s'est consacré à lui pendant sa retraite de Rome de 1865.

Voici ce qu'il dit :

« Notre Seigneur m'a fait une grande grâce en ce jour, c'est « de me donner la pensée douce et forte de me consacrer « tout spécialement et tout entier à saint Joseph, comme « Père, chef et Protecteur : il y a tant de rapports entre nos « deux vocations !...

« Je me suis consacré à saint Joseph comme à mon *Père spirituel.*

« Il sera mon *Maître spirituel,* pour me faire vivre avec

« lui de la vie intérieure, de cette vie cachée avec Jésus et
« Marie ; l'imitant surtout dans son silence sur lui-même, sur
« Jésus, sur Marie, sur son bonheur même.

« Tout est là pour moi, l'abnégation en la vie cachée de
« Notre-Seigneur par l'oubli provoqué par le silence ou la vie
« commune.

« 2° Je me suis consacré à saint Joseph comme à mon chef
« et mon maître en mes devoirs de Supérieur, afin que je les
« remplisse comme lui, étant doux et humble de cœur : *doux*
« avec mes frères, *humble* en moi-même, *simple* devant
« Dieu. Je l'ai pris, ce bon Saint, pour mon *Conseiller* et mon
« *Confident*.

« 3° Je l'ai pris pour mon *Protecteur* en mes difficultés et
« mes peines, et pour le Protecteur de la Société, comme
« étant la petite famille de Jésus. Je ne lui ai pas demandé
« d'être délivré de mes croix, de mes peines, mais de l'amour-
« propre qui les vicie et voudrait en tirer vanité.

« J'ai prié Notre-Seigneur de me donner saint Joseph pour
« Père, comme il m'a donné Marie pour Mère ; de mettre en
« moi cette dévotion, cette confiance, cet amour de fils, de
« client, d'oblat de saint Joseph.

« J'espère que ce bon Maître m'aura exaucé, car je me sens
« plus dévot à ce bon Saint, plein de confiance et d'espérance. »

En effet, saint Joseph fut le grand protecteur de sa vie :
dans ses difficultés, dans ses épreuves, lorsqu'il traitait la
grave question de sa sortie des Maristes, dans les impossi-
bilités financières de la fondation de sa Société, toujours il
allait à saint Joseph avec la certitude d'être écouté et exaucé.

Citons encore ce qu'il écrivait au P. Chanuet le 24 février 1866 :

« Je vais bien m'unir à vous pour bien faire le mois de
« saint Joseph ; mettez-y tout votre cœur : la chapelle à bâtir,
« la maison à exproprier, puis de bons novices, et enfin tous
« de saints adorateurs. Je demanderai à ce bon Saint un peu
« d'argent pour vous. »

Il voulait que ses religieux eussent un culte spécial pour
SAINT MICHEL, le défenseur du Christ, qui groupa tous les
bons Anges sous le cri de ralliement : « *Quis ut Deus !* »

pour SAINT PIERRE, le prince des Apôtres, qui fit une si
admirable confession de la divinité du Christ après la pro-

messe de l'Eucharistie : « *Ad quem ibimus ? verba vitæ æternæ habes* » ;

pour SAINT PAUL, dont le zèle évangélisa le monde entier ;

pour SAINT JEAN, le disciple de la dilection, le privilégié de la Cène.

Sa dévotion s'étendait aussi à tous les saints qui avaient manifesté une plus grande piété envers le Très Saint Sacrement, comme saint Thomas d'Aquin, sainte Julienne de Mont-Cornillon, sainte Julienne Falconieri, saint Benoît-Joseph Labre, etc.

Il aimait aussi à présenter sainte MARIE-MADELEINE comme le type de l'âme contemplative, aimante, et recueillie, dévouée dans son culte généreux à la Personne de Notre-Seigneur.

Enfin il avait une particulière dévotion à SAINTE AGATHE, car c'était le 5 février qu'il avait reçu le Baptême, en la fête de cette grande Sainte.

Il avait aussi une grande dévotion à SAINT JEAN-BAPTISTE, « *parce que*, disait-il, *il n'était pas jaloux de sa propre gloire, n'arrêtait pas les gens à lui ; mais au contraire se réjouissait de voir ses disciples l'abandonner pour aller se mettre sous la conduite de Jésus.* »

Il aimait l' « *oportet illum crescere, me autem minui* », l'appliquant à sa vocation d'adorateur.

« *Je ne suis que l'ami de l'Epoux*, disait encore le Père, *pourvu que vous alliez à Jésus, je ne vous dis pas que vous y alliez par moi. Je me contente de vous dire : Il est là, Ecce Agnus Dei.* »

Il ajoutait : « *Le bon Dieu m'a fait la grâce d'avoir une grande dévotion aux parents selon la chair de Notre-Seigneur. J'ai une petite litanie de tous ses parents et de quelques amis que je récite tous les jours. Ce sont ses parents ! Vous comprenez bien ?* »

SAINTE PHILOMÈNE avait également ses préférences. Chaque année, il allait célébrer la Messe près de ses reliques dans sa chapelle de Lyon ; il avait fait un pacte avec elle, lui confiant le soin de veiller sur sa santé.

Le P. Chanuet raconte le fait suivant : « Quelque temps après son arrivée à Lyon chez les PP. Maristes, il fut dire la Messe dans cette chapelle. Etant invité de parler à l'Evangile à une petite assemblée de personnes du Rosaire vivant, le

Père fut saisi et il resta un moment immobile; on voyait qu'il se tenait à l'autel. Ensuite revenu, il se tourna pour prêcher. Il s'excusa, et dit qu'un sentiment de reconnaissance l'avait saisi à la pensée des grâces que lui avait faites cette bonne sainte, et qu'elle était encore si bonne en ce moment...; et il pleurait. — Je tiens ce fait de témoins oculaires, dignes de foi.

« Il aimait tant cette sainte qu'il n'allait pas à Lyon sans la voir. Il l'avait prise pour sa protectrice dans ses voyages de Rome, et il disait qu'elle sut bien éloigner tous les démons qui s'opposaient à l'Approbation. »

La vertu de foi a brillé en toute sa vie. — La vertu de foi du Serviteur de Dieu a brillé dans un degré héroïque en beaucoup d'autres événements de sa vie, en d'autres actes et paroles, spécialement par l'aversion et la haine qu'il manifestait pour toutes les erreurs et toutes les doctrines contraires à l'enseignement catholique.

CHAPITRE XIV

Son Espérance héroïque.

Les fondements de son espérance. — Le Serviteur de Dieu possédait la vertu d'espérance au degré héroïque.

Il espérait en les promesses et les mérites infinis de Notre-Seigneur Jésus-Christ, duquel il attendait l'éternelle béatitude et les moyens nécessaires pour l'acquérir.

A cette fin il agissait, il opérait, il priait, et ne manquait aucune occasion de chercher à obtenir les secours de la divine miséricorde, sans laquelle il n'aurait osé espérer de réaliser sa fin dernière. Cela était à la base de toutes ses pensées et de toutes ses actions; jamais sans cette espérance il n'aurait pu accomplir les grandes Œuvres qui remplirent sa vie.

La vertu d'espérance était fondée chez lui sur cette vérité: qu'il était au service Dieu; et alors comment ne pas tout attendre d'un si bon Maître ? — Le service de Dieu fut toujours son objectif dans toutes les situations de sa vie : étudiant, vicaire ou curé, directeur spirituel ou supérieur de collège, guide des âmes, il servait Dieu, travaillait pour sa gloire.

Mais devenu fondateur, désormais constitué par vocation au service immédiat et personnel de Dieu vivant en l'Eucharistie, cette vertu ne fera que grandir merveilleusement en lui.

Dans les origines de la fondation, tout lui manquait ; mais il écrivait à Mlle Guillot, le 31 mai 1856 : « ... *Je ne m'inquiète pas du tout du pain de chaque jour ; c'est au Roi à nourrir et à loger ses soldats.* »

Quand il traitait, quelques semaines auparavant, la décisive question de sa sortie des Maristes, il disait encore à Mlle Guillot, dans la même lettre : « ... *Si j'avais voulu agir humainement, j'avais des protections à Rome ; mais non, j'ai voulu tout laisser faire à Dieu. Ici je me suis mis entre les mains des étrangers, et tout a réussi au delà de toutes nos espérances.* »

Sa conformité à la volonté de Dieu. — Sa conformité à la volonté de Dieu était admirable.

« Pourvu que la nacelle vogue vers le port bien-aimé, qu'importe qu'elle soit agitée par la vague inconstante et sans retour.

« Cette sérénité, il l'avait dans toutes les difficultés. C'est qu'il regardait sans cesse l'étoile polaire, l'aimable Providence. »

Il écrivait à une personne qui avait quelque responsabilité dans une Œuvre : « *Soyez tranquille, tout se calmera ; nous ne voulons que la volonté de Dieu. Ne donnez pas d'importance à ce qui se dit pour ou contre : ce sont des hommes. Pour moi, il me semble que je suis indifférent à tout ce que le Bon Dieu voudra quant à la forme et à la nature de l'Œuvre, pourvu qu'elle soit l'expression de la volonté de Dieu.* »

Je le félicitai un jour, écrit une personne, du calme où on le voyait, de son indifférence à tout. Il me répondit : « *C'est vrai, je ne souffre pas : du moins je souffre sans souffrir.* » Il en était venu là par un sacrifice, celui de renoncement à toute estime ou mésestime, approbation, ou désapprobation, blâme, mépris ou louange. (*Notes du R. P. Chanuet.*)

Sa paraphrase du « Pater. » — Il faudrait citer la plus grande partie de sa correspondance pour montrer jusqu'à quel point il vivait de l'abandon à la volonté de Dieu.

Il a réalisé à la lettre dans toute sa vie ce qu'il a si bien écrit dans la sublime paraphrase du *Pater*.

Après avoir demandé que l'Eucharistie soit glorifiée, que son règne arrive, il ajoutait : « Que votre volonté se fasse sur « la terre comme au ciel !

« Faites que nous n'ayons de joie qu'à penser à vous seul, « qu'à vous désirer seul, qu'à vous vouloir tout seul. Que « toujours et en toutes choses, nous renonçant nous-mêmes, « nous n'ayons de lumière et de vie que dans l'obéissance à « votre volonté toujours bonne, bien reçue et parfaite.

« Et quant à l'état et au progrès de votre famille eucharis- « tique, je veux ce que vous voulez; je le veux, parce que « vous le voulez; je le veux comme vous le voulez; je le « veux tant que vous le voudrez. Périssent tous nos désirs, « toutes nos pensées, si elles ne sont pas purement de vous, « en vous et pour vous ! »

Le Père mettait en Dieu seul son espérance, et elle était absolue, parfaite, sans préoccupation des moyens humains.

Il croyait trop à la vérité de la Présence Réelle, pour ne pas croire également et pratiquement à cette autre vérité du gouvernement réel de Dieu, qui en est la première consé- quence. Là où est Dieu, là il gouverne, là il commande, là il a droit d'être obéi. Et la sagesse de la créature est de rechercher quelle est cette volonté bénie, pour ensuite s'efforcer de la réaliser.

Le Père avait cette sagesse surnaturelle : « Je suis au « service personnel de Notre-Seigneur, je suis le journalier « de Dieu ; donc à Lui de diriger, de prévoir ; à moi d'obéir et « d'espérer tout de Lui. Je me dis toujours : nous sommes « soldats ; le soldat prend le mot d'ordre le matin de son chef « jusqu'au soir : voilà toute la vie du soldat. Le lendemain, il « ira prendre le mot d'ordre nouveau. » (*Lettre au P. de Cuers, 31 décembre 1862.*)

La confiance en Dieu, principe de toutes ses fondations. — Aucune preuve de la confiance qu'avait en Notre-Seigneur le Serviteur de Dieu n'égale celle que nous donne la fondation de ses deux Congrégations religieuses.

La fondation de la Congrégation du Saint Sacrement, celle des Servantes, celle des diverses maisons qu'il créa n'eurent qu'un seul fondement : une confiance en Dieu absolue, inébranlable.

Il fonda après avoir sacrifié la plus enviable des situations, ce qu'il chérissait le plus au monde : sa famille religieuse ; il fonda en sachant bien qu'il allait s'aliéner les esprits les mieux disposés en sa faveur et allait au-devant de tous les sacrifices ; il fonda sans protection humaine, sans ressources financières, sans sujets pour le suivre dans ce chemin inconnu, sauf son premier compagnon.

Mais il avait au cœur la certitude d'accomplir la volonté de Dieu, et il espérait tout de la divine Providence.

Cet abandon absolu aux vouloirs divins, en une entreprise si étrangère à toutes les préoccupations humaines, si en dehors des chemins connus, prouve mieux que toute autre considération l'héroïcité de son espérance, et suffirait, à elle seule, pour montrer qu'il possédait éminemment cette vertu.

D'ailleurs, homme de foi comme il l'était, aimant Notre-Seigneur dans sa Présence du Sacrement comme il l'aimait, comment aurait-il pu ne pas tout espérer de ce divin Maître ? — L'espérance est moindre que l'amour ; elle prouve la vitalité de la foi.

Sa confiance en Dieu lui fait surmonter tous les obstacles. — Cette absolue confiance le fit passer outre à toutes les difficultés, vaincre tous les obstacles, triompher de toutes les épreuves.

Rien ne put jamais l'abattre ou le décourager ; il souffrait vaillamment, remerciant Notre-Seigneur de souffrir, étant persuadé qu'une telle cause méritait que l'on supportât pour elle tous les sacrifices, toutes les croix.

« Si l'Eucharistie mérite des hommages, donnons-les-Lui, « Elle saura bien nous en fournir les moyens », tel était son raisonnement.

Il affronta des obstacles de tous genres ; ils lui vinrent

aussi du monde pieux : tout ce qui est nouveau effraie ; le
crédit moral, comme le crédit financier lui manquait ; les
vocations faisaient défaut ; il n'avait souvent d'autre ressource
que de tourner ses regards vers l'Hostie en Lui criant :
« *Domine, salva nos, perimus !* » Mais il le faisait avec la foi
de l'apôtre, et touchait le cœur de son Maître qui ne permettait
toutes ces contradictions que pour faire éclater l'héroïsme de
sa vertu et briller la sainteté de son Serviteur.

Les épreuves grandissaient sa confiance en Dieu.
— Les épreuves, comme la tempête qui enracine le chêne,
ne faisaient que l'affermir davantage dans sa vocation
eucharistique.

« Priez pour nous, écrivait-il à Mlle Danion le 5 octobre 1860 ;
« la grâce de la croix nous vient souvent visiter, le démon
« enrage contre notre Œuvre, les demi-vocations nous
« crucifient, et les mauvaises, hélas ! nous feraient mourir,
« si Jésus n'était notre vie.

« Tout le monde nous a abandonnés, mais mon âme est
« dans un paradis de joie de n'avoir aucune protection
« humaine, aucune amitié même religieuse en dehors de chez
« nous. Aussi ma grande ambition est d'être le chevalier du
« pur amour de Jésus, et pour sa plus grande gloire au Très
« Saint Sacrement. »

Et le 11 octobre 1860, quelques jours plus tard, il ajoutait :
« Oui, oui ! je suis assuré comme vous que nous avons la
« vie et la vie éternelle dans l'adorable Sacrement, et que
« jusqu'à la fin du monde nous serons sa Garde d'honneur,
« sa petite Cour Eucharistique. Les hommes, les démons, nos
« imperfections la secouent, cette petite nacelle ; mais elle
« porte Jésus-Christ. Allons, du courage ; nous servons un
« bon Maître, et nous n'avons besoin de la protection de
« personne pour le servir. »

Toujours content de Dieu. — Il accueillait la maladie
comme la santé, la souffrance comme la consolation, l'insuccès
comme le succès, tout, en un mot, comme venant de la main
de Dieu. Sa réponse était toujours : « *Que Dieu soit béni de
tout !* »

« Que le Bon Dieu est bon, écrivait-il à Mlle Guillot le

« 2 avril 1857, de nous être toute créature, tout appui humain,
« toute prévision, tout avenir ! Quelle grande grâce de s'aban-
« donner de moment en moment à Dieu, à sa volonté, à sa
« sagesse ! Nous en sommes là, mais avec le cœur content,
« et abandonnés au bon plaisir divin. »

Il disait à ses filles les Servantes du Saint Sacrement : « *La
confiance en Notre-Seigneur* SEUL *est la couronne d'honneur
de notre Société. Dieu garde que personne ne la déshonore
jamais en cherchant à s'appuyer sur d'autres que sur Lui !
Ah ! qu'on est fort, lorsqu'on ne compte que sur Dieu !* »

Et Dieu ne lui manqua pas. Sa faiblesse et sa confiance
absolue ont plus fait pour avancer l'Œuvre que toutes les
ressources, toutes les protections, toutes les habiletés
humaines.

**Le principe de la Confiance en Dieu dans sa Direc-
tion.** — Ce principe de la confiance en Dieu, de l'abandon à
sa sainte volonté en tout, était celui qu'il s'efforçait d'inculquer
dans les âmes qu'il dirigeait.

« *L'entier et perpétuel accomplissement du bon plaisir
divin en nous est tout ce qu'il y a de plus parfait au ciel
et sur la terre.*

« *Soyez sans passé, sans futur, mais toujours présente à
la volonté divine.* » (Lettre à Mme Gourd du 4 décembre 1850.)

Pour mettre les âmes dans la sainte liberté qu'apporte
l'abandon à Dieu, le Père travaillait à les affranchir de toute
contrainte. Que de fois, sous des formes diverses, il est
revenu sur cette pensée : ne pas tenir servilement à un
moyen, à une voie particulière ; ne tenir qu'à une chose : la
divine volonté sur nous !

Sa vie d'ailleurs n'est que la mise en pratique de ce principe ;
et c'est ainsi que, marchant au pas de la divine Providence,
se laissant conduire par Elle, malgré les difficultés du chemin,
il arriva jusqu'à la fondation de la Société du Très Saint
Sacrement, préoccupé toujours d'une seule chose : chercher
ce que Dieu voulait de lui et le réaliser parfaitement.

Il sut éviter l'erreur du quiétisme. — Le Serviteur de
Dieu prêchait le principe d'amour, mais sans exclure les autres
grandes vérités de la mort, de l'enfer, etc.

Il voulut que le principe d'amour fût la base de la perfection de ses religieux et l'objet constant de leur zèle. « *Sit hæc eucharistica Jesu dilectio summa virtutis lex, zeli thema, et nostrorum sanctitatis quasi nota.* » (Constit., p. Iᵃ, cap. I, n. 3.)

« *Faire connaître l'Eucharistie,* disait-il, *c'est prêcher l'amour de Dieu, non l'amour du mercenaire qui ne songe qu'à son propre intérêt, mais l'amour filial qui s'oublie, qui se dévoue sans compter.* »

Mais il savait, en même temps, se tenir en garde contre l'écueil du Quiétisme, et sa prédication resta toujours dans les limites de la saine doctrine.

Sans doute il parlait très souvent de l'amour de Dieu, et cela se comprend ; mais il savait aussi parler de la mort, de l'enfer, des espérances du Ciel, des ruines du péché, ennemi de Dieu.

Pour s'en convaincre, il suffirait de parcourir les notes de retraites personnelles du Serviteur de Dieu ; on y voit, à chacune des retraites qu'il fit (et elles furent nombreuses dans sa vie de séminariste, de prêtre, de religieux, de fondateur), comment il savait utiliser tous les sujets de méditation sur les grandes vérités capables de toucher une âme, de la pousser et de la fixer dans le bien.

C'est ainsi que, dans sa retraite d'entrée au Noviciat des Maristes en août 1839, il écrit après une méditation sur la mort : « *Je me suis abandonné à la confiance en Dieu pour le moment de ma mort ; et il m'a semblé que je mourrais content, si j'aimais beaucoup Notre-Seigneur au Très Saint Sacrement et Marie, si j'étais humble et détaché de ma propre volonté.* »

Et ailleurs, dans la même retraite, il écrit : « *J'ai deux sujets favoris : Jésus au Saint Sacrement, et le Paradis, vision de Dieu : ces deux sujets me sont plus faciles pour l'oraison.* »

Dans une grande retraite prêchée en 1867, un an avant sa mort, le Père, abordant le sujet de l'enfer, commence ainsi : « *Parlons de l'enfer ; les plus grands saints eux-mêmes se sont aidés de cette considération et ils y ont trouvé des motifs d'aimer davantage Notre-Seigneur. L'amour fait la sainteté, mais il a besoin de s'aider quelquefois de la crainte : il y a des moments où elle est nécessaire.* »

Dans les retraites mensuelles que doivent faire tous ses religieux, le Père a prescrit que l'une des méditations se ferait sur la mort.

Dans les adorations quotidiennes, il voulait que celle de nuit fût consacrée à méditer sur la Passion de Notre-Seigneur, conséquence des péchés des hommes.

Enfin, dans la méthode des quatre fins qui sont le cadre tout préparé pour aider l'adorateur au prie-Dieu, la pensée de la réparation vient rappeler les grandes vérités capables de maintenir dans la crainte de Dieu, à savoir : le péché à réparer, l'enfer à éviter, le ciel à gagner, l'éternité à assurer.

Notre-Seigneur récompense sa confiance en Lui. — Notre-Seigneur récompensait par des attentions toutes particulières la confiance absolue de son serviteur.

Le Père Eymard raconte lui-même, pour mieux encourager les autres à avoir une grande confiance en Dieu, quelques faits providentiels à ce sujet. Dans une lettre au P. de Cuers, du 17 avril 1859, il lui annonce qu'il va donner à M. Koll, son menuisier, 200 fr. et même 300 fr., s'il le peut, et il ajoute :

« J'arrive de l'adoration, et je disais à Notre-Seigneur :
« Je vais envoyer M. Koll à votre Providence. C'est pour vous
« qu'il va travailler ; j'ai un billet de 500 fr. du P. de Cuers,
« je prendrai là-dessus les premiers frais : entendu ! »

« Voilà qu'en sortant, à deux heures, M. Koll arrive et une
« dame au parloir de la part de la Supérieure des Sœurs
« Aveugles, m'apportant en compte 300 fr.

« Voyez comme notre Père qui est dans les Cieux aime son
« divin Fils et est content de ce que l'on désire faire pour
« Lui!..... »

Dans celle du 6 mai 1859 au même, le Père disait qu'il avait eu une grande déception, car, devant rembourser une somme assez forte au 15 mai, la personne qui la lui avait promise venait lui dire qu'elle exigeait une hypothèque, ce que le Père ne voulut pas accepter. Mais alors il se trouvait fort embarrassé. Il écrit : « J'ai remercié alors, et n'ai pas voulu d'un
« argent à une telle condition, me confiant en la divine
« Providence ; le lendemain, à la même heure, une dame
« m'offrait cette somme, je l'ai acceptée en bénissant la divine
« bonté, car elle l'avait apportée avec elle ; ce n'est qu'un

« prêt, il est vrai, mais à cette heure on ne trouve plus rien
« à emprunter. »

Enfin, dans une autre lettre au même du 16 mai 1859, le
Père Eymard montre encore de quelle confiance il était animé
envers Dieu : « J'adore, je bénis Dieu, et je baise sa main
« paternelle, de nous mettre ainsi dans la nécessité de fermer
« les yeux, de prendre sa main, et d'aller n'ayant d'autre
« ressource, d'autre vue, d'autre espérance que sa divine
« bonté. Je vois clairement que Notre-Seigneur veut de nous
« un parfait abandon entre ses mains ; tout ce que nous
« avions attendu n'est pas venu, nos espérances changées par
« d'autres moyens, les étrangers prenant la place des amis
« d'abord dévoués, les épreuves venant des nôtres. Dieu n'a
« besoin de personne, il veut se réserver à lui seul la gloire de
« son œuvre. Et nous, il nous veut libres de toute influence,
« de toute protection, de toute direction étrangère. Tant
« que nous servirons bien notre Maître, ne craignons rien :
« tout ce travail d'épuration, d'éloignement, de désertion,
« d'abandon des créatures, est la plus grande des grâces.
« J'en remercie sans cesse notre Bon Maître, et j'ose dire
« que j'en crains et redoute la cessation : l'épreuve vaut
« mieux que le succès, la Croix que le Thabor... »

La vertu d'espérance du Serviteur de Dieu parut héroïque
dans beaucoup d'autres événements, actes ou paroles pendant
toute sa vie et spécialement dans le temps de sa dernière
maladie, regardant la mort comme le terme désiré, et demeurant calme, l'âme sereine et pleine de confiance en la divine
Miséricorde.

<hr>

CHAPITRE XV

De sa Charité héroïque envers Dieu.

L'amour de Dieu domina sa vie. — Le Père Eymard
brûlait envers Dieu d'une charité héroïque.

Cet amour de Dieu fut la grâce de toute sa vie, et il lui fut
fidèle, sans défaillir jamais, grandissant au contraire chaque
jour dans cet amour divin, jusqu'à la fondation de sa Congré-

gation du Saint Sacrement qui réalise le *in finem* de l'amour de l'homme, comme réponse à celui de Notre-Seigneur en l'Eucharistie : « *In finem dilexit eos.* »

Notre-Seigneur avait révélé à la B^{se} Marguerite-Marie son désir ardent d'être honoré des hommes dans son Sacrement ; le Père Eymard fut choisi de Dieu pour cette mission divine : honorer, glorifier, exalter l'Eucharistie, donner à cette présence de Dieu ici-bas un trône et des adorateurs.

Dès ses jeunes années, il avait l'intelligence des choses divines, et son âme tout entière déjà était tournée vers Lui. Le Père a raconté lui-même ce qui suit au P. Tesnière :

« Je faisais tout ce que je lisais des saints. Ah ! j'aimais tant « le Bon Dieu, étant petit ! Que je l'aimais ! je n'aurais pas « voulu l'offenser pour tout l'or du monde.

« Je lus un jour, j'avais environ dix ans, que saint Charles « Borromée avait fait amende honorable à Notre-Seigneur, « la corde au cou ; je vais à l'église vers midi, je croyais qu'il « n'y avait personne, je quitte mes souliers, allume un cierge « et je fais mon amende honorable. Une vieille dévote me « voit, court rassembler sur mon passage d'autres bavardes « et m'appelle « *le petit fou* » ; depuis ce temps je passai « toujours pour un petit fou. »

« Son idéal alors était d'arriver à la Communion ; et lorsqu'il eut goûté ce premier contact de l'âme avec Dieu, son désir ardent fut la Communion fréquente. A treize ans, il obtint de communier tous les huit jours ; plus tard ce fut la Communion quotidienne.

« L'attrait de son âme était là, il y puisa l'énergie de la lutte contre les obstacles qui s'opposaient à son sacerdoce.

« Après sa première Messe, sa piété envers le Dieu de nos autels ne fit que se développer encore davantage.

« Tout son bonheur, écrit Mme G... (*lettre du 28 août 1868*), était d'être à l'église ; on l'y voyait des heures entières à genoux, immobile, s'oubliant lui-même pour ne s'occuper que de son Bien-Aimé qui lui accordait sans doute en retour de grandes faveurs.

« La promesse que Dieu nous a laissée de faire la volonté de ceux qui l'aiment s'accomplissait pour lui à la lettre, et il nous a avoué avec une sainte terreur que Notre-Seigneur lui accordait tout ce qu'il demandait et allait même souvent au-devant de ses désirs, de sorte qu'il n'osait presque plus rien désirer, ni demander. »

Cet amour de Dieu le pousse vers la vie religieuse. — L'amour de Notre-Seigneur et de sa Mère le porta à faire généreusement le sacrifice de sa famille naturelle pour venir frapper à la porte de la vie religieuse et entrer dans la Société de Marie.

Nous avons dit déjà avec quel héroïsme il accomplit ce grand sacrifice, ne voulant pas le retarder ni d'un jour, ni même d'une heure : « *Dieu m'appelle aujourd'hui ; demain, ce serait trop tard* », répondait-il à sa sœur en larmes.

Cet amour de Dieu le pousse à faire de grandes choses pour lui. — Comme déjà nous l'avons dit au Chapitre VI en parlant de son attrait eucharistique, la sainte ambition du Père, ou plutôt la véhémence de son amour pour Dieu le portait à faire pour Lui de grandes choses.

« Autrefois je faisais à Dieu cette prière : *Domine, in Te* « *vivam et pro Te moriar;* maintenant je dis : *Pro Te* « *vivam !* Oui, je ne veux pas mourir, je voudrais faire de « grandes choses pour Dieu avant de mourir.... »

Et le 1ᵉʳ janvier 1855, il écrivait à Mᵐᵉ J... « ... *Que je voudrais faire le beau règne de Jésus-Christ sur la terre !* »

Ces désirs ardents étaient en lui les préparations de sa grâce de fondateur, c'était l'appel de Dieu qui devenait chaque jour plus explicite et plus pressant et qui lui fit généreusement tout sacrifier pour répondre aux volontés de Dieu sur lui.

Son amour de l'Eucharistie. — A La Seyne-sur-Mer, dans les premiers jours d'avril 1853, le Serviteur de Dieu fit percer une lucarne donnant de sa cellule sur le Tabernacle de l'église, et lui permettant ainsi d'adorer fréquemment Notre-Seigneur.

C'est là qu'il venait prendre le *mot d'ordre*, là qu'il refaisait son âme fatiguée par les mille préoccupations de sa charge de Supérieur d'un Collège, là que souvent il passait la nuit, près de Celui qui était l'attrait irrésistible de son âme. Le P. Mayet, dans la notice de sa vie, a raconté le fait tout au long, disant la joie sainte qui illuminait le regard du Père, l'épanouissement angélique de toute sa physionomie, la douce onction de sa parole : « *J'aurai donc le bonheur de pouvoir vivre devant le Tabernacle ! lui disait-il ; je suis souvent si occupé que je ne puis descendre à la Chapelle. Je ferai de là mes visites au Très Saint Sacrement. Là, je me délasserai de mes fatigues... »*

Etant Supérieur à La Seyne, le Père contribua beaucoup à l'établissement et surtout à l'organisation de *l'Œuvre de l'Adoration Nocturne de Toulon.*

Les membres de cette admirable association étaient heureux de le voir à leur tête. Son cœur s'élançait sans cesse vers Dieu, et il aspirait avec le plus vif désir à procurer la gloire du Très Saint Sacrement.

« J'ai été souvent frappé, dit un professeur de La Seyne, de son amour pour la divine Eucharistie. Je me souviens de l'avoir vu, un jour qu'il se croyait tout seul à la Chapelle, se mettre à genoux bien en face du Tabernacle et abaisser le canon de l'Autel, qui semblait voiler l'objet de son adoration et de son affection si tendre et si filiale. » (*Notice du R. P. Mayet.*)

Une nuit de janvier 1855, le Père Eymard croyant être seul dans la Chapelle du Collège de La Seyne-sur-Mer, à une heure du matin, s'entretenait à haute voix avec Notre-Seigneur résidant au Tabernacle.

« Il y avait là un témoin dont il ne soupçonnait pas la présence : c'était le nommé Baptiste, domestique du Collège, qui, souffrant de névralgie et ne pouvant dormir, était venu passer quelques instants dans l'église. Homme d'une foi très vive, il a raconté ce fait quelque temps après le départ du Père Eymard. » (*Récit de M. le Chanoine V....*)

Supérieur du Collège de La Seyne-sur-Mer, il donna à cet Etablissement une impulsion extraordinaire ; sur les élèves comme près des parents il avait acquis une influence considérable ; et l'on disait, en voyant la prospérité du Collège : « *Ce n'est pas étonnant, c'est au pied du Tabernacle qu'il gouverne sa Maison.* »

L'Eucharistie est son principe de sanctification. — L'amour de l'Eucharistie fut son premier principe pour se sanctifier lui-même et travailler à sanctifier les autres.

L'évidence de ce principe se fit dans son esprit par l'intelligence qu'il avait de l'Eucharistie et de l'ordre surnaturel.

« *Qu'est-ce que Jésus-Christ ?* disait-il, *c'est l'amour de Dieu pour l'homme, humanisé, personnifié en l'Incarnation, perpétué en l'Eucharistie.* » (Neuvaine du Sacré-Cœur à Saint-Sulpice.)

Ce Mystère Eucharistique, qui est l'âme de l'Eglise, le foyer de toute vertu, n'est en soi qu'amour et n'agit que par amour.

Le Père en conclut qu'il devait utiliser cette force immense, en faire le ressort divin de toute sa vie, puisque l'Eglise la lui confiait et que par sa vocation il était consacré à glorifier le Très Saint Sacrement et à en dévoiler les efficacités.

Il résolut de faire de l'amour eucharistique la base de toute sanctification et le moyen de tout travail spirituel, de toute vertu, de tout apostolat.

Le Saint Sacrement fut en réalité le *principe* et la *fin* de sa vie religieuse eucharistique : l'Exposition perpétuelle du Saint Sacrement, l'Adoration, l'Office divin, la sainte Messe, la Communion, l'Apostolat, toute sa vie intérieure, toutes ses Œuvres se référeront à ce divin mystère.

Pour sa perfection personnelle, l'Eucharistie sera son modèle, il s'efforcera de la copier, de reproduire dans sa vie quelque chose des abaissements, des humiliations du Christ en son Sacrement.

L'Eucharistie étant le don suprême de Dieu et conséquemment son suprême abaissement, le Père cherchera à réaliser pratiquement cette donation totale de lui-même aux vouloirs divins, il se sanctifiera *par l'Eucharistie*, et il *se sanctifiera pour Elle :* Elle sera sa fin. La sainteté pour lui ne sera qu'un moyen de meilleur service. Il faut être saint pour approcher et vivre en la compagnie du Saint des saints.

« *Puisque je me suis donné, que j'ai consacré par un*
« *vœu spécial ma propre personnalité, ce que j'ai de plus*
« *intime et inaliénable, à Jésus dans l'Eucharistie, il doit*
« *être tout, recevoir tout, être la fin de tout en moi. Dès*
« *lors, je ne puis plus recevoir ni honneur, ni affection, ni*
« *bien quelconque, parce que pour être honoré, aimé, pour*
« *posséder, il faut être quelqu'un : or désormais je ne suis*
« *plus qu'une chose livrée à la volonté de Notre-Seigneur*
« *au Sacrement.*

« A *Lui, à Lui seul toute gloire ! pour Lui seul toute*
« *vertu, tout travail, toute souffrance.* » (Notes de sa
Retraite de Rome.)

**La fondation de ses deux Congrégations est la plus
grande preuve de son amour de Dieu.** — Ce qui prouve
par-dessus tout l'amour dont son âme était embrasée pour
Dieu, ce sont ses Œuvres : « *probatio amoris, exhibitio operis.* » Or les deux Congrégations religieuses qu'il a fondées
sont vivantes ; elles disent mieux et plus haut que toutes les
paroles quelle fut la véhémence de l'amour divin qui dévorait
l'âme du Fondateur et qui a débordé en ces deux grandes
Œuvres dont le but unique est le Service du Sacrement
d'amour et l'apostolat eucharistique.

Nous avons indiqué dans les Chapitres VI, VII, VIII et IX
les préparations, les épreuves, les sacrifices, la sainte énergie
du Fondateur, son indomptable courage. Il disait dans l'intimité au P. Tesnière, le 26 février 1868 : « *Les Fondateurs
d'Ordre ont bien souffert, mais je ne crois pas qu'ils aient
jamais tant souffert que moi. Ma conviction que je faisais
l'Œuvre de Dieu me soutenait. J'avais pour moi l'avis du
Pape et de trois Évêques.* » Et il ajoutait, ne voulant pas
s'expliquer davantage pour ne pas dévoiler les grâces de
Dieu : « *Eh quoi ! depuis 1851 à 1856 le bon Dieu m'avait
tourmenté ; j'étais sûr de sa volonté, allez !* » Cette vocation
eucharistique, cette Mission divine, il l'estimait plus que tout
au monde, et pour la remplir, il était prêt à tous les sacrifices.

Au P. de Cuers il écrivait, le 31 décembre 1862 : « ... Souf-
« frons tout, pourvu que notre grand Roi règne ; affrontons
« tous les sacrifices, pourvu que nous lui gagnions un trône
« de plus. Tout pour le Maître ; au serviteur le bonheur seul
« de le servir. Nous avons par notre vocation l'empire du
« monde, la grâce du temps, la puissance et la mission de
« l'amour eucharistique. Oh ! si nous pouvions bien apprécier
« l'honneur et la grandeur de notre vocation ! Qu'ils sont
« petits les grands hommes de ce monde, en face de la divine
« Eucharistie ! qu'elles sont petites les vertus des grands
« saints même devant ce Soleil de toute justice, petites étoiles
« devant ce Soleil de l'éternité !... »

Son ardent amour pour l'Auguste Sacrement, son zèle à

prêcher partout la divine Eucharistie, se dévoilent admirablement dans cette paraphrase du « *Pater* » qu'il a laissée à ses fils spirituels, et dont nous citons ce passage :

« *Notre Père qui êtes aux Cieux* ; aux Cieux de l'Eucha-« ristie ; à vous qui êtes assis sur ce trône de grâce et d'amour, « bénédiction, honneur, gloire et puissance dáns les siècles « des siècles.

« *Que votre nom soit sanctifié* : en nous, d'abord, par « votre esprit d'humilité, d'obéissance et de charité : puis-« sions-nous, pleins de dévouement et d'humilité, vous faire « connaître, aimer et adorer par tous dans votre Eucharistie !

« *Que votre règne arrive* : votre règne eucharistique. « Régnez seul à jamais sur nous par l'empire de votre « amour, par le triomphe de vos vertus sur nos défauts, par « l'empire de la grâce et de la vocation eucharistique. »

En 1864 il écrivait dans son copie-lettres, page 12, cet élan d'amour envers Dieu : « *Rien de plus beau que le Ciel ! Rien de plus aimable que Jésus ! Oh ! quand viendra ce doux réveil ! quad verrai-je le Dieu des vertus ! — Je le vois, je l'aime et je l'adore. Il vit, il m'aime sur ce trône que mes mains lui ont élevé, que mon cœur a tant désiré !* »

Un jour, en parlant des saints, le Père écrivait : « Ils ont « passé sur la terre, non comme une dignité qui éblouit, « comme une puissance qui domine, comme un courage armé « qui règne par la mort ou la défaite des ennemis ; mais « comme leur divin Maître, ils ont passé en faisant le bien, « et ce bien est resté comme une divine semence au sein de « l'humanité, qui germe et fleurit toujours à la gloire de Dieu « et pour le bien de tous. »

De lui aussi on peut dire qu'il a passé en faisant le bien ; mais en dehors de toutes les Œuvres de charité qui remplissent sa vie, il en est une qui les dépasse toutes, qui reste comme une semence au sein de l'humanité : c'est l'Œuvre de la fondation de sa Société du Saint Sacrement « qui germe et fleurit toujours à la gloire de Dieu et pour le bien de tous. »

Son amour du devoir. — Cet amour de Dieu, si vivant en son âme, y produisit les effets de tout amour véritable, c'est-à-dire l'abnégation personnelle, l'humilité, l'oubli de soi, l'acceptation de tous les sacrifices, de toutes les épreuves, mais surtout l'amour du devoir : « *Si diligis me, serva mandata.* »

Le Serviteur de Dieu a donné toute sa vie, sans se lasser jamais, cette preuve authentique de l'amour de Dieu qui brûlait son âme.

Il fut toujours un observateur fidèle, exact, scrupuleux du devoir, car il aimait Dieu au degré héroïque.

Dans les diverses situations où il s'est trouvé, il a toujours édifié autour de lui par sa fidélité, soit étudiant, soit séminariste, soit directeur de Collège ou Provincial, Supérieur à La Seyne ou fondateur de Congrégation : toujours il resta l'homme du devoir, de la soumission à la volonté de Dieu.

L'abbé Baret, son ami intime, parlant de l'époque de son séminaire où ils avaient vécu ensemble pendant trois ans, dit qu'il s'était toujours fait remarquer par une conduite exemplaire, une exactitude parfaite à tous ses devoirs.

Il ajoutait : « Je l'ai retrouvé quatre ans plus tard, après sa sortie du Séminaire, tel que je l'avais quitté ou plutôt plus parfait, marchant de vertu en vertu, parce qu'alors il avait la mission de travailler au salut de ceux qui lui avaient été confiés. »

Le Seigneur se plaisait à couronner de succès son ministère paroissial à Chatte comme à Monteynard. A peine installé comme curé dans cette dernière paroisse, il sut gagner l'estime, la confiance et l'affection de tous.

On le respectait comme un saint, on l'aimait comme un père, et son départ pour se rendre chez les Maristes à Lyon fut une consternation soudaine, un deuil général.

A peine entré dans la vie religieuse, son Noviciat n'étant pas encore achevé, on lui confia la direction spirituelle du Collège de Belley. Il y montra tant de fidélité, de zèle, d'esprit de Dieu, il y obtint de si merveilleux succès dans le bien, qu'au bout de quatre années son Supérieur l'appelait près de lui à Lyon comme Provincial.

A La Seyne, dix années plus tard, nommé Supérieur du Collège, il y opéra la même transformation en s'y employant avec son zèle d'apôtre. — En voyant la prospérité de ce Collège, si rapide et si consolante, on disait : « *Ce n'est pas étonnant, ils ont un saint à leur tête.* »

Enfin, comme Fondateur, « le Père Eymard, dit le P. Mayet dans sa notice biographique, en chef vaillant, se mit à la tête de sa petite troupe, donnant l'exemple en tout ; fidèle à ses trois heures d'adoration, il voulait, comme le moindre et le plus robuste de ses enfants, s'astreindre à la variabilité perpétuelle de l'heure de nuit, ce qui, en découpant le sommeil à intervalles indéterminés, est un sacrifice de plus pour la nature... En même temps, comme une grande vertu se trahit toujours par l'odeur qu'elle exhale, la réputation de sainteté du Père se répandit rapidement dans Paris, et bien loin ailleurs. De toutes parts, on recourait à lui, on l'appelait le *Second Curé d'Ars.* »

La haine du péché. — Si l'amour de Dieu, lorsqu'il est quelque part, produit l'amour de la pureté et, comme conséquence, la haine et l'horreur du péché, il n'est pas étonnant de constater que le Serviteur de Dieu possédait à un haut degré l'un et l'autre.

Déjà longtemps avant sa Première Communion, le petit Julien demandait à se confesser ; comme on le lui refusait ordinairement, il partait alors avec un compagnon de son âge, qui a raconté ce trait, et trouvait à deux lieues de La Mure le bienfait de la pénitence.

« *Que je suis heureux ! disait-il, je suis pur maintenant !* »

Le Serviteur de Dieu avait une horreur instinctive du mal, il en fuyait jusqu'à l'apparence.

A neuf ans, époque qu'il appelait celle de sa conversion, quelques-uns de ses petits camarades qui logeaient près de ses parents pouvant être dangereux pour lui, il pria de tout son cœur le Bon Dieu de les éloigner : bientôt après, leurs familles partirent.

A treize ans, il fit au Laus une confession générale ; il disait lui-même au P. Tesnière : « *Le Laus ! le Laus ! Là, la sainte Vierge m'a fait tant de grâces ! Je vois d'ici le pilier contre lequel, à treize ans, je pleurai si amèrement mes péchés, après une confession générale. Mon bonheur est de m'y trouver seul et d'y prier tant que cela me plaît.* »

A dix-sept ans, étant alors à Saint-Robert de Grenoble, une des femmes de mauvaise vie qui s'y trouvaient lui ayant manqué de respect, le jeune homme se courrouça, porta ses plaintes avec indignation, et la malheureuse fut réprimandée sévèrement.

Cette pureté de l'âme, il eut toute sa vie un soin jaloux de la conserver intacte. Ses examens étaient fréquents et rigoureux ; il ne se passait rien, sachant que la plus légère tache déplaisait à l'Ami divin de son cœur.

« *Notre-Seigneur m'a fait connaître*, écrivait-il dans ses notes de retraites, *l'utilité d'accuser ses fautes aussitôt que commises et souvent : par là on est toujours en état de grâce.* »

Rien ne montre mieux la pureté de cette âme angélique.

Il veut être un saint. — Le Père Eymard n'avait pas seulement l'horreur du péché, il travailla sans cesse à sa sanctification, il eut toute sa vie des désirs ardents de devenir un saint.

Comme nous l'avons dit au chapitre de *son enfance*, à un âge où l'enfant ne songe qu'à s'amuser, lui déjà voulait être prêtre et sauver des âmes.

Ce travail de sa propre sanctification, il le poursuivit toute sa vie sans défaillance, comme sans interruption.

Nous avons un volume entier de notes personnelles, de retraites mensuelles et annuelles prises par lui, qui indiquent assez que sa préoccupation constante, unique, était là : *devenir un saint.*

Dans une lettre à sa sœur, du 13 janvier 1844, il dit :
« … Moi aussi, je vous souhaite une bonne année. Hélas ! ma
« sœur, si Notre-Seigneur n'avait pas mené une vie pauvre
« et souffrante, s'il n'avait pas laissé sa croix en héritage à
« ses enfants, je vous souhaiterais le bonheur en ce monde.
« Mais je ne puis demander pour vous que la patience, que
« l'amour de Jésus-Christ crucifié, que la joie de l'âme qui
« sert son Dieu avec ferveur, que l'espérance qui regarde
« avec soupirs le beau ciel des élus et qui l'appelle de toute
« son âme. Voilà mon souhait, c'est celui que vous attendez
« de moi et que vous aimez. Allons ! ma bonne sœur, allons-
« nous-en en Paradis, regardons la vie comme le creuset où
« l'on s'épure, comme le chemin pénible, mais céleste, qui
« conduit vers la sainte Vierge, vers Notre-Seigneur qui nous
« tendent les bras et nous disent : Encore un peu et je serai
« votre récompense…….

« Je ne dis rien de moi, sinon que je me porte bien et que
« *j'ai un grand désir de devenir un saint pour pouvoir*
« *faire des saints et procurer ainsi la gloire de Dieu.* »

Dans une autre lettre à ses sœurs, datée de Moulins,
15 janvier 1849, il exprime ce même désir :

« Priez bien pour moi, mes bonnes sœurs, *afin que je sois*
« *un saint*, et que je réponde bien aux grâces de Dieu et aux
« grands devoirs de mon saint état. Que de bien je pourrais
« faire, avec la grâce de Dieu, si j'étais bien intérieur, bien
« uni à Notre-Seigneur, bien rempli de son esprit d'amour !

« Allons ! mes bonnes sœurs, encore un an nouveau, un an
« de plus ; puis peut-être la mort ; puis le ciel ! Ah ! le beau
« ciel ! le ciel éternel ! — Travaillons bien avec Notre-Seigneur
« et laissons le monde s'agiter, s'amuser, nous oublier. Dieu
« seul nous suffit. »

Le R. P. Mayet, dans sa notice biographique sur le Père
Eymard à l'époque où il était directeur spirituel à Belley,
c'est-à-dire aux débuts de sa vie religieuse, dit de lui que *ses*
désirs de perfection étaient incessants.

« *Je veux être un saint,* disait le Père quelquefois en riant,
je veux être un saint. — O Eymard, il faut que tu sois un
saint. Je l'espère. Cependant, je n'ai encore rien fait ; quand
je regarde en arrière, je ne vois rien. »

A cette époque encore, il ressentait les ardeurs du martyre,
il aurait voulu être envoyé dans les missions étrangères et
devenir le premier martyr de la Société de Marie.

Dans une lettre à ses sœurs, datée du 5 février 1841 :

« Je me porte assez bien, j'ai un grand désir ! celui de vite
« devenir un saint, pour m'en aller au ciel trouver la sainte
« Vierge, avec notre pauvre père et ma bonne mère. Je com-
« mence à languir sur la terre....... »

Plus tard, plusieurs années après la fondation de sa Congrégation, dans une Retraite qu'il faisait à Rome en 1863, il
écrivait dans ses notes personnelles : « *Je veux devenir un*
saint pour l'honneur de mon Maître : je sens que cela va
me demander des sacrifices !

« *Je ferai le bien sans gloire, sans succès....... Il faut que*
chaque vocation acquise à Jésus-Christ me coûte une mort
et que personne ne s'en aperçoive. Par la souffrance seule-
ment pourrai-je un peu servir la Société de Notre-Seigneur.

« Régnez, ô Seigneur Jésus ! Puissé-je par mon propre anéantissement devenir l'escabeau de votre trône eucharistique ! »

Il ne recherchait pas la sainteté dans le but de s'en parer comme d'une auréole.

« Je n'ambitionne pas d'être vertueux pour moi, disait-il, mais mon service eucharistique exige que je me rende habile pour Notre-Seigneur et agréable à mon Maître. »

La sainteté, comme la vie religieuse, n'était pour lui qu'un moyen de meilleur service de Notre-Seigneur. Elle est la livrée du serviteur, la robe nuptiale qui permet l'entrée dans la salle du festin. *« Il faudrait être des anges, disait-il, des séraphins pour servir dignement le Dieu de l'Eucharistie. »*

Sa dévotion au Saint-Esprit. — Le Serviteur de Dieu avait une dévotion particulière au Saint-Esprit et cette dévotion ne fit que grandir en lui parallèlement à celle du Saint Sacrement. Il n'en pouvait être autrement : le Saint-Esprit n'est-il pas l'amour de Dieu personnifié, le Don par excellence, la puissance active de l'Eglise, l'Esprit sanctificateur ?

Le Père l'invoquait sans cesse, lui demandait ses dons par lesquels l'âme peu à peu acquiert l'intelligence des choses de Dieu : il ne commençait aucune action sans l'invoquer ; il voulait que ses religieux récitassent le *Veni Creator* avant d'entrer dans l'église pour leur heure de Service d'Adoration. — Le Père se recueillait pendant les dix jours qui séparent l'Ascension de la Pentecôte ; il voulait que ces jours fussent des préparations de l'âme pour recevoir au jour du Saint-Esprit une plus grande effusion de ses dons, de son amour, de son zèle pour la conversion du monde. Il regrettait que le Saint-Esprit fût si peu connu.

Les sacrilèges commis contre l'Eucharistie lui étaient une grande souffrance. — Les sacrilèges qui, hélas ! se commettent souvent contre la sainte Eucharistie, les crimes abominables des loges maçonniques lui étaient une souffrance indicible et le rendaient malade.

« Un jour, un prêtre respectable vint lui offrir un portefeuille contenant plusieurs hosties consacrées : il l'avait reçu d'un malheureux affilié des Sociétés secrètes, qui, profanant un Tabernacle, n'osa, comme ses complices, jeter les précieuses Particules dans un cloaque. Il les avait gardées plus de dix ans. Le remords enfin vainquit la honte ; il avoua son crime à un ministre de pardon.

« Ce fut un coup terrible sur le cœur du Père. Pendant deux nuits, l'on exposa les saintes hosties en réparation : le Père passa de longues heures à gémir aux pieds du Maître indignement outragé : « *J'en suis malade,* disait-il, *je n'y tiendrai pas.* »

Le Père était au courant des questions qui se décidaient dans les loges : il savait ce qui se préparait contre le Saint-Siège et le Pouvoir Temporel ; il n'ignorait pas les crimes qui se multipliaient contre la divine Eucharistie ; il voyait la persécution grandir contre l'Eglise. le mal gagner chaque jour du terrain, et cette vue lui était une peine qu'il ne pouvait dissimuler. Il souffrait des maux de la sainte Eglise, comme il se réjouissait de ses triomphes.

Sa dernière prédication. — Le Serviteur de Dieu ne cessait jamais de parler de l'amour de Dieu, tant en public qu'en particulier.

Sa dernière prédication eut lieu le jeudi 16 juillet 1868, deux semaines avant sa mort. Il était malade, ses douleurs rhumatismales l'avaient cloué tout le jour sur un fauteuil, il voulut prêcher encore.

Ses dernières paroles furent celles-ci : « *Oui, nous croyons à l'amour que Dieu a pour nous.....* CROIRE A L'AMOUR, TOUT EST LA. *Il ne suffit pas de croire à la vérité, il faut croire à l'amour. Et l'amour, c'est Notre-Seigneur Jésus-Christ au Très Saint Sacrement. Voilà la foi qui fait aimer Notre-Seigneur.—Demandez cette foi pure et simple à l'Eucharistie.*

« *Les hommes vous instruiront, Jésus seul vous donnera de croire à Lui. Venez et communiez pour avoir la force de la foi et non le contentement, le sensible de la foi.* L'EUCHARISTIE EST ! QUE VOULEZ-VOUS DE PLUS ?... »

Ne peut-on pas dire que ces paroles sont comme le testament du Fondateur ? ne montrent-elles pas ce qu'il fut : un amant passionné de l'Eucharistie, dévoué absolument au service personnel de son Maître ?

« *Nos diligamus Deum, quoniam prior dilexit nos.* »

La vertu de charité envers Dieu a brillé dans un degré héroïque chez le Serviteur de Dieu dans beaucoup d'autres actes et paroles de sa vie, et spécialement dans le zèle continu qu'il avait de porter tout le monde à l'amour de Jésus Sacramentel, à la haine du péché et des occasions du péché.

Il aurait, sans hésiter, donné sa vie pour faire éviter une offense, même légère, envers la divine Majesté.

CHAPITRE XVI

Sa Charité héroïque envers le Prochain.

Il fut apôtre toujours. — Le Serviteur de Dieu ne fut pas seulement un contemplatif, il avait aussi une âme d'apôtre et se fit remarquer toute sa vie par une ardente charité envers le prochain. Il était né apôtre, et cet apostolat, il l'exerça dans toutes les situations.

Enfant, il s'était essayé à ce ministère de la charité; il réunissait quelques petits camarades, les exhortait à la piété, leur prescrivait un règlement, des prières, etc.; l'aimable ascendant de sa vertu entraînait ses jeunes compagnons.

Séminariste, il édifiait ses condisciples par sa conduite irréprochable, par la prédication efficace de l'exemple; il suffisait de le regarder pour se sentir porté à la vertu.

Il aimait, pendant les vacances, à former de jeunes enfants du pays aux cérémonies religieuses, et sa ferveur les touchait et les édifiait.

Prêtre, puis *religieux,* sa grande préoccupation était celle des âmes. Sans choix, sans distinction, le Père se donnait à tous; et le bien qu'il a fait dans toutes les classes de la société est incalculable. Son temps, son travail, ses forces, il donnait tout : « *Pourvu que Notre-Seigneur soit glorifié,* disait-il, *le reste importe peu.* » Il trouvait, comme saint François de Sales, que dix ans de vie de plus ou de moins ne signifiaient rien quand il s'agissait d'établir le règne de Notre-Seigneur dans les âmes.

Fondateur de la Société du Saint Sacrement, il voyait trop à l'évidence le bien qui germerait dans l'Eglise d'une connaissance plus pratique de l'Eucharistie pour ne pas s'en faire le héraut : il se fit le prédicateur de l'amour eucharistique.

Tout son apostolat se résume à montrer sous toutes ses faces le grand mystère de l'amour divin et de l'amour du Dieu-Eucharistie qui s'adresse, non à une élite, mais à tous les hommes : « *Venite ad me omnes* », qui est, non un amour vague et indéterminé, mais l'amour personnel de Dieu, à chaque âme, la réalisation du « *dilexit me* » de saint Paul.

Dans ses notes manuscrites, on ne voit que ce mot : *l'amour de l'Eucharistie, amour de Jésus dans l'Institution de l'Eucharistie, dans sa perpétuité, dans son universalité,* dans sa manière d'être, — bonté et condescendance du voile eucharistique — amour de l'obéissance, de l'abaissement, de l'anéantissement de Jésus au Sacrement.

Ce mot était sans cesse sur ses lèvres, parce qu'il était dans son cœur; il avait cette conviction que toute la puissance de l'Eucharistie est dans la dépense infinie d'amour et de bonté divine qu'elle fait pour l'homme : « *In finem dilexit eos.* » Il se croyait tenu par vocation de ne prêcher que cet amour infini. Que voit-il celui qui n'aperçoit pas en l'Eucharistie l'amour qui y déborde ?

Quand il traitait d'autres sujets, c'était le côté de la bonté que Dieu y témoigne qu'il s'appliquait surtout à éclairer.

A ses religieux il a laissé cette maxime fondamentale : qu'ils devaient, pour établir solidement l'âme chrétienne en Notre-Seigneur, la nourrir de la vérité, pour la conduire ensuite de la vérité à l'amour et de l'amour à toutes les vertus.

« *Ut autem anima devota in Jesu Christo solidetur et semper proficiat, de divina ejus veritate et de bonitatis amore enutriatur, ut sic de luce ad amorem et de amore ad virtutes procedat sapienter : nam probatio amoris exhibitio operis.* » (Const., Iᵃ p., cap. xxvii, n. 2.)

Il prêche l'amour personnel de Dieu. — Le Père disait qu'il fallait commencer par éveiller l'amour dans les âmes, les toucher par la considération de l'infinie bonté de Dieu, bonté qui éclate en mille traits admirables dans la vie de tout homme, et qui s'appelle *la bonté* qui nous crée, celle qui nous conserve, celle qui nous préserve, celle plus grande qui nous convertit et nous rend tous les biens perdus : l'*amour personnel* en un mot, « *le dilexit me.* »

Et quand l'âme a vu, dans sa propre vie, les preuves touchantes, multipliées, persévérantes, indéniables, de l'infinie bonté de Dieu ; quand cette vue la pénètre et l'attendrit, alors le Père lui pose invariablement cette question pratique : « *En retour d'un tel amour, n'aimerez-vous pas ? Et si vous aimez, ne sortirez-vous pas du péché ? ne changerez-vous pas de vie ? A qui vous donne tout, et se donne si généreusement lui-même, ne vous donnerez-vous pas tout entier aussi, par un juste retour et une conséquence nécessaire ?* NOS DILIGAMUS DEUM, QUONIAM PRIOR DILEXIT NOS. »

Tels furent son principe et sa ligne de conduite dans les âmes qu'il dirigeait.

C'est du cœur que découle toute conversion, tout progrès, toute perfection.

Les exercices spirituels qu'il faisait suivre à ceux qui s'adressaient à lui, les retraites qu'il a données et dont les canevas sont entre les mains de ses religieux, étaient basés sur ce plan, à la fois si simple et si lucide.

Pénétré de la vérité de l'amour personnel de Dieu pour les hommes, le Père aurait voulu prêcher partout cette grande doctrine si capable de toucher le cœur de l'homme et de le convertir.

Dans un Commentaire du *Pater*, il disait, paraphrasant ces paroles *Que votre règne arrive :* « Donnez-nous la grâce et « la mission de votre saint amour, afin que, tout-puissants, « nous prêchions, étendions et répandions partout votre règne « Eucharistique, et qu'il nous soit donné par là d'accomplir « le désir que vous exprimiez par ces paroles : *Je suis venu* « *apporter le feu sur la terre, et que désiré-je, sinon qu'il* « *embrase le monde entier !* Oh ! puissions-nous être les « incendiaires de ce feu céleste !... »

Tels étaient ses pensées, les aspirations de son âme, son zèle d'apôtre pour le salut de ses frères.

Son zèle à prêcher l'Eucharistie. — Le Père, pendant les douze dernières années de sa vie, se dépensa tout entier à prêcher l'Eucharistie, à répandre ce feu divin dans les âmes, afin qu'elles obtiennent plus facilement le salut éternel.

Nous avons indiqué au Chapitre XI « *De son apostolat* » comment le Père entendait propager partout la doctrine eucharistique. Son zèle était infatigable.

Il écrivait à Mme Tholin, le 16 mars 1858 :

« Merci des aimables et bien-aimées nouvelles du triomphe « de Jésus Eucharistique dans Tarare.

« Que je voudrais qu'une torche à la main vous alliez, « comme l'éclair, mettre le feu de l'amour eucharistique « partout !

« Saisissez bien toutes les occasions que le bon Maître vous « en donne ; la vie n'a de charmes et de puissance que par la « divine Eucharistie... »

Si l'Eucharistie est l'objet de la plus tendre contemplation, n'est-elle pas aussi le principe actif par excellence, le mobile et le moyen de l'action la plus féconde ? C'est elle qui fait les apôtres, les missionnaires et les martyrs.

Prêcher l'Eucharistie et ses efficacités merveilleuses était pour le Père une nécessité, une conséquence de son amour pour Dieu, mais aussi une certitude d'employer par Elle le moyen suprême du bien, de la conversion et de la sanctification de l'âme.

Mme G...., dans une lettre du 28 août 1868, écrivait : « Sa dévotion envers Notre-Seigneur dans le Très Saint Sacrement de l'Autel a toujours été le trait distinctif de sa piété. Déjà on le remarquait à La Seyne, et l'on disait : « Le secret de notre « supérieur pour diriger sa Maison, qui marche à merveille, « est de passer bien des heures devant le Très Saint « Sacrement..... »

« Cet attrait grandissant toujours devint plus tard le but unique de sa vie, la source de sa puissance et comme le cachet de sa sainteté. La flamme qui le consumait animait toutes ses actions, brillait à travers ses paroles et donnait à ses discours si simples une éloquence inimitable et toute divine. Ceux qui l'entendaient prêcher étaient ravis de la profondeur de ses pensées, touchés par les accents émus qui s'échappaient de son cœur et entraînés par cet ensemble indéfinissable qu'on nomme la sainteté.

« Et cependant il ne se préoccupait jamais de ce que le

monde appelle succès : il pouvait se glorifier comme saint Paul de ne savoir que Jésus et Jésus crucifié. — C'était dans le Cœur même de Notre-Seigneur qu'il puisait sa science.

« Il s'était surpassé lui-même dans sa dernière retraite prêchée à Marseille, janvier 1868, et cependant il m'a avoué qu'au milieu de ses occupations multipliées et envahissantes il n'avait pas même le temps de méditer un peu ses sujets. Le jour de la clôture, absorbé plus que de coutume, il n'avait pu se préparer. Arrive le moment de monter en chaire, il n'a que le temps de se prosterner devant l'autel pendant le *Veni Sancte*, il se relève et il est sublime..... »

Pourquoi prêchait-il la bonté de Notre-Seigneur ? — Le Père parlait souvent de la bonté de Notre-Seigneur au Saint Sacrement : c'était bien à lui à traiter un tel sujet.

Une seule chose nous attache à Dieu, disait-il : sa bonté. La puissance de Dieu ne nous attire pas, elle fait trembler ; ce ne sont pas les belles qualités de nos amis qui nous captivent, elles exciteraient plutôt notre envie ; la Sainteté de Dieu nous fait honte et nous décourage ; mais nous aimons Dieu à cause de sa bonté, elle éclate dans tous ses actes, au Calvaire dans les traits de l'Evangile ; mais le Saint Sacrement est par-dessus tout le Sacrement de la bonté de Dieu : celui qui communie finit par le comprendre et entre ainsi dans le chemin qui conduit au salut.

Agir par bonté n'était pas, chez le Père, le résultat de sa nature, mais la conviction de son esprit, et au fond la mise en pratique des exemples de Jésus-Christ.

Il était convaincu que l'on obtenait tout par la bonté, que la douceur, la longanimité étaient le meilleur moyen de gagner les cœurs et de les amener ensuite à faire tout le bien dont ils étaient capables.

Telle fut son unique méthode dans le gouvernement, sa seule loi. Notre-Seigneur n'a pas fait autre chose que de manifester toujours sa bonté, excepté toutefois quand il se trouvait en face de la fourberie et de la déloyauté.

La condescendance donne souvent une meilleure leçon que le refus : rien n'éclaire comme la bonté, rien n'est contagieux comme elle.

Cette bonté mettait les cœurs dans ses mains et lui permettait d'exercer une salutaire influence.

Sa physionomie. — Sa douceur, sa condescendance, son affabilité étaient sans borne : sa bonté faisait la consolation de ceux qui avaient le bonheur de vivre avec lui. A son contact, les cœurs épanouis s'ouvraient et subissaient sa douce influence. Il était Père dans toute la grandeur du mot, et créait autour de lui des *cœurs d'enfants*.

C'est peu de dire aux autres d'agir par amour ; le difficile est de mettre les cœurs en mouvement, c'était là son secret.

Tous ceux qui l'ont connu peuvent parler de sa charmante aménité qui gagnait tout le monde et faisait que tous se réjouissaient de le voir et de l'entendre.

Quand on le voyait on restait frappé de son air ascétique, de la pâleur de cette figure osseuse qui révélait les austérités de sa vie, de la sainte gravité de toute sa personne. Son regard, que l'on a comparé souvent à celui du Curé d'Ars, impressionnait ; il avait une limpidité, une pureté, une expression très profonde en même temps que très ardente, qui était comme un reflet de la beauté de son âme.

Le premier abord, avec son voile d'austérité, aurait peut-être arrêté quelqu'un qui ne le connaissait pas ; mais dès qu'il parlait, il y avait dans sa parole, dans sa voix, dans son sourire paternel et bon quelque chose de si suave, de si doux, de si affable, que les hommes se laissaient facilement entraîner par son zèle aimable et fort.

« *Voilà un prêtre comme je les aime : voilà un homme à qui je me confesserais tous les jours* », disait un jeune homme du monde après l'avoir entendu.

Le Père avait le talent de tirer des cœurs tout ce qu'on peut en tirer.

L'esprit de Notre-Seigneur l'accompagnait : tout en lui disait ce qu'il fallait penser et faire ; sa grande bonté enlevait les volontés ; on la lisait dans ses yeux, dans sa douceur, dans toute sa personne : c'est par là qu'il gagnait tous les cœurs.

Le Père citait quelquefois dans ses sermons cette parole des peuples allant à Jésus : « *Allons à la Suavité!* » Lui-même avait reçu de cette suavité une part débordante. Oh ! quelle reconnaissance lui gardaient les cœurs qu'il savait si bien recevoir !

Sa simplicité. — Une autre particularité saillante de son caractère était la simplicité, le naturel. La Rde Mère Marguerite disait de lui : « Le Père était simple, naturel en tout : il n'y avait en lui rien de forcé, rien de guindé, rien de composé dans son extérieur. »

Dans la conversation, il était aimable et naturel, on se trouvait facilement à l'aise avec lui, malgré le respect mêlé de vénération qu'il inspirait.

Avec ses religieux, en récréation, il laissait une grande liberté, chacun pouvait penser tout haut : aussi tous les cœurs s'épanouissaient-ils autour de lui.

Il faut lire la conférence qu'il·fit sur la *Simplicité*, dans sa grande Retraite de 1867, pour saisir l'importance qu'il mettait à cette vertu : *« Un caractère de la sainteté*, disait-il, *c'est la simplicité..... tandis qu'un des signes principaux de la décadence spirituelle, c'est la duplicité. »*

Il voulait que l'on fût simple en tout, « *avec Dieu, avec les Supérieurs, avec ses frères* » ; « *si vous ne devenez simples comme de petits enfants, vous ne recevrez point le royaume de Dieu.* »

Il avait horreur de la dévotion composée : les attitudes dans la prière qui attiraient les regards lui étaient un supplice. Tout ce qui restait en dehors de la simplicité lui était un *criterium ;* c'est là qu'il jugeait les vocations : la droiture, la simplicité, la franchise, le naturel remplaçaient tout à ses yeux.

Son influence. — L'influence qu'exerçait le Serviteur de Dieu autour de lui était considérable.

Comme nous l'avons indiqué au Chapitre VI « *De son séjour à La Seyne* », le Père était un « fascinateur d'âmes. »

Une fois en contact avec lui, on devait subir le charme de sa personne, si riche des dons de Dieu.

Tout en lui contribuait à lui donner cet ascendant irrésistible : sa bonté naturelle, la droiture de son caractère, cette simplicité presque naïve de l'homme ignorant les passions humaines ; par-dessus tout les dons de Dieu, qui lui permettaient de lire dans les âmes, de les guérir, d'ouvrir devant elles les horizons divins, son zèle d'apôtre qui savait si bien prêcher la Vérité du Très Saint Sacrement et gagner à elle tous ceux qui avaient le bonheur de l'entendre ou d'être dirigés par lui.

La foule accourait à Lui, cherchant un remède aux misères de l'âme, aux peines du cœur, aux souffrances de la vie. Non seulement on s'adressait à lui pour obtenir des grâces spirituelles, mais on lui demandait quelquefois de solliciter auprès des grands des faveurs temporelles, et il multipliait ses démarches, se dépensait sans compter; parfois aussi il ne s'adressait qu'au Bon Dieu et s'en trouvait si bien ! Il racontait en riant qu'il avait reçu des remercîments pour des places obtenues sans qu'il eût fait la moindre démarche auprès des hommes : la prière avait tout arrangé.

Cet empressement général, sans rien lui ôter de son union avec Dieu, lui enlevait un temps précieux pour le travail et la contemplation. Il s'en plaignait doucement, disant : « *Il faut que ce soit ma faute, partout où je vais on court après moi.* »

Eh oui! c'était bien à lui seul qu'il devait s'en prendre ! Il accueillait tous ceux qui venaient à lui, petits ou grands, pauvres ou riches, avec la même affabilité.

S'il avait une privauté, elle était plutôt pour les petits.

« Un jour deux personnes l'attendaient au parloir, l'une pauvre, l'autre riche. Le Père alla d'abord vers la première, disant qu'elle n'avait pas le temps d'attendre. » (*F^{re} Charles Richerd.*)

Le même frère ajoutait : « J'ai rempli pendant de longues années l'office de portier, et j'ai pu constater que le Père était accablé de visites de personnes de toutes conditions ; il était facile de voir qu'elles avaient pour lui la plus grande estime, et venaient à lui comme on vient à un homme de Dieu.

« Le Père ne pouvait se soustraire à sa *réputation de Sainteté.....* »

En 1866, à son arrivée à Bruxelles pour la fondation de Salazar, le Père écrivait qu'il était bien heureux, qu'il ne connaissait personne, qu'il était tout à son service d'adoration.

Six semaines plus tard, dans une lettre écrite à Mme de Grandville du 8 avril 1866, il était obligé de dire : « *Je commence à être ici, comme à Paris, pris et repris. C'est*

*mon lot, il paraît, d'être comme le pauvre commissionnaire
de tous, heureux si j'étais bien celui du Bon Dieu..... »*

Son secret pour aimer ses frères était d'aimer son Dieu
sans mesure et sans borne.

Cette influence, il n'en bénéficiait pas pour lui-même. — L'influence considérable qu'il exerçait autour de lui,
il ne la voulait pas pour en bénéficier.

Il n'était pas personnel dans sa direction. On l'aimait parce
qu'on ne pouvait faire autrement que d'aimer tant de bonté ;
mais sa seule ambition était de mettre les âmes en rapport
avec Notre-Seigneur. Souvent elles sont comme engourdies
par le péché, la tristesse, le découragement ; elles ne savent
pas aller à Dieu. Le Père rétablissait les rapports divins en
donnant aux âmes la lumière de cette *grande vérité de la
bonté personnelle de Dieu,* en les rapprochant de l'Eucharistie
qui en donne la preuve évidente, pour peu que l'on veuille
réfléchir et prier.

Si le succès ne couronnait pas ses efforts, n'était-ce pas
déjà beaucoup d'avoir donné à une âme, ne fût-ce qu'une
seule fois, un vif sentiment de la bonté de Dieu? n'est-ce pas
le gage presque assuré de son retour?

Sa charité lui donna souvent l'occasion de rétablir là paix
et la concorde dans les familles désunies depuis longtemps et
qui avaient perdu tout espoir d'un rapprochement. Dans ces
circonstances, le Père mettait en jeu toutes les ressources de
son cœur si compatissant et parvenait ainsi à ramener Dieu
en des âmes aigries et à cicatriser des plaies qui semblaient
incurables.

Le souvenir des réconciliations obtenues par lui dans son
pays ou ailleurs a fait bénir sa mémoire en bien des circonstances.

Quand il était entré ainsi dans une famille, il s'intéressait à
tous, les domestiques avaient leur part dans ses sollicitudes :
belle preuve de la pureté de ses intentions, autant que de la
ferveur de sa charité.

Quant aux conversions qu'il a opérées, conversions de l'impiété à la religion, ou de l'indifférence à la vérité, elles furent
innombrables. Dieu lui avait donné un don spécial pour toucher les cœurs et les ramener dans le vrai chemin.

L'esprit de famille. — Le Père avait une charité de mère pour ses religieux.

« Lorsque j'arrivai dans la Congrégation, dit le frère Charles Richerd, le Père me reçut avec une bonté extrême, m'accompagna au réfectoire et voulut me conduire lui-même dans Paris pour visiter quelques églises. Les traits analogues abondent dans sa vie, dévoilant les trésors de sa charité inépuisable.

« C'était une fête pour tous quand le Père arrivait dans l'une ou l'autre de ses Maisons, ou bien s'il pouvait rester en récréation au milieu de nous.

« Quand un religieux l'allait trouver dans sa cellule et que le Père trop occupé ne pouvait le recevoir, il s'en excusait d'une manière très édifiante, adressant toujours quelque bonne parole.

« Je me rappelle avec quelle délicatesse le Père, dans une circonstance, me demanda de cirer ses souliers, n'ayant pas le temps de les nettoyer lui-même. »

« Quand il revenait après une longue absence, écrit Mme G. (lettre du 28 août 1868), comme il savait bien exprimer aux siens la joie de les retrouver, par son bon sourire, par quelques mots vrais mais courts ! car il se mettait tout de suite à parler du bon Dieu : toute autre conversation lui paraissait une perte de temps. »

Cette charité fraternelle qu'il pratiquait si admirablement lui-même, il voulait qu'elle fût l'âme de ses Cénacles.

Il la recommandait aux siens fréquemment, il l'enseignait de toutes manières, la faisait aimer, il voulait que *l'esprit de famille fût le cachet de ses Cénacles*, il disait que ce second lien aidait beaucoup le premier, que ses religieux devaient vivre unis entre eux comme les membres d'un même corps, « *ut amore Dei inter se uniti vivant, sicut ejusdem corporis membra.* » (Const., 1^a p., cap. I, art. 4.)

Il priait Notre-Seigneur de déverser sur les siens cette grâce eucharistique.

Cet esprit de famille, il se plaisait à le trouver même dans le soin des choses matérielles. Il aimait cet humble dévouement, il y voyait la preuve que le cœur était à la Société, donné à Notre-Seigneur.

Il augurait mal au contraire de ceux qui dédaignaient cette

humble sollicitude : « *Celui qui ne prend pas les intérêts de la Maison, n'est pas de la famille.* »

Lorsqu'il voyait un religieux dans cet esprit, dans ce dévouement aux choses de la famille religieuse, il était content et sûr que tout allait bien.

Si l'Eucharistie est pour tous les fidèles le lien de la charité, « *vinculum caritatis* », à fortiori doit-elle être un principe d'union pour ceux qui se consacrent à Elle, qui vivent d'Elle : « *Quoniam unus panis, unum corpus multi sumus, omnes qui de uno pane participamus.* » (I Cor., x, 17.)

Sa charité pour les prêtres. — La charité du Père pour les prêtres était exceptionnelle. Il avait la dévotion, le culte du prêtre, il aurait voulu pouvoir leur faire du bien à tous, les enrôler dans son apostolat eucharistique, les embraser de son amour de Notre-Seigneur, en faire des incendiaires de la grande vérité de *l'amour personnel de Dieu*.

« Quelle que fût la qualité ou le nombre des personnes qui le demandaient au parloir, dit encore le frère Richard, si le Père était à l'adoration, il ne permettait jamais qu'on le dérangeât, excepté s'il s'agissait d'un prêtre.

« J'ai eu bien souvent l'occasion de remarquer avec quelle charité il recevait les prêtres. Il était plein d'attentions pour eux, les mettait à l'aise, ils se croyaient de sa famille. » Au Chapitre XI « *De son Apostolat* », nous avons parlé déjà de son zèle envers les prêtres.

Le Père avait conçu le projet d'une Association de Prêtres se rattachant à sa Congrégation, pour les faire vivre le plus possible, malgré les devoirs du ministère paroissial, de la vie eucharistique d'adoration et de prière.

Il voulait aussi ajouter à ses Cénacles une Maison de Retraite pour les prêtres âgés, afin de leur offrir dans la vieillesse un asile qui leur donnerait le moyen de se préparer à la mort sous le regard de Notre-Seigneur exposé, leur enlevant ainsi les tristesses de l'inaction et de l'isolement si pénibles au cœur du prêtre.

Nous avons dit ailleurs ce qu'est actuellement l'Œuvre des Prêtres-Adorateurs et le bien qu'elle réalise en rapprochant le Prêtre de son Centre de vie, en lui apprenant où est sa vraie force et le secret de l'influence qu'il doit exercer sur les âmes qui lui sont confiées.

Mais la charité du Serviteur de Dieu allait plus loin : elle ne s'arrêtait pas à maintenir les prêtres dans le bon chemin, elle voulait aussi relever ceux qui étaient tombés. Il savait leur tendre une main secourable, leur ouvrir son âme compatissante, les relever à leurs propres yeux, faire revivre en eux l'honneur et les joies saintes du sacerdoce.

A l'Archevêché de Paris, on connaissait et l'on appréciait son zèle infatigable que rien ne put jamais décourager.

Avec M. l'abbé Dhé, il avait préparé le projet d'une Œuvre qui devait s'adresser à tous les Evêchés de France, destinée à porter secours à ces pauvres prêtres, à panser leurs blessures, à leur rendre la vigueur de leur ordination sacerdotale.

Le Serviteur de Dieu conseillait à l'abbé Dhé d'aller à Rome.

« *Toute Œuvre*, lui écrivait-il, *pour avoir grâce et vie,* « *doit germer sur le Tombeau de saint Pierre.*

« Quelle désolation pour les bons prêtres de voir leurs « frères du sacerdoce tomber sur le champ de bataille et « rester sans secours dans leurs blessures?

« Mettez que ce soit leur faute. Mais quoi? Parce qu'il est « prêtre, est-ce donc qu'il n'y a plus de charité, plus de misé- « ricorde pour lui?

« On dit que ces tombés sont sans ressources et sans « retours sincères. — Hélas! n'est-ce pas parce qu'on les « rejette, qu'on les méprise à l'égal des voleurs et des « assassins? — C'est facile de mépriser et d'invoquer l'incor- « rigibilité!

« Celui qui est sans miséricorde pour ses frères, ne mérite- « t-il pas d'être traité de même?

« Ah! n'y en eût-il que quelques-uns de ramenés, de réha- « bilités, ne serait-ce pas une immense victoire sur Satan, et « un coup de grâce à ravir le ciel et la terre?... »

Cette pensée fut exposée à Pie IX en décembre 1866. Le Souverain Pontife répondit en bénissant l'Œuvre projetée et ceux qui devaient la fonder :

« *Benedicat vos Deus, et dives in Misericordia sicuti est, pulset ad ostium peccatorum, ut redeant ad cor.* »

Il voyait le bien plutôt que le mal. — Sa charité pour

Dieu et le prochain, qui était la lumière à laquelle s'éclairait sa direction si sage et si prudente, le faisait toujours s'appuyer plutôt sur le bien que sur le mal, sur les qualités que sur les défauts : disciple vrai de Celui qui ne rompt pas le roseau à demi brisé et n'éteint pas la mèche qui fume encore, jamais il n'irritait, jamais il ne froissait, jamais il n'exposait l'âme à la tentation par trop de rigueur ou trop d'exigence.

» Il ne pouvait souffrir les personnes qui ont la manie de critiquer le prochain, il se trouvait mal avec elles. Avant d'entrer dans la Société de Marie, alors qu'il était encore dans le ministère pastoral, il avait été obligé de voir une famille fort estimable sous d'autres rapports, mais dont ce défaut déparait les bonnes qualités. En ces occasions, il endurait une sorte de martyre. Ce sentiment charitable ne fit que se fortifier dans la suite ; il fuyait ceux et celles qui tombaient dans un vice qu'on ne se reproche pas toujours et que déteste Notre-Seigneur..... » (*Notice du P. Mayet.*)

Il aimait sa Patrie. — Le Père aimait profondément sa patrie. Il s'était réjoui de ses triomphes, il souffrait d'y voir l'impiété jouer un rôle prépondérant. Il aurait voulu lui préparer des jours meilleurs en répandant partout la dévotion envers le Très Saint Sacrement, qui attire les bénédictions et les protections du Ciel.

Cet amour de la patrie se manifestait à La Seyne et à Toulon par *son zèle pour les soldats.* — Lorsque Mgr Wicart, évêque de Fréjus, venait au Collège de La Seyne, « le Père ne « manquait pas d'inviter l'Etat-Major du régiment à dîner « avec Monseigneur et les Professeurs, pour les rapprocher « de la religion autant qu'il le pouvait. Grâce à ses bons « procédés envers les chefs de l'armée, le Père Eymard « obtint la permission de prêcher une retraite de trois jours « à leurs soldats, retraite qui se terminait par une commu- « nion générale de militaires de tous grades, devant un autel « orné par les soldats eux-mêmes. »

« On raconte même que plusieurs soldats de Crimée, qui périrent en 1854 dans le naufrage de la *Sémillante,* avaient passé la nuit précédente en adoration devant le Saint Sacrement, dans la Chapelle de RR. PP. Maristes de Toulon, où le Père Eymard avait établi l'adoration perpétuelle.

« On raconte aussi qu'un officier général, gouverneur de la place de Toulon, se convertit soudainement après avoir vu de près ce saint religieux et l'avoir entendu parler avec une profonde conviction des choses de Dieu, de l'âme et de l'éternité. » (*Récit de M. le Chanoine Edouard Daniel.*)

Les condamnés au bagne, aux travaux forcés à perpétuité recevaient eux aussi les influences de son zèle.

Il écrivait à Mme Tholin, le 11 février 1852 :

« ..... L'adoration va en s'augmentant à Toulon. Si vous « pouviez m'envoyer quelques feuilles, je les répandrais « auprès de nos fervents marins et jusque dans le bagne, où « quatre mille forçats pourraient devenir de bons adorateurs, « car sous la chaîne il y a de belles âmes..... »

Sa charité pour ses amis. — Si telle était sa bonté pour tous, pour ses amis son dévouement sans borne lui faisait paraître tout facile, quand il s'agissait de leur rendre service. Leurs peines et leurs joies lui étaient bien plus sensibles que les siennes propres. Il témoignait à tous, avec la simplicité qui était son charme, une si profonde affection que chacun pouvait se croire le plus aimé.

« *Sa première amie, c'était sa sœur.* Ayant été obligé, peu d'années avant sa mort, de la laisser malade après l'avoir consolée et soignée pendant un mois, il en éprouva une grande douleur, et nous avons vu ses yeux pleins de larmes lorsqu'il nous disait : « *Je crains de ne plus la revoir* »; hélas ! c'était à elle qu'était réservé le chagrin de le perdre.

« Les visites du Père étaient regardées comme une bonne fortune. Il y était si bienveillant, si réellement bon, s'intéressant à toute la famille, jusqu'aux domestiques de la maison, qu'il savait eux aussi porter à Dieu !

« Il se mettait tout de suite à parler du bon Dieu. Il tâchait de communiquer à ses amis l'amour de Dieu dont il était rempli et qui débordait de son âme. Plusieurs jours encore après sa visite, on se sentait le cœur tout brûlant.

« Puis (*et il faut graver ce trait, qui est chez lui caractéristique*), après avoir parlé admirablement des choses de Dieu, il s'amusait avec un rien, et il l'avouait tout naïvement : « *Oh ! je suis si enfant !* »

« J'aimais alors à le comparer à l'Apôtre saint Jean qui,

après ses travaux sublimes, se délassait en caressant une perdrix, et ce n'est pas le seul point de ressemblance que je trouve au Père Eymard avec l'ami de Jésus, le second fils de Marie. » (*Mme G...., 28 août 1868.*)

Sa charité pour les petits. — Sa charité prenait un caractère plus suave encore lorsqu'elle s'adressait à quelque personne de condition inférieure.

C'est ainsi qu'à Paris, se trouvant au parloir avec une dame de la meilleure société, il interrompit la conversation pour recevoir une pauvre femme du peuple qui n'osait l'aborder, et devant la Comtesse de... se mit à lui donner de paternelles explications sur la manière de fermer sa pauvre chambre, dont la porte n'avait point de serrure.

Avec la même bonne grâce surnaturelle, il accompagnait fréquemment un pauvre aveugle du quartier Saint-Jacques à Paris jusqu'à la porte de sa Chapelle, à la grande admiration des passants, qui ne pouvaient s'empêcher de le saluer avec respect.

Un jour il rencontra une pauvre femme qui venait à la Chapelle, mais son chien s'obstinait à la suivre. Avec son aimable charité, le Père lui dit : « *Entrez, je ferai garder votre chien.* » Et il resta lui-même à le garder, malgré ses nombreuses occupations.

Les traits analogues sont innombrables dans sa vie. Il fut une providence pour tous les petits qui l'approchaient, et l'on peut lui appliquer à lui-même cette parole qu'il disait des saints :

« *Les saints, qui réfléchissent quelque chose de la bonté de Notre-Seigneur, sont comme une preuve de l'excellence du Soleil dont ils sont quelques rayons : mais les rayons passent, le Soleil demeure..... »*

Sa charité envers les âmes du Purgatoire. — Sa charité s'étendait aux *âmes du Purgatoire;* il cherchait à les soulager dans leurs souffrances par tous les moyens de la mortification, de la prière et de l'application des indulgences.

Le Purgatoire, disait-il, lui réjouissait l'âme comme une grâce immense de miséricorde (*Lettre à la Comtesse d'Andigné, 10 juillet 1862*), parce qu'il lui apparaissait comme un don de la tendresse de Dieu pour nous. Alors, avec la délicatesse de son amour, le Père voulait soulager et délivrer ces âmes pour donner à Notre-Seigneur la joie de les faire jouir de son Ciel et de Lui-même..... « *Croyez*, disait-il, *que c'est satisfaire le Cœur de Notre-Seigneur que de prier pour elles.....* »

Le Père avait une grande foi en la protection et puissance d'intercession des *âmes du Purgatoire*; il les invoquait souvent, leur confiait les affaires épineuses, gagnait pour les soulager toutes les indulgences possibles, faisait des neuvaines à leur intention, et affirmait avoir ressenti souvent leur assistance dans ses difficultés ou ses épreuves.

Il avait obtenu de Rome le privilège unique de *bénir des Crucifix* auxquels il pouvait attacher toutes les indulgences du *Chemin de la Croix*, et il suffisait de réciter « cinq *Pater* et cinq *Ave* » pour les gagner *toties quoties*. Il disait : « *Je voudrais qu'un grand nombre de prêtres eussent cette faculté, afin qu'on travaillât partout pour le Purgatoire.* »

Le Père recommandait à la R^de Mère Marguerite de « *prier beaucoup pour ces pauvres âmes. Offrez, disait-il, à leur intention vos adorations, vos communions, vos exercices de piété, tous vos actes. Elles sont très puissantes sur le cœur de Notre-Seigneur; vous recevrez par leur médiation beaucoup de grâces. Il semble que Notre-Seigneur veuille les dédommager par là de ce que sa justice les retient encore dans le lieu de l'expiation.* » (Notice de la M. Marguerite.)

Un jour le Père Eymard rencontra providentiellement un homme qu'il connaissait. Lui ayant demandé où il allait : « Ah! mon Père, répondit celui-ci, je vais me détruire. » A ce mot, le Père tout effrayé : « *Comment, mon ami! mais pensez-vous à ce que vous me dites?* — Ah! mon Père, vous ne savez pas combien je suis malheureux! rien ne me réussit; je veux en finir pour m'éviter la honte que m'occasionnent mes affaires. — *Avez-vous essayé de prier?* — J'ai prié, j'ai tout essayé, rien n'y fait; il faut en finir. — *Eh bien! mon cher ami, écoutez-moi : Faites une neuvaine aux âmes du Purgatoire, et promettez-moi de venir me retrouver ensuite.* »

« Quelque temps après, des secours inespérés lui arrivèrent qui lui permirent de relever son commerce; il s'adonna à la piété et n'oublia jamais ses chères âmes du Purgatoire qui l'avaient tiré du péril.

« Une autre personne était sans ressources, le Père Eymard lui proposa le même moyen ; après la neuvaine, elle put ouvrir un magasin : une somme inattendue était venue la tirer d'embarras.

« Il faut bien croire que les prières du Serviteur de Dieu étaient pour beaucoup dans ces heureux résultats et dans tant d'autres faveurs dont il a été l'instrument. » (*Notice biographique du P. Mayet.*)

Sa charité en face de ses contradicteurs. — Sa charité restait la même en face de ses contradicteurs.

Il les excusait ou leur pardonnait. Quelqu'un lui ayant gravement manqué, on le détournait de l'aller voir, et celui qui parlait ainsi était recommandable par sa vertu. Bien loin de se rendre à cet avis, le Père Eymard redoubla de prévenances, multiplia ses visites, rendit toutes sortes de services à la personne qui l'avait offensé et se vengea en saint.

« Ayant été nommé à un emploi important, le Père Eymard s'aperçut vite que certains habitants du lieu le voyaient d'assez mauvais œil, le recevaient avec défiance. Son cœur n'en conçut pas le plus petit sentiment d'opposition ou d'antipathie. Bientôt sa bonté excessive, sa piété, sa prudence, son angélique conduite lui eurent concilié les esprits.

« Il donna les soins du plus apostolique et du plus paternel dévouement à ceux-là même qui avaient été prévenus contre lui, et qui désormais, gagnés par tant de vertus, l'appelaient *le Saint.*

« Quelqu'un disait : « Personne ne m'a jamais mieux représenté saint François de Sales que le Père Eymard. Si on lui fait du mal, il ne pense jamais que ce soit pour lui causer de la peine. Il croit que cela vient de quelque autre motif. *Il est sans fiel.* » Ce dernier mot est littéralement vrai.

« Il me dit un jour : *Quand on veut faire le bien, il ne faut pas être susceptible ; on doit passer sur beaucoup de choses, ne pas remarquer mille petits manquements, témoigner toujours à ceux avec qui l'on est en rapport, qu'on les estime, qu'on les aime. Si ensuite ils demandent conseil, oh ! alors on est maître du terrain, on a gagné*

leur confiance, on peut leur donner de fortes vérités. »
(Notice du P. Mayet.)

Il fonda son Œuvre sans consolations humaines. —
Le Père, qui s'était offert à tous les sacrifices pour fonder
son Œuvre et avait même demandé à Notre-Seigneur « *de ne
pas trouver autour de lui de consolations humaines* », fut
en quelque sorte pris au mot par son divin Maître.

Ses premiers compagnons, tous hommes de grande foi
envers la Présence Réelle, tous animés d'un dévouement non
moins grand à l'Œuvre pour laquelle ils dépensaient leur vie,
eurent-ils cependant du Serviteur de Dieu cette conviction
qu'il était l'homme providentiel choisi de Dieu pour fonder
une des plus belles Œuvres de l'Eglise et qu'il avait toutes les
qualités d'un fondateur, c'est-à-dire de l'homme qui a mission
de montrer la voie nouvelle et d'y marcher courageusement
le premier?

De là, bien des conséquences de détail que l'on comprend,
sans qu'il soit nécessaire de les indiquer.

Or, nous avons dans les Archives de la Congrégation toute
la correspondance du Père à ses premiers compagnons; elle
le montre plein de charité pour eux, plein de condescendance,
plein de cette bonté qui s'épanchait comme naturellement de
son cœur.

Un tel état de choses fait entrevoir une vertu peu commune,
et montre l'homme de Dieu qui ne voit que le bien pour
l'approuver et qui se sert de ce qu'il y a de défectueux
comme moyen de sanctification personnelle.

Sa charité vis-à-vis de son premier compagnon. —
Le Serviteur de Dieu se trouva toujours en face de difficultés
de personnes qui furent pour lui l'occasion d'un renoncement
perpétuel et qui mirent en relief sa douceur, sa mansuétude,
sa bonté que rien ne pouvait altérer.

Son premier compagnon, ancien capitaine de frégate, qui
avait une foi très vive au Saint Sacrement et l'énergie du
vieux marin qui a lutté toute sa vie contre les périls de la
mer, n'avait cependant pas en lui cette confiance absolue que
l'on doit à un fondateur qui seul a reçu du ciel intelligence et
mission pour l'Œuvre à créer : la nature de son caractère s'y

refusait. Et cependant, n'aurait-il pas dû se rappeler que le Père avait, outre sa grâce et son autorité de fondateur, l'expérience de la vie religieuse et du gouvernement des religieux ? Deux caractères aussi peu harmonisés devaient arriver à des divergences de vues inévitables, permises de Notre-Seigneur pour leur mutuelle sanctification ; mais la douceur et la charité du Serviteur de Dieu n'en furent jamais altérées.

Dans une conversation avec le P. Tesnière, en février 1868, le Père Eymard disait : « *Que de choses j'ai eu à souffrir de mon premier compagnon, de son caractère ! — Une fois, il me laissa seul pendant vingt-quatre heures. (Nous avons déjà indiqué ce fait.) — Une autre fois, j'avais décidé que l'on s'assoierait pendant la récitation des Leçons de Matines ; sans rien dire, il remplit le chœur de chaises et de prie-Dieu. C'était un scandale ; j'eus l'inspiration d'aller à la Chapelle avant l'Office, et je remis tout en ordre : il bouda pendant sept jours. Deux prêtres excellents, jeunes, venus d'Angoulême, en partirent de peine. Le septième jour, j'écrivis au Père sévèrement. Il vint se jeter à mes pieds et me demanda pardon.*

« *Pour les élections du Chapitre Général de 1865, il avait travaillé à détourner les voix ; je le sus : ne sait-on pas tout, quand on est Supérieur ?* » Néanmoins, il resta seul de son avis, et elles se portèrent toutes sur le Fondateur, excepté la sienne.

Malgré tout cela, ses condescendances pour le P. de Cuers restèrent toujours paternelles. Il le soutenait de son mieux, relevait son courage, reconnaissait les grandes qualités qui étaient en lui, sa foi enthousiaste du Très Saint Sacrement.

Dans les archives de la Congrégation se trouvent 180 lettres du Père écrites à son premier compagnon. Il les faudrait citer toutes ; elles mettent en relief sa fraternelle charité envers lui. Dans ces lettres, on ne trouve pas un mot, pas une allusion qui laisse supposer la peine que le Père avait pu ressentir des rudesses de son caractère ; au contraire, il le relevait à ses propres yeux, cherchant encore à utiliser ce qu'il y avait en lui de bonne volonté.

Dans une lettre du 2 janvier 1866, le Père lui écrit : « Je « viens vous souhaiter la bonne année eucharistique, ainsi

« qu'à toute votre chère famille. Que pouvons-nous souhaiter
« à des adorateurs et surtout à vous, cher Père, sinon une
« grâce plus abondante d'adoration en l'amour de notre Bon
« Maître et pour sa plus grande gloire ?

« L'année qui vient de s'écouler a été un peu marquée du
« sceau du Calvaire, et vous êtes toujours vous-même sur la
« croix, vous souffrez pour le bien de la Société ; cependant
« je demande bien à Notre-Seigneur de vous soulager et de
« vous guérir, car *messis quidem multa, operarii autem*
« *pauci*, et celui de la première heure vaut encore plus que
« ceux des autres subséquentes. »

Ses sentiments après l'épreuve de Nemours. —
En 1867, après de terribles épreuves, celles de la fermeture
de *Nemours* et des conséquences qu'elle entraîna, dans
lesquelles son âme s'était heurtée à la mauvaise foi et à
l'ingratitude, il écrivait à la Mère Marguerite du Saint
Sacrement : « *Il faut se résigner, souffrir et pardonner
tout, sans fiel comme sans retour.* »

Déjà en 1849, lorsqu'elle-même avait eu à supporter de
grosses épreuves, le Père lui écrivait : « *Faites un peu
l'aveugle de la charité.* »

Comme on s'étonnait un jour qu'il pût témoigner tant de
bonté à quelqu'un qui l'avait fait souffrir, il répondit avec
une ravissante simplicité : « *C'est contre nature pour moi de
ne pas aimer ces sortes de personnes.* »

**Sa charité vis-à-vis de ceux qui quittaient sa
Société.** — Le Père, en face des désertions de l'un ou l'autre
des siens, en souffrait comme le Père de l'enfant prodigue ;
il aurait voulu les gagner à Dieu, les retenir au service de
l'Eucharistie.

Pour ne citer que deux exemples : et d'abord celui du frère
Eugène dont la conduite avait été des plus répréhensible, qui
avait manqué à tous ses devoirs et scandalisé la population de
Saint-Maurice où le Père fondait un Noviciat ; s'il avait voulu
se soumettre à la pénitence qui lui était imposée, le Père
l'aurait encore gardé ; il pleurait en parlant de cette désertion,
survenue après des années de vie religieuse fervente. Il faisait prier pour sa conversion.

Pareillement il ressentit une grande douleur, quand trois des sœurs de Nemours se refusèrent à rentrer à leur Couvent d'Angers : dans une vingtaine de lettres le Père parle de leur départ, il a tout tenté pour les retenir et les ramener dans le devoir.

Il était vraiment Père !

Sa charité pour les malades. — La plupart du temps malade lui-même, il savait, aidé de son expérience personnelle, compatir aux souffrances des autres et avait pour eux une charité toute surnaturelle.

Tout jeune, il ne pouvait voir souffrir sans s'attrister lui-même.

Au séminaire de Grenoble, pour satisfaire le besoin qu'il avait de rendre service, on lui avait confié la charge d'infirmier ; il s'en acquittait avec un dévouement admirable.

Cette charité pour les malades grandit encore pendant le temps de son ministère pastoral.

Comme il avait quelques connaissances pratiques de la médecine, il les employait à soulager ceux qui souffrent. « Bientôt, on ne voulut que lui pour médecin et l'on ne recourait aux autres qu'à toute extrémité. Il fut même quelquefois embarrassé de cette confiance ; mais sa grande et admirable simplicité vint toujours en aide à sa prudence. » (*Notes du R. P. Mayet.*)

Plus tard, religieux, il montra le même dévouement à ses frères en religion ou à ceux qui étaient visités par la maladie.

« Au retour de la guerre de Crimée, un bataillon, caserné à La Seyne, fut atteint de la dyssenterie : le Père fut les voir plusieurs fois par jour, leur prodiguant ses soins et en guérissant un certain nombre par des potions d'herbes préparées par lui. Ame charitable au plus haut degré, après avoir guéri les corps, il entendit en confession un grand nombre d'entre eux qui communièrent de ses mains dans la Chapelle du Collège. » (*Chanoine V.....*)

En 1865, comme nous l'avons dit, sa sœur étant tombée gravement malade, il accourut à son chevet ; il en souffrit lui-même plus qu'on ne saurait le dire.

Dans les Constitutions qu'il donna à ses fils spirituels, il a consacré un chapitre entier à recommander cette charité pour les malades ; il voulait que l'on eût d'eux le plus grand soin, que le supérieur local les visitât chaque jour, et pour que la convalescence fût plus prompte, « *ut\promptius convalescant, in refectoriolo alimentis particularibus vescantur.* »

Toutes les souffrances, toutes les peines pouvaient venir à lui sans l'importuner. Malgré la gravité religieuse de sa personne, on ne craignait pas de l'aborder, tant l'inépuisable bonté de son cœur donnait à tous la facilité de traiter avec lui. Il avait toujours le mot de Dieu qui allait jusqu'au fond de l'âme pour calmer et pour consoler des douleurs qui paraissaient auparavant impossibles à porter.

Sa charité inépuisable pour les pauvres. — Le Serviteur de Dieu avait une grande charité pour les pauvres, leur procurant tous les secours spirituels et corporels qui étaient en son pouvoir.

Tout enfant, l'amour des pauvres, le besoin de secourir ceux qui sont dans la détresse, la compassion pour ceux qui souffrent, ont été un des traits de sa nature généreuse.

Jamais il ne pouvait voir un pauvre sans lui faire l'aumône : quand il ne lui restait plus rien, et qu'il avait vidé le tiroir où se mettait l'argent courant, le petit Julien prenait tout ce qui lui tombait sous la main dans la maison de ses parents.

Devenu prêtre, sa charité prit un nouvel essor. Vicaire à *Chatte,* il commença par se munir de l'autorisation de son curé pour faire tout le bien qu'il pourrait. — Cette autorisation équivalait pour lui à celle de se dépouiller de tout, et c'est ce qui arriva, comme nous l'avons dit ailleurs. Quand le jeune Vicaire fut nommé Curé à Monteynard, il ne lui restait que 60 centimes ; il lui fallut emprunter 20 francs, que sa sœur dut rembourser, pour se procurer des vêtements convenables, puis une autre somme pour les frais du voyage : ses pauvres avaient tout absorbé.

Le *Curé de Monteynard* poussa la charité encore plus loin ; il donnait tout ce qu'il possédait et même les vêtements de sa bonne sœur, qu'il avait fait venir auprès de lui. « *Il fallait cacher,* racontait-elle, *l'argent nécessaire aux besoins journaliers, et j'étais bien heureuse quand il ne découvrait pas mes cachettes.* »

Dans les différentes situations qu'il occupa, le Père ne

pouvait résister à la vue d'une misère quelconque ; aussi disait-il en riant, quand il apprit qu'on parlait de le choisir comme économe de la *Société de Marie*, qu'il avait mangé le bien de sa sœur et que, si on le nommait économe, il mangerait encore celui de la Société.

Toute sa vie il fit ce qu'il avait fait enfant ; quand il n'avait plus d'argent, il donnait ses habits.

Plus tard, à Paris, Supérieur de sa Congrégation, lorsque, touchée de son dénûment, une personne lui envoyait quelque vêtement, il les portait en cachette à ses chers pauvres.

« Une personne de ma connaissance, venue pour l'entretenir d'une affaire importante, le quitta profondément édifiée de sa charité ; pendant plus d'une heure, elle ne s'était pas démentie une minute au milieu d'interruptions incessantes. » (*Notes du P. Mayet.*)

Il ne savait pas refuser et le disait lui-même : « *Quand je n'ai plus d'argent à donner aux pauvres qui frappent à la porte, c'est plus fort que moi, je me sauve.* »

« Un jour le Père me demanda, raconte Fr. Charles Richerd, de l'accompagner à la « *Fosse aux lions* » ; c'était le repaire de tout ce qu'il y avait de plus dégradé dans Paris. Il y était appelé pour y faire un baptême.

« Quand nous arrivâmes, le Père fut accueilli par des insultes ; mais plusieurs enfants auxquels il avait fait faire la Première Communion le reconnurent tout de suite et coururent à lui en disant : « *Mon Père ! mon Père !* » Les parents ne savaient guère ce que cela voulait dire ; mais quand ils apprirent que le Père avait fait faire la Première Communion à leurs enfants, les insultes se changèrent en vénération. »

Dans ce quartier de Paris où sa charité a su faire des merveilles, les enfants des chiffonniers disaient : « Nous ne voyons guère les agents de police dans nos quartiers, ils n'osent pas s'y frotter ; mais nous y voyons souvent le Bon Père. » Et en effet il y était béni comme la providence du Bon Dieu, parce que non content de procurer à ces pauvres gens, comme nous l'avons vu, les biens de l'âme et l'instruction religieuse, il savait secourir leurs misères corporelles avec la plus touchante bienveillance. Cette œuvre si belle de la Première Communion des Adultes, qui sauva tant d'âmes d'enfants, d'adultes, et avec eux et par eux celles des parents et des malheureux de toute espèce, lui était une occasion d'exercer son incomparable charité, car l'aumône spirituelle de l'instruction religieuse ou de la conversion était toujours accompagnée de l'aumône matérielle. Il fallait habiller les enfants et quelquefois même les parents, pour qu'ils pussent assister à la Première Communion.

Le matin, lorsqu'il devait prendre une voiture, souvent il faisait entrer le cocher et lui disait : « *Allons, mon brave, venez prendre un peu de café, cela vous réchauffera.* » Aussi ceux des environs étaient-ils toujours prêts lorsqu'on les appelait au faubourg Saint-Jacques.

Les Pauvres ne manquaient pas dans le quartier qu'habitait le Père, et Dieu seul sait les nombreuses aumônes qu'il fit toujours, et où il prenait l'argent nécessaire. Jamais la divine Providence, à laquelle il s'abandonnait en toute confiance, n'a fait défaut à sa prodigue charité.

On ne peut dire tout le bien que fit le Père autour de lui, n'ayant pas de ressources personnelles, mais sachant puiser à pleines mains dans les trésors de sa confiance en Dieu.

Il écrivait, le 1er août 1860, cette parole qui lui convenait si bien : « *Quand un homme est puissant en amour, il est puissant dans la charité...* »

CHAPITRE XVII

De sa Prudence héroïque.

Ce qu'est la prudence héroïque. — Le Père fut doué toute sa vie d'une prudence héroïque. — Le propre de la prudence étant de savoir choisir les moyens les plus aptes à l'acquisition et à la pratique des vertus, dont elle est la régulatrice, si dans un Serviteur de Dieu elle manque d'héroïcité, les autres vertus cardinales en seront, elles aussi, dépourvues ; mais, par contre, si cette héroïcité est mise en pleine lumière et en pleine évidence, elle entraînera de soi l'héroïcité des autres vertus.

La prudence existe au degré héroïque dans un Serviteur de

Dieu, lorsque facilement, promptement, avec joie, sans calculs humains, on cherche les moyens les plus aptes à procurer le salut éternel : « *facile, expedite et delectabiliter, absque humano ratiocinio, eligat media efficaciora ad salutem æternam consequendam.* » Telle fut la vertu de notre Père Eymard ; car toujours, depuis son enfance jusqu'à sa mort, son âme resta uniquement orientée vers les choses divines, préoccupée des intérêts de l'éternité, oublieuse du monde, qu'elle n'a jamais ni connu, ni aimé, ne vivant que pour Dieu et procurer sa gloire et prenant toujours les moyens les plus efficaces pour l'obtenir.

Sa prudence dans son enfance. — Dès son bas âge, comme nous l'avons dit déjà, éclairé d'En-Haut d'une lumière spéciale, il avait mesuré, pesé les choses de ce monde et fait son choix : « *Je serai prêtre* », avait-il dit, et cela n'ayant encore que quatre ou cinq ans, âge auquel l'enfant d'ordinaire est incapable de comprendre et de juger.

Aussi, tandis que ses petits camarades se divertissaient, lui s'éloignait pour aller prier Dieu. Son bonheur était de faire de petits autels, de dire la messe, de donner la bénédiction, d'entraîner les plus pieux de ses petits compagnons à prier avec lui.

Jamais à l'église, quand sa mère l'y portait, il ne montra un mouvement de fatigue, demandant à quitter le lieu saint.

Nous avons dit ailleurs sa piété précoce envers le Très Saint Sacrement ; nous avons dit aussi sa prudence à s'éloigner des enfants trop volages, ou qui ne comprenaient rien aux choses de la piété.

Sa prudence dans sa jeunesse. — Sa prudence se manifesta et se maintint sans défaillance pendant la longue période des années de sa jeunesse, alors qu'il devait lutter contre la volonté de son père pour suivre celle de Dieu qui l'appelait au sacerdoce. Si l'héroïcité se montre quelque part, c'est bien ici : car aucun obstacle ne put jamais le décourager, ni ralentir son ardeur.

Vers dix ans, son désir et sa résolution du sacerdoce se confirmèrent aux pieds de la sainte Vierge. Il fit alors le pèlerinage de Notre-Dame du Laus à cette intention, voulant connaître la pensée de Dieu sur lui ; et là un missionnaire l'encouragea et lui affirma que le Bon Dieu voulait qu'il fût prêtre.

A la mort de sa mère, arrivée lorsqu'il avait dix-sept ans, il prit aussitôt Marie pour sa mère, lui confiant la réalisation de ses désirs du sacerdoce.

Sa prudence en face de sa vocation ecclésiastique. — Il ne recula devant aucun obstacle pour répondre à sa vocation qu'il savait venir de Dieu. Il accepta au collège de La Mure, son pays natal, l'humiliation de se mettre au service de l'Instituteur, afin d'avoir la possibilité d'étudier le latin ; plus tard, dans le même but, il servit à Grenoble l'Aumônier de l'hôpital Saint-Robert ; de retour à son pays natal, il partit bientôt pour Marseille, chez les Oblats de Marie, croyant avoir trouvé du même coup la vie religieuse, la vie de missionnaire et la possibilité de faire des études régulières.

Et lorsque, dix mois plus tard, la maladie l'obligeait de rentrer chez son père et de rester deux ans dans l'inaction, il attendit patiemment l'heure de Dieu, sans défaillance, comme sans découragement. L'espoir d'être prêtre ne l'abandonna jamais, même au plus fort du mal.

« Un jour qu'il était presque mourant, raconte le P. Mayet dans sa notice, quelqu'un ayant exprimé la crainte que cela n'arrivât pas, il se réveilla de sa demi-agonie pour répéter : *Je dirai la sainte messe, je dirai la sainte messe !* »

A la mort de son père, arrivée en 1831 (il avait alors vingt ans), il n'hésita pas un seul instant, — et jouissant d'une liberté longtemps attendue et chèrement acquise, il partit pour le Grand Séminaire de Grenoble.

Sa prudence en face de sa vocation religieuse. — Sa prudence se manifesta encore particulièrement lorsqu'il résolut d'entrer dans la vie religieuse.

Il avait prié longtemps, consulté son directeur, cherché à connaître avec certitude la volonté de Dieu sur lui : dès qu'elle fut acquise, il n'hésita pas un seul instant, il n'en recula pas d'un jour ni d'une heure l'exécution : malgré les larmes de sa sœur, malgré le bien qu'il faisait dans cette paroisse de Monteýnard, où ses paroissiens l'adoraient, aucune considération ne l'arrêta. Dieu l'appelait ; cela lui suffisait : « *Dieu m'appelle aujourd'hui, demain ce serait trop tard.* »

Sa prudence à Belley, à Lyon, à La Seyne. — Sa prudence se montra avec éclat à Belley, lorsque ses Supérieurs lui confièrent la charge de directeur spirituel du Petit Séminaire ; à Lyon, dans l'organisation et le développement admirables du Tiers-Ordre de Marie ; à La Seyne, dans la direction du Collège des Maristes. Nous en avons parlé aux Chapitres IV, V et VI. Partout sa prudence lui fit éviter les écueils qui se rencontrent dans des Œuvres qu'il fallait relever, reprendre *a fundamentis* et qui demandaient une impulsion nouvelle ; les écueils aussi du succès, de l'influence acquise, de la vénération qui s'attache à la sainteté, il les évita. Le regard de l'intention toujours tourné vers Dieu, ne travaillant que pour Lui, le Père restait indifférent aux témoignages dont on l'entourait, et il a pu dire cette belle parole déjà citée : « *Je ne me suis jamais occupé dans mon âme avec personne* (1). »

Sa prudence à l'époque de sa sortie la Société de Marie. — Les événements de sa vie où éclate à l'évidence sa prudence héroïque furent ceux qui précédèrent sa sortie de chez les Maristes et firent de lui le fondateur de la Société du Très Saint Sacrement.

(1) Dans une lettre testimoniale adressée à Pie IX le 26 novembre 1858, Mgr l'Evéque de Gap, parlant de la prudence du Père, commençait ainsi :

« Joannes Iræneus Episcopus Vapencensis cui jam abhinc viginti annis pietas, *prudentia*, scientia et zelus venerabilis Petri Juliani Eymard Superioris Societatis SS^{mi} Sacramenti Parisiis fundatæ, nota sunt : fine, mediis spirituque ejusdem Societatis attente ac mature coram Domino perpensis, compertum persuasumque habens tale Institutum cultus erga SS^{mam} Eucharistiam augmento et dilatationi, animarum saluti, cleri regularitati et fervori, cœlestiumque donorum abundantiori effusioni summopere profecturum..... »

La lettre testimoniale de Mgr Wicart, adressée également à Pie IX le 29 novembre 1858, parle aussi de la prudence du Serviteur de Dieu :

« ..... Insuper de faustis hujusce pii Instituti initiis certiores effecti ac de pietate zeloque et eximia prudentia supralaudati moderatoris admodum in Domino confidentes..... »

Nous avons consacré à les raconter le Chapitre VII, qui montre avec quelle pureté d'intention agissait le Serviteur de Dieu et de quelles lumières il s'entourait pour connaître sûrement la volonté divine en une affaire si délicate et de si grave importance.

Pendant cinq années, il pria, consulta, fit pressentir deux fois la pensée de Pie IX, celle du P. Colin, fondateur des Maristes, qui approuvait le projet ; Dieu parla aussi à Fourvière, en janvier 1851, et à La Seyne, le 19 avril 1853.

Lorsqu'il eut obtenu du R. P. Favre la dispense verbale de ses vœux, le Père proposa lui-même une dernière épreuve : il remit tout en question, et, partant pour Paris où il n'était connu de personne, il se mit en retraite, exposa les raisons pour et contre, faisant abstraction de l'attrait intérieur qui le poussait, pour rester dans une sainte et totale indifférence, prêt à rentrer à Lyon si les trois Evêques qui étudiaient sa question décidaient qu'il n'y fallait plus songer, mais résolu à agir et à se dévouer à cette fondation s'ils affirmaient que Dieu la voulait.

Dans une lettre du 7 mai 1856, écrite pendant cette Retraite à Mlle Guillot, le Père montre bien les sentiments qui remplissaient son âme et la guidaient :

« Je suis toujours en retraite, ma chère fille en Notre-
« Seigneur, j'y resterai jusqu'au mardi 13 ; je me suis mis
« dans une entière indifférence. J'ai ouvert mon âme à un
« homme de Dieu instruit, expérimenté, sévère, et que je ne
« connaissais pas ; sa dernière parole a été : J'ai besoin de
« prier, de réfléchir et de consulter ; mardi, je vous donnerai
« ma réponse. — Quelle sera cette réponse ? je n'en sais rien.
« Ce qui me rassure, c'est que j'ai dit simplement ce qui était
« contre moi, tout ce qu'on m'a dit à Lyon. J'en ai trop dit
« pour avoir confiance naturelle maintenant : la volonté de
« Dieu se manifestera par ses organes. S'il me dit de renoncer
« à cette pensée, je serai tranquille, j'aurai fait ce que ma
« conscience a cru devoir faire ; si, au contraire, il me dit
« d'aller en avant, j'irai au nom de la sainte obéissance..... »

Sa prudence en face de sa vocation eucharistique. — Si la prudence surnaturelle consiste à mesurer les moyens au but que l'on poursuit, comment ne pas reconnaître dans le Père Eymard une prudence consommée, lorsque l'on met en regard d'un côté l'ardent désir qui dévorait son âme pour réaliser, comme il le disait, « le beau règne de Jésus-« Christ sur la terre », et de l'autre l'Œuvre qu'il fonda : groupant autour du Très Saint Sacrement des prêtres qui seront à la fois des adorateurs de la Présence Réelle et des « incendiaires » de l'amour de Notre-Seigneur en la divine Eucharistie ?

Pour réaliser une telle Œuvre, dès qu'il fut persuadé que Dieu la lui demandait, il sacrifia tout sans compter : une situation acquise par dix-sept ans de travaux, même sa vie religieuse de mariste, pour se jeter dans l'inconnu ; et, sans aucune des ressources nécessaires aux Œuvres purement humaines, appuyé uniquement sur la divine Providence, il se mit à l'œuvre, sans crainte des obstacles, heureux de souffrir, ne demandant qu'à être « le fumier de l'arbre », n'ayant d'autre ambition que d'élever un trône d'Exposition à Jésus Sacramentel et à en devenir « le premier adorateur et la première victime. »

Sa prudence dans la rédaction de ses Constitu-tions. — Sa prudence se montra également dans les travaux de sa fondation, surtout dans la rédaction de ses « Constitu-tions », qui la mettent si admirablement en relief, comme nous l'avons indiqué au Chapitre de « *Sa vocation eucharis-tique.* »

Il avait compris dès la première heure que sa Congrégation devait avoir les deux vies, la contemplative et l'active ; car si l'Eucharistie mérite d'être adorée, étant faite pour tous, elle doit aussi être prêchée.

Mais pour éviter les divisions qui dans la suite pourraient naître parmi les siens de ce dualisme et aussi pour rester dans le vrai, — car Dieu tout d'abord doit être adoré : *quæ-rite primum regnum Dei* —, il donna à la vie contemplative le pas sur la vie active, la première ne devant jamais être sacrifiée à la seconde.

Or c'est là de la vraie prudence de fondateur, qui ne se limite pas à l'heure présente, mais qui sait encore entrevoir l'avenir et le sauvegarder.

Il voulut encore que ses Constitutions fussent organisées

de manière à rendre facile le devoir de l'Adoration, qui est le premier de tous pour un religieux du Très Saint Sacrement : aussi sacrifia-t-il tout à l'adoration.

Il voulait, par exemple, que ses religieux eussent l'Office au chœur, ce qu'il appelait *l'adoration solennelle* des siens ; mais il supprima les messes conventuelles, chantées quotidiennement ailleurs, car elles auraient été une surcharge impossible à supporter longtemps en face de l'obligation du service perpétuel et personnel de l'adoration.

Dans le même ordre d'idées, comme ce service d'adoration ininterrompu et obligeant au lever de la nuit entraîne par lui-même une mortification très considérable, et qui en a arrêté plus d'un sur le seuil de la vocation, le Père ne voulut pas qu'il y eût, de règle, d'autres mortifications prescrites et obligatoires, laissant alors à la ferveur personnelle le soin d' « *adimplere quæ desunt passionum Christi.* »

Sa prudence dans ses Directoires. — Pour mieux connaître sa prudence, une prudence de fondateur, qui voit déjà l'avenir et qui sait, dans le présent, dicter les lois qui doivent guider par avance ceux qui seront les siens dans la succession des temps, il suffit de lire les « Directoires » qu'il a laissés à ses religieux et aux Servantes du Très Saint Sacrement. Ils sont marqués au coin de la plus haute sagesse, ils montrent l'homme expérimenté dans les voies de Dieu. Ils dévoilent sa vertu, sa foi, son amour de l'Eucharistie, mais aussi sa prudence admirable dans les conseils que le Père donne à ceux qui devront gouverner et les voies qu'il ouvre devant eux pour se garantir des deux extrêmes : la faiblesse et l'absolutisme, et pour maintenir dans ses deux Congrégations l'esprit qui doit demeurer toujours : esprit d'amour envers Notre-Seigneur Sacramentel, esprit de famille parmi les membres — ce qui suppose l'union et le dévouement —, esprit de vérité, qui supprime l'obstacle des divisions et des compétitions personnelles.

Un exemple : le Père donnait ce conseil plein de sagesse :

« *En tout, sachez bien apprécier chaque chose, et ne donnez à toutes les paroles et à toutes les plaintes que la portée qu'elles ont devant Dieu. Ne les jugez que comme Dieu les juge, dans la vérité. Quand vous entendez quel-*

qu'un, faites la part de sa trempe d'esprit, de son carac-
tère, de son état de peine, des émotions qui l'agitent. La
question, ainsi dépouillée de tout ce qu'elle a d'humain,
vous apparaîtra dans toute sa simplicité..... souvent dans
sa nullité..... » (Notice du P. Mayet.)

Sa prudence dans le gouvernement. — Le Serviteur
de Dieu se fit toujours remarquer par la sagesse de son
gouvernement, à Monteynard comme curé, à Belley comme
Directeur spirituel, à Lyon comme Provincial et Visiteur, à
La Seyne comme Supérieur de Collège, à Paris comme
Fondateur : partout sa prudence lui fit éviter les écueils de
l'autorité.

Il faisait bon sous un gouvernement si sage, si paternel, si
rempli de l'esprit de Dieu, si condescendant en face de la
faiblesse humaine.

M. Haas, chanoine de Gap, et le R. P. Touche ont déposé
ce qui suit au sujet du Père Eymard :

« C'était en 1841 et 1842 ; il était Directeur spirituel à
Belley. Il réglait tout comme un général, très gaîment : Nous
ordonnons, nous réglons ceci.... Signé : du quatier général, le
Père Eymard.

« *Servite Domino in lætitia* était sa devise, ne faisant pas
aller par de petites manières, mais grandement. Pour moi
cela m'a bien servi lorsque j'étais aumônier militaire : je
pensais au Père Eymard et je faisais marcher mon monde
grandement, fortement.

« A Belley il confessait tous les maîtres et presque tous les
élèves.

« Quand il parlait sur le Saint Sacrement, c'était admirable.
Comme Directeur d'âmes, il était parfait, solide comme théo-
logien. Si vous lui posiez un doute, vous ne le quittiez pas
sans avoir la solution.

« Entre professeurs, on se permettait quelquefois quelques
plaisanteries un peu vulgaires. Le Père Eymard n'y parti-
cipait jamais. Dans les récréations, il était jovialement digne
et dignement jovial. Il parlait toujours dignement. C'était le
cœur qui parlait chez lui, et de son cœur il ne pouvait sortir
rien de vulgaire. »

Le P. Montfat, mariste, a dit du Père Eymard ce qui suit :

« Le R. Père Eymard était, directeur spirituel au Collège de Belley, très aimé des élèves et des maîtres, faisant des élèves ce qu'il voulait. Quand il fut remplacé, son successeur auprès des élèves fit échec complet. Il avait sa manière à lui, très originale, de plaire aux élèves.

« Qui ne se rappelle le tambour dont il battait très bien pour réunir les élèves et donner les congés? Tout autre que lui aurait pu se compromettre, se rabaisser; mais à lui, cette manière originale réussissait très bien... »

A La Seyne, devenu Supérieur de Collège, il sut vite montrer les rares qualités de gouvernement dont il était doué, et la prudence surnaturelle qui guidait ses démarches. En peu de temps, sous une si sage direction, cet Etablissement scolaire se transforma. — Le Père avait conquis tous les cœurs ; maîtres et élèves marchaient à l'unisson et ne savaient comment exprimer leur admiration pour leur digne Supérieur.

Cette prudence éclate particulièrement lorsque l'on repasse l'histoire des douze années qui s'écoulèrent depuis la fondation de sa Société du Saint Sacrement, et que l'on voit tout ce qu'il sut faire, les diverses Maisons qu'il fonda, n'ayant pour le seconder qu'un nombre restreint de sujets.

Nous l'avons montrée encore, dans sa conduite pleine de condescendance vis-à-vis de son premier compagnon.

Aussi, au Chapitre Général qui eut lieu en juillet 1865, fut-il, malgré ses résistances, réélu Supérieur Général à vie à l'unanimité, sauf une voix.

Sa prudence comme Directeur. — Sa prudence se montre encore parfaite, lorsqu'on étudie ce qu'était le Serviteur de Dieu comme Directeur.

Son principe de direction était celui-ci : *« Je suis la grâce de Dieu et ne la précède pas; j'attends que Dieu donne grâce, et alors j'agis. »*

Il disait encore : *« Vouloir aller plus vite que le Bon Dieu, c'est de l'imprudence; ce n'est pas nous qui donnons la grâce : que pouvons-nous sur la volonté, sur l'âme, si Dieu n'agit intérieurement?*

« Vous voyez les défauts de ceux que vous conduisez; mais s'ils ne les voient pas eux-mêmes à la lumière divine,

*c'est en vain que vous les leur montrez. Priez, obtenez-leur
la grâce. Prenez garde, ce n'est pas l'homme qui sanctifie,
mais Notre-Seigneur : ne prenez pas sa place !* »

C'est dans la direction qu'il montrait la supériorité, l'élévation de son esprit, sa sage appréciation dans les choses de
l'âme, les dons qu'il avait reçus de Dieu. La vertu de prudence
est la règle et la modératrice de toutes les autres ; c'est qu'en
effet le bien qu'elle ne règle pas devient inutile ou même
dangereux. Si vous ne faites pas assez, vain travail, vous
n'arriverez jamais ; mais l'autre écueil n'est pas moins à
redouter, il ne conduit pas à de moins tristes résultats.

Le Père s'attachait surtout à faire voir l'inutilité des actes
que le Bon Dieu ne demande pas à une âme. C'est en vain
que vous voulez devancer le lever de la lumière, bâtir sans
que le Seigneur y mette la main.

Il voulait que l'on n'imposât pas aux âmes un fardeau
qu'elles ne sauraient porter longtemps sans bientôt se décourager. Le fardeau à accepter, la souffrance qui s'impose, c'est
celle que Dieu envoie, celle du devoir social à accomplir : la
grâce est là.

Le Père, dans sa direction, rendait tout facile. — Mesurant
les difficultés de l'homme du peuple pour la pratique de ses
devoirs, il se gardait bien de lui trop demander. Il disait
souvent : « *Prenez-les avec leur conscience* (bonne et droite,
bien entendu), *mais ne leur demandez pas davantage.* »

Toutes les consciences ne sont pas au même point de
lumière, cela est trop évident.

Comment vouloir qu'un homme auquel la société impose
un travail sans relâche, qui vit dans un milieu entièrement
corrompu ou irréligieux, ait des devoirs du chrétien la
connaissance qu'en ont les bonnes âmes de nos campagnes
catholiques, là où le prêtre est encore respecté et où l'on
pratique la religion ? Il est bien évident que ces consciences
ne sont pas au même point de lumière.

Il faisait un raisonnement analogue pour les adultes de son
Œuvre de la Première Communion : « *On ne se rend pas
assez compte,* disait-il, *de ce qu'est l'éducation des pauvres
enfants de Paris. Il y a une contre-religion qu'ils apprennent
seize heures par jour théoriquement et pratiquement ; et les
connaissances religieuses que nous leur enseignons trop*

rapidement pendant quelques jours et bien imparfaitement seraient de nature à éviter ou contrebalancer ce mal-là ?

« Pour les passions, ils ont sous les yeux un scandale perpétuel et universel ; scandale qu'on justifie par le naturalisme, et qu'on légitime tant qu'il n'atteint pas les derniers excès.

« Pour l'autorité religieuse, elle leur est rendue odieuse et méprisable par tous les moyens possibles.

« On dira : Mais la conscience parle plus haut que cela ! Non : la conscience vit de la lumière qu'on lui fournit. Ceux qui, arrivés plus tard à la pleine lumière, ont commencé par vivre dans un milieu qui n'était pas chrétien, savent les impressions, les obscurités qui les ont enveloppés, les préjugés qui naissent des propos que l'on entend tenir tous les jours : l'esprit et le cœur finissent par recevoir un pli que l'on ne redresse pas facilement. »

Ces remarques judicieuses sont bien d'un homme animé de la prudence divine.

Le 16 février 1866, il écrivit à la M. Marguerite les conseils suivants qui montrent sa sagesse de Directeur :

« ..... Prenez le bien de chacun, servez-vous-en pour le
« bien de l'Œuvre du Bon Dieu ; quant aux défauts, aux coups
« d'épingles, au crucifiement personnel, tout cela est le fumier
« de l'arbre ; servez-vous de tout, mais seulement pour le
« service du Maître.

« Tout ce qui me console : Notre-Seigneur est adoré, il
« reste sur son trône de grâce, il honore son Père, il sauve
« les âmes. — Qu'importe à la porte le bourdonnement des
« cousins qui piquent, des vents qui sifflent, des mouches qui
« ennuient ? Tout cela laisse tranquille l'adoration. — Soyez
« tranquille sur l'avenir de votre petite Société : *elle sera*
« *grande et sainte ;* seulement il faut que chacune de vos
« filles vous fasse mourir deux fois pour sa vocation et sa
« persévérance. C'est par la mort qu'on achète la vie divine :
« ..... *Laissez faire Dieu, vous savez qu'il m'a toujours*
« *béni au delà de mes désirs, malgré ma si grande indi-*
« *gnité et misère..... »*

Sa prudence en face d'un cas exceptionnel. — Parmi ses religieuses, les Servantes du Très Saint Sacrement, il y en eut une qui était douée de dons extraordinaires; elle lisait dans les consciences, avait des extases, souffrait la douleur des stigmates, mais sans les plaies visibles, était très versée dans la science de la sainte Écriture et des états d'oraison; mais par contre, on la voyait personnelle, impatiente, n'ayant pas toujours la charité qu'on aurait dû trouver chez elle.

Le Père la dirigea de longues années, et à une époque croyait à ces manifestations qui lui semblaient être des opérations surnaturelles. Mais il affirma qu'il ne s'est jamais servi de ce que cette religieuse avait pu lui dire et de ses appréciations sur les personnes pour diriger sa Société : *« J'aurais cru me rabaisser et prévariquer en la consultant sur les fondations à faire et sur le supériorat de la Société : je ne l'ai jamais fait. »* (Conversation du frère Albert, 7 mai 1868.)

Préoccupé de cet état extraordinaire et des contradictions qu'il rencontrait chez cette religieuse, le Père voulut prendre conseil. Il consulta le R. P. Gaultier; celui-ci répondit que sa science se trouvait à court devant un tel contraste. Il vit le R. P. Bouix, qui affirma que le démon pouvait produire les effets merveilleux dont nous avons parlé plus haut, mais se refusa de décider la question.

Le Père fit plus, il en parla deux fois au Souverain Pontife Pie IX; il l'écrivit au P. Leroyer dans une lettre de Rome du 10 décembre 1864 :

« J'en ai parlé une deuxième fois au Saint-Père, il m'a tracé des règles bien sages à son sujet. »

Cette méthode du Père en une affaire si délicate et d'un discernement si difficile montre avec quelle prudence il agissait dans la direction des âmes.

Sa prudence dans la correction d'un abus. — A Angers le Père vit, chez les Servantes du Saint Sacrement, une religieuse venir demander à la R^{de} M. Marguerite une permission, en se mettant devant elle à genoux; voyant en cela une coutume qui était une sorte d'empiétement sur les droits de Notre-Seigneur, quelque chose qui blessait l'esprit de la vocation, il s'écria tout indigné : *« A genoux! et pourquoi cela? — le faisons-nous, nous? — Quoi! vous ravissez à Notre-Seigneur la seule posture qui convienne à ceux qui* *le prient ! — Si cela ne cesse, vous ne me verrez plus jamais.* » On touchait à l'honneur de son Maître, c'était supplanter Notre-Seigneur, se faire la fin de sa Société !

Saint François d'Assise n'avait-il pas prononcé une parole analogue, lorsqu'il répondait à l'un de ses frères qui touchait à la sainte Pauvreté en lui demandant de garder des livres : « Mon frère, je ne veux pas à cause de vos livres corrompre le livre de l'Evangile, suivant lequel nous avons promis de n'avoir rien en ce monde? »

Sa prudence ne se dément jamais. — Il unissait à la prudence du serpent la simplicité de la colombe, n'usant jamais de duplicité ou de subterfuges, parlant et agissant avec sincérité et droiture, ne cherchant autre chose en tout que la gloire de Dieu et le vrai bien du prochain. Et cette simplicité d'âme, et cette rectitude d'intention étaient tellement connues, que tous dans leurs besoins recouraient à lui, assurés de recevoir de lui les lumières et les conseils que sa prudence et sa foi lui suggéraient pour leur plus grand bien.

La vertu de prudence du Serviteur de Dieu a brillé en lui au degré héroïque dans beaucoup d'autres événements de sa vie et dans d'autres actes et paroles.

CHAPITRE XVIII

De sa Justice héroïque et des vertus annexes.

§ I. — LA RELIGION.

La fondation de sa Congrégation manifeste sa religion envers Dieu. — La vertu cardinale de justice embrassant tout d'abord la *Religion* et la *Pénitence,* — ce que nous devons à Dieu comme premier principe et fin dernière, et ce que nous devons à l'homme, créature déchue et prévaricatrice —, nous pouvons affirmer sans crainte que le Serviteur de Dieu pratiqua l'une et l'autre vertu à un degré héroïque.

Pour reconnaître s'il pratiqua la justice envers Dieu à un degré héroïque, il suffit de voir ses Œuvres, les deux Congrégations religieuses qu'il a fondées et qui ont pour mission directe et immédiate de rendre à Dieu l'honneur, la gloire et l'adoration qui lui sont dus.

Car tel est en réalité le but unique que s'est proposé le Serviteur de Dieu en fondant. Il voulait rendre à Notre-Seigneur Sacramentel présence pour présence, amour pour amour, don pour don, appeler tous les chrétiens à se grouper autour de Jésus-Eucharistie.

Si tous les Saints se sont efforcés personnellement de rendre à Dieu le culte qui lui est dû, le Père Eymard, lui, créa une Congrégation de Prêtres et une de Vierges, dont le but est *d'adorer* Dieu perpétuellement pour tant de millions d'hommes qui ne l'adorent pas ou qui le blasphèment; *de rendre grâces* pour les bienfaits innombrables de Dieu, qui ne rencontrent trop souvent pour réponse que l'ingratitude des hommes; *de faire réparation* pour les péchés sans nombre qui se commettent ici-bas; *de prier*, pour attirer sur l'Eglise et le monde entier les bénédictions célestes.

C'est cette pensée de l'honneur de Dieu méconnu qui a été l'origine de ses fondations : « *Tous les mystères de Notre-Seigneur ou de la sainte Vierge ont un corps religieux qui les honore; seule l'Eucharistie n'en a pas.* »

Dans un des premiers textes de ses Constitutions (de 1863), le Père avait même indiqué que *cette vertu de religion* devait être comme la note caractéristique de sa Congrégation, tellement il avait à cœur de rendre à Dieu l'honneur et l'adoration qu'il mérite. Il disait : « *Sit virtus religionis corona Nostrorum regia et totius eorum vitæ quasi character et nota : ita ut, si ab aliis paupertate, scientiá, zelo externo superantur, in servitio autem Dominico se a nemine vinci sinant.*

« *Sciant omnes, hujus superexcellentis virtutis professione, ad cultus interni et externi devotionem et professionem se alligatos et mancipatos esse, ac proinde omnia sua ad hujus perfectionem esse dirigenda.* »

Son zèle de la liturgie. — Comme conséquence de cette vertu de religion qui était si vivante en son âme, le Père avait aussi un ardent désir de voir scrupuleusement suivre les prescriptions de la sainte liturgie.

Nous devons honorer Dieu, non selon nos vues personnelles, mais de la manière dont Dieu lui-même veut être honoré : or, c'est à l'Eglise qu'il appartient de fixer le culte qui convient à Dieu.

Par respect pour la Présence Réelle, il avait prescrit aux siens de garder au chœur le silence le plus absolu, comme déjà nous l'avons dit ailleurs, « *strictissimum silentium.* »

Il voulait que ses religieux fussent non seulement exacts à observer toutes les prescriptions du culte, mais pleins de zèle à propager partout cet amour de la liturgie.

Il voulait encore que ses églises fussent des modèles où l'on viendrait apprendre et goûter les beautés du culte, et de la liturgie romaine.

Dans ses Constitutions de 1863, le Père, au chapitre « *De rituali observantia* », avait dit :

« *Habeant omnes Nostri ut divini Cultus legem inflexibilem et supremam omnes Sanctæ Romanæ Ecclesiæ leges rituales, decreta ac observantias.*

« *Studiis liturgicis maximo cum studio incumbant ; ut in sacra eorum observatione sint superexcellentes et aliis utiles ac commendabiles.*

« *Ad sacrarum cæremoniarum disciplinam et diffusionem se devoveant, ut sic Dominus noster cultu legitimo et pio ab omnibus honoretur.* »

Ce chapitre montre assez quels étaient ses pensées et son amour pour le culte de Dieu. Il aimait trop Notre-Seigneur pour ne pas vouloir l'honorer selon les lois de la sainte Eglise.

Le 24 février 1866, il écrivait de Bruxelles au P. de Cuers :

« ... J'organise le culte romain de toutes mes forces. Le « coup est fait. On a crié un peu, surtout le Père..... Je lui ai « dit, ainsi qu'à tous : Nous sommes venus pour Notre- « Seigneur, avec la loi liturgique de la sainte Eglise, et rien « ne nous fera changer ; nous observerons les prescriptions « de l'Ordinaire, c'est liturgique. »

Sa justice envers le prochain. — Le Père ne lésa jamais la réputation du prochain. Il était sur ce point d'une vigilance extrême et ne permettait pas que l'on manquât devant lui à la charité due au prochain.

Il savait au besoin prendre sa défense, montrer les qualités au lieu de ne voir que les défauts, excusant l'intention quand l'action ne pouvait l'être.

Il voulait que l'on payât largement les ouvriers occupés à des travaux dans sa maison, et aussi que les dettes des fournisseurs fussent soldées sans retard. Lorsqu'il achetait dans une boutique un objet quelconque, il trouvait toujours qu'on le vendait trop bon marché, s'étonnait que l'objet pût être livré à un prix aussi modique, disait que le marchand ne pouvait pas gagner sa vie en livrant à des prix si réduits.

Sa gratitude. — Le Serviteur de Dieu ne manqua jamais de pratiquer la *gratitude* et de témoigner sa reconnaissance aux personnes bienfaitrices de ses Œuvres ou de sa Congrégation.

Il se croyait débiteur envers elles de leurs libéralités pour le culte ou pour sa famille religieuse ; il ne savait quels moyens prendre pour exprimer ses sentiments, il voulait que les siens priassent souvent pour elles. « *Je donnerais mes souliers*, dit-il un jour, *pour témoigner ma reconnaissance.* »

§ II. — LA MORTIFICATION.

Le principe du renoncement. — Le Père, tout en rendant à Dieu l'honneur qui lui est dû comme au premier Principe et Souverain Seigneur de toutes choses, s'efforça aussi de réparer par la mortification l'honneur qui lui était ravi par le péché.

Nous parlerons au Chapitre « *De sa vertu de tempérance* » de sa mortification corporelle, mais ici nous voulons dire un mot de sa mortification intérieure, de son esprit de renoncement personnel.

Le Père voulut faire du renoncement la vertu fondamentale de ses religieux, non comme principe, mais comme conséquence pratique du principe d'amour.

En face de l'Eucharistie qui apporte à tous les chrétiens la preuve de l'amour personnel de Dieu pour chacun d'eux, il crut qu'il n'y avait qu'une réponse valable : aimer Notre-

Seigneur. L'amour doit donc être à la base de la vie eucharistique. Mais l'amour qui ne veut pas rester une vaine parole n'est autre chose que l' « *abneget semetipsum* » de Notre-Seigneur, le renoncement qu'il exige de tous ceux qui veulent le suivre.

Le Père, comme nous l'avons dit ailleurs, résumait d'un mot cette vérité, en demandant à ses religieux de vivre « ABSQUE SUI PROPRIO » ; mais l'amour devait être le motif déterminant de ce renoncement.

Il ne voulait pas de la vertu pour elle-même, il la voulait comme d'un moyen de meilleur service du Très Saint Sacrement.

Il transportait dans la vie surnaturelle le principe que la mère applique chaque jour dans la vie naturelle. Elle aime ses enfants et se dévoue pour eux : ainsi doit être notre amour envers Dieu.

En exigeant le renoncement comme vertu dominante, fondamentale des siens, il voulait donc assurer chez eux un amour qui donne perpétuellement ses preuves, qui s'oublie, qui est humble, qui est vrai : « *Non diligamus verbo, neque lingua, sed opere et veritate.* »

La pratique du renoncement. — Le Serviteur de Dieu pratiqua cette doctrine du renoncement avant de l'enseigner aux autres. Il écrivait sur son cahier de Retraites personnelles, p. 97, dès les commencements de sa vie religieuse : « Fruit de ma retraite du 21 septembre 1841. La pensée du « renoncement m'a fortement impressionné, le renoncement « sur le support, montrant toujours une humeur égale, sainte- « ment gaie, calme, évitant de montrer à l'extérieur une « sensible émotion, un sentiment d'impression forte, mais dire « mon sentiment d'un air calme, exposant et ne tranchant « jamais, motivant en cas convenable mon sentiment.

« Je sens que Jésus-Christ veut de moi une victoire quoti- « dienne de l'*antipathie* ; n'en parler jamais, ne pas raisonner, « mais m'accuser et me condamner.

« Cependant, avec la douceur unir une sainte liberté, réglée « sur la volonté actuelle de Dieu, *in œdificationem et non in « destructionem...* ? »

A sa retraite annuelle de 1845, le Père écrit encore : « Le

« Bon Dieu me pousse vers l'amour d'une vie cachée, comme
« d'éviter de faire des connaissances, des visites, un ministère
« trop en contact avec les *personnes* du monde, aussi à dire
« ma Messe dans une chapelle isolée, sans concours.....

« ..... La grande vertu que le bon Maître exige de moi, c'est
« l'abnégation de ma volonté propre, pour tout laisser sur-le-
« champ, et gaiement, et avec une sainte liberté, quand mon
« devoir me veut ailleurs, ou occupé à autre chose, recevant
« les visites avec une humeur égale et comme si je n'avais
« rien autre chose à faire. Voilà pour moi le commandement
« de l'obéissance religieuse......»

A la Fête-Dieu de la même année, le Bon Dieu avait touché
son âme, lui mettant au cœur un attrait plus prononcé pour
la sainte Eucharistie. C'était le point de départ ; mais pour
arriver au terme qui était la fondation du Très Saint Sacrement onze ans plus tard, que de renoncements à pratiquer !
Notre-Seigneur l'y prépare déjà, en le mettant dans cette
disposition de ne vouloir que la réalisation de sa sainte
volonté.

Le don de soi. — Plus tard, dans sa retraite de Nemours,
8 novembre 1866, il s'écria : « Le plus beau don que notre
« amour puisse faire à Dieu, c'est *le don de notre person-*
« *nalité, du moi,* réaliser le *Vivo, jam non ego.*

« Par les vœux de religion, on se donne à Dieu sans doute ;
« par la virginité, on se consacre à un Dieu immortel, à qui
« nous serons unis en ce monde et en l'autre ! aucune alliance
« ne peut valoir celle-là ;

« le vœu d'obéissance nous met sur la route des sacrifices,
« mais *nous l'avons choisie ;* tout en obéissant, nous gardons
« notre personnalité ; nous le faisons pour acquérir plus
« sûrement la récompense éternelle ;

« le vœu de pauvreté nous fait quitter des biens périssables
« pour en acquérir d'éternels : c'est un trafic, un marché tout
« à notre avantage.

« Mais donner sa personnalité, aimer Dieu pour lui-même,
« sans désirer ni être soutenu par l'espoir de la récompense
« du Paradis, voilà le don le plus parfait de l'amour ; devenir
« pour ainsi dire *mineur,* ne pouvoir rien recevoir, ni rien
« posséder... il faudrait pouvoir dire : « *Donnez à Notre-*

« *Seigneur*, il n'y a plus de moi, je n'existe plus, je ne suis
« qu'une fraction. — Une épouse se pare pour son époux,
« elle cherche à lui plaire ; dans un ordre beaucoup plus
« élevé, l'âme doit faire ainsi pour Notre-Seigneur. »

. . . .

« Il faut donner à Dieu sa personnalité, le moi, aimer Dieu
« pour Dieu et non pour soi, n'être plus qu'une ombre sans
« nom, sans propriété, afin que Notre-Seigneur puisse con-
« tinuer en nous son Incarnation... »

Son vœu de personnalité. — Pendant sa grande Retraite
de Rome, le 21 mars 1865, en la fête de saint Benoît, le Père
fit à Notre-Seigneur le vœu de sa personnalité.

« J'ai fait le vœu perpétuel de ma personnalité à Notre-
« Seigneur Jésus-Christ entre les mains de la très sainte
« Vierge et de saint Joseph, sous le patronage de saint Benoît.
« *Rien pour moi et rien par moi.* »

Il voulait que le mystère de l'Incarnation en fût le modèle ;
de même que la nature humaine en Notre-Seigneur n'agit que
par le mouvement de la personne du Verbe et que pour Elle,
ainsi voulait-il n'agir que par et pour Dieu.

C'est la grâce de la sainte Communion : « *Sicut misit me
vivens Pater, et ego vivo propter Patrem, et qui manducat
me, vivet propter me.*

« *Vivo, jam non ego ; vivit vero in me Christus.* »

Il ajoutait : « Ce vœu doit être le plus grand, le plus saint
« de tous les autres, puisque c'est le vœu *du moi et du moi*
« libre de se redonner toujours... »

C'est en effet le couronnement de tous les autres vœux
de religion, qu'il fait pratiquer à un degré héroïque ; il se
définit :

Le renoncement parfait du moi humain pratiqué par le
motif du parfait amour de Dieu.

Dans un de ses premiers projets de Constitutions, le Serviteur de Dieu avait formulé de cette manière ce vœu, qu'il
appelait « *vœu Eucharistique* » :

1° « *Ad divinum Adorationis officium sibi a Superiore
determinatum et præscriptum, voto eucharistico se ad-
strictos esse gaudeant omnes ; et hoc regium amoris votum
ut aliorum votorum et totius suæ vitæ gloriam et finem*

habeant, dicente Domino Jesu : Qui manducat me, et ipse vivet propter me.

2° « *In eucharistico Domini Nostri Jesu Christi servitio perfectiora semper æmulentur et digniora, ut supremo honore et summa devotione Regi regum serviatur.* »

Au Père qu'il avait nommé son Maître des Novices, il écrivait, le 5 mars 1866 : « .... Oui ! bon Père, sans mortification, « pas d'hommes religieux possibles et véritables : toutes ces « piétés à l'eau de rose, aux sentiments de joie et de bon- « heur, sont comme ces voyages en bons vagons : je n'y ai « plus foi, ni confiance.... Il faut donc faire avant tout des « hommes de vertu, c'est-à-dire des hommes de sacrifice. « Après tout, Notre-Seigneur a posé les bases de la perfec- « tion évangélique : *abneget semetipsum.* Quiconque aime sa « liberté, ses aises, sa petite santé, ses petits privilèges : tout « cela n'est pas l'*abneget* mais l'amour *de soi.*

« Dieu a permis que nous ayons fait là-dessus des expé- « riences assez sanglantes, et il ne faut plus transiger : tout « homme que l'on ne peut pas amener à cette vertu d'abnéga- « tion personnelle, il faut l'éprouver graduellement et enfin « le renvoyer.... »

De Gand, 14 avril 1866, il lui écrivait encore : « ..... Ah ! *le* « *personnel,* voilà le grand ennemi à poursuivre et à chas- « ser : dans le Ciel, l'ange orgueilleux ; dans l'Eglise, les « hérésiarques ; dans la vie religieuse, les égoïstes. Voilà le « cri de mort et de vie qu'il faut répéter sans cesse : *Si quis* « *vult post me venire, abneget semetipsum;*

« le *Sine sui proprio;*

« l'*Oportet autem illum crescere, me autem minui.*

« Courage, cher Père : en ce combat, vous avez beaucoup « vu et gagné ; il était bon de vous voir à l'œuvre et aussi « Dieu avec vous.... »

Le 18 janvier 1868, il écrivait au même Père : « Ah ! cher « Père, Dieu vous a montré tout le secret de la vie religieuse « et même de la vie chrétienne dans cette pensée : *Mortifi-* « *cation souveraine pour le devoir d'abord.* Tout est là : « c'est la racine de l'arbre, c'est la sève des vertus et de « l'amour vrai de Dieu. Sans cette mortification, il n'y a plus « que l'amour-propre qui domine et gâte tout. Ah ! tenez-y « avant tout, en tout et malgré tout.

« Dieu vous aime. C'est la ligne droite qu'il vous a montrée,
« l'*Abnegel semetipsum*, le *Semper mortificationem Christi*
« *in corpore nostro circumferentes*, la *vie par la mort*.

« Mais il faut bien convaincre vos novices de cette loi
« première et leur faire pratiquer les Règles à la lettre dans
« ce qui est positif.... »

Enfin le 20 juin 1868, cinq semaines avant sa mort, le Père,
revenant sur cette même pensée, écrivait encore au Père
Maître des Novices :

« ... Assurément, c'est un principe premier : sans mortifi-
« cation, pas de vertu ; sans esprit de mortification, pas de
« progrès possibles. *On ne va à la vie spirituelle que par
« la mort*. Vous avez été bien inspiré, cher Père ; soutenez
« l'inspiration.

« Oh ! que vous êtes heureux ! que j'envie votre grâce
« d'être loin et hors du monde !... »

§ III. — DE LA VÉRITÉ.

Le principe de la vérité. — Le Serviteur de Dieu fut
un disciple scrupuleusement fidèle de la *vérité*. Sa nature, la
loyauté et la noblesse de son caractère auraient arrêté sur
ses lèvres le mensonge ou la dissimulation ; mais un motif
plus relevé lui faisait regarder comme un devoir absolu de
pratiquer la vérité, étant par sa vocation religieuse eucharistique serviteur de Celui qui s'est appelé « la Vérité », *Ego
sum Veritas*.

Bien plus, il avait tellement compris l'importance *sociale*
de cette vertu qu'il en fit un des principes fondamentaux de sa
Congrégation. « *Veritatis testes fideles ac discipulos concor-
diales in omnibus se præbeant : est enim Jesus rex veritatis
pro qua decertare debent milites ejus ut digni sint Capite
suo.* » (Const., 1ª p., cap. XII, n. 4.)

Il veut que le menteur soit expulsé sans pitié de sa Congrégation. Il en coûte de dire la vérité : saint Jean-Baptiste,
Notre-Seigneur, les martyrs le savent ; mais une âme droite
se la doit à elle-même autant qu'elle la doit aux autres. Le
« *est, est ; non, non* » de Notre-Seigneur, il sut le pratiquer
fidèlement. Un de ses amis, l'abbé R., a dit de lui : « Sa

droiture était telle, qu'elle aurait fait crier au blasphème, si l'apparence d'un soupçon sur sa probité avait été manifestée. »

En 1863, il se trouvait à Rome pour obtenir l'approbation de sa Congrégation. Le Décret allait être signé, lorsqu'une calomnie indigne fut lancée contre lui et mit tout en suspens.

Le Père saintement irrité alla trouver Mgr le Secrétaire de la Sacrée Congrégation : il lui affirma qu'une telle accusation était une pure calomnie, il demanda une enquête; mais sa parole, sa protestation portait avec elle un tel accent de vérité que Mgr le Secrétaire se persuada facilement que le Père disait vrai. « Cela suffit, lui dit-il, demain je verrai le Saint-Père et je le dissuaderai. » Quelques jours après, le Père recevait le « Décret d'approbation. »

En 1865, lorsqu'il s'occupait de la fondation d'une Maison d'Adoration au Cénacle, au moins à Jérusalem, la calomnie l'y suivit encore et on l'accusa de nouveau. Voici comment répond le Père à Mgr le Secrétaire de la S. Congrégation de la Propagande : « La dignité ou la gravité des personnes qui « nous imputaient de pareils faits pouvaient sans doute avoir « un commencement de preuve. Mais cependant j'étais là « accusé sans le savoir. Si le secret environne vos délibéra- « tions si graves, Monseigneur, l'examen veut la discussion. « Or avec le saint Evangile qui dit : « *Est, est; non, non* », « j'affirme d'une manière absolue et sans équivoque aucune « que les faits sont tous faux, que nous n'avons, aucune « religieuse, ni aucune personne auxiliaire ou unie à notre « Œuvre proposée de Jérusalem... » (*Lettre du 8 mai 1865.*)

On peut affirmer sans crainte que le Père n'a jamais commis un seul mensonge dans toute sa vie, il en était comme incapable.

Dans cet esprit de droiture, qui était un des attraits de son noble caractère, il voulait qu'aucune fondation ne fût faite sans le bon vouloir de l'Ordinaire du lieu, et qu'alors on exposât avec simplicité le but de l'Institut. « *Que l'on prenne garde, ajoutait-il, de ne pas chercher par des protections, ou des motifs humains, à capter l'assentiment de l'autorité, mais que plutôt de telles fondations soient abandonnées, car viciées dans leur origine elles ne seraient par bénies de Dieu.* » (Iᵃ p. Constit., cap. XXXI, n. 1.)

§ IV. — Son Obéissance.

Sa vertu d'obéissance envers ses parents. — Le Serviteur de Dieu fut l'homme de l'obéissance. Toujours il pratiqua cette grande vertu dans sa perfection. Il perdit sa mère à l'âge de dix-sept ans et son père trois années plus tard ; sa sœur, qui l'avait suivi jusqu'à l'époque de son grand séminaire et resta avec lui jusqu'à son entrée chez les Maristes, disait qu'elle ne se rappelait dans sa jeunesse que deux imperfections contraires à cette vertu. Nous les avons citées déjà, p. 7.

C'est bien l'exception qui confirme la règle, et ces faits prouvent, à leur manière, combien cette âme droite savait suivre le droit chemin de l'obéissance.

Pendant le temps de son grand séminaire, sa conduite fut toujours irréprochable, et il resta pour ses condisciples un modèle qu'il leur suffisait de regarder pour se sentir portés vers Dieu.

Son obéissance comme religieux Mariste. — Cette vertu d'obéissance qu'il avait si parfaitement pratiquée dans sa jeunesse, au Grand Séminaire, pendant les cinq années de son ministère paroissial, ne fit que se développer et briller d'un nouvel éclat dans la vie religieuse. Il était l'enfant de sa Société, il l'aimait et la servait comme l'on aime et l'on sert sa mère.

Quatre années à peine après son entrée chez les Maristes, son Supérieur Général le nommait Provincial, puis Visiteur, charges qu'il exerça plusieurs années, ce qui montre la haute estime que l'on avait de son zèle et de sa vertu. — S'il n'avait pas été dans la main de Dieu en restant dans celle de ses supérieurs, on ne lui eût pas témoigné cette confiance,

Le 22 décembre 1849, il écrivait à Mlle Guillot ces paroles qui dévoilent bien son esprit d'obéissance. Il était alors, à Lyon, Visiteur Général de la Société de Marie et Directeur du Tiers-Ordre.

« Le-Tiers Ordre m'occupe, me réjouit, me console. Je
« voudrais faire mille fois plus pour la perfection de ces
« bonnes âmes, mais ma devise est : Tout faire par obéis-

« sance, tout laisser par obéissance, ne rien désirer hors de
« l'obéissance, partir demain pour ne plus revoir Lyon, les
« personnes auxquelles je suis tout dévoué en Dieu, vivre et
« mourir dans le coin d'une étable ou sur une grande route,
« ne vouloir même pas qu'on parle de moi après ma mort,
« être confondu avec les pauvres. Voilà ce que je désire et
« que je vous prie de demander pour moi... »

Touchant *son obéissance envers ses Supérieurs*, le P. Mayet,
dans sa notice du Père (Livre VIIe), a écrit ce qui suit : « A
une certaine époque, il reçut une lettre d'un Supérieur de la
Société de Marie qui dut souffrir beaucoup en la lui écrivant,
car il lui notifiait de la part du Vénéré Fondateur des Maristes
la défense *in virtute sanctæ obedientiæ* de faire telle ou telle
chose (1). Lui, si obéissant et à qui un seul petit avis eût
suffi, ce fut pour son âme sensible un rude coup. Je le vis à
cette époque ; lui qui me disait tout, ne m'en dit pas un mot,
ce qui me causa une grande édification, quand j'appris cette
circonstance : il ne se permit aucune plainte ; mais il fut
malade. »

Le P. Mayet ajoutait à la suite un autre fait qui montrait
bien l'esprit d'obéissance du Serviteur de Dieu : « Le Père
Eymard reçut un même jour, coup sur coup, de la part du
Père Général, deux lettres sévères ; il lui adressait plusieurs
reproches dont quelques-uns reposaient sur des renseignements erronés. Le Père Eymard me dit : « *Dieu soit béni !
Cela me fait du bien, m'enfonce dans le recueillement ; j'en
avais besoin. — Puis, c'est le signe de quelque grande
grâce que Dieu va m'accorder.* » Il souriait, tout en ayant
l'air un peu accablé. — On l'engageait, dans une de ces
feuilles, à se hâter de faire une lettre d'excuses au T. R. P.
Colin. Il m'ajouta : « *Je la ferai demain, je ne crains pas
de m'humilier, de demander pardon et pénitence. Ce n'est
pas pour l'homme que j'agis ainsi, c'est pour Dieu !* »

Les circonstances de cette épreuve étaient propres à le
confusionner : elles l'obligeaient à un pas en arrière vis-à-vis
de ses inférieurs. — Il dit à un Père Mariste (le P. Mulsant), le

(1) Très probablement le P. Mayet fait ici allusion au Tiers-Ordre de
Marie, dont le Père était directeur : on lui ordonnait de ne plus s'en
occuper.

jour même : « *Dieu a daigné répandre sur moi de précieuses faveurs : j'ai reçu une lettre qui m'a fait beaucoup
de peine; cela sert à nous maintenir dans l'humilité.* »
(Notice du P. Mayet.)

Son obéissance au Pape. — Le Serviteur de Dieu pratiqua toute sa vie la plus parfaite obéissance.

Il aimait trop le Très Saint Sacrement pour ne pas tout
d'abord être obéissant au Pape, Vicaire du Christ qui institua
l'Eucharistie; et du Pape, cet amour, il le reportait aussi sur
les Evêques, consécrateurs des Prêtres, et sur les Prêtres,
consécrateurs du Très Saint Sacrement.

A son retour de Rome, après avoir reçu de Pie IX, le 5 janvier 1859, le Bref Laudatif, il racontait aux Servantes du Très
Saint Sacrement ce succès inespéré et s'écriait :

« C'est Pie IX, cette grande et aimable figure de notre
« siècle, Pie IX qui a tant souffert pour l'Eglise, qui a donné
« à la Très Sainte Vierge une si belle couronne et conquis à
« Jésus-Christ tant de nations, ce Pontife que les âges futurs
« nous envieront, qui nous a bénis en nous donnant le premier
« Bref Laudatif, composé sous son inspiration, signé de sa
« main ainsi que la bénédiction des Servantes du Très Saint
« Sacrement, contre l'usage ordinaire, contre toute attente. »

Une autre fois, il disait : « Sachez que la bénédiction de
« l'Eglise donne la fécondité et la stabilité. »

Son esprit de foi ne voulait s'appuyer que sur cette force
unique ici-bas, car elle est la force même de Dieu. Sa
confiance en l'avenir s'établissait sur cette pensée que, le
Souverain Pontife ayant béni son Œuvre, elle avait reçu par
là même la vie et le gage de sa prospérité. « *Quand Dieu
bénit, c'est pour l'éternité, si on n'arrête pas cette bénédiction.* » (Paroles du Père aux Servantes du Très Saint
Sacrement.)

En 1863, le Père obtenait, le 8 mai, l'approbation canonique
de sa Congrégation. « Comment rappeler, disait-il, la grâce
« insigne de 1863, quand après sept ans d'existence et
« d'épreuves, le 8 mai, fête de l'Apparition de saint Michel
» Archange, le Saint-Père signe notre Approbation Canonique
« et perpétuelle sans conditions, sans protections, sans média-
« tion de personnes.....

« Etre approuvés par Pie IX, le Pape de l'Immaculée Con-
« ception, quelle grâce, quel honneur pour nous ! »

Ce sentiment de reconnaissance, ce respect profond pour la
personne du Vicaire de Jésus-Christ, cet esprit de dépendance
du Saint-Siége qui faisait le fondement de toute sa conduite,
l'inspiration de ses décisions, prenaient ensuite une forme
affectueuse et filiale qui se traduisait par un attachement
plein de déférence pour tout ce qui émanait du Saint-Siège.

« Le Saint-Père, disait-il, ne commande pas toujours, il dit
« quelquefois : *tel est mon désir*. Ce désir est un ordre pour
« nous. ».

Et une autre fois : « Ayez confiance dans l'Eglise. Il est de
« l'esprit de la Société du Très Saint Sacrement de tenir au
« Saint-Père comme à ses entrailles, parce qu'il est le Père,
« parce qu'il est dans la barque de Pierre..... Nous avons le
« bonheur d'être attachés à cette barque de Pierre..... »

Et pour que cet esprit reste bien celui de sa Congrégation,
le Père dit au Chap. xxx, n. 1, qui traite des devoirs des
Religieux envers le Saint-Siège : « *Sanctæ Sedis Apostolicæ
primatum, jura, privilegia, doctrinam, sensum atque bene-
placitum summa cum devotione summoque cum obsequio
prosequantur, ut Domini nostri Jesu Christi causam et
gloriam.* »

Le Père veut aussi que la première adoration de chaque
jour soit faite selon les intentions du Souverain Pontife, la
deuxième pour l'Evêque du lieu.

Son obéissance aux Evêques. — Le Père, s'il affirmait
bien haut sa soumission filiale au Pape, n'en voulait pas
conclure faussement une sorte d'indépendance vis-à-vis des
Evêques : c'était le principe d'autorité qu'il voulait voir
partout respecté.

Il écrivait le 23 mars 1861 au P. de Cuers au sujet d'un
projet de fondation à Lyon pour une Œuvre de Premières
Communions : « Il faut toujours entrer par la porte de l'au-
« torité : c'est la voie royale de l'Eucharistie et le *in hoc
« signo vinces.* »

Dans le premier projet de ses Constitutions, écrit vers
l'année 1855, avant la fondation, le Père disait, en parlant de
l'obéissance aux Evêques :

« Ils regarderont l'Ordinaire du lieu comme leur Père et se
« conduiront envers lui comme des enfants dévoués, afin
« qu'il aime la Société comme sa famille. » (Chap. xvi, n. 2.)

Au moment de son départ pour la vie religieuse, il n'eût
jamais voulu faire ce pas sans l'autorisation de son Evêque.
L'Abbé Joseph Bard l'affirmait dans une lettre du 3 septembre
1868 : « ... Il redoutait beaucoup le ministère pastoral ; cependant, m'avait-il dit souvent, j'y resterai, si mon Evêque me
l'ordonne, et je n'en sortirai qu'avec la permission de mon
Evêque.

« Il est hors de doute que Mgr Philibert craignait beaucoup
de perdre un sujet si précieux par sa tendre piété et si recommandable à tant de titres, et que Sa Grandeur aurait mieux
aimé le voir se faire missionnaire dans son Diocèse. »

Son obéissance à suivre l'appel de Dieu. — Le Serviteur de Dieu, toujours attentif à rechercher les volontés
divines sur lui, fut toujours également prompt à les suivre
dès qu'elles lui étaient manifestement connues.

C'est ainsi qu'il quitta le toit paternel pour étudier et devenir
prêtre, afin de répondre à l'appel de Dieu ; plus tard c'était sa
sœur qu'il laissait malgré l'affection profonde qu'il avait pour
elle, malgré les succès de son ministère paroissial, pour
suivre la voix intérieure qui l'appelait à la vie religieuse.

Mais Dieu alla plus loin, il voulait un holocauste : après
dix-sept ans passés dans cette Société de Marie qui était son
unique amour en ce monde, il lui en demanda le sacrifice,
pour faire de lui un fondateur.

Ces grands événements de sa vie montrent tous admirablement son esprit d'obéissance aux vouloirs divins, mais
surtout le dernier, car nulle part sa vertu ne brilla avec plus
d'éclat et ne se montra plus à l'évidence qu'à l'époque de sa
sortie de chez les Maristes, alors que son amour du Très
Saint Sacrement le poussait, comme malgré lui, à fonder
une Congrégation religieuse toute consacrée au service de
l'Eucharistie.

Il faudrait citer à nouveau tout le Chap. VII « *De sa sortie
de la Société de Marie.* »

Plusieurs fois il avait reçu du Ciel des faveurs particulières,
sans compter le courant de ses pensées qui le poussait conti-

nuellement dans cette voie nouvelle. Le 21 janvier 1851 et le 19 avril 1853 étaient pour lui des dates inoubliables où il avait goûté Dieu et reçu des lumières intérieures pour la mission que Dieu allait lui confier; il était personnellement persuadé que marcher dans la voie qui lui était montrée serait accomplir la volonté divine; cependant il ne se confia pas à ses inspirations personnelles; et pour ne pas errer en une affaire de cette importance, il fit plusieurs fois consulter le Souverain Pontife Pie IX, en juin 1853 et en août 1855, pour reconnaître les vues de Dieu avec certitude, sans possibilité d'erreur, « *afin,* disait-il, *que notre point de départ fût bien net.* »

Le fondateur de la Société de Marie, le T. R. P. Colin, avait approuvé son projet; il voulait même le réaliser dans une des maisons de la Société, à la Néglière. Mais son successeur, le T. R. P. Favre, jugeant les choses à un autre point de vue, plus préoccupé de sauvegarder les intérêts généraux de sa propre Congrégation, que de travailler à en fonder une nouvelle, n'entrait pas dans les vues du Père et opposait à sa sortie des Maristes un refus formel.

Cette divergence de manière de voir fut pour le Serviteur de Dieu un cruel martyre; car d'un côté, homme d'obéissance, il voulait se maintenir sur ce terrain solide et sûr; de l'autre, Dieu le poussait à l'action. Il avait au fond de l'âme la conviction que Notre-Seigneur lui demandait de se dévouer à cette Œuvre nouvelle.

Dans sa lettre, déjà citée, du 24 juillet 1855, il disait : « Priez bien pour moi, afin que je fasse bien *la sainte volonté* « *de Dieu, et surtout que ni la chair, ni l'esprit, ni ce misé-* « *rable* MOI ne soient un satan sur mon chemin. »

Une personne qui connut le Père à cette époque de sa vie (Mlle Clappier) a écrit : « Que n'a-t-il pas souffert pour sa chère fondation! Oppositions, luttes, angoisses, désapprobations, et, il faut bien le dire, blâmes qui lui furent très sensibles, surtout avec sa nature. *Il a combattu à outrance son attrait.* Ce n'est qu'après avoir prié, consulté, fait retraites sur retraites, que, ne pouvant plus douter de la volonté du Seigneur, il s'est désidé à jeter les premiers éléments de son Œuvre. Dieu la voulait, il en était convaincu : *La sainte Vierge me donne à son Fils, puis-je refuser ?* disait-il. »

Il ne bâtira que sur l'obéissance. — Après avoir obtenu du T. R. P. Favre la dispence verbale de ses vœux, comme elle pouvait paraître une conséquence de l'insistance que lui-même avait mise à l'obtenir, le Serviteur de Dieu ne voulut pas s'en contenter et il reprit toute l'affaire *ab ovo*.

Il se mit en retraite à Paris du 1ᵉʳ au 12 mai 1856, fit abstraction de son attrait intérieur plus véhément que jamais, exposa les faits tels qu'ils étaient, pour et contre, s'efforçant de se mettre dans une parfaite indifférence, ne voulant pas, comme il l'a écrit lui-même, que sa Congrégation eût pour point de départ son attrait intérieur, mais bien qu'elle fût basée uniquement sur le principe d'autorité, sur la seule obéissance.

Le 13 mai, la réponse étant affirmative, il sacrifia tout et, sans hésiter, se mit courageusement à l'Œuvre que Dieu voulait de lui.

Il venait de briser des liens sacrés formés par Dieu lui-même et que Dieu seul peut rompre, pour les transformer en d'autres liens plus parfaits, comme on l'a vu quelquefois dans la vie des saints.

La *règle commune*, en dehors du privilège que le droit accorde de passer à une religion plus parfaite, est de se tenir à sa vocation première avec une inébranlable fermeté, avec une sainte obstination, qui ne cède que devant l'évidence d'un autre appel ;

la *règle souveraine* est de tenir par-dessus tout, même par-dessus sa vocation première, à la seule volonté de Dieu.

Ces deux principes sont aussi certains l'un que l'autre : l'oubli du premier expose à des illusions pour soi-même ; l'oubli du second expose les autres à juger défavorablement celui qui observe cette règle souveraine.

Son obéissance en face de la mort. — Après avoir été obéissant dans la vie, il le fut également dans la mort. Lorsqu'elle se présenta, il n'eut pas une parole, un regret : il dit *amen* à la volonté divine qui parlait par elle.

Et cependant elle le prenait en quelque sorte à l'improviste. Que d'affaires non achevées il laissait ! Que de beaux projets pour la gloire de son Maître il abandonnait ! Il semblait que ses enfants et que l'Œuvre elle-même avaient encore besoin de lui pendant de longues années. Notre-Seigneur en décidait autrement : il s'inclina et mourut loin des siens, le sourire sur les lèvres, dans la paix du Seigneur, sans agonie, comme sans regret.

Il réalisa le mot de l'Ecriture : « *Vir obediens loquetur victoriam.* » Il se savait serviteur de l'Eucharistie ; il resta dans son rôle de serviteur.

CHAPITRE XIX

De sa Force héroïque.

Sa force d'âme dans sa jeunesse. — Le Serviteur de Dieu se fit toujours remarquer par une force d'âme peu commune ; car dès qu'il connaissait avec certitude la volonté divine, tout aussitôt, sans compter, sans mesurer l'obstacle, sans se laisser vaincre par les difficultés, il mettait la main à l'œuvre et poursuivait l'entreprise sans se décourager jamais.

Cette vertu de force éclate à toutes les époques de sa vie.

Et d'abord, *dès sa jeunesse,* lorsque, fidèle à l'appel de Dieu, il passa par-dessus tous les obstacles, pour répondre à sa vocation sacerdotale. — Ni les refus de son père, qui s'opposa toujours à ses études, jusque sur son lit de mort ; ni les humiliations qu'il dut subir pour pouvoir apprendre les premières notions du latin ; ni la maladie qui, à dix-huit ans, l'obligea de perdre près de deux années dans l'impuissance de tout travail : rien ne put vaincre l'énergie de sa volonté. « *Je serai prêtre* », disait-il.

Nous avons cité la belle parole qu'il dit à sa sœur lors de son départ pour le Noviciat des Maristes. — Dès qu'il eut acquis la certitude que Dieu l'appelait à la vie religieuse et chez les Maristes, il n'hésita plus, et sans retarder d'un jour, ni même d'une heure, ayant reçu l'autorisation de son Evêque, il partit sans se laisser émouvoir par les larmes de celle qu'il aimait comme une seconde mère. — Elle voulait le retenir jusqu'au lendemain, il lui fit cette belle réponse : « *Non, ma sœur, c'est impossible : Dieu m'appelle aujourd'hui, laissez-moi être fidèle à sa voix, demain il serait trop tard.* »

Sa vertu de force dans sa sortie des Maristes. — Cette force d'âme, cet héroïsme de la volonté humaine se jetant tête baissée dans le chemin nouveau indiqué par Dieu pour fonder une Congrégation religieuse, reste l'acte qui domine toute sa vie.

Il montre sa foi, sa noble générosité qui sacrifie tout, son amour de Notre-Seigneur qui le presse d'agir; mais aussi il met admirablement en relief la force surnaturelle qui sait briser tout un passé de dix-sept années plein de bonnes œuvres et de mérites, renoncer, sans le regarder, à un avenir plus fécond encore, puisque déjà l'auréole de la sainteté avait étendu au loin son influence et sa renommée.

Mais tout cela n'est plus rien à ses yeux : Dieu l'appelle à autre chose, il en est certain, et sans hésiter il dit comme Samuel : « *Ecce ego, Domine, quia vocasti me* », et il se jette résolûment dans l'inconnu.

Sa force dans les origines de sa fondation. — Si cette vertu de force éclata dans l'événement considérable de sa sortie des Maristes, elle brilla d'un éclat non moins vif dans l'Œuvre de sa fondation. Car, désormais aux prises avec toutes les difficultés, puisqu'il commençait sans ressources d'aucune sorte, il resta debout toujours en face de l'obstacle et, avec la grâce de Dieu, sut en triompher.

D'ailleurs, s'il fonda sa Congrégation, appuyé sur cette foi invincible en la volonté de Dieu, c'est avec la même foi que se firent les autres fondations de ses diverses Maisons, et celle en particulier des Servantes du Très Saint Sacrement. Toutes mettent en relief sa foi, son amour de Dieu et aussi sa force d'âme héroïque.

Du rien humain, fécondé par la grâce divine, il fit germer une des plus belles Œuvres de la sainte Eglise.

N'est-ce pas là la plus haute preuve de sa vertu? « *A fructibus eorum cognoscetis eos.* »

Il accepte avec joie la souffrance pour élever à Notre-Seigneur un trône de plus. — Pour élever un trône de plus à Notre-Seigneur, le Serviteur de Dieu était disposé à tous les sacrifices.

Il disait : « *Quand j'expose Notre-Seigneur, je jubile!* »

Mais pour arriver à cette joie d'exposer Notre-Seigneur, par combien de difficultés, de luttes, de labeurs, de fatigues il devait passer ! Le Père le savait, mais les difficultés de l'entreprise le trouvaient vaillant et résolu. Il faudrait rappeler ici tout ce qu'il supporta dans chacune de ses fondations. Nous en avons parlé longuement au Chapitre intitulé : « *Ses diverses fondations.* » Il ne reculait alors devant aucun obstacle : l'objet divin de ses désirs lui était plus cher au cœur que les difficultés pour l'atteindre ne lui étaient pénibles.

En tête de sa première Retraite de Rome, le 17 mai 1863, le Père écrivait quelles étaient les dispositions de son âme :

« Je viens faire cette retraite pour devenir un saint. Je
« sens qu'il me faudra pour cela mourir à tout.

« Je mets ma confiance en Dieu qui m'a toujours gâté dans
« sa bonté et accordé toujours ce que j'ai désiré, même des
« grâces naturelles.

« Cette mort m'apparaît dans tous ses sacrifices, et me
« ferait presque peur.

« ..... *Croix personnelles* : souffrant sans secours, sans
« sympathies, toujours enchaîné ; faire le bien sans gloire,
« sans honneur, sans succès, sans protection, sans affection,
« sans liberté.....

« Je sens que le moment de cette mort est venu. Le gros
« travail *extérieur* de la Société est fait (il venait d'obtenir
« du Saint-Siège l'approbation canonique de sa Congrégation);
« reste l'*intérieur*, et ce sera le plus difficile : il faudra payer
« de ma personne, il faut que chaque vocation me coûte une
« mort et que personne ne s'en aperçoive. C'est par la
« souffrance que je servirai la Société..... »

Cette force le soutient dans son zèle. — La vertu de force lui donna le courage de poursuivre sans se décourager un continuel apostolat jusqu'à la veille de sa mort.

Malgré la soif qu'il éprouvait de se reposer aux pieds de Notre-Seigneur dans les douceurs de la contemplation, toutes les occasions du zèle de sa gloire le trouvaient prêt à l'action. C'est ainsi qu'il put, en douze années, élever à Notre-Seigneur neuf trônes d'Expositions sans parler de dix-huit mois de travaux employés pour obtenir le Cénacle à Jérusalem; et qu'en 1865, au Chapitre Général de sa Congrégation, il reprit, malgré ses répugnances, le fardeau du généralat dont il avait demandé à chacun des Capitulaires d'être délivré.

Il réalisait bien la parole de saint Augustin : « *Effectus divini amoris est zelus.* »

Sa constante fidélité au devoir. — La vertu de force du Serviteur de Dieu se montre encore merveilleusement *dans sa fidélité au devoir*, laquelle ne se ralentit jamais, quelles que fussent les obligations qu'il eût à accomplir, soit celles de sa jeunesse, soit au Séminaire de Grenoble, soit à Belley ou à La Seyne, soit en missions ou dans la direction de son Tiers-Ordre de Marie : toujours il resta l'homme du devoir, sans défaillance, sans découragement, toujours prompt à faire le bien, à voler où Dieu l'appelait, prêt à accomplir ce qu'il demanderait de lui. Nous en avons dit un mot déjà.

Cette perfection de la vie, cette fidélité de chaque jour qui ne se dément jamais dénote assurément une âme remplie de l'énergie des Saints, une âme faite pour les grandes choses.

Il le disait lui-même : « *Le moyen de faire de grandes choses pour Dieu est de savoir en faire de petites quand il le demande.* »

Sa force d'âme en face des croix. — Dieu dut donner au Père Eymard une force d'âme peu commune pour pouvoir se maintenir, comme il l'a toujours fait, dans une paix inaltérable, un calme parfait de l'âme, que les contre-temps extérieurs n'ébranlèrent jamais.

Le Père, tout d'abord, se servit de cette force contre lui-même, dans le travail constant de sa propre perfection. Dès sa jeunesse, encore enfant, il s'essayait déjà aux pratiques de la mortification corporelle pour se maintenir dans la pureté, le recueillement, l'union à Dieu : travail qu'il a poursuivi toute sa vie avec une constance admirable, comme l'indiquent ses notes de retraites personnelles.

C'est par là qu'il était arrivé à un empire sur lui-même si complet qu'il demeurait impassible devant les oppositions, aimable et souriant au milieu des humiliations, bienveillant et charitable quand la méchanceté, la détraction, la calomnie s'attaquèrent à lui.

« *Quand Dieu*, disait-il un jour, *prédestine une âme à de grandes choses, il lui prépare de grandes souffrances.* »

Le Père les connut toutes : celles du corps et celles de l'âme, celles du cœur et celles de l'esprit, celles des étrangers et celles des siens. — Elles le trouvèrent toujours résigné et soumis, mieux que cela, heureux d'offrir à Dieu par elles la preuve de son amour envers Lui :

« *Quand l'amour souffre, il est soulagé* », disait-il.

Il aimait à rappeler la belle réponse de saint Jean Chrysostome aux envoyés de l'impératrice Eudoxie : *Je ne crains que le péché*, leur dit-il, *parce que seul il pourrait me séparer de Dieu.*

« *Si Notre-Seigneur est pour nous*, disait le Père, *qu'importe le reste ?* »

Et un autre jour : « *Donnez-moi une hostie, et je n'ai besoin de personne.* »

Le 16 juillet 1865, il écrivait à Mme la Ctesse d'A...., à la suite de sa réélection comme Supérieur Général : « J'avoue ma « faiblesse, je voulais fuir les croix et me cacher, pensant « être plus à Dieu. — Ce bon Maître n'a pas voulu ; qu'il en « soit béni ! — J'ai compris une chose, c'est que les croix « domestiques sont terribles et tirent leur peine de leur « proximité et de leur continuité ; tantôt légères, quand un « beau soleil les décharge de leur humidité ; d'autres fois « accablantes, quand l'eau de ciel, l'abandon sensible de Dieu « arrivent en surcroît. — Il faut souffrir, et de par tous, et « en tous lieux. — C'est la semence du Calvaire répandue sur « toute la terre. — Il paraît que l'amour divin entre toujours « dans le cœur par une plaie nouvelle et qu'il se plaît à « perforer le cœur pour y faire passer à travers sa flamme « céleste. — Eh bien ! vive la croix du Bon Dieu ! et vivent « les créatures qui la donnent ou qui y crucifient !..... »

Sa patience. — Le Serviteur de Dieu possédait à un haut degré la vertu de patience, en face des épreuves de tous genres qu'il rencontra sur son chemin, et qui le trouvèrent toujours le regard élevé vers Dieu, se possédant lui-même, acceptant tout, parce que tout lui venait de la main de Dieu.

Sa sœur disait de lui : « Je ne me souviens pas avoir remarqué dans mon frère, malgré sa grande sensibilité, le plus petit mouvement d'impatience. Quelquefois une faible rougeur, qui paraissait sur son visage, indiquait les combats qu'il ressentait dans son âme. Je l'ai toujours vu calme, sérieux et en même temps affable en tout et gai à l'occasion... » (*Notice du P. Mayet.*)

Le Père, en effet, dominait les impressions de la nature, et son union à Dieu, qui le tenait au-dessus des agitations humaines, l'empêchait de perdre son calme habituel devant ce qui le heurtait. Il avait acquis un tel empire sur lui-même, qu'il pouvait entendre des choses très pénibles, comme s'il ne les eût pas comprises.

« *Offrons nos croix à Dieu*, disait-il, *mais cachons-les aux hommes. Gardons à Notre-Seigneur la virginité de nos souffrances.* »

Le Père, le 5 mai 1857, écrivait à Mlle Fanny Matagrin une lettre qui montre bien cet esprit de patience dont nous parlons :

« Pardonnez-moi d'avance un silence si long, et surtout
« après les offres si bonnes de votre piété pour nous. Je vous
« l'avouerai tout simplement : je n'avais pas le courage
« d'écrire : les croix se succèdent et se multiplient sur notre
« petit calvaire, et cela au milieu de mille embarras et occu-
« pations qui me laissaient à peine le temps de prier et de
« gémir aux pieds de Notre-Seigneur.

« En me dévouant à l'Œuvre Eucharistique, je savais en
« principe que j'allais au Calvaire, mais la bonté divine me le
« montrait à travers tant de grâces et d'amour que je l'em-
« brassais avec joie. — Aujourd'hui j'ai le bonheur d'être sur
« le Calvaire, mais comme une pauvre victime qui se laisse
« faire, voilà tout.

« Vous me direz peut-être : Mais quelles sont donc ces
« croix ? — Il y a la croix du dehors : croix des personnes
« hostiles, des personnes à idées fausses, déceptions, change-
« ment de domicile, et ne trouvant rien de convenable ; il y a
« les petites persécutions, les petites calomnies, les coups
« d'épingles, les vocations fausses, etc. : tout cela nous
« éprouve, mais ne nous abat pas. Nous savons que c'est au
« milieu de ces tribulations que le règne de Dieu s'établit et
« se consolide ; la pauvre nature gémit, mais la grâce la
« console, et nous serons bien heureux un jour d'avoir un

« peu souffert. Priez pour nous, chère sœur en Notre-
« Seigneur, afin que nous n'ôtions pas une épine de la
« couronne de notre bon Maître... »

Sa force en face des contradictions. — Le Père, dans
les contradictions multiples de sa vie, montra toujours une
patience héroïque : dans ses maladies, qui furent nombreuses ;
dans les oppositions paternelles, qui voulaient entraver sa
vocation sacerdotale ; dans les emplois antipathiques à sa
nature, soit à Belley, soit à La Seyne, ce qui ne l'empêchait
pas de les accomplir avec fidélité et succès, comme nous
l'avons indiqué aux chapitres qui traitent de son séjour à
Belley et de son Supériorat à La Seyne ; dans les difficultés
du Tiers-Ordre de Marie, dont les succès mêmes devinrent
pour lui, par une permission de la Providence, la cause
d'épreuves des plus délicates ; dans les souffrances morales
qui précédèrent et suivirent sa sortie de la Société de Marie,
qui furent si longues, si crucifiantes, qui touchaient à l'intime
de son âme et s'attaquaient à ce qu'il avait le plus aimé
ici-bas ;

dans les difficultés plus grandes de la fondation de sa Congrégation, qu'il entreprit sans moyens humains d'aucune
sorte, se trouvant par la force des choses en face de tous les
obstacles qui font sombrer les Œuvres purement humaines,
n'ayant aucune ressource pécuniaire, sans protection des
grands, sans sujets capables de saisir sa pensée comme il
l'aurait voulu et s'y dévouer, comme lui, dans le sacrifice
absolu d'eux-mêmes.

Mais ces entraves lui furent des occasions multiples de
résignation, de patience et de renoncement personnel.

La seule espérance d'élever des trônes d'Exposition à
Notre-Seigneur, où son Maître serait adoré, glorifié, où il
sanctifierait les âmes en les attirant à Lui, « *cum exaltatus
fuero a terra, omnia traham ad meipsum* », cette espérance
était son point d'appui, sa force, elle le rendait capable d'une
patience indéfectible ; elle lui faisait tout accepter pour
atteindre ce noble but, comme il a été dit plus au long au
Chapitre de « *Ses diverses fondations.* »

Il souhaitait d'être le fumier de l'arbre, « *heureux,* disait-il,
d'être encore bon à quelque chose. »

Sa force en face des détracteurs de son Œuvre. — De toutes les épreuves, les plus pénibles furent celles qui s'attaquaient à l'Œuvre elle-même qu'il fondait : celles-là le touchaient à la prunelle de l'œil ; cependant voici ce qu'il disait pour expliquer et excuser la conduite de ses détracteurs :

« On ne connaît pas l'Œuvre, et tous croient lui rendre service en la combattant; le démon est furieux! je sens qu'il faut que l'épreuve aille jusqu'au bout, oui, bien sûr, oui! — Je sais bien qu'il faut que l'Œuvre soit persécutée. Notre-Seigneur ne l'a-t-il pas été pendant toute sa vie! et dans sa vie eucharistique il l'est bien plus encore. » (Paroles du Père à la Mère Marguerite.)

Sa patience en face de la calomnie. — Le Père resta toujours patient, en face même de la calomnie.

Plusieurs fois il fut calomnié près de l'autorité ecclésiastique : à Paris, à Tours, à Meaux, près de Mgr Morlot et de Mgr Guibert.

La calomnie le poursuivit à Rome même, en 1863, à l'époque de l'approbation de sa Congrégation, et faillit un moment tout compromettre, et en 1865, au sujet de sa fondation projetée d'une Maison à Jérusalem.

Le Père dut aussi subir l'épreuve de l'insuccès, soit dans son projet de Jérusalem, soit plus tard dans sa fondation de Nemours qui dut être abandonnée au bout de deux ans, qui lui créa des difficultés sans nombre, fut l'occasion du départ de plusieurs religieuses dont il s'était occupé pendant de nombreuses années avec un soin tout paternel.

Le Père acceptait tout sans murmurer, sans se plaindre : *« Dieu soit béni de tout! »* disait-il.

Il excusait ceux qui lui étaient une cause d'intimes souffrances ; les ingratitudes le laissaient insensible à l'extérieur ; il y répondait en cherchant à faire du bien à ceux-là mêmes dont il avait tant à souffrir.

Sa force dans l'absence des consolations humaines. — Le Serviteur de Dieu avait demandé à Notre-Seigneur de fonder sa Congrégation *« sans consolations humaines. »*

En l'année 1868, le Père, racontant au frère Albert le fait du 19 avril 1853, lui dit ces paroles qui montrent sa force d'âme héroïque autant que sa patience : « *Là je fis le sacri-fice de ma vocation de Mariste, je fis le vœu de me dévouer jusqu'à la mort à l'Œuvre du Très Saint Sacrement, à fonder une Société d'adorateurs ; je promis à Dieu que rien ne m'arrêterait, dussé-je manger des pierres et mourir à l'hôpital ; et par-dessus tout, je lui demandai de tra-vailler (oh ! ça, c'est trop, mais je le fis) sans aucune consolation humaine.* »

Et il fut exaucé.

« *Pendant quatre ou cinq ans,* ajoutait-il, *le Bon Dieu me poursuivit de sa douceur, de ses consolations les plus tendres. — Depuis, il m'a traité un peu autrement ! Qu'il en soit béni !* »

Il disait encore en parlant de sa fondation : « *Dieu m'a bien exaucé ! ce que j'ai souffert, Dieu le sait ! — Ah ! il m'a bien exaucé !* »

Le contact des natures différentes d'éducation et des carac-tères opposés est assurément, dans la vie religieuse, une des sources les plus fécondes d'occasions de vertu, mais aussi de souffrance.

Là encore le Père montra une patience inaltérable. Il restait condescendant, plein de support pour tous les défauts ; seul le manque de simplicité le trouvait sévère, parce qu'il venait se heurter à sa droiture et à son esprit de vérité. Mais pour tout le reste, il était père, et patient comme un père.

Sa patience avec les enfants. — Sa patience se mani-festait encore particulièrement lorsque, vers l'époque de la Première Communion, il examinait les enfants pauvres caté-chisés par l'un de ses religieux.

Il les interrogeait avec une douceur qui rassurait les plus timides et il les encourageait avec une bonté que ne pouvaient désarmer les réponses les plus maladroites ou les plus inintel-ligentes de ces pauvres petits.

Sa patience dans la maladie. — La maladie, qui le visi-tait souvent, n'ébranla jamais sa patience que rien ne lassait. Les austérités, les travaux et les peines morales avaient usé son organisme ; une grande partie de sa vie, il fut éprouvé par la maladie ; les rhumatismes, les migraines, les névralgies étaient pour lui des accidents de tous les jours ; une affection catarrhale, qu'il appelait un rhume, l'éprouvait et s'ajoutait aux fatigues de la prédication, sans qu'il la soignât jamais sérieusement.

Au milieu de tout cela, jamais ces légers mouvements d'impatience, ces irritations passagères que l'on pardonne si facilement à ceux qui souffrent, ne venaient altérer la sérénité de son humeur, ni l'amabilité de son caractère. On le trouvait toujours paisible, souriant, facile à accueillir.

Jamais malade ne fut plus facile à soigner : il était content de tout, acceptait tout, ne se plaignait de rien.

Une telle patience qui ne se dément jamais est le propre d'une grande âme et une marque non équivoque de sa sainteté.

« *Quand on a bien souffert*, disait-il, *on devient un instrument de sanctification, un instrument pour la gloire de Dieu.* »

C'est ce qu'il fut.

Enfin la force héroïque du Serviteur de Dieu se manifesta aussi dans plusieurs autres actions et discours, spécialement dans la constance avec laquelle il persévéra toute sa vie dans l'exercice des vertus chrétiennes, sans jamais donner un signe de lassitude ou de faiblesse, mais avançant toujours dans la ferveur et la fidélité jusqu'au dernier moment de sa vie.

CHAPITRE XX

De sa Tempérance héroïque et des vertus annexes.

§ I. — SA MORTIFICATION CORPORELLE.

Il fut toujours mortifié. — Le Serviteur de Dieu fut un homme de pénitence et de mortification, s'efforçant ainsi de rendre à Dieu l'honneur ravi par le péché, selon le conseil de l'Apôtre : « *Adimpleo quæ desunt passionum Christi.* »

Nous avons, au Chapitre XVIII « *De la vertu de justice* », parlé de sa mortification intérieure ; nous montrerons ici comment il sut châtier son corps et donner ainsi à Notre-

Seigneur de nouvelles preuves non équivoques de son amour envers Lui.

Pour indiquer son esprit de mortification, il faudrait parcourir à nouveau toute sa vie et la remonter jusqu'à ses premières années où déjà il pratiquait des jeûnes rigoureux et s'imposait des pénitences au-dessus de son âge.

Ces pénitences s'augmentèrent avec les années et ne cessèrent qu'à sa mort, ayant fait ainsi à Dieu de toute sa vie une immolation continuelle de lui-même sur l'autel de la mortification.

Dès sa jeunesse, le Serviteur de Dieu avait déjà compris cette loi de toute vertu solide et l'avait mise en pratique : « *Sans la mortification corporelle*, disait-il, *on s'amuse.* »

Quand il se préparait à la Première Communion, il jeûna tout le Carême, partageant avec ses camarades ou avec des pauvres les provisions que sa mère lui avait préparées pour l'école, et gardant ainsi pour lui le secret de sa privation.

Au Chapitre I « *De son Enfance* », nous avons parlé de ses jeûnes qui étaient excessifs.

Cet esprit de mortification ne fit que grandir en lui au Séminaire, dans son ministère paroissial, chez les Maristes comme dans sa Congrégation du Très Saint Sacrement.

Il traita toujours rudement son corps, lui infligeant l'expiation des imperfections qu'il commettait ; il ne se passait rien : ses notes personnelles le montrent assez ; sa vigilance sur lui-même était admirable.

Jamais on ne l'entendait se plaindre ni du froid, ni du chaud, ni des mille contre-temps de la vie ; il était ingénieux à trouver l'occasion de se mortifier.

Nous savons qu'il usait fréquemment des instruments de pénitence ; nous possédons sa discipline encore toute teinte de son sang.

Lorsque l'on se rappelle l'état maladif de toute sa vie, ses migraines continuelles, ses insomnies, les excès de fatigue d'un ministère absorbant, cette mortification corporelle et volontaire ajoutée à tant d'autres montre la générosité de cette âme d'élite.

Après avoir si parfaitement pratiqué lui-même la mortification quotidienne, il avait bien le droit de l'enseigner à ses disciples. Il disait au P. Tesnière, le 10 décembre 1867, en parlant de la mortification : « *Là est la vie, la sainteté, le bonheur.* » Et le 15 décembre 1867 : « *Voyez-vous, mon brave, sans cela on n'arrive à rien. Je sais que toutes mes résolutions sont vaines sans les coups comme corollaire. Il faut se battre, se battre encore et toujours. Là du reste est l'esprit religieux relativement au corps.....* »

Sous des apparences simples et communes, le Père dissimulait l'extrême austérité de sa vie.

Le Supérieur Général des FF. de Saint-Vincent de Paul, simple religieux à l'époque où le Père prêcha les XL Heures dans une église fort éloignée de son couvent, venait en cette circonstance le chercher chaque soir en voiture. Or, il a remarqué qu'il ne s'appuyait jamais sur le fond de la voiture pendant tout le temps du trajet, qui était considérable.

Ce qui montre l'habileté sainte qu'avait le Père à ne perdre aucune occasion de renoncer à ses aises et de se mortifier.

D'une sobriété excessive, il acceptait sans se plaindre toute nourriture qui lui était présentée. C'est ainsi qu'au début de sa fondation, pendant un temps notable, le frère cuisinier préparant le premier jour les aliments qui devaient servir pour toute la semaine, le Père passait outre, sans le faire remarquer. Mais avec un tel régime la mortification avait une trop large part. Cependant il y joignait de fréquentes privations, ne prenant qu'une partie de l'aliment qui lui était présenté.

Ces privations s'ajoutant aux fatigues du ministère exténuèrent trop rapidement son corps et sans doute abrégèrent une vie si précieuse et si nécessaire aux siens.

Il supprime le tabac et la calotte, et s'impose le jeûne quadragésimal. — Le Père avait de violentes et fréquentes migraines. Depuis de longues années il avait pris l'habitude de priser, et l'usage du tabac lui était devenu indispensable. C'était son seul remède. Cependant il n'hésita pas, dès les premiers temps de sa fondation, à supprimer tout, par respect pour le Très Saint Sacrement.

A ce sacrifice, qui a bien sa valeur, il ajouta, toujours par respect pour Notre-Seigneur exposé, celui de la calotte, qu'il portait à cause de ses névralgies.

Nous avons parlé déjà de ces choses. Il l'écrivait à Mlle Guillot :

*« C'est le 8 décembre que j'ai demandé à la très sainte
Vierge de quitter le tabac et la calotte, et cette bonne Mère
me l'a obtenu jusqu'à présent. J'en suis heureux et cela ne
me coûte plus. C'est un petit sacrifice. Autour de Notre-
Seigneur, ce sera plus convenable. »*

Le Père s'imposa aussi une autre mortification, celle du
jeûne les jours prescrits par la sainte Eglise et spécialement
pendant le carême, mortification non moins héroïque pour lui,
car sa santé délicate ne lui permettait plus depuis longtemps
des jeûnes continus.

Voici ce qu'il écrivait en 1864, le 9 février, dans son copie-
lettres :

« Demain, jour des Cendres, le 10 février, beau jour pour
« la Société, elle se couvrira la tête de cendre, ceindra son
« corps de la mortification de Notre-Seigneur, remplira son
« cœur d'une amoureuse componction ; elle passera ainsi
« quarante jours avec Jésus pénitent, puis elle l'accompagnera
« sur le Calvaire, dans le tombeau, et enfin elle ressuscitera
« pleine de vie et de puissance ; elle ira au Cénacle et y
« élèvera un trône d'amour au *Dieu de l'Eucharistie.* »

Il voulait que ses religieux passassent dans le jeûne et
l'abstinence complète les quarante jours de Carême. Et lui-
même, dont l'état général de santé était si précaire, voulut le
premier s'astreindre à cette loi.

Sur la souffrance. — Le Père, comme tous les amis de
Dieu, connut la souffrance sous toutes ses formes et dut boire
fréquemment à cette coupe amère, où les âmes viriles viennent
décupler leurs forces ; car, bien loin d'être un obstacle, la
souffrance est le moyen de Dieu. L'esprit de pénitence était
son palladium. Il savait faire naître les occasions de se
mortifier ; d'ailleurs ses continuelles migraines, sans parler
de ses fréquentes maladies, lui en offraient la possibilité facile.

Il disait :

*« Ah ! quand on n'a pas de vertu, Dieu nous laisse dormir
dans une sorte de sécurité ; mais quand il voit une âme
aimante, il s'empresse de la crucifier pour trouver sa gloire
en elle : l'amour est dans la douleur. »* (Mois de N.-D. du
T. S. Sacrement, 12ᵉ jour.)

« Ah ! le bon Dieu s'y entend, il sait s'y prendre pour

faire souffrir ses amis, ses saints ! Mais souffrir avec Dieu seul, ne dire sa peine qu'à lui....., c'est l'héroïsme de la sainteté..... » (Mois de saint Joseph, 26e jour.)

Ses conseils de direction sont pleins de cette pensée fondamentale.

Il y revient sans cesse, pousse dans cette voie les âmes généreuses. Il voulait voir grandir en elles l'amour de la souffrance, l'esprit de pénitence. *« Sans lui,* disait-il, *vous ne ferez rien de durable ; au contraire cet esprit ferait de votre vie tout entière un holocauste offert à la gloire de Dieu.....*

« Ayez donc l'esprit de pénitence ; mortifiez-vous en tout, par tout, dans le corps et dans l'âme, dans l'esprit et dans le cœur, par amour pour Notre-Seigneur Jésus-Christ. Ah ! que je voudrais que ces paroles fussent de feu et gravées au fer rouge dans votre cœur ! N'en voyez pas la peine, mais l'onction : la croix est une consolation plus qu'un supplice : les saints l'ont compris, et c'est pourquoi ils l'ont embrassée avec tant d'amour et de joie ! »

A Mme J..., le 29 juin 1852, il écrivait ces belles paroles sur la souffrance et la mortification :

« ..... Pour moi, je crains la mort et je demande au Bon
« Dieu de l'éloigner encore ; quand je pense au prix de la vie
« présente, à ce qu'elle a coûté à Notre-Seigneur, à la gloire
« que nous procurons à Dieu, au mérite et à l'amour des
« souffrances, je ne puis me résigner à mourir, à m'en aller
« vers le Dieu de l'Eternité comme l'enfant d'un jour. C'est
« une grande, une divine chose que de souffrir pour l'amour
« de Dieu et de lui sacrifier tout ce que l'on a et tout ce que
« l'on est.

« Passer, glorifier Dieu et mourir, c'est une belle devise.
« Mais sous quel emblème la représenter ? Je n'en connais
« pas d'autre que celui de Jésus crucifié, ou l'âme sur la
« croix avec Jésus..... »

Sa ressemblance avec le Curé d'Ars. — Cette mortification, imprimée sur sa figure osseuse et décharnée, se voilait sous un reflet de bonté indéfinissable qui le faisait appeler « un autre curé d'Ars. »

Le P. Mayet dit, en parlant du Père Eymard, à l'époque de

sa fondation : « La figure osseuse de notre ami ne parut plus
qu'une tête de squelette recouverte de la peau, mais où
brillait néanmoins la flamme douce et sereine de son regard »,
comme était celle du Curé d'Ars.

D'ailleurs entre ces deux saintes âmes, il n'y avait pas
seulement une similitude morale, la ressemblance physique
s'y trouvait aussi, au point que quelquefois des personnes, en
voyant le Père, croyaient apercevoir le Curé d'Ars.

La chose arriva un jour dans les rues d'Angers, mais le
Père se hâta de dissuader ces personnes en leur disant :

« *Vous vous trompez, le Curé d'Ars était un saint et moi
je ne suis qu'un pécheur.* »

Le R. P. Mayet ajoutait :

« Bientôt son front encore jeune fut ombragé d'une neige
un peu clair-semée, fruit des peines et des travaux qu'il
supportait.

« Mais l'énergie de l'âme semblait donner au corps de
nouvelles forces : *Je veux m'habituer à tout,* disait le Père. »

§ II. — DE SA CHASTETÉ.

La pureté de sa jeunesse. — Son amour pour cette
vertu était délicat, fort, extrême.

Tout jeune encore, il n'eût osé regarder une femme au
visage, sans bien se rendre compte cependant de l'instinct
virginal que Dieu mettait dans son cœur. Pendant sa première
enfance, un camarade plus âgé que lui s'était permis un jour
de tenir quelque mauvais propos en sa présence. Julien avait
tant de pudeur qu'il n'osait lui en parler, il préféra lui écrire.
Dans ce billet, il lui disait de ne plus jamais laisser échapper
de telles paroles, ou de ne plus le regarder.

Les libertins le redoutaient ; un jeune homme de vingt ans
environ ayant dit quelques mots légers devant lui, Julien
l'apostropha vigoureusement et lui dit de ne plus reparaître
dans la maison, s'il n'était résolu de se corriger à tout jamais.

Etant séminariste à Grenoble, l'abbé Eymard, pendant les
vacances qu'il passait à La Mure, se rendait souvent avec ses
condisciples chez un ami commun, l'abbé Dumolard, qui plus
tard entra lui aussi dans la Société de Marie. Mais tandis que

les autres jouaient aux boules ou se récréaient d'une autre manière, lui se retirait à l'écart pour prier.

Les abbés, entre eux, l'appelaient « *la vierge.* »

Le démon le tente par de mauvaises pensées. — Cette admirable innocence n'était pas sans combat pour le vertueux jeune homme : ces combats même furent l'occasion d'une des peines les plus délicates de sa vie. Le démon, furieux de voir tant de pureté et de courage dans cette belle âme, l'attaqua par des mauvaises pensées. « *Personne,* dit-il un jour au P. Mayet, *ne peut savoir ce que j'ai eu à souffrir pendant six ou sept ans ; c'est même ce qui est cause que, lorsque j'ai été prêtre, j'ai eu quelque chose de militaire, quelque chose de guerrier, soit dans mon ton, soit dans mes paroles et dans mes gestes, lorsque je prêchais aux élèves qui étaient dans nos collèges : j'en ai contracté l'habitude pendant ma jeunesse. Je me défendais par des mots énergiques. Quelquefois je disais à Dieu :* « Mon Dieu, coupez-« moi plutôt bras et jambes, coupez-moi la tête, mais « sauvez-moi du péché. »

« Pour comble de malheur, celui qui aurait dû le soutenir redoublait ses angoisses.

« Le pauvre enfant, après avoir subi de si rudes assauts, après avoir si vaillamment combattu et remporté de si belles victoires, allait se confesser d'avoir eu de mauvaises pensées, et le confesseur inexpérimenté lui faisait des reproches, et il le jetait dans d'inexprimables angoisses : ces angoisses pour une âme qui aime Notre-Seigneur sont pires que la mort.

. « Puis, comme Dieu attirait fortement Julien au sacerdoce et que son père ne voulait pas donner son consentement, le prêtre à qui le Père faisait ses plaintes disait au vertueux enfant qu'il était un orgueilleux de penser à ce saint état.

« Julien, qui aimait le Bon Dieu avec tant d'ardeur, qui ne desirait rien tant que de lui plaire, qui aurait préféré mille fois mourir que de l'offenser volontairement, était tout bouleversé. Enfin, un jour, il eut occasion d'entendre un ecclésiastique qui expliquait ce que son confesseur aurait dû lui apprendre depuis longtemps, qu'il n'y a point de mal d'avoir de mauvaises pensées, mais seulement d'y consentir, suivant la parole de saint Bernard : « *Non nocet sensus, ubi deest consensus.* »

« A ce mot, l'heureux enfant sentit un poids énorme tomber de son cœur, et il s'écria avec joie : « *J'ai toujours été à Dieu !...* » C'était le ciel au sortir de l'enfer.

« Il m'avouait plus tard que la manière peu judicieuse dont on l'avait traité lui avait été très utile pour les autres.

« *Ah ! disait-il, si j'eusse été bien conduit, je serais devenu un grand Saint ! Si j'avais le bonheur, moi, de trouver un enfant ainsi prévenu de la grâce et qui me demandât avec tant d'empressement à lui faire connaître et aimer Dieu, ah ! je me garderais bien de le repousser ; qu'on m'a fait souffrir sur ce point ! non certes je ne le rebuterais pas, quand il me demanderait de le confesser.* »

« Le Père Eymard a plus tard consolé, fortifié, guéri et ramené bien des jeunes gens en leur disant : « *Et moi aussi, mon ami, j'ai eu des mauvaises pensées, mais il faut les combattre et ne point s'y arrêter.* »

« *Suivant moi,* disait encore le Père, *le désespoir est le défaut qui fait faire le plus de péchés aux jeunes gens ; ils désespèrent de vaincre, et ils rendent les armes sans combat.* » (Notes du P. Mayet.)

Récit du P. Tesnière. — Le P. Tesnière a transcrit dans ses notes la conversation suivante qu'il eut avec le Père Eymard.

« J'ai été, disait le Père Eymard, confirmé à dix ans et demi, avant de faire ma Première Communion. Je l'ai faite à La Mure. — Depuis ce temps le démon m'a tenté et tourmenté horriblement sous le rapport de la Chasteté ; si je n'avais pas eu la Communion pour me soutenir, je serais tombé. Que de soufflets je me suis flanqués ! Que de coups d'épingles ! mais surtout des soufflets ; puis je glissais dans mon lit quelques planches, mais cela me faisait trop mal, j'étais si maigre alors ! Je n'aurais pas voulu, de dix à vingt ans, toucher ni voir une femme en face pour tout l'or du monde. — Oh ! je n'osais pas. — Ma mère et ma sœur elles-mêmes, je les traitais respectueusement, mais pas affectueusement dans les manières, comme tant d'enfants le font, ce qui du reste est permis. »

Le 4 avril 1848, il écrivait à ses sœurs, qui étaient toujours inconsolables de son entrée chez les Maristes et de leur séparation :

« Vos bonnes lettres m'ont fait un sensible plaisir, je
« n'ai jamais douté de votre bon cœur pour moi, et je vous
« reprocherais même de m'avoir trop aimé, puisque c'est
« cette si grande affection qui a fait vos grandes peines ;
« mais je dois bien le dire aussi, je les ai toutes partagées en
« frère, et le Bon Dieu sait que je n'aime que deux person-
« nes au monde de cet amour naturel chrétien, et c'est vous. »

**La calomnie, en une circonstance, essaya de s'at-
taquer à lui.** — Vers l'année 1865, Mlle Michel, pieuse et dévouée par ailleurs, avait pour le Père Eymard une admi-ration qui parut à d'autres trop expansive : elle finit par faire parler d'elle ; et comme la calomnie est, hélas ! chose facile, le Père Eymard était lui-même plus ou moins mis en jeu. Lorsqu'il apprit tout ce qui se disait contre lui, il en eut une peine extrême. Un jour, n'y tenant plus, il alla trouver le P. Champion, son ami, et lui dit en pleurant : « *Au moins vous, j'en suis sûr, vous n'avez jamais cru à la calomnie qui circule contre moi !* — Oh ! non, mon ami, répondit le P. Champion, je vous connais trop pour y avoir cru un seul instant. »

Sa délicatesse au saint Tribunal. — Au saint Tribunal, il aimait à couper court aux détails sur ces matières délicates et préférait mille fois rester en deçà. Un homme estimable de la ville de Lyon et assez haut placé, qui était fort lié avec le Père Eymard, s'était permis, je ne sais comment, de laisser échapper en sa présence quelques paroles légères. Le Père dit ensuite avec un ton d'indignation qui ne lui était pas naturel : « *Ah ! qu'il n'y revienne pas, ou je lui signifie de ne jamais plus mettre les pieds chez moi. Il apprendra à me connaître... »*

« Une dame de Lyon, qui s'était confessée à lui, ayant été trouver pendant ses absences un autre Directeur, celui-ci lui témoigna beaucoup de zèle pour son âme, un zèle vraiment surnaturel, mais d'une façon peut-être un peu trop empressée et quelque peu humaine en apparence. Elle ne retourna pas à ce dernier, et rendant compte de cette circonstance, elle me disait : « Ah ! qui me rendra mon Père Eymard ! nul n'a plus de charité pour mon âme, mais c'était une charité angélique et sainte comme Dieu. » (*Notice du R. P. Mayet.*)

La candeur de son caractère. — A cette disposition si pure s'associait en lui une admirable candeur, qui en était comme le complément.

« Un jour, une mère de famille fort pieuse et respectable, membre du Tiers-Ordre de Marie, proche parente d'un Mariste, étant avec lui au parloir du Noviciat de Lyon, il fut obligé de la quitter pour une demi-heure, et comme il faisait très froid, il lui mit sur les épaules son grand manteau, mais avec une telle bonne grâce d'innocence, de simplicité et de candeur, et en même temps de réserve et de modestie, qu'on en fut très édifié. Cette femme très recommandable, que nous avons connue particulièrement, était elle-même une âme dans le genre de celle du Père Eymard.

« Ce fait indique des dispositions qui sont ordinairement le résultat d'une jeunesse vertueuse. L'innocence conservée a une tout autre physionomie, une tout autre fraîcheur qu'une vertu recouvrée par le repentir. » (*Notice du R. P. Mayet.*)

Un reflet d'innocence rayonnait en toute sa personne. — Cette jeunesse si sainte avait laissé dans toute la personne du Père Eymard des traces d'ineffable innocence. Un négociant de Lyon, qui se confessait à lui, disait : « Ah ! que cet homme est pur ! quelle nature angélique ! Il m'a dit des choses et m'a fait des questions qui m'ont fait voir quelle est la blancheur de son âme. »

Une dame, qui lisait des romans et qui ne laissait pas de communier souvent, lui parlait en confession de ce penchant frivole qui l'entraînait, et elle cherchait à justifier son inclination.... « *Ah ! pour moi*, lui répondit le Père Eymard, *je ne sais comment vous pouvez aimer de pareilles lectures. Ayant trouvé un jour, dans un de nos collèges où j'étais Directeur, un des ouvrages de Walter Scott qu'on dit être des meilleurs et que j'avais pris à un élève, je voulus en lire quelque chose pour porter un jugement ; eh bien ! j'allai ensuite m'en confesser.* »

C'est cette dame qui a rapporté ces paroles au P. Mayet.

Sa réserve dans les rapports. — « Pour faire connaître entièrement le cœur de ce saint ami, je citerai de lui, écrit le P. Mayet, ce fait qui indiquera une fois de plus sa simplicité et sa prudence.

« Une dame d'une famille distinguée de la Lorraine joignait à une sainteté non commune, à une grande élévation d'esprit, des manières parfois tout à fait enfantines, fruit d'une grande simplicité de mœurs.

« Comme elle avait des peines de conscience qui l'éprouvaient beaucoup, Dieu lui envoya le Père Eymard pour l'éclairer dans une décision importante ; et bientôt il prit une telle influence sur elle par l'ascendant de ses vertus et de ses conseils pleins de l'onction de Dieu, qu'à sa voix le jour se fit dans son âme et elle connut clairement ce que le Seigneur demandait d'elle. La joie de sentir enfin son esprit dans cette liberté intérieure qui donne des ailes à la reconnaissance produisit sur elle un tel épanouissement que, sans y faire attention, sans même s'en apercevoir, elle touchait quelquefois, le premier jour, les mains du Père, durant l'entretien.

« Mais elle vit que cela lui déplaisait, et sur-le-champ elle s'excusa de cette inadvertance. — *C'est vrai*, lui dit-il, *c'est comme si vous me donniez un soufflet, c'est pour moi comme une brûlure. Je sais bien que vous agissez avec la plus grande simplicité, et que ce que vous faites ne souille ni votre âme, ni la mienne ; mais c'est inconvenant et cela me fait beaucoup souffrir : je n'aime à traiter qu'avec les âmes, je fais toujours abstraction des corps.* »

Le P. Mayet, qui a relaté ces choses, ajoutait : « Ces faits montrent l'horreur du Père Eymard pour les sentiments naturels, et aussi la candeur de ses rapports, en un mot, sa prudence et sa simplicité : j'ai souvent été témoin de l'une et de l'autre. » (*Notice biographique du R. P. Mayet.*)

Son indépendance. — Le Père se fit toujours remarquer par une religieuse indépendance des personnes, qui écartait tout danger et lui était une sauvegarde. — Nous en avons déjà parlé.

« Lorsqu'il était Supérieur à La Seyne, durant ses voyages, les occasions d'accepter des invitations étaient fréquentes ; mais dès qu'il s'arrêtait dans une ville, aussitôt sa chambre était retenue à l'hôtel, puis on le voyait vaquer à ses affaires.

« Cette conduite lui inspirait une sainte fierté : « *Que c'est
digne et sacerdotal! disait-il, donner à tous, et ne recevoir
de personne!* » Il n'aurait pas pris un verre d'eau chez les
parents des élèves. Et comme, après une maladie, quelques-
uns d'entre eux le sollicitaient de venir se reposer dans leur
famille, il dit à un de ses amis : « *Si j'acceptais de telles
offres, serais-je libre de renvoyer à un père un enfant qui
nuirait au Collège?* »

« Durant cette même maladie, de tous côtés on désirait l'avoir
pour qu'il pût refaire ses forces ; il dit au P. Mayet : « *Non!
non! vivre chez les personnes qui se confessent à moi, non,
jamais!* » Et il se retira au Noviciat de Montbel.

« Mais cette Maison, nouvellement établie, manquait de
tout. Une famille de La Seyne, extrêmement dévouée à la
Société de Marie, chaque jour lui envoyait ses repas avec une
admirable et délicate charité. Il en fut si honteux, qu'il se
hâta de déloger.

« Du reste, on fut bien édifié de sa discrétion pendant le
court espace de temps qu'il séjourna dans cet établissement.
Voyant la Maison si pauvre, il n'osait rien demander aux
Pères ni aux frères de ce qui eût été nécessaire pour sa
guérison. » (*Notice du P. Mayet.*)

Son désintéressement. — Le Père était désintéressé des
questions matérielles comme saint François de Sales.

« Il aurait pu profiter de ses relations multiples et intimes
avec un grand nombre de familles riches et de la singulière
vénération qu'elles avaient pour lui et obtenir pour sa Société
de Marie des ressources d'argent, accepter des cadeaux, des
donations. Jamais il n'a fait, ni à La Seyne, ni ailleurs, un
pas ni dit une parole dans ce but ; il n'en avait pas même la
pensée. — Sa répugnance était extrême pour tout ce qui pouvait tendre là. — Et il a gardé jusqu'à la fin, j'en pourrais
citer des preuves, ces nobles sentiments.

« Il était extrêmement jaloux de cette religieuse indépendance. Le bien des âmes, la gloire de Dieu : telle était son
unique prétention.

« Il avait fait un bien très grand à une dame en l'aidant à
mettre ordre aux affaires de sa conscience ; cette personne
était généreuse et possédait une fortune considérable, elle

offrit ses services. « *Dès que j'ai eu des rapports spirituels avec une âme,* lui dit le Père, *quand je lui ai donné des conseils, je ne veux plus rien de naturel entre elle et moi.* » (Notice du P. Mayet.)

Sa pureté d'âme. — Nous avons déjà relaté l'appréciation de *sa sœur Marianne,* qui a passé avec lui le temps de sa jeunesse et de son ministère paroissial, et qui en 1850 disait en parlant de son frère : « Il a toujours mené une vie pure et irréprochable ; je ne l'ai jamais vu faire un péché véniel délibéré. Je l'ai connu enfant tel qu'il est aujourd'hui ; et si ce n'était pas mon frère, j'ajouterais qu'il a conservé intacte la grâce de son baptême. »

L'aveu involontaire du Père lui-même. — A l'époque de sa sortie des Maristes et de la fondation de sa Congrégation du Très Saint Sacrement, un de ses anciens confrères, peu au courant des motifs surnaturels qui avaient guidé le Père et appréciant défavorablement une telle résolution, s'oublia jusqu'à dire : « Je crains bien que Dieu n'humilie le Père Eymard par quelque lourde faute. »

Cette parole pénible arriva aux oreilles du Père ; il se tut, se rendit aux pieds du Très Saint Sacrement et dit à Notre-Seigneur ces paroles déjà citées : « *Ah ! mon Dieu ! vous qui m'avez préservé toute ma vie de pareilles fautes !!!....* »

Ces paroles sont un aveu ingénu, elles montrent la vertu de celui qui les a prononcées, elles viennent corroborer tout ce qui a été dit de sa chasteté.

Enfin, cette vertu de chasteté se manifesta encore de diverses autres manières, et spécialement dans les discours et les exhortations qu'il faisait pour porter les autres à l'amour de cette angélique vertu et à la haine du vice contraire.

§ III. — DE SA VERTU DE PAUVRETÉ.

Sa vertu de pauvreté avant sa fondation. — Le Serviteur de Dieu pratiqua toute sa vie l'esprit de pauvreté.

Il n'avait aucune ambition du côté des richesses et savait, sans songer jamais à se plaindre, partager le peu que possédaient ses parents.

Il vécut en pauvre pendant sa jeunesse : cette pauvreté, il

la garda pendant les cinq années de son ministère paroissial. Sa sœur se plaignait qu'il donnait tout, sans se réserver le nécessaire. Nous en avons parlé précédemment.

Lorsqu'il arriva dans la cure de Monteynard, il avait, pour toute réserve de son ministère à Chatte, 60 centimes.

Cet esprit de pauvreté ne le quitta pas lorsqu'il entra dans la vie religieuse : il aimait la pauvreté évangélique ; non seulement il en supportait volontiers les inconvénients, mais il les recherchait, et savait faire naître les occasions de pratiquer plus parfaitement cette vertu.

Sa vertu de pauvreté dans la fondation de sa Société. — Le Père eut, à l'époque de la fondation de sa Société, des occasions nombreuses de pratiquer la pauvreté effective et d'en sentir toutes les rigueurs.

Lorsqu'il quitta la Société de Marie, il n'avait emporté que l'argent du voyage, 200 fr. environ, donnés par son Supérieur, qui servirent à payer aussi les dépenses de son séjour chez les MM. du Saint Cœur, au 114, rue d'Enfer, pendant les douze jours de sa retraite de mai 1856.

Il est facile de prévoir quelles durent être alors les privations de ces premiers temps de la fondation ; car tout leur manquait, excepté la foi en l'Eucharistie et la confiance absolue en son secours.

C'est dans les lettres qu'il écrivait à cette époque qu'il faut voir son admirable abandon à la divine Providence.

Nous en avons déjà dit un mot.

Le 30 mai 1856, il écrivait à Mme Gourd : « Ce qui nous « afflige un peu, c'est que notre nouveau Cénacle va com- « mencer comme Jésus à Bethléem et que nous n'avons rien « pour recevoir ce bon Maître. Mais il paraît qu'il veut faire « ses délices dans la pauvreté, et nous en sommes heureux, « nous surabondons de joie, car nous allons suivre sa vie, sa « retraite à Nazareth, et je l'espère sa vie apostolique, un « jour sa Passion, et dans l'éternité sa gloire.

« Je ne dis pas cela pour vous intéresser temporellement à « nous, oh ! non : nous sommes au service d'un Roi riche, bon « et tout-puissant, mais pour vous prier de le remercier de « nous avoir choisis. Nous avons le pain de chaque jour, ne « vous en préoccupez pas... »

En novembre 1856, les épreuves du début s'étaient ajoutées les unes aux autres et le dénûment était extrême. Il écrivait à la Mère Marguerite : « ... Pour les couvertures, nous avons « le nécessaire; quand on a froid, on met encore son « manteau. »

Il est facile, d'après cette indication, de comprendre ce qu'était ce nécessaire qui suffisait au bon Père, surtout après le naïf aveu qu'il fit dans la même lettre en disant qu'il s'était aperçu que la moitié des chemises qu'il avait apportées n'étaient bonnes qu'à faire du linge d'hôpital.

« La Révérende Mère Guyot, supérieure du Couvent du Bon Pasteur, 71, rue d'Enfer, à Paris, avait avec le Père Eymard de fréquentes relations. Elle connut mieux que d'autres l'extrême pauvreté de la première heure. C'est elle qui donna au Père la première Exposition pour sa Chapelle du 114, rue d'Enfer, et tous les accessoires du Culte. Elle fournissait aussi les pains d'Autel. A l'origine, tout manquait et souvent le Père était obligé, à l'heure de midi, de venir avec son compagnon frapper à la porte du Bon Pasteur pour prendre un modeste repas.

« Il payait cette charité en venant nous prêcher et nous parler du Très Saint Sacrement, qu'il aimait avec tant d'ardeur. » (*Récit de la Sœur Elisabeth, religieuse de Saint-Thomas de Villeneuve, au Couvent du Bon Pasteur, à Paris.*)

Sa pauvreté dans ses diverses fondations. — La pauvreté fut le moyen surnaturel de toutes ses autres fondations : il la retrouva à Marseille, Angers, Bruxelles, et elle lui fut une compagne fidèle ; le Père voyait en elle une assurance de succès.

Plus tard, le 11 janvier 1863, à la R^{de} Mère Marguerite il écrira : « Je regrette presque notre pauvreté première, il « était si joli de dire : *Nous ne l'avons pas !* Comme on peut « se passer de tout, excepté de Dieu ! »

Malgré ce regret, la pauvreté effective faisait encore partie de sa vie : il voulait rester le vrai pauvre de Jésus-Christ.

On le voyait souvent avec un vieux chapeau, une soutane usée, mais propre et sans déchirures, bien qu'il se mît un peu à tous les emplois de la Maison, surtout à ceux qui demandaient le plus de charité et de dévouement. Il portait ses vêtements jusqu'à la limite extrême du possible.

Un jour, une personne charitable lui vit des bas si vieux que l'on n'aurait pu en dire la couleur et qu'un pauvre ne les aurait pas ramassés, tant ils étaient raccommodés. Elle porte des bas neufs au frère chargé de la distribution du linge, en recommandant de les donner au Père. Quand celui-ci rentra, il trouva les bas dans sa cellule; mais aussitôt ils étaient reportés par lui au frère linger. Il faisait de même pour tout ce qui lui était donné pour sa commodité ou son bien-être personnel.

Quand on le voyait fatigué, malade, et qu'on lui envoyait quelque chose afin de le soulager, joyeusement et en cachette il le portait à ses chers pauvres.

Fidèle toujours à l'esprit qui l'animait déjà à Monteynard et dans sa jeunesse, il ne voulait rien accepter pour lui-même : c'était dans la pauvreté qu'il voulait vivre et mourir.

Sa confiance en Dieu dans sa pauvreté. — Il dut ressentir longtemps les privations de la pauvreté effective et les entraves matérielles qui en sont la conséquence.

Il écrivait dans la lettre 25e au P. de Cuers, du 21 février 1859 :
« .... Ici la nature se surprend quelquefois à avoir peur
« comme des païens, pour savoir où elle prendra pour vivre,
« suffire aux dépenses, étant sans ressources fixes, excepté
« la vôtre et les Messes. Mais la confiance en Dieu arrive vite
« pour chasser ce démon et espérer contre toute espérance
« en ce bon Maître, qui nous a donné tant de preuves de
« son infinie bonté ; il m'arrive souvent de n'avoir plus rien,
« pas un sou ; alors j'en bénis Dieu, qui le sait bien, et veut
« nous éprouver : *Etiamsi occiderit me, in ipso sperabo...* »

Dans la 67e au même, du 1er juillet 1860, il avoue qu'il n'a pas ce qu'il faut pour permettre un voyage à Marseille, n'ayant à sa disposition que 80 fr. envoyés par le P. de Cuers.

Dans sa 73e lettre, du 19 septembre 1860, les désertions de plusieurs sujets, qui ne surent pas accepter les privations de la première heure, lui faisaient dire :

« Jésus, Empereur des empereurs, est trop pauvre, trop
« mortifié et trop pur pour le monde et même pour les dévots.
« Ah ! qu'il y a donc peu d'âmes qui aiment Jésus pour

« lui-même et qui veulent le servir pour sa gloire ; c'est
« effrayant !... »

Puis il ajoutait, en parlant de sa pauvreté : « Oui, qu'elle
« soit bénie, cette paternelle Providence qui nous nourrit
« chaque jour avec tant de bonté ! C'est une preuve qu'elle
« nous aime et agrée nos services, quoique bien imparfaits,
« anx pieds de Jésus, notre Sauveur. *J'en suis si souvent au*
« *dernier centime* que je me demande comment Dieu va
« faire et de quels côtés viendra le secours, car vous savez
« nos ressources, et nos dépenses sont grandes, et les faux
« frais surtout, impositions énormes, intérêts, etc.... Eh bien !
« tout arrive en son temps ; je n'ose souvent m'acheter
« *quelque chose dans la crainte de grever la dette du Bon*
« *Dieu,* puis cela arrive à son heure. Je dirai que c'est
« comme un miracle continuel, c'est la manne du désert, et
« qui tombe chaque jour. »

Dans sa lettre 75e, du 25 octobre 1860, il dit au même :
« ... J'ai avancé au P. Leroyer 50 francs pour son voyage à
« Marseille, et 14 francs pour son voyage à Angers ; mais ma
« pauvre bourse s'en va, et si notre bon Maître n'était pas si
« bon, j'aurais peur pour demain... »

Ces citations montrent mieux que toutes les paroles quelle
était à cette époque la mesure de sa pauvreté et aussi de son
inaltérable confiance en Dieu.

Les lettres 142, 143, 144, 145 à la Rde Mère Marguerite
parlent aussi de son dénûment d'alors et dans quel esprit
surnaturel il l'acceptait.

Notre-Seigneur devait être son Pourvoyeur. — Le
Serviteur de Dieu avait demandé à Notre-Seigneur de daigner
se charger des côtés matériels de sa fondation. « *J'ai supplié,*
disait-il, *Notre-Seigneur de ranger les choses de façon à ce
que nous n'ayons rien à demander à personne. Je lui ai
promis de ne jamais mendier. Qu'ils sont malheureux ceux
qui s'appuient sur les riches ! On leur demande, on reçoit
d'eux, on se voit obligé à des condescendances, on prend
l'esprit du monde : ainsi la grangrène se met dans le corps.
Oh ! que je bénis Dieu de nous avoir affranchis en nous
assurant le suffisant !* » (Notice du P. Mayet.)

Dans son commentaire du *Pater,* à la demande « Donnez-

nous aujourd'hui notre pain quotidien », le Père écrivait :
« Seigneur Jésus, qui avez chaque jour, dans le désert, fait
« pleuvoir la manne pour les besoins de votre peuple, qui
« avez voulu être seul toute la part et tout l'héritage des
« Lévites, qui avez légué aux Apôtres votre divine pauvreté,
« nous ne voulons en tout pour économe et pourvoyeur que
« vous seul et nous vous choisissons comme tel ; soyez seul
« notre nourriture et notre vêtement, notre trésor et notre
« gloire, notre remède dans la maladie et notre protection
« contre nos ennemis ; nous vous promettons de ne rien
« recevoir, de ne rien désirer même de la faveur humaine,
« rien de l'amitié du monde : Vous seul nous serez tout et les
« hommes rien ! Des hommes nous ne voulons rien que la
« croix et l'oubli ! »

« N'est-ce pas au Maître, disait-il encore, de nourrir ses
« serviteurs ? — Ne sommes nous pas au service de Notre-
« Seigneur ? — Si nous le servons bien, il ne nous oubliera
« pas. »

D'ailleurs, que lui importait sa pauvreté des biens passagers
de ce monde, lui si riche de la vérité de l'amour personnel
de Dieu, lui si riche de la grande pensée qui devait enfanter
sa Congrégation religieuse, lui si riche des biens du ciel !

§ IV. — Son Humilité.

L'humilité vertu fondamentale. — Le Serviteur de Dieu,
qui possédait la grande vertu de la Charité envers Dieu et
envers le prochain et la pratiquait à un degré héroïque,
devait, comme conséquence, posséder aussi la vertu fondamentale de l'*humilité*. « *Etre humble*, disait-il, *c'est aimer
Jésus-Christ humilié* » ; nous pouvons donc affirmer en
quelque sorte *à priori* qu'il fut *humble*, car il aima passion-
nement Jésus-Christ Sacramentel.

Le Père ajoutait : « *Etre humble, c'est recevoir de Dieu
avec soumission de cœur les humiliations comme un bien,
c'est accepter son état et ses devoirs et ne pas rougir de sa
condition,*

« *Si j'aime Jésus, je dois lui ressembler, aimer ce qu'il a
aimé, faire ce qu'il a fait, ce qu'il préfère à tout...*

« *Qu'elle est facile cette humilité de cœur ! il s'agit d'un sentiment très relevé, très honorable : imiter Jésus-Christ,* *l'aimer.* »

Ainsi envisagée, l'humilité perd sa rigueur. La nature consent à oublier qu'elle s'abaisse, quand l'âme sent qu'elle monte vers Jésus-Christ.

« *Notre-Seigneur ne nous demande pas,* disait-il ailleurs, *d'aimer l'humilité, mais d'aimer Jésus humilié.* »

Et cette vertu d'humilité, qui est celle du serviteur dévoué, n'est autre que le renoncement personnel demandé par Notre-Seigneur : « *Si quis vult post me venire, abneget semetipsum* » ; le Père voulut qu'elle fût la vertu fondamentale des siens, le caractère de leur sainteté, car elle découle de l'amour et en est la preuve authentique.

Comme disait le Père, « *c'est la vertu sympathique à l'état sacramentel !* » Nous en avons parlé précédemment.

L'humilité du Père ne se traduisait pas en témoignages extérieurs ou en paroles qui tendaient à le rabaisser ; elle était devenue le fond même de son âme, elle remplissait tellement son cœur et son esprit que rien ne paraissait plus simple qu'elle.

Son humilité n'avait rien non plus de morose, ni de chagrin ; au contraire, le Père était gai, aimable, plein d'entrain, répandant la bonne humeur et l'agrément par sa conversation, lorsque la charité demandait qu'il y prît part.

Sa discrétion à garder le silence sur lui-même. — Les grâces particulières qu'il reçut de Notre-Seigneur à diverses époques de sa vie ne furent connues que lorsque le Père laissait échapper, par une inadvertance permise de Dieu, quelques paroles qui le trahissaient ; autrement il gardait un silence absolu.

C'est ainsi qu'il ne parla jamais à personne de la faveur qu'il reçut à Fourvière le 21 janvier 1851, lorsque la sainte Vierge lui donna la mission de fonder une nouvelle Congrégation dans l'Eglise. Rien dans ses notes ne rappelle ce fait, qui est l'origine de tout, si ce n'est une phrase transcrite par lui dans son copie-lettres, treize ans après l'événement ; encore n'est-elle compréhensible que pour ceux qui connurent depuis la faveur céleste.

« *Aujourd'hui, treize ans que Notre-Seigneur, à Fourvière, daigna me donner la belle et aimable pensée du Très Saint Sacrement. Qu'il en soit à jamais loué et béni !* »

Une personne cependant fit exception ; la Révérende Mère Marguerite, en 1864, avant de quitter Paris pour Angers, en fut la confidente. Le Père avait alors une grave raison de parler, il voulait la fortifier en face des difficultés qu'elle allait rencontrer dans cette séparation que les événements avaient rendue nécessaire. Quelques mois avant sa mort, dans une conversation avec lui, le P. Tesnière surprit sur ses lèvres un demi-aveu de cette faveur signalée.

Il cache ses vertus sous le manteau de la vie commune. — Le Père, sous le manteau de la vie commune, cachait sa grande vertu, les secrets de la vie d'union à Notre-Seigneur. L'humilité lui faisait aussi garder un modeste silence dans des occasions où ses lumières, son jugement, son expérience des hommes et des choses lui donnaient le droit de parler et de faire valoir son avis.

La Révérende Mère Marguerite, à ce sujet, raconte le fait suivant, survenu à l'Evêché d'Angers : « Mgr Angebeault et les ecclésiastiques présents traitaient une question sur laquelle les avis étaient partagés, et le Père gardait le silence ; enfin Monseigneur, s'adressant directement à lui, le pria de dire ce qu'il pensait. Le Père répondit alors d'une manière si claire et si judicieuse que tous se rangèrent immédiatement à son avis. »

Que d'exemples édifiants d'humilité il donna dans sa propre maison, lorsqu'il remplissait les emplois matériels comme les simples frères convers ! Surtout à l'origine de la fondation, il fallait alors faire face à tout et accepter toutes les besognes : le Père s'en acquittait avec une simplicité charmante.

Dans les choses qui regardaient le culte et la propreté du sanctuaire, il était heureux de s'y dévouer ; il disait que dans sa Société « chacun devait être sacristain », que l'emploi de sacristain était le premier de tous, parce que c'est celui qui ramène constamment le religieux sous le regard de Notre-Seigneur.

Comment son humilité lui fait accepter les observations. — Son premier compagnon lui ayant fait des observations assez fortes sur son gouvernement, bien que de telles observations ne fussent pas justifiées, le Père répondit, le 21 septembre 1861, de la manière suivante qui dévoile admirablement son humilité :

« ... Je goûte bien ce que vous me dites sur la marche à
« suivre, c'est juste ; mais Dieu nous a montré, à vous comme
« à moi, qu'il faut passer par les épreuves et que l'on n'y voit
« pas toujours bien clair.

« Je sais bien, et je sais très bien qu'il me manque beau-
« coup de qualités qu'un supérieur devrait avoir ; que ce que
« votre charité appelle débonnaireté, c'est plutôt une faiblesse
« de caractère et un défaut. — J'en gémis, et si c'était selon
« Dieu, je quitterais à l'instant et sans retour toute supériorité
« pour faire la cuisine ou le dernier emploi de la maison, et
« cela avec bonheur. — Ce n'est pas que je me décourage,
« non, non. Je m'en humilie devant Dieu. D'ailleurs, j'ai
« besoin de cela ; il faut bien que vous sachiez, vous, cher
« Père, et tous les autres, que ce n'est pas par mes qualités
« ni par mes vertus que la Société va, mais par la pure grâce
« de Dieu ; que je suis un gâte-tout.

« L'expérience que je pouvais avoir des hommes et de la
« vie religieuse active est tout en défaut sur la vie actuelle.
« La vie contemplative est un miroir toujours présent où rien
« n'échappe, où la nature finit par éclater souvent sur son
« calvaire perpétuel.

« Oh ! que souvent je dis à Notre-Seigneur : Envoyez donc
« le bon Supérieur ! moi je ne suis qu'un mauvais fumier de
« l'arbre ou une vieille pierre de fondation qu'il faut cacher.

« Comme le Supérieur a bien besoin de prières, ici, après
« le Chapelet, on ajoute un *Pater* et un *Ave* aux intentions
« du Supérieur, et pour les recommandations. Je vous engage
« à en faire autant. Ce sera au moins une prière de reconnais-
« sance et aussi de charité. »

Son humilité en regard de son Supériorat. — En février 1866 le Père fut très malade à Bruxelles, même en danger de mort pendant quelques heures ; mais le mal fut conjuré. Il écrivait, le 2 avril 1866, de Bruxelles à son premier compagnon :

« ... Je ne me suis vu mal que pendant deux ou trois

« heures, et je pensais alors de vous faire venir avant une
« plus grande gravité, afin de vous embrasser une dernière
« fois ; puis la réaction a changé cet état.

« J'ai bien demandé à Dieu de me faire mourir, car ne suis-
« je pas un obstacle plutôt qu'un moyen? Je me remets en ses
« mains, il sait ce qui mé convient ; je ne refuse pas de tra-
« vailler et de me dévouer, mais je ne voudrais pour rien au
« monde être un Jonas dans le bâtiment qui nous porte au
« rivage de l'éternité, avec les grâces et la mission de la
« Société... »

Comme nous l'avons dit ailleurs, son humilité lui avait fait
demander sa non-réélection au premier Chapitre Général de
1865 : il ne voulait être que le dernier, mais non le moins
dévoué au bien de sa chère famille religieuse. — Ses désirs
ne furent pas écoutés, et il dut reprendre jusqu'à sa mort le
fardeau du Supériorat.

Rien ne montre mieux sa profonde humilité que ce qu'il
écrivait à Rome le 19 mars 1865, en la fête de saint Joseph,
en se consacrant à lui :

« Pour moi, je vous honorerai, vous aimerai, vous servirai
« avec Marie, ma Mère, et ne vous séparerai plus de son
« nom, de son amour ! Je ne vous demande pas des biens
« temporels, l'accroissement de la Société, de la voir grande
« et puissante : vous n'avez vu Jésus que petit, pauvre,
« humilié, vous ne deviez pas voir sa gloire, ni assister à ses
« triomphes.

« Ah! que volontiers je veux être le pauvre artisan, l'ignoré
« Joseph, le méprisé charpentier, le fumier de l'arbre, le
« jardinier du bon Maître, qui ne sort pas de son jardin, qui
« ne connaît que ses plantes, qui n'aime que ses fleurs, qui
« ne vit que de ses fruits, qui y meurt dans le coin de sa
« petite cabane, mais entre les bras de Jésus et de Marie,
« dont on ignore la sépulture, dont on ne peut honorer le
« corps, qui ne laisse que son manteau de pauvreté et
« d'humilité ! »

Son humilité était aimable. — Le Père avait une
humilité aimable et voulait faire oublier qu'il était humble. —
Quoiqu'il fût contraire aux honneurs et aux éloges, cependant
il semblait accepter les louanges, et il disait dans l'intimité :

« *Quand on me loue, on m'insulte, on se moque de moi !
Mais j'aime mieux recevoir l'éloge que protester. Combien,
par leurs protestations d'humilité, se placent eux-mêmes
une couronne sur la tête !* »

Chaque année, lorsqu'arrivait la Saint-Pierre, pour éviter
qu'on lui souhaitât sa fête et pour se soustraire aux témoignages de vénération qu'il redoutait de la part des siens ou
des personnes du dehors, le Père se sauvait à Angers et y
passait quelques jours, sans que l'on eût connaissance de sa
présence dans la ville.

« Le Père ne s'attribuait rien à lui-même, mais il renvoyait
tout à Dieu. Témoin des bénédictions vraiment extraordinaires que Dieu déversait par torrent sur son Collège de La
Seyne-sur-Mer, de 1851 à 1856, alors qu'il en était Supérieur,
et pour encourager ses confrères, il leur disait un jour :

« *Ne nous effrayons pas de ce qui nous manque. Dieu
fait les grandes choses avec de grandes misères, par de
grandes misères, pourvu qu'on ait beaucoup d'humilité ; il
n'est qu'une chose avec laquelle il ne peut rien faire, c'est
l'orgueil !* » (Notice du P. Mayet.)

Il savait dire des paroles pouvant le déprécier. —
Le Père ne craignait pas de dire des paroles qui pouvaient le
déprécier.

« Se trouvant un jour au parloir de la Maison de Paris avec
une dame qui faisait une retraite sous sa direction, il pria une
personne présente de lui copier une feuille sur laquelle il
avait écrit une méditation.

« La copiste, qui ne connaissait alors que fort peu le Père
Eymard, transcrivit exactement ce qu'elle voyait, avec deux
fautes d'orthographe qui s'y trouvaient. Quand elle eut fini,
le Père prit la feuille, la lut, sourit et lui dit en lui montrant
les fautes : « *Moi, j'ai mis comme cela, mais vous il ne
fallait pas le faire.* »

« Un jour, d'après une affirmation de M. l'abbé Germain
Lafond, de La Mure, en présence d'une assistance nombreuse,
on le félicitait de son influence et de sa haute situation ; et le
Père répondit : « *Je suis le fils d'un pressureur d'huile.* »

Ce serait le lieu de rappeler les sentiments d'humilité expri-
més précédemment, lorsqu'il cherchait à obtenir de l'Evêque

de Grenoble l'autorisation de quitter sa cure de Monteynard pour entrer chez les Maristes.

Son humilité en face des humiliations. — En face des humiliations, qui sont la pierre de touche de l'humilité, le Serviteur de Dieu montra combien la sienne était véritable.

Il connut les épreuves des contradictions, de l'insuccès, de la calomnie : son âme n'y perdit rien de son calme habituel ; il apercevait trop la main de Dieu dans les événements pénibles qu'il dut traverser pour ne pas dire toujours sa parole de filiale soumission : « *Dieu soit béni de tout !* »

Nous avons vu comment, dans son enfance, déjà il savait triompher des humiliations pour répondre à l'appel divin, et, sans ressources aucunes, lutter avec opiniâtreté et persévérance contre les premières difficultés du latin.

Mais ce n'était là que l'ombre des épreuves et des humiliations qu'il rencontra plus tard à une époque décisive de sa vie, celle de sa fondation.

Il écrivait alors à Mlle Guillot, le 8 juillet 1856 : « J'ai reçu « des lettres bien pénibles, j'ai vu tout ce que l'on pensait et « su tout ce que l'on disait. — Dieu le sait, Dieu le veut pour « le bien, me disais-je, qu'il en soit béni ! et je crois avoir « répondu avec calme et avec charité. » — Il faudrait citer ici la lettre du R. P. Denys, qui restait scandalisé de la sortie du Père, et la réponse calme et charitable du Serviteur de Dieu.

Toujours pénétré de la pensée de son insuffisance et de son indignité, avant de partir pour Paris, où il voulait étudier devant Dieu une dernière fois et soumettre à l'examen de l'autorité ecclésiastique la pensée du Très Saint Sacrement, il écrivait le 1er mai 1856 à Mme Sauvestre de la Bouralière, de Poitiers : « Si Dieu, dans son infinie bonté, me dit : Avance, « monte sur ce Calvaire de feu, avec sa grâce et le désir de « son amour je consommerai le sacrifice ; j'ai l'épée et la « victime à ma disposition, la dispense de mes vœux ; mais « son effet est suspendu jusqu'à la fin de ma retraite. Si au « contraire, dans son infinie bonté et à cause de mon indi- « gnité, Dieu me dit de retourner à Lyon, je repartirai de « suite, sans autre regret que celui de n'avoir pas été assez « saint pour aspirer à l'honneur de servir plus directement « et plus absolument ce bon Jésus, ce grand Roi d'amour... »

Plus tard, quand il parlait de ces heures d'angoisses, suivies des joies de la fondation, il s'écriait : « *Que Dieu est bon ! est-ce possible qu'il m'ait choisi pour une si belle Œuvre !* »

En 1866, il dut, comme nous l'avons déjà dit ailleurs, voir fermer une de ses Maisons fondée à Nemours depuis deux ans à peine ; voir tomber un trône qu'il avait élevé à Notre-Seigneur avec tant d'amour, c'était pour lui l'épreuve la plus sensible que Dieu pût lui imposer ; il se voyait, de plus, méconnu, desservi, attaqué, calomnié ; il y perdait une partie de sa réputation près de plusieurs évêques, et il écrivait alors à la Mère Marguerite, le 18 mai 1867 : « *Dieu soit béni ! Il faut se résigner, souffrir, et pardonner tout, sans* FIEL *comme sans retour.* »

Le 3 mars 1866, il avait écrit à la même, à l'occasion d'autres difficultés : « ... Il faut être humilié, broyé, et détruit pour « être un bon fumier de poussière pour sa gloire. Notre-« Seigneur est-il servi ? Son service s'étend-il ? — Oui ! — Le « reste n'est plus rien. Le pauvre *moi* doit être l'huile de la « lampe eucharistique. »

Son humilité en face de la mort. — Cette humilité, dont il avait enveloppé sa vie, le garda à sa mort. — Par une permission divine, il alla mourir à La Mure, loin de sa famille religieuse ; et quand l'un de ses fils, accouru pour le soulager à ses derniers moments, lui demanda à plusieurs reprises s'il avait quelque chose à dire, il répondit : « Non », d'un air qui dévoilait sa confiance en Dieu : il avait tout dit à Notre-Seigneur.

Il mourait comme il avait vécu, en serviteur, sans frayeur comme sans émotion : sa mort semblait n'être pas sa propre affaire, mais celle de son Dieu.

Sa simplicité. — Sa simplicité charmante se manifestait de bien des manières et donnait un attrait tout particulier à sa personne. Le Père conserva toujours les goûts simples de sa première éducation.

Tous ceux qui ont connu le Père, soit à Belley, soit à La Seyne-sur-Mer, se rappellent le fameux tambour dont il se servait pour convoquer les élèves et donner des ordres, surtout annoncer les promenades.

Et cela ne nuisait en rien à son autorité près des élèves,

qui gardaient pour lui la plus haute vénération, tout en l'aimant comme un vrai Père.

La différence des situations sociales, le sacerdoce, les charges importantes qu'il avait remplies dans la Société de Marie, ses titres de fondateur de deux *Congrégations religieuses* ne firent aucune impression sur cette nature si droite : son caractère ne se modifia pas, il resta simple, sans prétentions, sans recherche personnelle.

Aussi revenait-il avec joie dans son pays natal, où son père avait exercé le métier modeste de pressureur d'huile, reprendre près de ses sœurs sa place au foyer paternel, comme s'il ne l'avait jamais quittée.

Il en aimait la simplicité, il y retrouvait tous les souvenirs de son enfance, il en acceptait la pauvreté.

La maison de son père n'a que deux fenêtres de façade ; ses sœurs en occupaient le deuxième étage, composé d'une grande pièce sur le devant et d'une autre plus petite donnant sur un jardin de 300 mètres carrés environ et où se trouvaient la cuisine et les deux lits de ses sœurs. Pour lui, il reposait dans la première chambre, qui était celle aussi où la famille prenait ses repas.

C'est là *qu'il mourra le 1er août 1868*, dans la pauvreté, dans le dénûment, dans l'isolement de sa famille religieuse, dans l'abandon à la volonté divine, qui l'appelait à un autre service près du *Trône de l'Agneau*, où l'adoration ne cessera plus pour lui : « *Non cessabunt die ac nocte dicentia : Sanctus ! Sanctus ! Sanctus !* »

De son humilité germe la douceur. — Le Serviteur de Dieu pratiquait trop parfaitement l'humilité pour n'être pas remarquable également par la vertu de douceur.

« *Discite a me quia mitis sum et humilis corde.* » Cette parole du Maître pouvait s'appliquer dans une mesure au disciple.

Le Père était doux envers ceux qui souffraient, il l'était envers ceux qui agissaient mal, il opposait un silence bienveillant aux procédés les plus fâcheux et sa douceur restait inaltérable.

Or, quand on connaît la vivacité naturelle du Père, son tempérament nerveux, sa sensibilité si délicate, les immenses difficultés de tous genres contre lesquelles il lui fallut lutter, on ne peut qu'admirer cette possession de soi-même qu'il sut garder toujours.

« Quand le Père paraît le plus gai, disait la Révérende Mère Marguerite, c'est alors qu'il est le plus accablé d'épreuves » ; c'était le signe auquel elle le reconnaissait.

Elle disait encore : « Le Père était vif par nature ; cependant, à le voir, on eût dit qu'il était la douceur et la patience mêmes, et je ne crains pas de dire qu'à l'exemple de saint François de Sales il était devenu le plus doux des hommes. Aussi chacun pouvait l'importuner, le tenir des heures pour lui dire des choses de peu de valeur, alors qu'il était accablé d'affaires ; il ne se plaignait pas, se montrait toujours bon, affable, bienveillant, plein de douceur.

« La douceur, chez lui, n'était donc pas le résultat du tempérament, mais bien au contraire la victoire remportée, une vertu acquise par de longs combats. »

Le Père disait un jour que « *la douceur est une colère comprimée* », révélant ainsi la connaissance qu'il avait des luttes qu'elle coûte.

Un jour, après avoir été froissé par quelqu'un qui lui devait des égards, il s'humiliait en lui-même de se trouver encore si sensible et, se tournant vers Notre-Seigneur, il prenait cette résolution : « *Je regarderai l'Eucharistie, je mangerai cette manne et je ferai chaque matin ma provision de suavité pour la journée.* »

Si de l'humilité germe la douceur, le Père fut un homme de douceur : « Celui qui se connaît, disait-il, est doux à Dieu, « doux au prochain, doux à lui-même. Si le Seigneur l'éprouve, « il sait qu'il ne mérite pas autre chose. Le prochain contra- « riant n'est que l'instrument de Dieu. Pour lui, il voit son « fond ; et sans murmurer contre sa misère, il la porte avec « patience, comme le pauvre ses haillons, comme l'enfant « avoue sa faiblesse, connaissant le cœur de sa mère. »

Le Père disait encore :

« Pour devenir doux, je ne procéderai pas par raisonnement, « ni par lutte contre ma nature, ni même par esprit de péni- « tence ou de vengeance contre moi : c'est trop militant, cela « éveille trop de sentiments contraires à la douceur. Mais je « verrai Jésus doux, son désir que je sois doux ; en Jésus,

« c'est tout beau, tout lumière, tout cœur ! Mais surtout je
« regarderai l'Eucharistie.

« Dans le cœur de Jésus, il n'y a ni indignation, ni désirs
« de vengeance contre ses ennemis ; c'est tout compassion. Il
« est doux par nature, doux par mission ; l'enfant, le pécheur
« ne craignent pas le Sauveur ; le pauvre, le petit aiment Jésus.

« C'est un devoir d'être doux, ne suis-je pas le serviteur
« de mes frères en Dieu ?

« Du reste, à quoi bon la sévérité, la parole dure et tran-
« chante ? *c'est à Notre-Seigneur d'être le Maître !* »

C'est ainsi que le Père se revêtait de douceur et de bonté.
C'est le trait marquant de sa physionomie, *c'était la règle de
son gouvernement.* « Que les autres, disait-il, soient pères,
« pour moi je ne veux être, à votre égard, que mère. C'est le
« rôle des petits de voir le mal et de vouloir aussitôt le
« corriger. Pour moi, j'attends que Notre-Seigneur le fasse
« saisir à celui qui en est infecté, alors seulement j'agis. Autre-
« ment, c'est moi qui vois le mal, et pas celui qui doit s'en
« défaire : je précède la grâce, à quoi bon ? serai-je plus
« habile que Notre-Seigneur, et ferai-je ce qu'il n'a pas voulu
« faire encore ? »

De son humilité germe la modestie. — La douceur de
son âme, qui le rendait si suave envers tous ceux qui avaient
quelques rapports avec lui, donnait aussi à toute sa personne
des manières pleines de ce qu'il appelait « *une modestie
modeste.* »

« Une modestie modeste, disait-il aux Servantes du Très
« Saint Sacrement, est une modestie douce, aisée, aimable,
« une modestie qui règle les mouvements, les gestes, les
« paroles sans exagération, sans raideur » ; telle était la
sienne : une modestie simple, naturelle, si parfaite qu'elle
n'étonnait pas, qu'elle n'attirait pas les regards, qu'elle ne
gênait pas, mais inspirait un profond respect pour celui
qu'elle enveloppait.

« Dans les rues, le Père passait sans voir. Comme on
s'étonnait qu'il n'eût pas, dans la rue, salué quelqu'un qui
passait près de lui, il répondit : « *Je ne regarde jamais assez
pour distinguer celui-ci ou celui-là.* »

« Un jour, raconte le R. P. Tesnière, j'accompagnai le Père

à Vaugirard, nous étions en omnibus. Mlle Delmas (l'héroïne des otages de Paris) y monte et vient se placer en face du Père. Au bout de quelque temps, voyant que le Père ne parlait pas, je lui dis : « Mon Père, c'est Mlle Delmas », et aussitôt on se salue et l'on cause cordialement. « Comment, mon Père, ne l'aviez-vous pas reconnue? » Et le Père répondit : « *Mais je ne l'avais pas vue, je ne regarde jamais personne en omnibus.* »

« Une autre fois, dit encore le R. P. Tesnière, j'avais accompagné le Père chez les religieuses.....; il prenait là son repas du soir, n'ayant pas le temps, après ses instructions de Vaugirard, de rentrer au Faubourg Saint-Jacques. Les Mères Supérieures et assistantes venaient à la grille, et se gênaient peu de regarder le Père et son compagnon. J'examinai le Père à la dérobée, je n'ai jamais pu un instant lui voir lever les yeux, ni sur les religieuses, ni sur la salle des Sœurs ; et je retirai de là une grande leçon, car d'ordinaire la curiosité est très tentée lorsqu'elle se trouve en face de choses qu'elle n'a jamais vues, et n'aura guère l'occasion de revoir. »

Le Père estimait particulièrement la vertu de modestie et la pratiquait dans une grande perfection. Elle découle de l'humilité.

Il disait : « *Notre-Seigneur a été modeste, sa vie était la modestie même. Les chrétiens des premiers siècles regardaient cette vertu comme un de ses caractères distinctifs, et saint Paul pouvait leur dire : Je vous conjure par la modestie de Jésus, per modestiam Christi.* » (II Cor., x, 1.)

« *Elle est particulièrement chère à Marie. Ce doit être la vertu du serviteur de l'Eucharistie. A l'intérieur, la modestie honore mon Maître en composant mon âme à ses pieds dans un religieux respect. A l'extérieur, elle met en exercice toutes les vertus, elle est une mortification continuelle dans tous les sens. Elle conserve la langue douce et charitable, les regards purs, la bouche tempérante : elle est la pratique aisée de l'humilité.*

« *Le moyen de l'acquérir et de la garder est de vivre sous le regard de Jésus présent en moi.* »

Le Père possédait à un rare degré cette vertu. Elle lui était devenue aisée et comme naturelle, prix de longs combats. — Aussi sa présence inspirait-elle le respect et la retenue.

Sa vue recueillait et portait à Dieu.

CHAPITRE XXI

De ses dons surnaturels.

Il fut privilégié de Dieu dès son enfance. — Le Père
Eymard fut prévenu des grâces de Dieu dès son enfance. Son
âme, comme d'instinct, s'orientait vers les choses de la piété,
son attrait intérieur le poussait vers Dieu, comme nous l'avons
indiqué au Chapitre I.

Dès l'âge le plus tendre, il était favorisé de grâces particulières de Notre-Seigneur. Il appelait sa neuvième année l'âge
de sa conversion, car à cette époque les lumières surnaturelles qu'il reçut furent si grandes, qu'il lui semblait commencer
une nouvelle vie, comme au lendemain d'une conversion.

Le Calvaire de La Mure rappelait aussi à sa pensée de chers
souvenirs ; car c'est là que, tout jeune, il allait nu-pieds dans
la neige prier pour se préparer à sa Première Communion.

Il est un autre Calvaire qui est resté pareillement dans sa
mémoire, y ayant reçu des grâces insignes de Dieu : le
Calvaire de Saint-Romans (1).

Les apparitions de la très sainte Vierge. — Dans sa
jeunesse, pendant un pèlerinage qu'il faisait à pied à Notre-
Dame du Laus avec ses sœurs, il trouva, le long d'une haie,
un vase plein d'eau, dans cet endroit où naturellement il ne
pouvait s'y trouver, et qui servit à désaltérer ses sœurs
harassées par la chaleur et la fatigue de la route, comme il a
été dit déjà.

Mais le fait le plus important, la faveur céleste qui eut sur
sa vie l'influence la plus considérable, fut l'apparition de
Notre-Dame de Fourvière à Lyon, le 21 janvier 1851. C'est là
qu'il reçut de la très sainte Vierge la mission de se dévouer
au culte et à la gloire de Jésus Sacramentel, comme nous
l'avons dit ailleurs.

(1) Il s'agit ici de Saint-Romans d'Isère qui rappelait une faveur du
Ciel dont le souvenir est resté indélébile dans son âme. Il l'indiquait
indirectement dans une lettre à Mme Jordan du 5 juin 1867 : « ... Qu'il
« y a longtemps que je désire revoir ce cher pays de Chatte et de
« Saint-Romans !... »

Puis, le 19 avril 1853, après la messe, il eut une action de grâces qui dura deux heures, et dans ce recueillement intime avec Notre-Seigneur, il comprit qu'il devait tout sacrifier, tout jusqu'à sa vocation de Mariste, pour se dévouer à l'Œuvre du Très Saint Sacrement.

Le sanctuaire de Notre-Dame du Laus était l'un de ceux qu'il goûtait le plus, d'abord parce qu'il rappelait les pèlerinages de son enfance, les grâces privilégiées reçues alors de sa bonne Mère, l'assurance de sa vocation sacerdotale et ensuite celle de sa vocation religieuse.

Mais là encore il recevait de Marie des faveurs toutes particulières.

Dans une instruction familière, parlant de ce pèlerinage qui rappelait pour lui tant de saints souvenirs, il s'oublia jusqu'à dire : « *Là, on baisait la terre, dès que l'on apercevait cette église magnifique; et pourquoi? — parce que là la sainte Vierge est bonne : c'est la Mère; là..., on la voit...* » Puis il rougit et s'arrêta déconcerté.

Une autre fois, dans l'abandon de la conversation intime, il lui échappa de dire qu'au Laus il avait vu la sainte Vierge ; puis il s'arrêta, ajoutant : « *Oh! j'ai trop parlé !* » et vraiment on a toujours cru qu'il y avait été privilégié de diverses apparitions de la très sainte Vierge.

Les attaques du démon. — Si un Serviteur de Dieu se trouve en butte aux assauts extérieurs du démon, cela ne peut être considéré comme une faveur surnaturelle ; mais cela n'indique-t-il pas que celui qui en est l'objet est assurément une âme privilégiée, choyée de Dieu, et par là même plus particulièrement haïe de l'ennemi infernal?

Or, cette haine de Satan s'exerça sur le Père dès sa jeunesse.

A quatre ans, il sentit une main qui le prenait à la gorge et voulait l'étrangler, comme nous l'avons dit ailleurs.

Plus tard, vers neuf ou dix ans, dans un pèlerinage au Laus, traversant une forêt, il fut battu par un mauvais homme qu'il rencontra sur sa route et qui disparut ensuite sans que l'on pût savoir de quel côté il s'était dirigé.

Des indiscrétions tout à fait involontaires du Serviteur de Dieu ont fait comprendre que bien des fois le démon le battait dans sa cellule, pour se venger de tout le bien qu'il faisait, et pour celui dont il serait la cause plus tard par les œuvres surnaturelles qu'il fondait.

Son discernement des âmes. — Récit de Mme G.... — Le Serviteur de Dieu cachait sous une aimable simplicité les dons surnaturels qu'il avait reçus de Dieu.

« Un des plus grands était sa science profonde comme directeur des âmes.

« J'espère que plus tard, écrivait Mme G..... en août 1868, la publication de ses lettres, que j'ose comparer à celles de saint François, le fera paraître dans cette lumière nouvelle.

« Ce que je puis affirmer, c'est que personne, après s'être adressé à lui, ne pouvait l'oublier : ses paroles et ses conseils se gravaient pour toujours dans la mémoire et dans le cœur. C'était vraiment l'homme de Dieu qui parlait avec autorité et douceur. Il lisait jusqu'au fond de l'âme, et il avoua un jour à celle qu'il se plaisait à appeler « sa fille aînée » que Dieu lui avait accordé le don de discernement des consciences, mais qu'il en avait tant souffert qu'il avait demandé à Notre-Seigneur de le lui retirer.

« Il a dû en effet bien en souffrir, lui si droit et si confiant, lui qui a mieux aimé se laisser tromper souvent que de croire jamais à la malice de ses semblables.

« La promesse que Dieu nous a laissée de faire la volonté de ceux qui l'aiment s'accomplissait pour lui à la lettre, et il nous a avoué avec une sainte terreur que Notre-Seigneur lui accordait tout ce qu'il lui demandait et allait même souvent au-devant de ses désirs, de sorte qu'il n'osait presque plus rien désirer, ni demander. » (*Lettre de Mme G... 28 août 1868.*)

La même personne écrivait en mai 1868 : « Je n'ai jamais senti Dieu plus proche de moi que quand j'écoutais le Père Eymard. Sa sainteté était transparente dans une grande simplicité.

« Quelle différence entre lui et les autres vénérables ecclésiastiques que j'ai connus ! .

« Ceux-ci parlaient le langage de la foi ; mais lui, c'était le voyant, le prophète, qui affirmait au nom de Dieu avec autorité, et quand il avait affirmé on n'avait plus de doutes.

« C'est ainsi qu'en quelques mots il a fixé ma vocation.

« La moindre parole de lui faisait beaucoup d'effet. Quand il nous disait que Dieu ne lui avait jamais rien refusé, nous le croyions et faisions passer par lui toutes nos demandes.

« Une fois il s'écria : « *Comme Dieu est bon! il va au-devant de mes désirs. Je désirais voir une personne, je viens de la rencontrer dans la rue, elle a fait deux cents kilomètres pour se trouver sur mon passage.* »

Son discernement des âmes. — Le fait de Mlle Guillot. — Mlle Marguerite Guillot, sa première fille spirituelle (en février et en mars 1845), plus tard la première supérieure générale de la Congrégation des Servantes du Très Saint Sacrement, attesta le fait suivant.

Nous reproduisons le récit qu'elle nous en a laissé ; maintes fois d'ailleurs les Servantes l'ont entendu raconter par elle-même.

« En octobre 1844, je perdis le directeur éclairé que Dieu m'avait donné pour guider ma conscience. Je m'en affligeai beaucoup, je demandai à Notre-Seigneur qu'il voulût bien me suffire seul.

« Le 21 novembre de la même année, fête de la Présentation, dans l'église de l'hospice de la Charité, à Lyon, pendant la sainte Messe, au moment de la sainte Communion, il me fut dit intérieurement ces paroles : « Console-toi, je t'enverrai bientôt une voie d'obéissance plus parfaite. » Je fus impressionnée, mais non convaincue ; j'avais une répulsion pour toutes les paroles intérieures, je craignais l'illusion ; ma demande habituelle à Notre-Seigneur était de dire tout ce qu'il fallait pour moi à ceux qui me dirigeaient et de me laisser dans la foi nue et dans l'obéissance aveugle.

« Un, deux, trois mois se passèrent sans nulle apparence de l'accomplissement de ces paroles. Voilà, me disais-je, de l'imagination, voilà comme l'on croit entendre et l'on n'entend rien. J'étais humiliée d'avoir eu la pensée que Notre-Seigneur eût daigné me parler.

« Cependant Notre-Seigneur ne trompe pas. Vers la fin de février 1845, la promesse du bon Maître se réalisait.

« Le Révérend Père Eymard, alors Provincial de la Société de Marie, vint prêcher le Carême à l'hospice de la Charité, bien rapproché de notre demeure. Ma mère âgée, ne pouvant se rendre à l'église paroissiale de Saint-François de Sales, avait la permission de se fixer à la Charité, qui est à moitié chemin ; elle suivit les instructions du Père Eymard. Au bout de huit jours, elle me dit : Ma fille, je veux que tu viennes entendre mon prédicateur, c'est un apôtre, un saint. — Je croyais bien ma bonne mère, mais cela me contrariait beaucoup, je lui manifestai le désir de continuer la station à la paroisse ; ma mère insista : sa volonté fut la mienne. C'était un mardi, le Père Eymard parla des épreuves de Dieu dans une âme, des moyens que l'âme doit employer pour en faire un bon usage, il dit enfin que les épreuves étaient toujours des marques d'amour de Notre-Seigneur envers nous. Comment se fait-il, me disais-je, que ce prêtre ne semble parler que pour moi ?

« Un sentiment de respect, de vénération, me saisit à la seule vue de ce Père, je remerciai le bon Maître de ce que j'entendais et qui était si bien approprié à mes besoins : l'obéissance m'avait valu cette grâce. Je restai sous l'impression de cette pensée : quel homme de Dieu ! qu'il ferait bon de lui ouvrir son cœur !

« Je me décidai à le faire. O bonté de Dieu, que vous êtes grande ! Que votre amour est admirable à la poursuite d'une âme ! Que s'est-il passé pendant cette première heure d'entretien ? Ah ! Dieu le sait et moi aussi.

« Tout ce que je puis dire, c'est que le Père Eymard fut pour moi ce qu'est le soleil en plein midi dans un lieu ténébreux, il lisait dans mon âme comme à travers un cristal. Il me dit ma vie, mon état intérieur, mon attrait, le genre de mon oraison, mes peines, les grâces de Dieu pour moi, et je n'avais encore rien dit, je n'avais dit que le *Confiteor !*

« Heureux moment, heure fortunée ! Mon cœur était inondé de joie et de reconnaissance. A mon action de grâces, elle s'exhalait entre le bon Maître et moi.

« Je gardai mon secret et je résolus de profiter, durant le Carême, de cette direction de passage, car je ne soupçonnais pas que le Père Eymard résidât à Lyon ; la Société de Marie m'était alors inconnue. »

Discernement des âmes. — Fait de la Comtesse d'A...
— Mme la Comtesse d'A... attesta les faits suivants :

« Etant très dangereusement malade d'une angine couenneuse, le bon et saint Père Eymard vint me voir ; je lui confiai mes terreurs de la mort et du jugement. Il connaissait bien les perplexités de mon âme ; alors il me répondit avec son sourire d'innocence et de bonté, éclairé d'un rayon céleste qui reflétait toujours dans l'âme qui l'écoutait : « *Non, non, ma bonne dame, vous ne mourrez pas : le bon Dieu aime trop votre âme pour la prendre dans des rideaux de soie* (1). »

« Bien des fois j'ai pu me convaincre que le bon Dieu éclairait d'une vue surnaturelle ce bon Père sur l'état véritable de mon âme. Un jour, entre autres, me confessant avec mon trouble ordinaire, il me laisse tout dire sans m'interrompre, puis il me dit : «*Vous avez parlé avec sincérité, mais avec nulle connaissance de vous-même ; je vais vous montrer la vérité.* » Alors il me dit, comme s'il avait lu dans un livre, tout ce qui me faisait souffrir et ce qui était mauvais en moi.

« Son regard pénétrant faisait comprendre que, pendant que vous lui parliez, il connaissait déjà ce que vous alliez lui dire. Cette impression était si naturelle, qu'un jour ayant amené avec moi une jeune enfant de dix à douze ans, je reçus d'elle cette réponse à la petite réprimande que je lui fis d'être toujours maussade quand le bon Père Eymard lui parlait ou s'occupait d'elle : « Oh ! je n'aime pas les gens qui voient en dedans. »

« Connaissant par un juste pressentiment que le moment de sa mort approchait, il m'écrivit de venir le trouver. Je fus fidèle au rendez-vous, et je puis vous dire ce dont je me rappelle avec certitude : « *Je vous ai fait venir, car je vais vous confesser pour la dernière fois, j'ai voulu vous laisser la paix. Confessez-vous de tout ce qui vous a causé troubles et soucis en votre vie, de tout ce qui peut vous être resté de souvenirs, d'impressions pénibles. Je vais vous donner une absolution de toute votre vie, pour que vous laissiez le passé en arrière sans jamais y revenir.* »

(1) Cette parole prophétique ne fut comprise par elle que plus tard, lorsqu'elle en vit la réalisation par son entrée dans la vie religieuse, plusieurs années après la mort du Serviteur de Dieu.

Discernement des âmes. — **Fait de M**^{me}....... — Le R. P. Mayet, dans les notes manuscrites qu'il a laissées sur la vie du Père, cite le fait suivant :

« Une personne d'une grande famille, qui était douée d'une piété éminente, était accablée de peines extraordinaires : elle se trouvait embarrassée dans la voie de la perfection par la direction d'un religieux qui, au lieu de lui donner des ailes pour aider son vol, jetait pour ainsi dire sur elle un filet. De plus, quoique absent une grande partie de l'année, il lui avait en quelque sorte imposé le secret, comme on avait fait autrefois à l'égard de sainte Chantal avant qu'elle eût rencontré saint François de Sales.

« Le Père Eymard s'étant trouvé avec cette dame, et sans doute mû par une inspiration de l'Esprit-Saint, lui dit en l'abordant : « *Je vous apporte la liberté des enfants de Dieu.* »

« Cette parole subite et si à propos fut pour elle un trait de lumière et un coup de grâce.

« Toutefois, enchaînée par son obéissance secrète, elle ne lui fit aucune ouverture, et la conversation prenait une tournure assez indifférente, quoique fort édifiante, lorsque le Père Eymard dit à l'improviste : « *Mais le bon Dieu m'a envoyé certainement ici pour quelque chose, et vous ne me dites rien !* »

« Ce second assaut fit ouvrir sur-le-champ la porte de la place. Le Père coupa alors toutes les chaînes dont on avait embarrassé la marche de cette âme, lui traça les règles de conduite qu'elle devait suivre, lui donna des soins pendant quelque temps et l'établit, Dieu aidant, dans un tel état de paix, de bien-être intérieur, de détachement spirituel, d'affranchissement religieux, de désappropriation des personnes et des choses en Dieu seul et pour Dieu seul, qu'il lui semblait qu'elle avait été tirée du Purgatoire et élevée par le saint homme dans l'atmosphère du pur amour.

« Elle racontait ensuite que, la première fois qu'elle l'avait aperçu (car avant cette visite elle l'avait entrevu quelques minutes), il lui avait fait une impression de grâce qui s'était conservée toute la journée.

« Il fut un ange de Dieu pour toute cette maison ; — depuis les laquais et la femme de chambre jusqu'aux grands-parents, aux institutrices, aux enfants, chacun voulut lui ouvrir son cœur et il établit le règne de l'amour divin et du sacrifice par l'amour là où il avait trouvé, à côté d'un amour sincère et d'héroïques sacrifices, bien de la servilité et bien des idées fausses. »

Discernement des âmes. -- Fait de Mlle Creux. — M. l'abbé Maillet, aumônier des Servantes du Très Saint Sacrement, a recueilli dans une déposition faite par Mlle Joséphine Oddou (de La Mure) le fait suivant :

« Une des tantes de Mlle Creux, la filleule du Père Eymard, et qui portait le nom de Joséphine Creux, étant une fois en pèlerinage au Laus en compagnie du Père Eymard, se confessa à lui.

« Elle ne fut pas peu surprise lorsque, n'ayant encore rien dit de ses pratiques de piété, le Père lui parla du sujet d'oraison dont elle se servait ordinairement pour faire sa méditation et lui dit qu'il fallait varier. »

Son discernement des âmes. — Le fait de la Sœur Camille. — La Sœur Camille du Saint Sacrement, religieuse de la Congrégation des Servantes du Très Saint Sacrement, morte dans leur Maison de Paris où elle remplissait la charge d'économe, attesta le fait suivant (Sa déposition a été recueillie en 1888 par M. l'abbé Maillet, aumônier des Servantes du Très Saint Sacrement, à Angers) :

« C'était en 1865 ; le Père Eymard était venu à Angers : quand on disait que le Père Eymard était là, tout le quartier était en mouvement et l'on venait en grand nombre à la Chapelle pour assister à sa Messe.

« J'y communiai, et, pendant mon action de grâces, il me vint une pensée plus extraordinaire et à son sujet. Ensuite je m'en allai à la Maison sans y repenser.

« Mais dans la soirée, étant allée me présenter au parloir avec plusieurs dames, il me dit de venir le trouver à part, qu'il voulait me parler seule. Alors il me dit : « *Vous avez eu ce matin telle pensée* » (c'était la pensée que j'avais eue). Etant très timide, je m'inclinai sans rien dire, et en moi-même je me dis en m'en allant : « Ah ! le Père Eymard connaît donc mes pensées ! »

Son discernement des âmes. — Le fait de la Sœur Julie-Philomène. — Mlle Philip (en religion Sœur Julie-Philomène du Saint-Sacrement) attesta ce qui suit :

« Je déclare et certifie que ceci est selon la vérité. En 1868, le 18 mars, après ma confession de prise d'habit que je fis au T. R. Père Eymard, notre fondateur, il m'a dit deux choses, que personne ne pouvait savoir, sur l'état de mon âme.

« C'était la première fois que je me confessais à lui, et notre Père disait vrai. Je vis qu'il lisait dans mon âme. »

Ses pressentiments. — Le fait de Mlle de Boisgrollier. — Sœur Marie du Saint Sacrement (Mlle de Boisgrollier), une des premières religieuses de la Congrégation des Servantes du Très-Saint Sacrement, a raconté les faits suivants :

« L'état de certaines âmes lui était connu ; il savait par exemple que telle âme qu'il avait laissée calme trois jours auparavant était dans la souffrance, et quelle était sa souffrance.

« Il nous est arrivé d'avoir un besoin urgent de lui parler, et, n'osant le demander au parloir, nous allions à l'église, sachant bien que ce n'était ni le jour ni l'heure où il s'y rendait ; cependant nous le voyions venir et il nous disait : « *J'avais à travailler ; quelque chose m'a averti que vous étiez là et que vous aviez besoin de moi, que me voulez-vous ?* » Comme nous nous en étonnions et que nous en remerciions Dieu, il nous disait : « *Cela m'arrive quelquefois.* »

Le fait de Mlle B. de M. — Le même fait se produisit pour Mlle B. de M. Elle voulait se faire religieuse, mais son père s'y opposait. Il l'avait conduite à un des Curés les plus célèbres de Paris, mais cela n'avait pas rendu la paix à la pauvre enfant. Heureusement que sa tante, Mme G., était à Paris ; elle lui dit : « Viens consulter le Père Eymard. » C'était loin, il fallait le faire vite et en cachette. Quelle déception quand le frère portier déclare que le Père Supérieur est en adoration et ne se dérange jamais !....

« Ces dames entrent désolées à la chapelle !... mais presque aussitôt le Père Eymard se lève de son prie-Dieu et vient à elles : « Mon Père, nous voulons vous parler. — « *Oui, j'ai senti qu'on avait besoin de moi.* » — Il entre au confessionnal et dit à Edmée qu'elle devait, non se consacrer à Dieu, mais rester près de son père ; et la paix succédant au trouble lui montra que c'était bien la volonté divine. »

Divers faits analogues. — « Des pressentiments extraordinaires lui venaient quelquefois. — Un jour, à Lyon (de l'année 1844 à l'année 1846), un frère était allé, à son insu, faire un feu de charbon dans la sacristie du Tiers-Ordre, qui était très humide, et avait imprudemment fermé la porte ; bientôt il tomba sans mouvement et asphyxié. Le Père était dans sa chambre occupé à écrire ; il se sent pressé de descendre à la chapelle, se lève, fait quelques pas, mais, prenant cela pour un désir inutile et oisif, il se remet à écrire. Un mouvement plus fort le pousse encore, il se lève, il se dirige vers la chapelle, la porte de la sacristie était fermée, il ne voit personne. « Que je suis amuseur et imparfait ! dit-il, qu'est-ce que je viens faire ici ? » Il prie un instant avant de remonter, et la pensée lui vient d'ouvrir la porte de la sacristie ; il l'ouvre, trouve le frère étendu par terre, le traîne dehors et le sauve. Un peu plus tard, le frère aurait été sans vie.

« Une autre fois, à Lyon également, vers 1850, il lui vint à la pensée d'aller ouvrir la porte du cabinet, dans lequel il trouve le Maître des Novices, qui avait été surpris par une hémorragie et qui avait grand besoin de secours.

« Plus tard, une personne qui avait formé le projet d'écrire une lettre de simple politesse dont on voulait se servir pour d'autres fins, comme elle le sut ensuite, vint assister à la Messe du Père dans sa chapelle, à Paris. Quand elle sortit, elle trouva le Père qui vint à elle et lui dit : « *N'écrivez pas la lettre que vous vouliez écrire.* »

« Ce qui la surprit beaucoup, car elle connaissait à peine le Père et n'avait parlé de son projet à personne. » (*Notice du P. Mayet.*)

Une prophétie du Père. — Le Serviteur de Dieu, plusieurs années avant l'événement, fit une prophétie qui se réalisa de tous points dans des circonstances qui ne pouvaient être prévues.

Un élève de l'Ecole des Chartes, le fils d'une personne que le Père avait en haute vénération, venait le voir à Paris au faubourg Saint-Jacques lorsqu'il était étudiant ; il raconta le fait suivant :

« Le Père Eymard me dit un jour, un peu *ex-abrupto,* sans transition aucune avec le sujet de notre conversation : *Une révolution est proche, elle sera terrible. Les jeunes gens seront enrôlés malgré eux dans les rangs des révoltés. Si vous étiez à Paris en ce moment-là, réfugiez-vous dans notre maison, qui sera épargnée.* »

« Je fus surpris de ces précisions de détails. On pouvait assurément, sans être prophète, prévoir la chute de l'empire et même une révolution ; mais il y a plus que cela dans les affirmations du Père Eymard. »

Cette conversation avait lieu fin 1866 ou, au plus tard, dans les premiers mois de 1867.

La guerre et la révolution n'arrivèrent qu'en 1870-71. La résidence des PP. du Saint Sacrement à cette époque était 8, rue Leclerc, au faubourg Saint-Jacques.

Cette maison fut épargnée, quoique placée au plus fort de la lutte, soit pendant le siège de Paris, soit pendant les horreurs de la Commune. Les boulets venaient tomber dans le jardin de la maison, qui était gardée par un poste de Communards. Les religieux continuèrent d'exposer le Très Saint Sacrement comme à l'ordinaire ; ils n'eurent aucunement à souffrir de la disette qui sévissait dans la ville affamée : chaque matin, des Religieuses habitant Montrouge leur envoyaient le nécessaire de la journée.

Protection à l'époque des Décrets de 1880. — En 1880, à l'époque des Décrets d'expulsion des Religieux de France, la protection divine se montra encore d'une manière bien spéciale sur la Maison-Mère, Paris, 23, Avenue Friedland, qui possédait alors le corps du saint Fondateur.

Quarante-huit heures avant l'exécution des Décrets, des personnes de la colonie espagnole s'interposèrent et obtinrent par l'entremise de l'ambassadeur d'Espagne (qui était alors le Marquis de Molins) que la chapelle des PP. du Saint Sacrement ne serait pas fermée, alors que toutes les autres églises de religieux furent mises sous les scellés.

Cette fois encore l'Exposition du Saint Sacrement continua dans notre chapelle de Paris sans interruption.

Une prédiction à la fondatrice des Dominicaines de Sèvres. — Des épreuves, comme on en rencontre aux origines des Congrégations religieuses, étaient venues s'abattre sur la fondation récente des Dominicaines de Sèvres ; elles étaient telles que tout semblait devoir sombrer dans un bref délai. Les religieuses avaient alors pour Supérieur ecclésiastique le Père Eymard ; elles lui exposaient leurs appréhensions : « *Faites l'adoration,* leur dit-il, *et vous ne périrez pas.* »

Le conseil fut suivi : la petite Communauté se consacra au Saint Sacrement et s'engagea à faire tous les jours l'adoration. A partir de ce moment, chaque heure de la journée vit l'une des sœurs venir au nom de toutes demander à Notre-Seigneur force et consolation.....

Les difficultés peu à peu disparurent et les bénédictions du ciel prouvèrent bientôt que la parole du Père s'était réalisée.

Une prophétie à la fondatrice de l'Action de Grâces (Morbihan). — Le Père avait connu cette personne à Lyon en 1851 ; il savait son grand attrait pour Notre-Seigneur, son ardent désir de consacrer sa vie à l'Action de Grâces envers le Saint Sacrement, et il l'assurait que cette pensée se réaliserait : « *Il faut conserver votre idée, car elle se réalisera..., vous serez fondatrice un jour de cette Œuvre qui est de Dieu ; mais quelles tribulations et quelles souffrances vous attendent, comme moi !.....* »

Les tribulations et les souffrances sévirent sur elle pendant de longues années, et l'Œuvre ne se faisait pas.

Mais dès que le Père fut mort, les difficultés s'aplanirent plus ou moins, l'Œuvre fut fondée et elle marche dans le silence et la reconnaissance pour toutes les protections divines dont elle fut comblée.

Guérison du 24 octobre 1865. — La Rde Mère Marguerite raconta le fait suivant survenu à elle-même :

« En 1865, dit-elle, je fus reprise de la maladie de la moelle épinière. Depuis trois semaines je ne pouvais faire aucun mouvement. M. l'Abbé Crépon, alors Curé de Notre-Dame d'Angers, vint me confesser le 23 octobre. Je lui dis que le Père était arrivé la veille à Angers et qu'il m'avait dit qu'il fallait que je fusse guérie le jour de saint Raphaël. M. Crépon me répondit : « Si vous allez à la messe demain, je dirai que le Père est un saint. » Mais j'avais foi en l'obéissance.

« Mes chères filles me revêtirent de mon costume ; Sœur Virginie et Sœur Isabelle me traînèrent sous les bras à la chapelle. Je fus obligée de rester assise tout le temps de la messe, même pendant l'élévation. Lorsqu'arriva le moment de la Communion, Sœur Virginie me traîna jusqu'à la Sainte Table.

« Après la sainte Communion je lui fis signe de s'en aller et je retournai seule à ma place, j'étais guérie. Notre Père arrêta un instant de donner la sainte Communion, se disant en lui-même : « *C'est fait! la grâce est obtenue!* »

« Après la sainte Messe, je fus à la sacristie recevoir sa bénédiction ; il me dit : « *Le Bon Dieu est si bon! il accorde quand on lui demande avec foi.* » J'assistai à son déjeuner et je repris mes occupations ordinaires. La Sœur Emilie du Saint Sacrement, qui était présente, attesta le fait et en donna une déposition écrite, le 24 avril 1898. »

Guérison d'une religieuse d'Angers en 1865. — La Sœur Jeanne du Saint Sacrement affirme le fait suivant :

« Je reconnais avoir été guérie par notre Vénéré Père, moi Sœur Jeanne, sa fille quoique indigne. En 1865, lorsque j'avais bien mal à un œil, notre Père me dit d'aller consulter le médecin. Je lui répondis : « Mon Père, c'est vous qui allez me guérir. » — Il me mit la main sur l'œil malade pendant quelques minutes. Je sentais alors diminuer la douleur, et lorsqu'il retira la main, le mal avait complètement disparu. » (Signé : Sr Jeanne du Saint Sacrement.)

Guérison de la Sœur Marie en 1866. — La Sœur Marie du Saint Sacrement fut également guérie par le Père.

Elle était une des premières religieuse de la Congrégation des Servantes du Saint Sacrement et assista à la fondation. Elle passait par dévouement et amour pour sa famille religieuse une partie de ses nuits à écrire et à travailler pour la Congrégation. — En 1866, sa vue s'affaiblit au point qu'elle faillit la perdre. Alors sa foi en la sainteté du Père Eymard la fit s'adresser à lui avec confiance et simplicité pour obtenir sa guérison. « *Venez après ma messe,* répondit-il, *c'est le moment où je suis puissant.* »

« J'y fus avec empressement, racontait-elle ; notre bon Père me bénit, il pria et je compris qu'il disait en latin : « *Que ces yeux ne cessent pas de voir.* »

« Depuis ce moment, ma vue se fortifia et je ne craignis plus de la perdre. »

Elle put continuer d'écrire jusqu'à la fin de sa vie, arrivée en 1877.

Guérison par l'huile du Très Saint Sacrement. — Le Père se servait de l'huile du Très Saint Sacrement pour opérer des guérisons. « *Rappelez-vous,* disait-il, *que cette petite lampe n'a jamais manqué de guérir ceux qui ont été oints de son huile.* »

Le frère Charles Richerd, qui remplit à la maison de Paris l'emploi de la *Porterie* pendant de longues années, dit :

« Bien souvent j'ai vu le Père Eymard bénir l'huile du Saint Sacrement, et par elle il obtenait de nombreuses guérisons ; aussi sa chapelle de Saint-Jacques, le Père l'appelait-il « la chapelle des Miracles », à cause des guérisons et des conversions multiples qui s'y firent. »

Guérison de sa sœur Marianne. — En 1865, la sœur du Père tomba dangereusement malade, et elle ne prévint pas son frère. Le Père arriva bientôt et lui dit : « *Ma sœur, je viens vous voir, car saint Michel m'a fait savoir que vous étiez malade.* »

Pendant cette maladie de sa sœur, il alla à Notre-Dame du Laus avec Mme Gras et il lui raconta deux choses :

1° « Qu'il avait était battu, et il disait : « *Ce n'étaient pas des personnes qui me battaient, les coups tombaient dru comme grêle.* »

Elle lui dit : « C'était donc le diable ? — *Eh ! bien sûr* », répondit-il.

2° « Qu'un jour, n'ayant plus rien, il alla à la Chapelle et dit à la sainte Vierge : « *Mais nous ne pouvons pas mourir de faim !* »

Il entendit une voix qui lui dit : « Ne t'ennuie pas, va à ton ouvrage », et il trouva dans sa poche un certain nombre de louis d'or. — « *J'étais pourtant bien sûr,* disait-il, *que je n'avais rien avant.* »

Au Laus, le Père demanda de l'huile, et, en revenant près
de sa sœur toujours très malade, il se mit à genoux au pied
du lit, et dit : « *Sœur, nous allons commencer une neuvaine* », et il lui mit un peu d'huile sur l'estomac (jusque-là
les sueurs et les vomissements ne cessaient pas) en faisant le
signe de la croix et en disant : « *Sœur Benoîte du Laus, priez
la sainte Vierge pour moi.* »

« Et le même soir, dit sa sœur, les sueurs et les vomissements cessèrent pour toujours. » Dès lors elle alla de mieux
en mieux. Le Père fit l'année suivante le pèlerinage du Laus
en action de grâces.

CHAPITRE XXII

De sa renommée de Sainteté « in vita. »

Sa renommée de sainteté dans son enfance. — Toujours, à toutes les époques de sa vie, par tous ceux qui ont
été en relations avec lui, ou ont entendu parler du Serviteur
de Dieu, toujours le Père Eymard fut entouré de la réputation de sainteté, à laquelle il ne pouvait se soustraire.

Ses camarades d'enfance, ses condisciples du séminaire,
ses confrères dans le ministère paroissial ou dans la vie
religieuse, les fidèles enfin, tous l'entourèrent de la vénération
que l'on a pour les saints. A Chatte, à Monteynard, à Belley,
à Lyon, au Tiers-Ordre de Marie, à La Seyne, à Paris, où il
fonda ses Congrégations, partout il répandit le « bonus odor
Christi. »

Dès son enfance, le Père Eymard réunissait toutes les
vertus qui, plus tard, devaient le faire regarder comme un
saint. Il était très sage, très soumis à ses parents, très doux
envers tout le monde.

Les mères le proposaient comme modèle à leurs enfants :
« Pourquoi, leur disaient-elles, n'êtes-vous pas comme le
petit Julien ? »

Ces qualités précoces lui permirent dès lors d'exercer sur
ses petits camarades un certain ascendant qui se transfor-
mait en véritable apostolat ; ils étaient tous remplis pour lui
de « vénération », c'est l'expression de ses anciens petits amis.

Il édifiait tout le monde par l'ensemble de sa personne.

A l'école il était exemplaire, très gai, très naïf, charitable, d'une simplicité extraordinaire : jusqu'à son grand séminaire, il ignorait absolument le mal.

Mlle Condrant, contemporaine du Père à La Mure, qui fit sa Première Communion en même temps que lui, se souvenait que dans son enfance, vers l'époque de sa Première Communion, il était très fervent.

M. l'abbé Second, curé de La Mure, préparait de son mieux les enfants à leur Première Communion ; il disait que « plus d'une fois le petit Julien versait d'abondantes larmes en entendant ses pieuses exhortations et invitait ses jeunes compagnons à en faire autant ; mais ils lui répondaient qu'ils ne pouvaient pleurer comme lui. »

Nous avons parlé déjà de ses premières aspirations vers l'Eucharistie, de ses désirs du sacerdoce, de sa piété exceptionnelle, de sa charité pour les pauvres, de la vénération de sa sœur, indices qui faisaient pressentir ce qu'il serait un jour, s'il restait fidèle à de si heureux présages.

Sa réputation de sainteté dans sa jeunesse et au Séminaire. — L'on reconnaissait encore en lui, quand il eut grandi, l'enfant doux et modeste dont les vertus ne s'étaient pas démenties un seul instant. Un vieil ouvrier aimait dire quelle douceur, quelle affabilité il mettait dans ses rapports avec les ouvriers, quand il aidait son père.

Il étudiait pendant le temps qui lui restait de libre.

Quelquefois, connaissant l'opposition de ses parents, ses jeunes camarades le raillaient en disant : « Tu seras prêtre (car il en manifestait toujours le désir), et tu n'as pas encore commencé le latin ? » L'enfant gardait le silence, comptant sur le Bon Dieu, qui sait si bien suppléer à ce qui nous manque.

Tout en le raillant, ses petits amis regrettaient que ses études ne pussent être commencées. Plusieurs d'entre eux disaient aussi avoir le même désir : être prêtre. Mais les autres, comme de petits prophètes et de petits juges, répondaient : « Celui-là encore, en montrant le petit Julien, mais les autres ?..... » Telle était l'appréciation des enfants de son âge.

Sa modestie fut toujours la même ; il était calme, humble, se tenant à l'écart. Pendant les vacances, qu'il passait à La Mure, sa présence seule en imposait aux autres.

« Pendant qu'il était là, disait un ancien camarade, il ne faisait pas de bruit, mais nous n'étions plus les mêmes, il fallait nous tenir, il commandait.

« Au Grand Séminaire, il était pieux, gai, de bon conseil, bon élève, et en tout vrai apôtre. » (*Dépositions recueillies à La Mure.*)

Il faudrait rappeler ici ce que nous avons dit déjà, en maints endroits, sur le même sujet.

Sa réputation de sainteté à Chatte et à Monteynard. — La réputation de sainteté qui entourait le Serviteur de Dieu dans le temps de son Séminaire à Grenoble ne tarda pas à le suivre à **Chatte,** où il fut nommé Vicaire quelques mois après son ordination sacerdotale.

Mlle Sophie Ferrouil, qui était pensionnaire au couvent de la Providence à Chatte à l'époque où l'abbé Eymard en était vicaire, a dit de lui : « Le Vicaire de Chatte était à son début dans le ministère, et cependant déjà on le regardait comme un saint. Ses prédications étaient très suivies. Une dame protestante venait entendre les sermons de carême, attirée par sa grande réputation.

« Je me rappelle encore sa figure osseuse, qui reflétait la bonté, la simplicité, la sainteté : elle est restée gravée dans ma mémoire. J'ai confiance qu'un jour la sainte Eglise nous permettra de l'honorer sur les autels. »

A **Monteynard,** il passait une grande partie de sa journée à l'église.

Il donnait tout aux pauvres. — Ses sœurs, pour conserver un écu, le devaient cacher.

Sa soutane n'était pas à lui, il avait fallu l'emprunter.

Son rêve d'alors « était de s'envoler pour les Missions étrangères, si sa santé le lui eût permis, ou bien de se faire religieux dans une Société consacrée à Marie, pour laquelle il avait toujours eu une dévotion angélique. »

Mme Vve Pierre Eymery, née à Monteynard, rappelant ses souvenirs d'enfance, disait du Serviteur de Dieu : « Le Père, qui était alors notre curé, me guida et dirigea ma vie.

« Quand il nous faisait le catéchisme, on aurait dit Notre-Seigneur enseignant ses apôtres. Personne ne bougeait ; il ne montait pas en chaire, mais parcourait nos rangs en nous interrogeant : tout le monde était attentif à ce qu'il disait.

« Le dimanche, il faisait le catéchisme à l'issue des vêpres, ou plutôt avant le *Magnificat;* les parents y assistaient ; ce jour-là, il montait en chaire, pour pouvoir mieux évangéliser sa paroisse.

« Tout le monde l'aimait, le vénérait comme un saint.

« La première fois qu'il fit faire, comme Curé, la Première Communion dans cette paroisse, l'après-midi, il monta en chaire, mais il ne put rien dire, les larmes étouffaient sa voix, et il nous reçut tous et toutes du Saint-Rosaire.

« Il donnait tout ce qu'il avait aux pauvres, il ne s'occupait ni ne se préoccupait jamais du côté matériel.

« Le Père Eymard avait alors avec lui sa sœur Marianne, j'allais souvent la voir, et plusieurs fois elle me dit : *Mon frère est une belle âme ! je lui ai servi de mère, c'est moi qui l'ai élevé.* Elle avait pour lui un véritable culte, elle disait encore que dans son enfance il réunissait les enfants de son âge pour leur faire le catéchisme et leur apprendre à prier.

« Son enfance fut très pure, il était très zélé pour la piété, prenait souci de l'âme de ses petits compagnons et les portait au bien. Tout jeune, il fit seul le pèlerinage de Notre-Dame du Laus. »

Ajoutons cet autre témoignage de sa sœur Marianne. Avant son entrée dans la Société de Marie, elle me disait de lui :

« Je ne me souviens pas avoir remarqué en mon frère, malgré sa grande sensibilité, le plus petit mouvement d'impatience ; quelquefois une faible rougeur, qui paraissait sur son visage, indiquait les combats qu'il ressentait dans son âme. Je l'ai vu toujours grave, calme, sérieux, sans être austère, et en même temps affable en tout et gai dans l'occasion. Son air, son maintien inspiraient le respect. Je ne lui ai jamais entendu prononcer une parole grossière ou seulement triviale.

« Il était sobre dans sa nourriture et modeste en toutes ses habitudes. » (*Notice du R. P. Mayet.*)

Un tel éloge, fait par une personne qui a été son témoin assidu pendant de longues années, est un hommage à la sainteté qui a bien sa valeur.

Sa réputation de sainteté à Belley. — Déjà entouré de la vénération de tous pendant son ministère paroissial, le Serviteur de Dieu répandit bientôt la bonne odeur de ses vertus, dès qu'il entra dans la Société de Marie. Nous en avons parlé longuement au Chapitre IV.

L'abbé Bobillon, chapelain de Notre-Dame des Gardes (diocèse d'Angers), ancien élève de Belley, a écrit ce qui suit à M. l'abbé Maillet, aumônier des Servantes du Saint Sacrement, le 17 décembre 1886 :

« Ce que ma mémoire a retenu de votre excellent et pieux Père, c'est une impression ou deux, partagées à son endroit par tous mes condisciples de Belley.

« D'abord, cette appellation même de *Père,* si difficile à dérober, mais si flatteuse pour celui qui la reçoit de mille lèvres. Quand il s'agissait entre nous d'autres prêtres de la maison, nous disions M. un tel, par exemple : M. Marcel, M. Germain, M. Aimant, etc., etc.

« Mais je n'entendis jamais nommer autrement notre saint directeur que « le Père Eymard. »

« D'autre part, et à ce trait on aurait pu reconnaître déjà le pieux Instituteur *in fieri* des pieuses Servantes du Saint Sacrement, toutes les fois que nous étions en rapport avec lui, soit qu'il nous présidât à la chapelle, qu'il nous confessât, ou nous prêchât, et surtout en récréation nous admît à sa bande, non seulement nous étions ravis, mais nous l'étions saintement, et je crois bien ne pas me tromper en comparant le sentiment dont il nous remplissait à celui dont brûlaient les disciples d'Emmaüs : *Nonne cor nostrum ardens erat in nobis, dum loqueretur in via ?* »

Le R. P. Mayet a dit également à l'abbé Maillet que « le Père Eymard était une âme angélique ; qu'il avait compris en le voyant à Belley, dès les commencements de sa vie religieuse, que c'était un saint, et qu'aussitôt il avait pris des notes sur lui, ce qu'il fit pendant de nombreuses années. Nous avons utilisé ces notes biographiques bien souvent pour la rédaction de ces *Articles.*

Il est bien important de noter ici que déjà à Belley, alors qu'il était aux premiers temps de sa vie religieuse, on le regardait comme un saint.

M. L., chanoine honoraire de Belley, a dit du Père : « ... La réputation de piété, de sainteté du Père Eymard avait franchi les limites du collège, et s'était bien vite répandue dans la ville de Belley. Les prêtres lui confiaient déjà les cas les plus difficiles... »

Cette note de sainteté, il l'avait donnée à Monteynard et à Chatte, comme au Grand Séminaire de Grenoble et dans son enfance : ce qui veut dire que ce vrai Serviteur de Dieu ne s'est jamais démenti, ni ralenti dans la voie de la perfection ; marchant d'un pas alerte, prompt à répondre aux mouvements de la grâce, préparé, sans le savoir, à une des plus belles missions que Dieu puisse confier à un prédestiné de son amour.

Sa réputation de sainteté à Lyon et au Tiers-Ordre de Marie. — Chez les RR. PP. Maristes, le Père Eymard avait la réputation d'un saint. Le P. Touche, neveu du missionnaire apostolique, disait à l'abbé Maillet : « Le Père Eymard est regardé comme un saint chez nous, Maristes. »

A Lyon, le Père Eymard était si connu, que la vénération qu'il inspirait lui sauva un jour la vie, en 1848.

« A Lyon, au moment de l'insurrection, les insurgés s'emparèrent du Père Eymard en criant : *Le prêtre au Rhône !* Mais bientôt, le reconnaissant, pleins de respect pour sa personne, ils le relâchèrent aussitôt en disant : *Il fait trop de bien dans notre ville de Lyon ! (Déposition de Mlle Creux, de La Mure.)*

Mme Adam, de Lyon, a gardé du Père Eymard l'impression que produit un saint : « Il venait à Fourvière nous faire des conférences ; nous avions une très grande confiance en lui. Lorsqu'on nous annonçait une conférence du Père Eymard, nous regardions cela comme une faveur. Il nous en a donné plusieurs, que nous conservons dans nos manuscrits, entre autres plusieurs conférences sur l'oraison, les épreuves de l'âme, la conformité à la volonté de Dieu. Il avait une vraie prédilection pour notre Communauté, et il disait qu'il y avait là une vie de silence et de recueillement qui assure la vie religieuse. » *(Dépositions recueillies à Lyon.)*

Ce que l'on pensait du Père Eymard au Sacré-Cœur des Chartreux de Lyon. — La Révérende Mère

Angèle du Sacré-Cœur des Chartreux de Lyon avait du Père Eymard la plus haute idée.

« Je suis persuadée, a-t-elle déclaré, *que c'était un saint et un grand saint; il y avait en lui un reflet de Notre-Seigneur.* » Elle le connaissait depuis son entrée au Sacré-Cœur par une de ses sœurs, qui faisait partie du Tiers-Ordre de Marie et était dirigée par lui. Cette sœur lui en parlait souvent et avec la vénération que l'on a pour les saints. Après avoir fait une retraite particulière sous la direction du Père, elle en avait écrit tous les exercices qui en étaient si beaux ! Elle les avait donnés à la Mère Angèle pour qu'ils pussent servir aux retraites des Mères du Sacré-Cœur.

« On avait au Sacré-Cœur des Chartreux tous les écrits du R. Père Eymard et les Sœurs s'en servaient beaucoup. »

Sa réputation de sainteté à La Seyne-sur-Mer. — M. l'abbé Maillet, aumônier des *Servantes du Très Saint Sacrement,* voulant écrire la vie de la Mère Marguerite, s'était rendu à Lyon et aux environs pour recueillir des documents relatifs à cette vie, et il fut à même d'entendre souvent parler du Père Eymard. Nous transcrivons ici les notes trouvées dans son carnet de voyage :

« Je suis vraiment frappé de rencontrer chez toutes les personnes que je vois la même appréciation sur le Père Eymard, et chez tous ceux qui l'ont connu le souvenir le plus suave. — *Oh ! celui-là, c'était un homme extraordinairement saint ! Quelle direction sainte ! Quels conseils touchants ! Quel amour du Bon Dieu dans sa parole ! Quelle bonté ! Quel zèle ! Quelle figure ascétique !*

« Le Père Eymard passait pour un prédicateur plein de cœur, qui s'occupait de préférence des sujets sur la vie intérieure ; il avait aussi une très grande réputation comme directeur d'âmes. »

Il faudrait redire ici tout ce que nous avons écrit au Chapitre VI.

Sa réputation de sainteté à La [Mure. — La vieille église de La Mure possède au-dessus du porche une tribune très large, réservée aux *Pénitents et Pénitentes du Saint Sacrement,* qui venaient chanter l'Office le dimanche matin et faire l'adoration tous les troisièmes dimanches du mois.

« Le Père Eymard avait bien modifié les Statuts de cette Confrérie, par rapport surtout au culte du Saint Sacrement. C'était un saint, et un saint fait toujours du bien partout où il passe. — Le Père Eymard en a fait beaucoup à La Mure par son exemple et aussi par ses si suaves instructions.

« Le zèle du Père Eymard était celui qu'ont les saints ; il l'exerçait partout, sans oublier sa ville natale.

« A peine le savait-on arrivé, que la maison de sa sœur était envahie. Tous voulaient le voir, lui parler, lui demander un conseil.

« Cédait-il au Curé de la paroisse en acceptant une prédication, l'église se remplissait d'hommes de toutes les classes. Il n'est pas jusqu'aux libertins qui n'aient dit en plein Café, à l'époque d'un Jubilé : « Si c'est le Père Eymard qui le prêche, « il faudra bien nous convertir. »

« Les nommés Tagnard, Moutin, Raymond Galop disaient à Mlle Eymard : « Si nous avions un prêtre comme le « Père Eymard, nous nous confesserions tous. » Et en effet, Bontoux, le maréchal, avait refusé tout prêtre. Le Père Eymard passa à La Mure et le confessa, et il disait : « A d'autres, jamais je ne me serais confessé ! »

« Rien ne prouve peut-être mieux la sainteté du Père que la vénération dont il était entouré dans son pays natal. — Notre-Seigneur ne disait-il pas que nul n'est prophète dans son pays ? — Il est vrai que sa jeunesse avait été si angélique ! » (*Notice du P. Mayet.*)

Pour le Père Eymard ce proverbe n'était plus vrai.

Dès qu'il arrivait à La Mure, toutes les portes se garnissaient, la voiture s'entourait et c'était un événement. Descendu de voiture, il embrassait tous les hommes. Alexandre Germain, protestant, aubergiste, n'osait s'approcher ; le Père alla à lui : « Eh bien ! et vous, vous ne voulez pas m'embrasser ? — Je n'osais pas », et il l'embrassa avec effusion.

Un catholique, élevé chez des protestants, ne pouvait se confesser, surveillé qu'il était par la Thomas, diaconesse protestante, qui le gardait à vue. — Le pauvre malade disait :

« Ah ! si le Père Eymard était là ! lui me confesserait bien, et ma tante Thomas n'aurait jamais pu l'empêcher ! »

Sa mémoire est vivante à La Mure plus encore que partout ailleurs ; il aimait son pays natal, et il y était aimé.

Sa réputation de sainteté à Paris, comme fondateur. — Cette réputation ne fit que grandir lorsqu'il eut fondé ses deux Congrégations des Religieux et des Servantes du Saint Sacrement.

« Comme une grande vertu se trahit toujours par le parfum qu'elle exhale, la réputation de sainteté du Père Eymard se répandit rapidement à Paris et bien loin ailleurs, dit le P. Mayet dans sa Notice. De toutes parts on recourait à lui, on l'appelait le second Curé d'Ars. Nous avons reçu nous-même une lettre d'un esprit éminent, où on le désignait sous ce titre. On priait de le consulter sur une question importante, pour la solution de laquelle on ne savait quel parti prendre. La lettre disait : « La prudence ordinaire est fort courte dans « une affaire de cette nature ; on ne peut guère agir avec « quelque sécurité qu'en s'appuyant sur l'une de ces lumières « surnaturelles que Dieu communique souvent à ses saints. « Voilà pourquoi j'avais écrit à ce bon Père Eymard, bien « entendu sans lui dire pourquoi. — On dit qu'il devient un « second Curé d'Ars. Il ne me donne pas signe de vie. Il est « peut-être dans la voie de ces saints qui ne répondent « plus... etc. »

« Voyant que le Fondateur de la Société du Très Saint Sacrement jouissait à Paris d'une considération spéciale, extraordinaire, à la hauteur de laquelle nous ne voyons à cette époque atteindre aucun prêtre de la capitale (car M. Desgenettes était mort), nous nous permîmes de dire à ce vénéré ami (en 1863) : « Il y a quelque chose qui frappe « beaucoup chez nous les Maristes les plus réfléchis, les plus « unis à Dieu, et qui nous paraît une confirmation divine, une « approbation de votre Œuvre. Ordinairement il s'attache un « certain discrédit à un religieux qui quitte sa Société, et à « juste titre, parce que ordinairement il y a quelques raisons. « Eh bien, continuâmes-nous, pour vous, il n'en est pas ainsi, « et l'on voit que vous avez une certaine considération. »

« Il rougit : « *Trop, me dit-il, trop. Vous ne pouvez vous figurer tout le monde qui vient dans cette maison, prêtres, laïcs, grands du monde... C'est un sacrifice : je sors de ma chambre le matin, et je n'y rentre pas de toute la journée.* »

« Il ajouta avec cette simplicité fraternelle qui était le charme de nos rapports : « *Mais je suis bien indépendant.*

Jamais je ne quitte ni nos adorations, ni nos exercices. Il faut ainsi attendre des heures entières; nous sommes au bout du monde. Eh bien, pour ceux qui se lassent, tant pis! Un jour une personne titrée vint et s'adressant à un des nôtres (un frère) lui demanda quand j'aurais fini mon adoration. Il fallait attendre longtemps. — Mais, lui dit le visiteur, allez lui dire mon nom. — Ah! Monsieur, répondit-il, vous n'êtes pas encore assez grand seigneur pour que le Père Eymard quitte le Saint Sacrement pour vous! Vous ne savez pas ce que c'est que le Saint Sacrement. » — Et ensuite il était triomphant quand il me racontait cela. »

Sentiments du Curé d'Ars. — Le Vénérable Curé d'Ars disait du Serviteur de Dieu :

« Le Père Eymard est un saint! — Le monde traverse son Œuvre, il ne la connaît pas. — Cette Œuvre procurera beaucoup de gloire à Dieu. — L'adoration *par les Prêtres!* Oh! que c'est beau!

« Ah! *pour les Prêtres!!!* — il pleurait. — Oh! la belle Œuvre! Ah! quel bonheur! — Elle réussira, elle tiendra, oui, oui!

« Dites au bon Père Eymard tout ce qu'on peut se dire quand on se voit entre amis, et que nous nous verrons au ciel.

« Tous les jours je prierai pour l'Œuvre. »

Un jour, le T. R. Père alla le voir pour lui recommander l'Œuvre, le saint Curé lui dit : « Vous voulez que je prie pour l'Œuvre? mais je gâterais bien tout! nous gâtons tout, nous autres.....

« Comment voulez-vous que ça ne réussisse pas? — Mais « c'est Lui! » (Notre-Seigneur lui-même!)

Il appelait notre Père « son saint »; il se fit agréger au Très Saint Sacrement. (*Copié sur un texte du P. Chanuel.*)

La réputation de sainteté dont jouissait le Serviteur de Dieu pendant sa vie n'eut d'autre origine que la sainteté de sa vie et l'exercice héroïque de toutes les vertus. Personne ne s'employa jamais à provoquer cette réputation de sainteté, et aucune démarche ne fut faite pour la divulguer dans les diverses classes de la société, où elle grandissait dans la mesure où était mieux connue la vertu extraordinaire et héroïque de cet apôtre du Saint Sacrement.

CHAPITRE XXIII

De la précieuse mort du Serviteur de Dieu.

Les dernières épreuves de sa vie. — Vers la fin de 1867 et les premiers mois de 1868, le Père eut à supporter une période d'épreuves de tous genres qui lui furent un vrai martyre ; elles mettaient sur son front la couronne d'épines et achevaient la ressemblance avec le divin Modèle.

Le P. Mayet en parle en ces termes dans sa Notice :

« Nous eûmes le bonheur de voir à Paris le Père Eymard au mois d'avril 1868. Il nous ouvrit son âme. *Cette fois*, dit-il, *je suis écrasé sous la croix, renversé, anéanti.* Il ne s'était jamais trouvé dans un tel état ; jamais il ne nous avait tenu un tel langage. Et au milieu de cette désolation, son cœur éprouvait le besoin de demander quelque soulagement à un cœur ami, comme avait daigné faire Notre-Seigneur au jardin des Olives par compassion pour nos faiblesses, « *d'autant,* ajoutait-il, *que pour ne pas effrayer, ni décourager mes confrères, je suis obligé de porter ma croix tout seul.* »

« Parmi les peines qui l'accablaient, il y en avait de très délicates ; certaines difficultés étaient de nature à lui occasionner des confusions effroyables, et sur une de ses principales Maisons étaient suspendues des menaces épiscopales qui pouvaient entraîner la ruine de cet établissement. Quelqu'un le poursuivait à outrance, voulant à toute force faire du scandale ; il était joué par un autre au vu et au su de bien des personnes ; un libraire, chez qui il avait placé 60 à 70 mille francs, venait de faire faillite, au moment même où le Père avait besoin de cette somme pour faire face à des embarras inextricables. Nous ne pouvons dire tous les chagrins qui déchiraient son âme... Je lui dis : « Jamais je n'ai « eu tant d'espérance qu'aujourd'hui pour l'Œuvre Eucharis- « tique, car je ne vous avais pas encore vu si crucifié : c'est « de bon augure ! »

« Il me recommanda beaucoup de faire prier pour lui. Mais ce qui me toucha singulièrement, c'est qu'il n'eut pas un mot d'amertume ni de plainte contre ceux qui le poursuivaient ; il prit même la défense de quelqu'un qui voulait faire du scandale à son sujet, en rejetant tout sur la faiblesse de sa tête. On eût dit un agneau sous la main de celui qui le frappe. »

Il est averti de sa fin prochaine. — A cette époque Notre-Seigneur fit prévenir le Père Eymard par une personne du monde d'une piété exceptionnelle.

Voici ce qu'elle fit dire au Père Eymard : « *Que le Père ne demande pas sa délivrance en ce monde, il ne l'aura pas. Dieu a mis sa douleur et son embarras incroyables dans mon cœur, je sens ce qu'il souffre, et c'est l'heure des grandes souffrances.* »

Elle ajoutait :

« *Il faut qu'il souffre parce qu'il est Père ; qu'il se rappelle bien qu'il s'est offert comme hostie !*

« *Comme il l'a fait de tout cœur, Jésus a tout accepté. Plus il souffre, plus il soulage sa jeune famille.*

« *C'est pour elle qu'il souffre et que Dieu a permis ces souffrances et ces humiliations.* »

Suivaient ces remarquables paroles, qui ont été comprises peu après :

« *Je vois au-dessus de sa tête comme une porte par où il doit passer. Plus il approche, plus la porte est étroite ; elle va toujours en se rétrécissant. Dites-le-lui, il faut le lui dire.* »

Une autre fois, la même personne lui fit dire :

« *Le disciple n'est pas au-dessus du Maître.* » Peu après la petite porte, contre laquelle la croix l'acculait de plus en plus, s'ouvrit tout à coup devant lui, et le très Cher et très Vénéré Père Eymard, cet ami, ce frère, ce prêtre aimé de Dieu et des hommes, ce fervent serviteur de Marie, cet ardent apôtre de Jésus-Hostie, ce saint, rendait le dernier soupir, le samedi *1er août 1868*, fête de saint Pierre-ès-liens, veille de la fête de Notre-Dame des Anges.

Il avait le pressentiment de sa mort. — Tout porte à croire que le Père Eymard avait le pressentiment, sinon la connaissance certaine, de sa fin prochaine.

Le 1er février 1868, remontant de Marseille, il passa par La Mure et dit à sa sœur pour la fête du lendemain : « *Prenez*

le plus beau cierge que vous trouverez. » Elle ne pensait
pas que ce serait pour lui qu'il brûlerait à sa mort, quelques
mois plus tard.

Ses sœurs lui disaient alors : « Revenez plus souvent, et
que ce ne soit pas pendant l'hiver. — *Je reviendrai plus tôt
que vous ne pensez.* » Cinq mois après, il allait mourir près
d'elles.

En mars 1868, il se rendit à Nantes exprès pour voir
Mme de Grandville, fixa sa vie de conscience, lui enleva toutes
ses inquiétudes du passé, agit comme quelqu'un qu'elle ne
devait plus revoir.

En juillet, il quitta Paris pour se rendre à Vichy et y
trouver la R^de M. Marguerite, lui donner ses derniers conseils et sa dernière bénédiction.

Il y trouva aussi Mme Gourd et sa fille ; il leur dit ces belles
paroles qui s'appliquaient si bien à lui-même :

« *Voulez-vous que je vous donne une marque à laquelle
on peut connaître qu'on aime Dieu? — c'est quand on a
de grandes peines et qu'on ne demande pas d'en être
délivré.* »

En passant à Lyon, le Père vit Mme Franchet et lui adressa
des paroles très graves, très solennelles sur l'esprit de pénitence : c'était comme un avertissement. Mme Franchet en
avait été absolument bouleversée, et elle se demandait si
vraiment elle avait vu le Père en réalité, ou si c'était une
apparition surnaturelle, tant le Père avait un air majestueux
et solennel.

La Comtesse d'A..., à Paris, avait aussi reçu sa visite comme
une sorte d'adieu ; il lui donnait dans sa confession les
conseils les plus opportuns pour l'avenir.

Le 2 mars 1868, il écrivait de Paris à Mme Jordan : « 58 ans,
« chère fille, nous voilà à la onzième heure ! Ah ! si le cadran
« de la vie pouvait revenir vers les premières heures de cette
« vie ! comme nous serions plus surnaturels ! — mais il faut
« se contenter des quelques heures qui restent pour arriver
« au midi de l'Eternité... »

Le 13 mars 1868, à Mme la Comtesse d'A... il écrivait :
« ... Quel bonheur d'avoir fait son chemin et d'être arrivé
« à la porte de la Patrie ! Que de choses j'aurais à vous
« dire ! *J'ai cru un peu que l'aiguille de ma vie allait*

« *s'arrêter*. Que de fautes à réparer ! que de devoirs à bien
« faire ! »

A Mme Jordan, le 19 mai 1868 (c'était la dernière lettre qu'il
devait lui écrire) : « ..... Adieu ! bonne et chère fille, nous
« nous *faisons vieux, il faut vite profiter de la lampe qui*
« *éclaire notre bout de chemin*, cette pensée m'a frappé ce
« matin dans mon adoration. Nous touchons au bout du
« chemin de la vie, et nous nous amusons à des riens de
« nature ! »

N'y a-t-il pas là des indices nous révélant les pressentiments
qu'il avait de sa mort prochaine ?

Ce qui est absolument certain, c'est que le Père ne fit aucune
objection aux volontés de Notre-Seigneur, il vit la mort en
face sans avoir peur, et il l'accepta dans l'abandon de son
âme à la miséricorde divine.

**La souffrance physique s'ajoute à la souffrance
morale.** — Dans les derniers mois de sa vie, aux peines
morales qui l'accablaient vinrent s'ajouter encore les souffrances physiques. Le Père accepta les unes et les autres
comme venant de la main de Dieu et leur fit bon accueil.

Aux premiers jours de juillet 1868, à son retour d'Angers,
où il venait de réaliser l'un de ses plus chers désirs, en
posant la première colonne d'une belle église où Notre-
Seigneur aurait un trône d'Exposition moins indigne de lui,
la faiblesse générale s'accentua rapidement ; les forces
physiques l'abandonnaient : l'âme avait usé le fourreau. Le
médecin exigea un repos absolu et aussi, pour l'assurer,
l'éloignement de Paris.

Son départ. — Le 17 juillet, le Père fit ses adieux à ses
enfants qui ne devaient plus le revoir, et partit pour se rendre
tout d'abord à Vichy, où il devait trouver la Révérende Mère
Marguerite, Supérieure des Servantes du Saint Sacrement.

C'était leur dernière entrevue ici-bas. — Le Père passa
deux ou trois jours à Vichy, puis, le 20, partit pour Grenoble
et y arriva très fatigué le 21 au matin.

Malgré cela, il ne put célébrer que vers les dix heures à
Notre-Dame de la Salette ; on voulait le retenir à Grenoble,

mais il refusa tout, et le soir, à quatre heures, prit la voiture
de La Mure.

La chaleur était intense ; un coup de soleil, que le Père ne
sut pas éviter, détermina aussitôt un commencement de
congestion cérébrale ; il souffrit beaucoup de la tête tout le
long du voyage. Arrivé à La Mure à neuf heures du soir, il
avait presque perdu l'usage de la parole, et une contraction
de la bouche dénotait une paralysie partielle.

Sa sœur vint au-devant de lui et fut bien désolée de voir
son saint frère en un état si grave. Elle l'emmena avec peine
jusque chez elle, il se coucha pour ne plus se relever.

Sa maladie. — Le médecin de La Mure, appelé en hâte,
reconnut vite la gravité du mal, sans toutefois perdre l'espoir
de l'enrayer. — Les souffrances du Père étaient extrêmement
augmentées encore par les grandes chaleurs de la saison. Mais
le vénéré malade souffrait sans se plaindre, avec une grande
sérénité, témoignant, comme il savait le faire, sa reconnaissance pour les soins qu'on lui prodiguait.

Les témoignages d'affection qu'il reçut de toute la ville
étaient bien consolants ; chacun voulait le voir, et il accueillait tout le monde avec un bon regard, un serrement de main.

La paralysie ne lui permettait pas de prier, ni de recevoir
la sainte Communion ; il souffrait loin de sa famille religieuse,
qui ignorait encore sa maladie. Notre-Seigneur voulait de lui
tous ces sacrifices réunis, pour parfaire ses mérites.

Il était frappé d'une maladie qu'il n'avait point prévue, qui
l'avait surpris sans qu'il eût pu mettre ordre à ses grandes
affaires. Et cependant comme on lui demandait s'il avait
quelque chose à communiquer aux siens, quelque disposition
à prendre, il répondit : « *Non, non* », avec une grande sérénité. N'était-ce pas là un acte d'héroïque résignation entre les
mains de la divine Providence ? il se soumettait de tout cœur
et à tout.

Sa résignation parfaite. — Dans cette maladie, qui ne
dura qu'une douzaine de jours, rien de saillant ne se manifesta, si ce n'est sa douceur, son calme, son admirable
sérénité.

Affaibli par la maladie et le manque presque total d'alimentation, accablé par les chaleurs de la canicule, souffrant de grandes douleurs dans la tête, il ne manifesta jamais ni impatience, ni abattement moral, ni inquiétude ; il s'occupait de consoler ceux qui l'entouraient : ne pouvant leur parler, il leur faisait bon visage.

Il fit plus ; le mercredi 29 juillet, trois jours avant sa mort, se trouvant un peu mieux, il se leva et arriva à l'improviste pour bénir la table ; c'était l'heure du repas, il fit semblant de prendre quelques petites choses et retourna se mettre au lit ; il avait ainsi consolé un moment ceux qui l'entouraient.

Avec quelle patience admirable, il se laissait soigner ! Voulant que chacun eût son tour dans les petits service que l'on était heureux de lui rendre, il prenait garde que l'on ne se fatiguât pas trop longtemps autour de lui ; il envoyait reposer, prendre les repas, pensait à tout, il fallait obéir : c'était donc toujours lui, le bon Père !

Ce calme, cette simplicité, cette douceur dans la souffrance ravissaient ceux qui en étaient les témoins.

Il fallait que ces belles vertus eussent pénétré bien avant dans son cœur, se fussent comme naturalisées en lui, pour ne pas se démentir aux derniers moments : ce sont là des indices certains d'une sainteté peu commune. L'un de ses religieux écrivait à ce sujet les lignes suivantes :

« Seigneur, vous jugez toutes choses avec équité ! Je vous remercie de la faveur inestimable d'avoir vu mon Père dans ses derniers jours, de l'avoir soigné, d'avoir vu un saint sous le coup de la douleur, laissant une Œuvre à peine établie, sans regrets, sans récriminations ; mourant, parce que vous jugiez à propos qu'il mourût, ne se croyant pas nécessaire une minute de plus que vous ne vouliez, allant à la mort comme à l'adoration, ne voulant rien dire pour plus tard..... »

Il restait ainsi jusqu'à la dernière heure, comme il l'avait dit lui-même bien des fois, « *le journalier du Bon Dieu.* »

Sa mort. — A peine la gravité du mal qui allait emporter le saint Fondateur fut-elle connue à Paris, que l'un de ses enfants de prédilection, le frère Albert, fut envoyé près de lui ; le jour suivant le P. Chanuel, Maître des Novices, arrivait aussi. Le bon Père, en les voyant, se plaignit que c'était trop, que l'on n'aurait pas dû se déranger pour lui. Ce

ne devait pas être pour longtemps, car la maladie s'aggravait
rapidement.

Le vénéré malade, qui déjà avait fait appeler M. le Curé et
s'était en toute résignation préparé à la mort, se confessa de
nouveau, communia plusieurs jours de suite. Dans la nuit du
vendredi 31 juillet au samedi 1er août, vers les deux heures
du matin, il reçut l'Extrême-Onction, que lui administra le
P. Chanuet, dans le calme et la sérénité du saint qui va vers
son Dieu.

« Ce souvenir restera toujours présent à ceux qui furent
les témoins des derniers moments du Père : il mourait sans
frayeurs et sans émotions..... »

Dès qu'il eut été administré, le Père se trouva mieux un
instant. Vers les sept heures, on lui donna la sainte Communion en viatique.

Dès ce moment, il ne parla plus, il resta uniquement occupé
de son Dieu, de son éternité. Le calme le plus parfait régnait
sur son visage comme dans son cœur. C'était, malgré la
souffrance, un doux repos.

Le Père conversait secrètement avec Notre-Seigneur, dont
il regardait fréquemment l'image suspendue près de son lit.
Nulle plainte sur ses lèvres, nul regret dans ses yeux.

On lui présenta une petite statuette de Notre-Dame de la
Salette, lui rappelant qu'on faisait pour lui au Sanctuaire une
neuvaine et qu'il avait permis au frère Albert d'aller près de
la Bonne Mère solliciter sa guérison, pour le bien de sa Communauté naissante. Il sourit, prit la statuette, la pressa sur
son cœur et sur ses lèvres; puis, tournant ses regards sur
Notre-Seigneur en croix, il sembla lui parler quelques
instants, se recueillir, se résigner.

Le médecin déclara qu'aucun espoir n'était plus possible et
qu'il fallait s'attendre au grand malheur qui allait frapper sa
famille religieuse.

Le Père fit ses adieux aux siens d'une manière bien touchante, bien paternelle : chacun venait mettre sa tête sous
sa main et lui demander une dernière bénédiction. Le P. Chanuet lui demanda une bénédiction spéciale pour la Société du
Saint Sacrement.

Même à ces derniers instants de sa vie, il trouvait encore
le secret de consoler ceux qui l'entouraient.

A tout moment, c'étaient de sa part de nouveaux témoignages de bonté : un regard, un signe, un petit service qu'il demandait.

Vers trois heures de l'après-midi, le moment suprême arriva ; le Père s'unissait aux prières que l'on récitait ; il demandait des prières au Saint Sacrement. Son cœur était tout à Notre-Seigneur, et sa foi invincible le tenait uni au divin Objet de son amour.

Bientôt sa respiration se ralentit, et, bénissant pour la dernière fois tous ceux qui étaient agenouillés près de lui, il rendit sa belle âme à Dieu, le regard fixé sur la divine image du Christ.

Ainsi mourait le vénéré Père et Fondateur de la *Congrégation des Religieux* et de celle des *Servantes du Saint Sacrement*.

Pendant tout le temps de sa maladie, il ne montra jamais le moindre regret de quitter la vie. Il savait qu'il laissait son Œuvre entre les mains de *Celui* qui la voulait et saurait bien la conserver.

Le vœu du vénéré Père était accompli : il avait élevé à Notre-Seigneur des *Cénacles d'amour*, il en fut « *le premier adorateur et la première victime.* »

Il mourait le premier de sa famille religieuse, échangeant le prie-Dieu de la terre pour celui du Ciel.

C'était un samedi, à trois heures de l'après-midi, le jour de la fête de saint Pierre-ès-liens, aux premières Vêpres de la fête de Notre-Dame des Anges.

Il avait cinquante-sept ans, cinq mois, vingt-huit jours : il était resté trois ans au Grand Séminaire de Grenoble, cinq ans dans le ministère paroissial, dix-sept ans dans la Société de Marie et douze années Supérieur de la Congrégation du Très Saint Sacrement qu'il avait fondée.

Le concours immense du peuple. — La triste nouvelle se répandit aussitôt dans La Mure, et y causa la plus vive émotion. « On accourait de tous les côtés avec un pieux empressement vénérer ce saint prêtre.

« Le Père était sur son lit, revêtu des ornements sacerdotaux et gardant même dans la mort le sourire de sa vie. »

Loin d'altérer la physionomie du Père, la mort y avait

empreint un mélange de douceur et de sérénité vraiment céleste. Le visage du Père était beau ! C'était le cri d'admiration que poussaient tous ceux qui entraient. On était venu prier près d'un mort, on se trouvait en face d'un saint endormi.

Tous avaient une prière à dire, une bénédiction à demander.

Ceux que le Père avait davantage estimés ne pouvaient retenir leurs larmes.

Le spectacle des vieillards qui avaient connu le Père enfant, qui se rappelaient son innocence, sa piété, était encore plus touchant, et leurs souvenirs semblaient augmenter leur émotion,

« Nous avons tous passé par ses mains, disait le Secrétaire de La Mure. Pendant ses vacances d'abbé, le Père Julien nous réunissait, nous instruisait dans les cérémonies liturgiques : personne n'a échappé à son influence. »

Le dimanche, depuis le matin jusqu'à quatre heures du soir, il fallut rester près du corps (la chambre ne désemplissait pas) : on faisait toucher des objets de piété, des chapelets, des médailles, les clés des maisons, comme pour le constituer gardien des foyers.

L'attitude de cette foule en face du défunt n'était pas celle que l'on a d'ordinaire en présence d'un mort ; de toutes les bouches sortait ce cri unanime : « Oh ! qu'il est beau ! qu'il est vivant ! »

Beaucoup d'enfants y furent apportés dans les bras de leur mère ; ce mort-là ne les effrayait pas. Rien de plus significatif que cet hommage de l'innocence, qui n'a pas encore été maîtresse d'elle-même, rendu à l'innocence couronnée d'une auréole de paix et de gloire !

Les funérailles. — Sur le soir, craignant que la chaleur excessive de la journée n'accélérât le travail de la mort, on résolut la mise en bière. M. le Curé avait désiré que les funérailles fussent faites le dimanche soir, pour que le peuple des environs pût assister à cette imposante cérémonie et rendre cette dernière marque de vénération à la dépouille de celui qui les avait aimés toujours comme des amis et des frères.

Jamais homme pendant sa vie n'aima plus que lui à rendre service ; ses concitoyens accouraient pleins de confiance, ils se disaient que celui qui fut si bon sur la terre devait être meilleur encore dans le Ciel.

Sur les six heures du soir, le cortège se dirigea vers l'église. Le deuil était conduit par le P. Leroyer, supérieur de la Maison de Marseille, le P. Chanuet et le frère Albert.

Dix-neuf prêtres de La Mure et des environs y assistaient en habit de chœur; six des plus vénérables avaient sollicité l'honneur de porter son cercueil. La foule était immense, chacun voulant une dernière fois contempler les traits du vénéré Père et lui donner le tribut de sa propre vénération.

On avançait lentement au milieu des chants sacrés.

Toutes les corporations religieuses de La Mure étaient là : le Tiers-Ordre de Saint-François, le Tiers-Ordre de Marie, que le Père avait fondé, la Société de Saint-Vincent de Paul, les Pénitents et Pénitentes du Très Saint Sacrement, dont il avait fait partie dans sa jeunesse et qu'il évangélisait chaque fois qu'il venait à La Mure.

L'église ne put contenir toute cette foule, qui s'unissait du dehors aux prières liturgiques.

Le corps avait été déposé dans un cercueil de zinc, renfermé lui-même dans un autre de chêne; il fut inhumé à l'entrée du cimetière, à droite de la porte, à deux pas de l'abside de l'église.

Il semblait encore regarder ce Tabernacle derrière lequel, à peine âgé de sept ans, il venait prier, écouter, selon son expression, *ce que lui disait Jésus.*

Sa tombe représente un prie-Dieu surmonté de l'Ostensoir, sur le prie-Dieu une étole et un livre ouvert sur lequel on lit ces paroles :

AIMONS JÉSUS QUI NOUS AIME TANT

DANS SON DIVIN SACREMENT

et qui résument si bien tout ce que fut cette sainte vie : *une réponse à l'amour Eucharistique.*

Le service funèbre. — Le lundi matin 3 août, vers les neuf heures, un service funèbre fut célébré dans l'église de La Mure pour le repos de son âme. L'affluence du Clergé et des fidèles était considérable, spontanée, attirée uniquement par la renommée de sainteté du Serviteur de Dieu.

L'office terminé, le P. Leroyer, arrivé la veille de Marseille, monta en chaire et retraça en quelques mots les grandes lignes de cette vie si exemplaire. Ses paroles furent bien accueillies, l'émotion qui le domina un moment gagna la foule : jamais larmes ne furent plus sincères et plus sympathiques à celui qui devenait un protecteur pour tous.

Si la voix du peuple est la voix de Dieu, nul doute qu'il ne daigne un jour lui donner la couronne des saints. Comment ne glorifierait-il pas devant les hommes celui qui n'a vécu que pour l'aimer et le faire aimer !

Une lettre du R. P. Mayet. — Au lendemain de la mort du Serviteur de Dieu, le P. Mayet écrivait au P. Chanuet la lettre suivante, qui montre de quelle vénération il entourait son saint ami (août 1868) :

« J'ai le cœur brisé, les yeux pleins de larmes... je répands avec vous mes larmes, mes prières et mon *fiat voluntas tua* triste, mais sincèrement résigné... j'attends de votre charité des détails sur un de mes plus anciens compagnons d'armes, mon ami, mon frère, avec qui je n'avais qu'un cœur et qu'une âme, notre Père, notre Saint !...

... « *Nolite timere, pusillus grex* » ; je pense que pour vous les consolations surpasseront la douleur. Je ne serais pas surpris qu'il fît des miracles. Ne craignez point de lui en demander. Demandez-en avec confiance et vaillance.

« A Dieu seul ! Il n'y a point aujourd'hui d'autre adieu à se dire.

« ... Je vous embrasse devant ces restes chéris, enveloppe *mortifiée et pure d'une des plus saintes et blanches âmes que j'ai connues sur la terre.* »

Une lettre du P. Chanuet. — Le P. Chanuet, qui avait assisté le Père Eymard dans ses derniers moments, a écrit de lui, le 19 août 1868 (sans doute au P. Mayet) :

« Que vous eussiez aimé voir notre bien-aimé Père revêtu de ses ornements sacerdotaux ! Si vous saviez comme il était beau ! jamais tant de sérénité, de douceur sur son visage. Nous aurions bien voulu garder son portrait, mais il n'y a pas eu moyen de faire quelque chose de beau à La Mure.

« Malgré tout notre désir, mon Père, nous avons dû subir

la dure nécessité de laisser son corps à La Mure : sa sœur, et derrière elle toute la ville, n'ont jamais voulu nous le laisser : peut-être que plus tard nous serons plus heureux.

« Cher Père, j'aime vos paroles et l'accent de vive affection qui les profère. C'est notre joie, notre confiance de voir tant d'hommages rendus à notre bien-aimé Père. Oh ! oui, nous ne pouvons douter de la puissance de son intercession et lui demandons sans cesse de nous la faire sentir.

« Il est mort avec un calme si admirable ! Je ne puis me lasser de le dire.

« S'il n'est pas mort sur son prie-Dieu, comme il le souhaitait souvent, il est mort cependant en vrai adorateur, ne pensant qu'à la gloire et à la volonté de son Maître, s'oubliant jusque dans la mort..... » *(Extrait de la Notice du P. Mayet.)*

Une lettre du P. Touche. — A l'occasion de la mort du vénéré Père, le P. Touche écrivit la lettre suivante, qui dévoile toute sa vénération pour lui :

La Louvesc (Ardèche), par Satillieu, le 8 août 1868.

Très Révérend Père,

« J'ai appris hier par la voie des journaux la mort de mon
« enfant, de mon ami, de mon Père, la mort du Très Rév. Père
« Eymard.

« Je viens de célébrer la messe à son intention. Je ne puis
« vous dire tout ce que cette mort a été pour moi. J'ai cette
« belle âme continuellement devant moi. *Je ne puis pas prier*
« *pour ce saint prêtre ; je le fais parce qu'il le faut,* mais
« ma conviction est qu'il est dans la gloire ; hier, en apprenant
« sa mort, je lui ai confié de suite mon âme, il me fait du
« bien, je le sens ; du haut du Ciel, il fera du bien à son
« Ordre, il bénira ses enfants.

« Comme il doit adorer le divin Sauveur dans le Sacrement
« de son amour ! Mon enfant, mon ami, mon Père, priez pour
« moi, bénissez votre famille, qu'elle soit fervente et qu'elle
« s'immole pour Celui qui répand continuellement son sang
« divin pour nous.

« Préparez les matériaux pour sa vie, je vous en promets
« beaucoup. *Toute son innocente jeunesse m'est présente ;* il

« me fit un jour cette confidence, que j'avais toujours eu
« l'initiative dans tout ce qui lui était arrivé de plus grand
« dans sa vie. J'irai, quand je le pourrai, passer quelques
« jours à Marseille, afin de vous donner ces renseignements. »

Une lettre de l'abbé Giraud. — Le Vicaire de La Mure,
M. l'abbé Giraud, écrivait au frère Albert, le 20 septembre 1868 :

« ..... J'irai souvent m'agenouiller sur la tombe de votre
vénéré Supérieur, et je lui demanderai avec instance l'esprit
de ses enfants et l'amour de l'Eucharistie ; j'y prierai pour
vous, frère, pour le P. Chanuet, etc.

« Le petit coin que nous avons choisi pour la tombe du
Père vient d'être fraîchement crépi.

« Le prie-Dieu de pierre est placé et fait un assez bel effet ;
je trouve cependant l'ostensoir un peu petit. On doit sous peu
placer la grille autour de ce modeste monument.

« Vous apprendrez avec édification que la tombe du Père
est toujours plus fréquentée et que les couronnes et les
bouquets s'y renouvellent sans cesse..... »

Longtemps plus tard, quand la tombe du Père ne possédera
plus son trésor et que ses restes mortels auront été trans-
portés à Paris, il y aura encore des fidèles qui iront prier sur
cette tombe, et invoquer celui qu'ils regardent comme un
saint et croient tout-puissant près de Dieu.

**L'impression de sa mort dans ses deux Congréga-
tions.** — Cette mort imprévue, quasi subite, puisque dans les
maisons de sa Congrégation on ignorait encore la maladie,
fut un coup de foudre pour ses fils spirituels, pour les
Servantes du Saint Sacrement, pour ses nombreux amis,
qui perdaient tous le Saint qu'ils aimaient à entendre, à voir
prier, à consulter.

Ses religieux ne voulaient pas y croire ; et s'il fallait se
résigner à l'évidence de la mort, ils espéraient une résurrection. Parmi tous les fondateurs d'Ordres religieux, le
Père Eymard est un de ceux qui resta le moins longtemps
parmi les siens.

Les prières s'élevèrent ferventes pour son âme, mais on
le priait plus lui-même qu'on ne priait pour lui, persuadé de
la puissance de sa protection.

Tous ceux qui l'ont connu, qui l'ont vu à l'œuvre, qui ont reçu ses sages directions, dont le cœur a été échauffé par cette parole d'apôtre à laquelle on ne résistait pas, tous, sans exception, rendent témoignage à sa vertu exceptionnelle, à sa sainteté.

L'impression de sa mort. — Fragments de lettres. — Rien ne prouve mieux l'impression profonde que produisit cette mort, que les lettres écrites au lendemain de cette perte irréparable ; nous en citerons au hasard quelques fragments.

Mme JORDAN écrivait en août 1868 : « ..... A peine mort, la chambre n'a pas désempli ; le commissaire de police, les gendarmes ont été obligés de s'en mêler. On faisait sortir de la chambre pour en laisser monter d'autres, on lui faisait toucher des chapelets, des médailles, les clefs des maisons ; il était bien beau, me disait sa sœur ; il paraît que sa figure n'était pas altérée.

« J'ai demandé pourquoi on s'était tant pressé de l'enterrer ; on avait peur que les Pères ne voulussent l'emporter. Sa sœur n'a pas voulu, toute la population la soutenait, disant qu'elle n'eût pas peur, qu'on ne le laisserait pas emporter.

« Au moment de l'enterrement, il y avait une telle affluence, qu'on a cru ne pas parvenir à passer. Les Pères doivent avoir leur idée pour plus tard ; on l'a mis dans un cercueil de plomb..... »

Dans une lettre du 6 août 1868 adressée à Mme Jordan, Mlle M. MONAVON lui dit :

« ..... Quel beau jour il a choisi pour aller à Dieu ! le premier samedi du mois et la fête de saint Pierre-aux-Liens, veille de Notre-Dame des Anges.

« Il est dans le ciel, n'en doutons pas ; il a tant aimé Dieu et les âmes et tant souffert ! Qu'il est heureux ! En priant pour lui, je l'invoque ; c'était un ami sur la terre, c'est un protecteur là-haut !.... »

Lettre de Mme JORDAN, du 8 août 1868, à Mlle Gérin : « Mon amie, c'est ma fille qui vous portera cette lettre et vous aura déjà appris la mort de notre saint père ; ..... cette voix est muette ! je ne le reverrai plus ! je ne m'adresserai plus qu'à Dieu !

« ..... Que je voudrais maintenant le faire connaître, ce

serait pour la gloire de Dieu et le salut des âmes ; mais quelle *plume saura peindre cette âme si grande et si naïve, si désintéressée et si vraie, ce cœur si pur et si tendre, ce saint si aimable !*

« Nous commençons à recopier ses lettres, afin de les communiquer..... Vous prierez bien pour lui, quoiqu'il me semble bien au ciel et que je m'adresse bien à lui ; il ne faut pas risquer de le laisser en purgatoire.

« Il est mort le 1er août, à trois heures, l'heure de Notre-Seigneur Jésus-Christ, son Maître et le nôtre, qu'il cherchait tant à glorifier, le samedi, jour de la sainte Vierge, au moment où l'on gagnait déjà les indulgences de la Portioncule.

Mlle Adèle GÉRIN écrivait, le 9 août 1868, à Mme Jordan :

« ..... Prier pour lui, c'est un devoir et un besoin du cœur ; mais comme je sens que c'est une aumône qui passe par ses mains pour d'autres âmes !. Nous lui procurons encore le bonheur de donner après sa mort. Dans sa simplicité de colombe, il n'offensait jamais le Bon Dieu ; et dans son amour de séraphin, il brûlait et changeait en diamants les petits charbons de la fragilité humaine. C'est vrai pour cette âme jusqu'à l'exactitude la plus rigoureuse. *Il se réjouissait de ne pas être dérangé au ciel, mais vous, bonne fille, vous aurez le droit de le faire.* Cette parole est l'adieu devancé sous l'inspiration du Saint-Esprit..... »

Le 12 septembre 1868, Mlle GÉRIN écrivait encore à Mme Jordan :

« ..... Parlez-moi de notre bon Père Eymard..... Comme tout le monde le proclame saint ! et comme la voix du peuple est bien la voix de Dieu dans cette canonisation !

« Les clés des maisons, bénites par son contact, m'ont mis les larmes aux yeux. C'est le choisir pour garder et protéger chaque foyer, et cela dans sa ville natale, où Dieu l'a ramené à la dernière heure comme pour l'en établir le patron.

« Vous restez bien seule, fille bien-aimée de ce saint père ; mais une mort si glorieuse et si précieuse au ciel et à la terre, est-ce une mort ? Ne seriez-vous pas plus près de lui que jamais ? sa direction ne vous resterait-elle pas souveraine, efficace et intime ? je le crois ; et s'il y a sacrifice immense, il n'y aura ni perte, ni préjudice. Vous vous sentirez sous la main invisible d'une âme glorifiée..... »

Mme LEPAGE écrivait, le 17 octobre 1868, à Mme Jordan :

« L'absence à peu près complète de nouvelles concernant notre bon saint Père Eymard est pour nous aussi une peine très grande, et le vide que sa mort a fait à nos cœurs s'augmente chaque jour.....

« En passant à Paris, on nous a appris pourtant que la difficulté d'enlever à La Mure le corps du saint Fondateur avait fait renoncer à ce projet et qu'on pensait plutôt à réaliser le désir ardent qu'il avait d'établir une Maison du Saint Sacrement dans sa ville natale. Mais Dieu seul sait quand on pourra faire cette fondation.

« Quant à sa vie, on l'écrira; les documents abondent; mais il faut du temps pour les réunir et les compulser, et ce n'est pas sitôt que nous pourrons lire l'histoire de ses vertus.

« Enfin, Madame, vous gardez dans votre Dauphiné sa tombe vénérée; elle sera une étape pour les pèlerins de la Salette; et vous qui habitez non loin de là, vous pourrez la visiter quelquefois. »

Le 16 septembre 1868, Mme JORDAN écrivait encore à Mlle Edmée Brenier de Montmorand ces belles paroles sur le Père Eymard et qui montrent la sainte vénération qu'elle avait pour lui :

« ..... Que c'est triste de penser que cette bouche est muette pour jamais, que nous *n'entendrons plus ces bonnes paroles, que nous ne verrons plus cette figure si ascétique, toute cette personne qui répandait un parfum de sainteté et dont la seule vue rendait meilleur !* Dieu l'a voulu, il n'y a plus qu'à s'incliner. Il a jugé qu'il avait assez travaillé, assez souffert.

« J'ai eu des détails depuis sa mort, et il nous en avait assez dit de son vivant pour comprendre quelles croix pesaient sur lui. On ne fonde pas un Ordre nouveau sans beaucoup d'obstacles.

« Je voyais quelqu'un, il y a quelques jours, qui me disait qu'il avait fait en douze ans ce qui en aurait demandé cinquante à un autre; mais ce n'est pas sans peines et sans souffrances.

« Il y a une maison à Paris, une autre aux environs, qui est le Noviciat (1), une à Marseille, une à Angers, deux à Bruxelles ; une de femmes à Angers : sept en tout.

____

(1) Saint-Maurice.

« Tu me dis que tu éprouves de la répulsion à prier pour lui ; je comprends que tu te dises : *Qui donc ira au ciel tout droit, si ce n'est lui ? comment ne pas penser qu'après tant de travaux, de souffrances et d'amour surtout, il ne jouisse pas d'une bien belle place dans le ciel ?* je le crois bien aussi. Mais l'Église prie, il vaut mieux faire comme elle ; je ne cesse pas de prier. »

______

CHAPITRE XXIV

De sa renommée de Sainteté « post obitum. »

Témoignage de Mgr Fava, Evêque de Grenoble. — La renommée de sainteté dont jouissait le Serviteur de Dieu ne s'éteignit pas avec sa vie, mais de son sépulcre sortit plus lumineuse et plus accentuée et se répandit à travers la France et dans d'autres pays d'Europe et d'Amérique. Un grand nombre de personnages illustres en ont donné des témoignages même par écrit.

Nous devons en citer quelques-uns. Et d'abord, celui de l'Evêque du Diocèse d'origine du Serviteur de Dieu.

Monseigneur Fava, terminant à La Mure un discours qu'il prononçait à la pose de la première pierre d'une nouvelle église, disait en parlant du Père Eymard :

« Pourrions-nous finir sans évoquer devant Dieu la mémoire d'un de vos compatriotes, d'un prêtre, du saint Fondateur des Pères du Très Saint Sacrement ? C'est ici qu'il est né, le Père Eymard ; ici à La Mure, il a grandi. Son âme s'est ouverte aux clartés et aux attraits du Tabernacle ; son cœur pur s'est tourné vers ces montagnes, ces vallées, ces torrents impétueux, ce magnifique pays que son enfance avait aimé et où son corps a reposé plusieurs années. Ah ! qu'il daigne le protéger du haut des Tabernacles éternels et s'intéresser à cette Œuvre que nous plaçons sous la protection de la Sainte Famille et la sienne. »

Témoignages de plusieurs Cardinaux. — Plusieurs Cardinaux et Evêques ont affirmé leur conviction relativement à la sainteté du Père Eymard.

Le Cardinal Parocchi, Vicaire Général de Sa Sainteté Léon XIII, disait, parlant de ses écrits, que le caractère de sainteté si connu de l'auteur suffisait pour les recommander.

« Accrediterebbe queste meditazioni anche solamente la nota santità dell'Autore. Il Padre Eymard é stato a' nostri tempi uno de' più ferventi adoratori della santa Eucaristia. »

Le Cardinal Svampa, Archevêque de Bologne, écrit de son côté :

« Quando l'opera del Padre Eymard cominciò a rivelarsi in Italia, io fui tra i primi avventurati che ebbi la facilità di conoscerla, e strinsi a Roma relazione fraterna coi fervorosi suoi figli. Da quel tempo in poi ho sempre avuto grande venerazione all'uomo provvidenziale che fondava la Congregazione del SSmo Sacramento, per mezzo della quale la fiamma Eucaristica si è largamente dilatata nella parte più eletta del clero cattolico..... »

Le Cardinal Langénieux, Archevêque de Reims, écrit :

« Enimvero hunc tam commendabilem presbyterum non tantum ex ejus præclara fama novi et judicavi; sed dum officio Promotoris in Diœcesi Parisiensi pluribus annis fungerer, sæpe sæpius tam scriptis quam locutionibus omnes intimi hujus sacerdotis sensus bene mihi aperti sunt et noti, zelus ejus pro cleri sanctitate et pro presbyterorum reorum emendatione, sed præsertim ejus dilectio erga SSmum Eucharistiæ Sacramentum singularis, quam jucunde mihi crebro redoluerunt! Vir simplex et rectus, ut justus, ex fide vixit vitamque sanctorum in hoc sæculo renovavit. »

Le Cardinal Richelmy, Archevêque de Turin :

« ..... Il Padre Eymard fu veramente l'uomo pio, eletto dalla divina Provvidenza a illuminarci e dirigerci in questo secolo di egoismo per le vie della cognizione santa del grande mistero dell'amore..... »

Témoignages de plusieurs Evêques. — Plusieurs Evêques ont attesté sa réputation de sainteté.

Monseigneur Gouthe-Soulard, Archevêque d'Aix, a écrit de lui :

« C'est de très grand cœur que je vous donne le témoignage

que vous me demandez sur le T. R. Père Eymard, votre fondateur. Je l'ai connu à Lyon pendant de longues années. Je l'ai toujours regardé comme un saint religieux, ne respirant que l'amour de Dieu et des âmes, qu'il portait à un degré héroïque. Je n'ai jamais connu d'adorateur plus fervent, plus persévérant et plus zélé de Notre-Seigneur Jésus-Christ au Très Saint Sacrement de l'Autel.

« Que Dieu bénisse vos efforts, mon T. R. Père, et que bientôt notre chère France compte un saint de plus. »

Monseigneur Germain, Evêque de Rodez :

« Je n'ai fait qu'entrevoir le R. Père Eymard quand j'étais à Montbel, chez les RR. PP. Maristes, en 1856. On le vénérait déjà comme un saint : les Maristes ne parlaient de lui qu'avec un profond respect et une très vive admiration, quoiqu'il eût quitté leur Société pour fonder celle des Prêtres du Saint Sacrement.

« Le P. Germain, mon parent, ancien Provincial des PP. Maristes, ami du Père Eymard, le considérait comme un saint et comprenait très bien qu'avec son état d'âme il eût quitté la Société pour suivre une autre voie qui semblait lui être indiquée par une volonté supérieure.

« Voilà tout ce que je sais ; c'est peu, mais c'est très sûr ; et mon souvenir sur ce point est très précis et très fidèle. »

Monseigneur de la Bouillerie, Evêque de Carcassonne, écrivait, le 10 septembre 1871, au R. P. Tesnière :

« Je vous remercie de m'avoir communiqué la Vie et les Œuvres du Rév. Père Eymard. J'ai eu personnellement le bonheur de connaître cet excellent religieux, et j'ai souvent remercié le Dieu de l'Eucharistie d'avoir pu, bien que dans une très faible mesure, contribuer à la fondation de son pieux Institut.

« La Vie du Père Eymard concorde admirablement avec les enseignements eucharistiques dont il a été l'apôtre ; et on peut en toute vérité lui appliquer la parole de nos saints livres : « *Cœpit facere et docere.* »

Témoignages de Supérieurs Généraux d'Ordres. — D'autres lettres d'Evêques, de Grands Vicaires, de Supérieurs d'Ordres religieux, parlent dans le même sens, louant la vertu du Fondateur et la beauté exceptionnelle de sa fon-

dation. Il n'est pas possible de les citer toutes, cet *article*
deviendrait un volume ; nous en rapporterons cependant
quelques-unes.

D'abord l'attestation du Révérendissime Père Colin, fondateur de la Société de Marie, adressée de la Néglière au
R. P. Champion, le 28 juin 1872 :

« ..... Je ne puis vous dire combien je me réjouis et combien je suis édifié de voir le bon souvenir que vous conservez
de vos anciens frères en Jésus-Christ. C'est pour moi une
consolation de vous assurer que de notre côté, et surtout du
mien, nous vous payons d'un sincère retour. J'aime à vous dire
que nous sommes tous, moi particulièrement, pleins d'affection et d'estime pour le Révérend et regretté Père Eymard,
pour vous et l'Œuvre du Saint Sacrement, et je ne désire
rien plus ardemment que de voir se perpétuer, entre votre
Œuvre et la petite Société de Marie, l'union la plus intime et
une disposition toujours croissante à s'estimer mutuellement
et à se rendre, dans l'occasion, réciproquement service..... .

« Je ne suis pas étonné d'apprendre que Dieu glorifie par
des faveurs particulières le regretté et bon Père Eymard,
qui pendant plusieurs années a si fortement édifié la naissante Société de Marie. Si Dieu continue à le glorifier par des
grâces singulières obtenues par sa médiation, vous me ferez
le plus grand plaisir de m'en avertir, car je regarde toujours
ce vertueux Père comme l'un de mes premiers associés. »

Le Révérendissime Père Jandel, Maître Général des Dominicains, avait, lui aussi, une très haute estime pour le
Père Eymard ; ce fut lui qui se chargea, en 1853, de recommander à la bienveillance de Pie IX le projet de la fondation
de sa Société, regardant cette pensée comme venant du Ciel.
Aussi le Père ne cessa de le considérer comme un des bien-
faiteurs de sa Congrégation, il lui faisait revoir les premiers
textes de ses Constitutions, et affectait de l'appeler le *saint
Père Jandel.*

Le Révérendissime Père Mauron, Supérieur Général des
Rédemptoristes, écrivait du Père Eymard, le 1er janvier 1866,
ce qui suit :

« Le Rév. Père Eymard, en 1865, a été notre hôte à la Villa
Caserta pendant deux ou trois mois. Durant cette longue
retraite, il a beaucoup édifié la Communauté par sa piété et

son recueillement. Son respect à l'église était remarquable :
en présence du Saint Sacrement, il se tenait immobile et
paraissait tout absorbé dans la contemplation amoureuse de
cet adorable mystère. Tous les jours il faisait son heure
d'adoration. Nous eûmes en ce temps l'Exposition des
XL Heures ; le Père Eymard y prit part et alterna avec les
membres de la Communauté pour la demi-heure d'adoration...

« On le vit aussi fréquemment faire le *Chemin de la Croix*
dans notre oratoire. Habituellement, il paraissait absorbé
dans la méditation des choses divines. Tous ceux qui le
connurent à cette occasion furent grandement édifiés de son
humilité, de sa patience, de sa mortification et surtout de son
respect pour tout ce qui appartient au culte divin.

« Durant l'Octave de l'Epiphanie, il prêcha un des sermons
qui ont lieu à cette époque à Saint-André de la Valle, et il
appliqua au Très Saint Sacrement le mystère de la visite des
Rois Mages.

« Il exprima plusieurs fois le désir qu'il avait d'acquérir à
Jérusalem le Sanctuaire du Cénacle, bien que ce vœu ne dût
pas se réaliser. Il aurait également voulu trouver une église
à Rome pour y établir d'une manière spéciale le culte du
Très Saint Sacrement.

« Son amour pour la sainte Eglise et pour le Souverain
Pontife était extrêmement vivace. Souvent il se lamentait
amèrement de l'abandon dans lequel les Puissances laissaient
le Pape.....

« Le Père Eymard était plein d'affabilité pour tous les
membres de notre Communauté ; il vénérait surtout les
prêtres. L'impression générale qu'il a laissée parmi nous est
celle d'un véritable serviteur de Dieu et d'un homme extraordinairement dévot envers le Très Saint Sacrement.

« Cette dévotion au Saint Sacrement inspirait au Père
Eymard une sympathie particulière pour notre saint Fondateur, Alphonse de Liguori, lequel a tant fait pour étendre
et populariser cette grande dévotion, surtout par ses *visites
au Saint Sacrement.*

« C'est peut-être saint Alphonse qui lui a obtenu la faveur
de mourir le même jour et à la même heure que lui-même,
c'est-à-dire le 1er août, peu après l'Angelus de midi, fête de
saint Pierre-ès-Liens, au moment où commence la grande

indulgence de la Portioncule, et aux premières Vêpres de Notre-Dame des Anges et de la fête même de notre saint Docteur et Fondateur. »

Témoignages de personnes vénérables. — Le Révérend Père de Villefort, célèbre Jésuite de Rome, disait de la Congrégation fondée par le Père Eymard : « *Cette Œuvre du Très Saint Sacrement est en dehors de toutes les lois humaines, elle n'a pu être conçue que dans l'extase de l'amour !* »

Il est certain qu'elle est bien en réalité la conséquence de l'immense amour du Serviteur de Dieu pour l'Eucharistie. Il n'y a que l'amour véritable qui puisse concevoir et engendrer de telles œuvres.

Le Révérend Père Chaignon, de la Compagnie de Jésus, auteur de « Méditations sacerdotales » et hautement apprécié du Clergé pour les nombreuses Retraites ecclésiastiques qu'il a données dans la France entière, avait en grande vénération le Père Eymard, et une particulière estime pour l'Œuvre qu'il fondait :

« C'était le jour de la fête de saint Ignace : invité à dîner chez les RR. PP. Jésuites, à Angers, nous écrit le T. R. P. Audibert, Supérieur Général de notre Congrégation, j'ai entendu le R. P. Chaignon faire cette déclaration publique :

« *Sans doute, mes Pères, notre vocation est belle, et nous avons à en remercier Notre-Seigneur ; mais j'estime que l'Œuvre fondée par le saint Père Eymard est de toutes la plus excellente par la sublimité de sa fin.*

« J'affirme l'authenticité de cette déclaration. »

Le Père Blot, missionnaire apostolique, le 6 janvier 1898, exprimait en ces termes sa pensée sur la sainteté du Père Eymard :

« Oui, je désire pour votre vénéré fondateur, le Très Rév. Père Eymard, les honneurs futurs de la canonisation, et je crois qu'il en est digne.

« En attendant, combien n'est-il pas désirable que l'introduction de sa Cause permette de lui décerner le titre de Vénérable ! Ainsi pensaient avec moi, à la fin de 1894, Son Excellence le Nonce apostolique à Paris, et, au commencement de 1895, Sa Grandeur Mgr Fava, Evêque de Grenoble.

« Pendant tous les mois que j'ai vu, connu, fréquenté le Père Eymard, soit en 1864, soit en 1865, je n'ai jamais rien remarqué en lui qui fût une imperfection dans la pratique de toutes les vertus théologales, des quatre vertus cardinales et des principales vertus chrétiennes.

« Ce que j'admirais le plus, c'était sa foi en l'Eucharistie, en la Présence Réelle ; ce n'était plus un homme, c'était un séraphin devant le Saint Sacrement. C'est là qu'il venait achever la préparation de ses instructions ; c'est le four où il faisait cuire son pain, ce pain céleste qu'il allait distribuer aux enfants de Dieu sur la terre. Ah ! comme il était ardent à parler du Sacrement d'amour, dans toutes les églises et chapelles où il était invité à prêcher ! Il voulait, il savait éclairer et enflammer ses auditeurs, et personne ne pouvait l'entendre sans aimer davantage Jésus Eucharistique.

« Outre les adorateurs de jour et de nuit, il aurait voulu grouper autour du tabernacle des hommes d'étude, de science, des écrivains, des orateurs, qui, après s'être embrasés du feu sacré par ce voisinage, seraient allés par leurs écrits et leurs discours répandre dans le monde, allumer partout la flamme divine.

« Un autre effet de sa dévotion au Saint Sacrement que j'admirais en lui, c'était son respect, son attachement, sa compassion pour les prêtres, pour ceux] mêmes qui lui arrivaient dans un plus triste état. Pour eux, il était le père, il était la mère de l'enfant prodigue.

« Avec les fidèles eux-mêmes, il me semblait toujours plein du Dieu de l'autel : je ne le voyais jamais s'impatienter, s'emporter, malgré sa vivacité naturelle, et tous les mots qui sortaient de sa bouche semblaient imprégnés de ce sang de l'Agneau, qui venait de parfumer ses lèvres. »

Il faudrait ajouter que le Serviteur de Dieu s'est trouvé en rapport avec tous les saints personnages de son temps : le P. Chevrier, fondateur à Lyon de l'Œuvre de la Première Communion ; le R. P. Hermann, le converti du Saint Sacrement ; M. Dupont, « le saint homme de Tours » ; Mlle Jaricot, la fondatrice de l'Œuvre de la Propagation de la Foi ; Mlle Delmas, l'héroïne des Otages de la Commune ; le Commandant Marceau ; le R. P. Muard, fondateur des Bénédictins de la Pierre-qui-Vire ; la R^de Mère Marie-Thérèse, qui fonda la

Congrégation de l'Adoration Réparatrice ; Mlle Danion, plus tard fondatrice de l'Œuvre de l'Action de Grâces ; M. le Baron de Benque, l'un des fondateurs de l'Adoration Nocturne de Paris ; l'admirable Jean Ricoux ; le Curé d'Ars, qui l'appelait son saint, etc., etc.

Tous l'estimaient comme un homme surnaturel, tout brûlant du zèle de l'Eucharistie, dévoué corps et âme à l'adorer et à propager son culte.

Témoignages de ses Confesseurs. — Ses confesseurs ont affirmé la sainteté du Serviteur de Dieu.

« Le Père Touche, missionnaire apostolique, qui l'a connu mieux que personne, puisqu'il l'a toujours suivi depuis son enfance jusqu'à sa mort, qui a reçu les confidences de ses confessions générales aux grandes époques de sa vie et connu ses plus intimes pensées, n'a pas craint d'affirmer plusieurs fois, en présence de la communauté du Saint Sacrement de Marseille, en 1871, qu'il restait convaincu de l'innocence du Père Eymard, disant qu'il avait gardé intacte la grâce de son baptême.

Un autre de ses confesseurs, le Rév. Père Bernardin, de Lyon, a déclaré qu'il le tenait pour un saint. « Je l'ai confessé de 1859 à 1867, et dans tous les rapports que j'ai eus avec lui, j'ai acquis la certitude que j'étais en rapport avec un saint. C'est aussi l'opinion d'un très grand nombre de personnes de piété et de jugement que j'ai connues et qui toutes proclament les vertus et la réputation de sainteté de ce digne religieux. »

Le témoignage de la Révérende Mère Marguerite. — La Révérende Mère Marguerite, qui fut pendant vingt-trois années sous sa direction si éclairée, reçut de lui une volumineuse correspondance et fonda avec lui la Congrégation des Servantes du Saint Sacrement, le vénérait comme un saint.

En octobre 1852, elle disait au R. P. Mayet : « Bien persuadée que le Père Eymard est un saint mis en réserve par la Providence, un homme qui doit être connu un jour pour l'édification de plusieurs, j'ai recueilli quelques pages sur ses premières années. »

Ces pages avaient été écrites sous la dictée de Mlle Ma-

rianne, sœur du Père, qui se refusa longtemps à faire l'éloge
de son frère, en racontant l'enfance du Serviteur de Dieu.
Elles furent contrôlées par le *R. P. Mayet*, dans les recherches qu'il fit à l'époque où il voulait écrire une biogra-
phie de son vénéré confrère. Les faits qu'elles rapportent
sont ceux-là mêmes que nous avons cités en substance au
Chapitre I de nos Articles.

Le témoignage du R. P. Mayet. — Lorsque le P. Mayet
eut vu à l'œuvre le Père Eymard, dès son entrée dans la
Société de Marie, il comprit tout de suite qu'il y avait en lui
une âme de saint. Il fut son ami, son confident, et pendant
dix-sept ans prit des notes, qui devaient servir à la biogra-
phie qu'il préparait, mais devaient aussi, dans sa pensée,
être utiles à la Cause du Serviteur de Dieu, lorsque la mort
aurait brisé le vase et laissé échapper le parfum ; il avait
cette certitude qu'un jour la bonne odeur des héroïques
vertus de son saint ami le révélerait au monde.

En juin 1869, il écrivait :

« J'espère que Dieu glorifiera votre vénéré Père, mon saint
ami, un jour sur la terre, pour la gloire de Jésus-Christ et de
Marie Immaculée... il faut que je m'arrête sur ce sujet, car
j'ai tant estimé et vénéré ce vrai frère que je ne tarirais pas...
je veux seulement vous dire un joli mot de lui et un beau
mot sur lui.

1º « Vous savez que Dieu lui avait donné un don d'attraction incontestable et que les âmes qu'il rencontrait sur son
passage ne se déprenaient plus de lui, et cela dans toutes
les classes, dans toutes les conditions. Un jour que nous
causions de cela, il me dit cette parole d'un parfait détachement : *Grâce à Dieu, je ne suis jamais occupé dans mon
cœur avec personne.*

2º « Le mot qui a été dit sur lui : *C'est un homme qui est
un génie et un saint.* Telle est l'idée qu'on en a à Rome ; —
on le connaîtra plus tard. »

Ne serait-ce pas l'occasion de citer cette autre parole du Père
consignée dans les notes personnelles de la dernière Retraite
de sa vie, faite en mai 1868, deux mois avant sa mort : « Oui !
mon cœur a toujours aimé Jésus-Hostie ; personne ne l'a eu,
ce cœur... »

Sentiment d'un possédé. — Un possédé de Lyon a dit ce qui suit du Père Eymard :

« Il faut être bien sage en ce monde pour ne pas rester dix ans en purgatoire. Le saint Curé d'Ars (M. Vianney) est monté droit au ciel (4 août 1859), le R. P. Marie Chiron aussi, le R. Père Eymard de même (1er août 1868) : il n'a jamais appartenu au démon ; il a fait tant de pénitences et d'austérités que sa santé fut réduite à un état de langueur; les démons ont fait tout ce qu'ils ont pu pour le faire pécher, ils n'ont jamais pu y réussir. Je lui ai dit : Tu as trop fait de pénitences ! et il m'a tout avoué comme un enfant. C'était bien un saint, celui-là !... » (*Livre « Le diable apôtre » de Victor de Stenay, sur la possession d'Antoine Gay. P. 201.*)

Le Père s'était occupé de ce malheureux et, avec l'autorisation de ses Supérieurs, s'était efforcé de le soulager.

Sa réputation de sainteté grandit avec l'influence de ses deux Congrégations. — La réputation de sainteté du Père Eymard s'est accrue avec la diffusion de ses Œuvres et avec le développement des Congrégations religieuses qu'il a fondées et des Œuvres d'Agrégation qui s'y rattachent.

L'œuvre sacerdotale, dite des Prêtres-Adorateurs, qui compte soixante mille prêtres agrégés, parmi lesquels un certain nombre d'évêques, compte autant d'admirateurs et de dévots du Père Eymard, dont ils affirment la mission providentielle, dont ils proclament les vertus, qui est pour eux un modèle et un protecteur au ciel.

Il en faut dire autant des membres des diverses Agrégations, qui se chiffrent par centaines de mille : *Agrégation simple, Garde d'Honneur, Associés des Semaines Eucharistiques, Membres de la Fraternité, Œuvre de l'Adoration nocturne des hommes, et de l'Adoration mensuelle dans les Paroisses;* tous sans exception proclament la sainteté du Fondateur, de l'homme providentiel suscité pour grandir notre foi en la Présence Réelle, faire connaître l'amour divin qu'elle révèle, attirer à ce Centre premier de la vie surnaturelle, réaliser pratiquement le *Ignem veni mittere in terram, et quid volo nisi ut accendatur ?*

Lorsque le corps du vénéré Père Eymard eut été descendu dans le caveau où il repose actuellement et placé dans le chœur de notre église de Paris, il fallut réagir près des fidèles pour empêcher les élans de leur dévotion vis-à-vis du Serviteur de Dieu, qui se manifestait par des fleurs jetées sur la tombe ou des cierges qu'ils voulaient faire brûler en son honneur.

Et ce culte universel, loin de se démentir depuis trente ans, ne fait que grandir chaque jour, propagé par l'accroissement même de la dévotion au Très Saint Sacrement.

Ses écrits. — Le Père laissa à sa mort des *notes personnelles,* qui lui servaient de thèmes pour les nombreuses prédications qu'il donnait sans interruption et sans se lasser jamais, jetant partout à pleines mains le *bon grain* de la *bonne nouvelle,* la parole Eucharistique, qui ramène au centre de la vérité catholique.

Ces notes ont été recueillies par ses fils spirituels en plusieurs volumes ; traduites en toutes les langues de l'Europe, elles sont lues avec avidité par des personnes de toutes conditions et font bénir partout leur auteur et proclamer sa sainteté.

Cependant il n'existe jusqu'ici du Serviteur de Dieu qu'une *Notice* fort intéressante, mais incomplète, de sa vie ; sa nombreuse *correspondance,* où le Saint se dévoile malgré lui, est absolument inconnue du public. Dès qu'elle sera publiée et qu'une vie entière aura été écrite, nul doute que sa renommée de sainteté ne s'en accroisse d'autant, puisqu'alors il sera mieux connu encore.

Il faudrait citer ici les nombreuses lettres d'évêques, de prêtres ou de pieux laïques, reçues à l'occasion de la publication du livre *Le Prêtre de l'Eucharistie,* paru en janvier 1870. Toutes proclament la sainteté du Fondateur et louent son Œuvre, si bien conçue pour multiplier dans l'Eglise le bien à l'infini, en ramenant les âmes à la vérité de la Présence Réelle.

Les personnes qui possèdent des Lettres ou autres écrits du Père, les conservent comme des reliques, ne consentent à s'en dessaisir momentanément que s'ils peuvent servir à sa Cause, heureuses de la voir introduire, ardemment désireuses de la voir réussir.

La vénération des Murois. — La vénération des Murois pour la mémoire de leur concitoyen prouve la sainteté du Serviteur de Dieu d'une manière exceptionnelle.

Aujourd'hui encore, trente ans après la mort du Père, sa mémoire est toujours vivante dans la population, les témoignages sont unanimes sur ce point ; les Murois vont encore prier sur sa tombe, quoique vide de son trésor, persuadés qu'ils ont en lui un puissant intercesseur.

Les nombreux témoins qui restent encore dans son pays natal diront de quelle vénération ils entourent leur saint.

L'opposition des Murois à la translation du corps. — Sa réputation de sainteté ne pouvait mieux s'affirmer que par les événements qui se produisirent à La Mure lorsque, neuf ans après la mort, les religieux du Très Saint Sacrement obtinrent du gouvernement français l'autorisation de transporter à Paris le corps de leur Fondateur.

Déjà au lendemain de sa mort, on avait fait une tentative pour le transfert du corps à Paris ; mais on se trouva en face d'un tel mouvement d'opposition que l'on dut y renoncer.

Les chères dépouilles restèrent dans le cimetière de La Mure, visitées par les gens du pays et par des pèlerins qui venaient de loin déposer sur sa tombe des couronnes en signe de reconnaissance, et prier le Père, le guide, le Saint dont ils avaient expérimenté l'infatigable bonté et la rare sûreté de conduite.

En 1876, de nouvelles tentatives furent faites, qui échouèrent encore.

Enfin, l'année suivante, les droits certains des religieux du Saint Sacrement furent reconnus ; et malgré les moyens de résistance employés, les Murois durent céder, et le 27 juin 1877, à quatre heures du soir, la fosse où reposaient ses restes mortels depuis neuf ans fut ouverte, le cercueil de chêne tomba en pièces et laissa voir intacte la bière de zinc qui les renfermait.

Cette bière fut replacée dans une autre caisse de chêne, et un corbillard, que la piété de quelques amis fidèles voulut garnir de fleurs fraîches, emmena ces restes vénérés, qui arrivèrent à Paris le 29 juin au matin, fête de saint Pierre, son glorieux patron.

Il est notoire que beaucoup de personnes se partagèrent comme des reliques les débris de ce cercueil vermoulu, tout en protestant contre cette exhumation, qui leur ravissait leur trésor.

« *Nous n'avions qu'un saint, et on nous l'enlève.* »

Mais ce saint continuera quand même de protéger ces chers Murois, qu'il aimait tant.

Ce transport du corps du Père avait été l'occasion d'une résistance des plus énergiques de la part de la population Muroise, qui voulait à tout prix conserver celui qu'elle vénérait comme un saint.

Le 12 février 1877, le Ministre de l'Intérieur avait déjà autorisé la translation du corps ; mais les oppositions se produisirent si nombreuses et si énergiques que le Préfet de l'Isère, M. Paul Laucas, et le Maire de La Mure, M. Gras, se trouvaient impuissants à mettre à exécution les ordres reçus.

On dut parlementer pendant plusieurs mois.

Le Maire s'aliéna l'estime de la population : on l'accusait d'avoir reçu des Pères une somme d'argent pour favoriser l'enlèvement du corps ; on l'appelait « *le marchand de morts.* » Il dut résilier ses fonctions de Maire de La Mure sous la poussée de réprobation des habitants, qui voulaient à tout prix conserver leur saint.

La population était surexcitée, on craignait une émeute. Pendant plusieurs nuits, des gens gardèrent le cimetière en armes pour empêcher un enlèvement clandestin.

Mais, à la fin, ils durent céder devant la force ; la gendarmerie était sur pied et fit exécuter les ordres du Ministère de l'Intérieur, qui donnaient aux PP. du Très Saint Sacrement toutes les autorisations nécessaires.

Dès que le corps fut exhumé et placé sur le corbillard qui allait l'emporter, toute la population de La Mure (ville de 5000 habitants) se porta sur le passage et montra un respect profond : beaucoup s'agenouillaient et adressaient une dernière prière.

Le T. R. Père Supérieur Général de la Congrégation du Très Saint Sacrement et deux religieux accompagnaient le précieux dépôt.

Il arriva à Paris le 29 juin au matin, jour de la fête

de saint Pierre, glorieux patron de notre fondateur; il fut déposé daus une chapelle ardente, qui fut constamment visitée par une foule de pieux fidèles.

Le corps était intact. — Dès qu'il fut arrivé à Paris, le corps du Père fut l'objet de la vénération des siens, qui retrouvaient enfin leur Père après tant d'années de séparation. L'impression était indicible; il leur semblait qu'ils assistaient à une sorte de résurrection.

Il était là, on le possédait, on l'invoquait, les larmes coulaient des yeux.

Mais ce fut bien autre chose lorsque, cédant aux désirs bien légitimes de tous ceux qui l'avaient connu, qui avaient vécu avec lui, les Supérieurs décidèrent que l'on ouvrirait la bière de zinc pour constater l'état des restes bénis du Père, j'allais dire des reliques.

Quelle ne fut pas la joie intime de tous, en même temps que l'étonnement mêlé de stupeur, quand le Père apparut aux regards attendris de ses enfants! Il était parfaitement conservé, intact, on le voyait : c'était bien lui avec sa douce figure et le rayonnement de bonté qu'elle n'avait pas perdu.

On le retrouvait revêtu de ses ornements sacerdotaux : la soutane, l'aube, l'étole, la chasuble avaient été respectées par le temps; la mort avait gardé son précieux dépôt.

« J'ai l'espoir, avait écrit le frère Albert, au lendemain du décès du Père Eymard, en août 1868, que son innocence si soigneusement gardée, que le corps de Jésus-Christ si souvent et si bien reçu, nous le rendront préservé des atteintes de la corruption. »

La *Revue du Saint Sacrement*, IIe année, N° du 15 juillet, raconta en ces termes cet événement :

« ... Le cercueil arrivait à Paris le vendredi 29 juin 1877. Ce même jour on ouvrit la bière, et le corps du Père apparut dans un état de conservation qui frappa vivement tous les assistants. Les chairs étaient intactes, mais noircies; aucune odeur de cadavre ne s'en exhalait d'abord; et les traits étaient si bien conservés, que non seulement ceux qui avaient vu le Père pendant sa vie, mais ceux qui ne le connaissaient que par son portrait s'écrièrent : « C'est lui! c'est parfaitement lui ! » ... C'était comme une apparition, un retour, une résurrection d'un père dont on pleurait l'absence depuis neuf ans.

« Un service funèbre fut célébré le mardi suivant, 3 juillet, dans la chapelle du *Corpus Christi*.

« M. Lagarde, archidiacre de Notre-Dame et premier vicaire général de Son Eminence le Cardinal archevêque de Paris, avait bien voulu accepter de chanter la Messe et de faire l'absoute, voulant donner au Père Eymard ce solennel témoignage d'une amitié qui, née avec la fondation de l'Œuvre, était allée se resserrant jusqu'à la mort du Père...

« Presque tous les corps religieux s'étaient fait représenter et le sanctuaire regorgeait de prêtres, parmi lesquels nous avons remarqué Mgr de Sussex, camérier d'honneur de Sa Sainteté, ami du Père Eymard, et Mgr Duplessis, prélat romain.

« L'assistance était nombreuse, et quelques personnes, Mme Lepage, Mme de Grandville, étaient accourues du fond des provinces pour rendre leurs devoirs au Père ; les tribunes étaient occupées par les Messieurs, dont plusieurs étaient les amis du vénéré défunt. »

L'oraison funèbre fut prononcée par le R. P. Tesnière.

Ce jour-là, la piété filiale voulut encore goûter la consolation de contempler à découvert les traits du vénéré Père ; puis son cercueil refermé et scellé fut descendu dans le caveau préparé pour le recevoir, au milieu du sanctuaire, entre les prie-Dieu des adorateurs, au pied du trône Eucharistique. Là, le Père sera encore et à jamais adorateur de l'auguste Sacrement exposé ; la poussière de ce corps, qui n'eut de vie que pour le service du Saint Sacrement, apprendra comment on se dévoue jusqu'à la mort à cette glorieuse Cause ; caché dans la profondeur de son tombeau, il redira bien haut la devise de la sainteté eucharistique : « *Oportet illum crescere, me autem minui.* »

Nous devons ajouter qu'aucun moyen n'a jamais été employé pour maintenir et répandre une telle réputation de sainteté ; que personne, soit par la parole ou par des écrits, n'a jamais cherché à s'y opposer ; qu'au contraire, tous ceux qui connaissent le Serviteur de Dieu ont cette persuasion enracinée que véritablement cette renommée de sainteté est

fondée sur la vie sainte et sur les Œuvres apostoliques du
Père, qu'il est digne de l'honneur des autels ; et leur plus
ardent désir est de voir le triomphe de sa Béatification.

CHAPITRE XXV

De fama miraculorum post obitum.

De l'intervention du Serviteur de Dieu. — Depuis la
mort du Serviteur de Dieu, sa protection sur sa Congrégation
s'est fait sentir en des circonstances critiques d'une manière
non équivoque, soit dans des embarras financiers qui pouvaient alors donner des craintes sérieuses, soit à l'époque de
la guerre de 1870 et de la Commune de Paris, ou plus tard à
l'époque des Décrets d'expulsion, en 1880, soit dans un projet
de transformation de sa Congrégation en Ordre religieux, qui
avait jeté la division parmi les siens et menacé un moment
l'existence de son Œuvre.

Plusieurs membres de ses deux Congrégations et d'autres
personnes séculières attribuent aux prières adressées à Dieu
par l'intercession de son Serviteur les faveurs diverses dans
l'ordre spirituel et dans l'ordre temporel, qui leur furent
accordées.

Un plus grand nombre de personnes le prient quotidiennement et sont assurées de sa puissante protection près de
Dieu.

Le fait du 1er août 1868. — Le 1er août 1868, se produisit
à la Maison-Mère des Servantes du Très Saint Sacrement
d'Angers le fait extraordinaire suivant :
 « Il était trois heures de l'après-midi : Sœur Marie du
Saint Sacrement, sacristine, se trouvant dans le sanctuaire,
s'aperçut que l'ostensoir faisait un mouvement sensible,
marqué par une oscillation très apparente. En présence de
ce fait, elle n'hésita pas, et se dit qu'à l'heure même son
saint Père Eymard devait quitter la terre... Sœur Marie du
Saint Sacrement ne put retenir ses sanglots et se rendit près
de la Mère Assistante, qui remplaçait notre vénérée Mère

Marguerite alors absente. Elle lui raconta ce qui était arrivé, ajoutant que le vénéré Père Eymard devait être mort à trois heures.

« Quelques heures plus tard, en effet, une dépêche venait apporter la douloureuse nouvelle. C'était bien à trois heures que l'âme de notre saint fondateur avait quitté ce lieu d'exil. » Ce fait est attesté par les Supérieures Majeures des Servantes du Très Saint Sacrement.

Le fait du jour des obsèques. — Le jour de l'enterrement du Père Eymard, Marie Armand, enfant de six ans, entendant dire qu'on voulait enlever le Père, s'écria : « *Non non ; il ne faut pas qu'on nous l'enlève, nous n'avons déjà pas trop de saints à La Mure.* » Cette enfant n'avait jamais vu le Père.

Elle fut affligée à ce moment d'une maladie d'yeux assez sérieuse ; sa tante vint demander pour elle à Mlle Eymard une petite relique pour l'appliquer à la malade. On lui donna deux médailles bénites par le Père ; dès que l'on en eut mis une au cou de l'enfant, elle commença à aller mieux, et sa tante, en reconnaissance, croyant devoir cette guérison aux prières du Père, fit déposer sur sa tombe un beau vase de fleurs. (*Récit du R. P. Tesnière.*)

Le fait raconté par Mme Jordan. — Mme Jordan parle d'une guérison obtenue sur le tombeau du Père, dans une lettre écrite par elle le 15 septembre 1868 et adressée à Mlle Gérin. « ..... Pendant que j'étais à son tombeau, je lui ai demandé avec beaucoup d'autres choses la guérison d'une pauvre mère de famille, qui a le genou malade et ne peut ni travailler, ni marcher ; de plus, elle souffrait beaucoup.

« Je l'ai revue, elle ne souffre plus, peut dormir, et, d'après ce qu'elle m'a dit de l'époque, cela coïncide avec ce voyage.

« Elle a été ce matin se confesser, communier, et nous commençons une neuvaine au Très Saint Sacrement avec les invocations du Père Eymard : *Loué et remercié, etc.....* et *Tous les saints, priez pour nous.....* »

Le fait de Mme Oddoux. — Mme Victoire Oddoux (femme Tallier), mère de la Sœur Philomène d'Angers, était tombée malade dans les derniers jours du mois de mai 1871 d'une fluxion de poitrine double, c'est-à-dire, comme elle l'expliqua, que, guérie d'un côté, le mal recommença de l'autre. La maladie empira tellement que, dans les derniers jour de juin, le médecin déclara qu'elle allait trépasser. On voulait appeler sa fille d'Angers par lettre : « Non, dit le médecin, par télégraphe, car elle n'ira pas jusqu'à la réponse. »

Elle fut administrée. « Je n'étais plus de ce monde », disait-elle. On demanda des prières à Angers par l'entremise du Père. De ce moment elle alla mieux, revint tout à fait en santé, et elle dit aujourd'hui qu'elle est plus forte qu'elle n'a jamais été.

« Je crois, disait-elle, et bien d'autres l'ont dit comme moi, que c'est aux prières du Père que je dois ma guérison.

« Du reste, il était parrain de mon frère, et il a été toujours l'ami de ma famille. Et c'est bien à lui que ma fille doit sa vocation. »

La déposition en a été faite au P. Tesnière à La Mure le 1er août 1872.

Le fait de Mélanie Terrat. — Mélanie Terrat (femme Reynier Colin), âgée de soixante et un ans, privée depuis huit à dix ans de l'œil droit, avait conservé un excellent œil gauche, pouvant lire sans lunettes.

Or, au temps de la moisson, fin juillet 1870, elle se sentit une nuit un peu fatiguée de cet œil gauche. Le lendemain elle alla, comme d'habitude, à la journée. Aussitôt arrivée au champ, elle sent tout à coup sa vue l'abandonner, avant même d'avoir abattu une gerbe ; elle n'éprouva pas à ce moment de douleur sensible, tout au plus un petit écoulement d'eau. Son mari, par bonheur, l'avait accompagnée ; elle lui dit : « Je n'y vois plus », et il fut forcé de la reconduire jusqu'à la maison.

Quelques heures après, elle se fit accompagner par son mari chez les demoiselles Eymard, qui sont son soutien et sa consolation. Elles la firent voir au Docteur Bonne. Celui-ci ordonna des remèdes, des sangsues, et en secret il dit à Mlle Eymard : « C'est fini, et il n'y a rien à faire, je le crains bien. »

Deux jours après, on revint au docteur, qui fit de nouvelles prescriptions et confirma sa crainte d'insuccès.

Alors les demoiselles lui conseillèrent une neuvaine au

Père, des prières avec l'invocation : « Saint Pierre, saint Julien, Père Eymard, intercédez pour nous, ah ! rendez-moi la vue, je vous prie. » La confiance de la pauvre fille était extrême, elle répéta du matin au soir ces prières, chaque jour elle alla un peu mieux, et cinq jours après l'accident elle voyait parfaitement, elle voit encore parfaitement aujourd'hui, 4 août 1872.

Outre les prières qu'elle faisait, elle portait sur son œil malade un bandeau dans lequel était cousu un petit morceau de la chemise et du manteau du Père.

Depuis, chaque soir, en se couchant, elle le remet et dit un *Pater* pour que le Père lui conserve la vue. Elle-même a attesté le fait au R. P. Tesnière.

Le fait de la Rde Mère Marguerite. — La vénérée Mère Marguerite raconta le fait suivant, arrivé à elle-même :

« En 1873, nous reçûmes, racontait-elle, l'avis d'aller à Lyon pour traiter la question d'une fondation. J'étais très souffrante. Je fis une neuvaine à notre Père, en me servant de l'huile de la lampe du Très Saint Sacrement qu'il m'avait bénite lors de mon voyage à Paris en 1868, et je lui dis que, s'il me guérissait, ce serait la preuve qu'il voulait mon voyage de Lyon ; au bout de la neuvaine, je fus à même de faire le voyage sans aucune difficulté. » Ce fait est attesté par les Supérieures majeures des Servantes du Très Saint Sacrement.

Le fait de Mᵐᵉ Aguillon. — Mᵐᵉ Aguillon, née Joséphine Roman, autrefois, en religion, Sœur Sophie du Saint Sacrement, habitant à Marseille, 2, rue Melchion, a raconté et attesté le fait suivant, survenu à elle-même :

« En travaillant à raccommoder un tapis, par suite d'un faux mouvement, une longue aiguille m'entra dans le sein droit et y disparut complètement. Elle était enfoncée dans les chairs de trois ou quatre centimètres. Je ne pouvais bouger sans ressentir une douleur, comme une forte piqûre.

« Deux ou trois jours après, n'en pouvant plus, j'en parlai à ma Supérieure, et il fut décidé que la Sœur Pierrette, alors infirmière, se rendrait compte de la chose, et que le lendemain on ferait venir le médecin de la Communauté, M. Farge.

« La Sœur Pierrette me conseilla d'invoquer le vénéré Père

Eymard et me donna un morceau d'étoffe lui ayant appartenu et que je mis sur la blessure.

« Or le lendemain, en me levant, je pus sans douleur, comme sans épanchement de sang, extraire moi-même l'aiguille, qui vint comme d'elle-même sous mes doigts. »

Ce fait, survenu en l'année..., a été relaté par la Sœur Marie dans les Archives de la Communauté d'Angers, d'après les ordres de Mgr Grosleau, alors Supérieur ecclésiastique.

Cette même déposition a été faite par elle de vive voix au Postulateur le 8 septembre 1898, à Marseille.

Le fait de la Sœur Elisabeth. — La Sœur Elisabeth, religieuse de Saint-Thomas de Villeneuve, du Couvent du Bon-Pasteur de Paris, 71, rue Denfert-Rochereau, autrefois rue d'Enfer, fut guérie par l'intercession du Père Eymard.

Elle-même raconte en ces termes sa guérison :

« Dès que la nouvelle fut connue de la translation des restes du Père Eymard du cimetière de La Mure d'Isère à la Maison-Mère des PP. du Très Saint Sacrement à Paris, notre Mère Courtel, Supérieure, fut fortement impressionnée, jusqu'à n'en pouvoir dormir la nuit suivante, de m'envoyer à l'Avenue Friedland pour demander ma guérison au Père Eymard.

« Je ne voulais pas y aller, disant que c'était chose inutile. Depuis seize ans, je souffrais d'un rhumatisme articulaire, qui rendait la marche presque impossible ; je ressentais fréquemment de grandes douleurs, qui m'obligeaient de garder le lit. Trois médecins avaient essayé inutilement de guérir ou d'adoucir mon mal, on avait employé sans succès tous les remèdes possibles. Le dernier médecin disait qu'il n'y avait rien à faire.

« Depuis dix-huit mois surtout, le mal avait grandi, me rendant inhabile à quoi que ce soit.

« Cependant je voulus obéir à ma supérieure, et je commençai la neuvaine, et le premier jour j'assistai à la sainte Messe, qui fut célébrée dans la chapelle où l'on venait de déposer le cercueil du Père Eymard, rue Chateaubriand, 14.

« Je demandai à ce bon Père, par obéissance, ma guérison, et ma prière était celle-ci : « Guérissez-moi, bon Père, puisque vous aimez tant le Bon-Pasteur et que l'on vous y aime tant !

« guérissez-moi, afin que je sois encore utile au Bon-Pasteur,

« Je ne vous demande pas ma guérison complète, mais seulement de pouvoir marcher et faire mon service. »

« Pendant le cours de la neuvaine, les douleurs augmentèrent, et ma Supérieure me disait : « Tant mieux, ma Sœur, « c'est un signe que vous guérirez. »

« Au dernier jour, on m'emmena de nouveau dans la chapelle où reposait le corps du Père, pour entendre la sainte Messe, qui se devait dire à cette intention, communier et demander une dernière fois ma guérison.

« Pendant la Messe, je fis un acte d'abandon à la sainte Volonté de Dieu, pour souffrir ainsi toute ma vie, s'il le voulait.

« Lorsque tout fut fini, je ne pouvais lever les pieds pour remonter en voiture et je souffrais beaucoup. Mais au bout d'un quart d'heure, je sentis en moi une impression étrange, et je me disais que peut-être j'étais guérie. Un moment après, l'impression fut une certitude, je dis à la Sœur qui m'accompagnait : « Ma Sœur, je crois que je suis guérie, j'ai un désir « très grand de marcher, de courir. » Cette Sœur est la Supérieure actuelle du Couvent du Bon-Pasteur, la Révérende Mère Cotard. En effet, dès que je fus arrivée à la Communauté, je commençai à marcher sans éprouver aucune douleur. Ce même jour, je fis une course avec la Révérende Mère Supérieure ; j'allai et je revins à pied, sans éprouver aucune fatigue.

« Il y a de cela vingt et un ans, les douleurs n'ont jamais reparu. J'ai pu marcher et reprendre régulièrement mon service sans interruption.

« Voilà ce que je puis, sans aucune crainte, déclarer devant Dieu et sous la foi du serment. Depuis, je porte toujours sur moi un morceau de l'aube du R. Père Eymard, coupé à celle dont on l'avait revêtu à sa mort. » Paris, 28 avril 1898.

Quelques jours après cette guérison, en juillet 1877, la Supérieure de cette religieuse du Bon-Pasteur envoya aux PP. du Très Saint Sacrement une relation de cette guérison montrant tous les caractères d'un fait surnaturel, et cela à l'insu de la religieuse guérie.

Or, après l'enquête du mois d'avril 1898, cette relation fut retrouvée dans les Archives de la Maison-Mère, et elle disait exactement ce que la Sœur Elisabeth venait de déclarer à vingt et un ans de distance : c'était la contre-enquête de la Providence.

D'autres faits existent. — Il existe d'autres faits, et spécialement des guérisons obtenues par l'intercession du Serviteur de Dieu, à la suite de prières faites en son honneur ; lesquels ne peuvent être attribués à des causes purement naturelles, mais bien à une intervention particulière de Dieu pour la glorification de son Serviteur.

Un grand nombre de personnes, soit ecclésiastiques, soit religieux ou laïques, ont l'intime confiance qu'il plaira à Dieu de manifester un jour, par des signes plus éclatants, la sainteté de son Serviteur.

Il avait trop cherché constamment la gloire de son divin Maître, l'honneur de son Sacrement, pour que Notre-Seigneur ne réalisât pas envers lui sa parole : « *Qui me confessus fuerit coram hominibus, confitebor et ego eum coram Patre meo.* »

Rome, 29 juin 1899.

Le Postulateur :

P. Edmond Tenaillon,

*Procureur Général
de la Congrégation du
Très-Saint Sacrement.*

Saint-Claude, 160, Via del Pozzetto.

TABLE

ERRATUM

A la page 81, changer la date du paragraphe intitulé : *Premier Encouragement de Pie IX*, *29 juin 1854*, et mettre : *29 juin 1853*. Comme conséquence, ce paragraphe doit être placé avant le précédent.

BAR-LE-DUC. — IMPR. DE L'ŒUVRE DE SAINT-PAUL

36, RUE DE LA BANQUE. — 4667,99.